한 권 합격　　INCOTERMS 2020

무역영어

1·2급 통합핵심이론집

정문영 지음

머리말

본 교재를 만들기 위해 본 저자가 출연했던 방송과 현장, 인터넷 강의 등을 진행하며 쌓인 노하우를 가능한 많이 담고자 노력하였으며, 최근 무역영어 자격증뿐만 아니라 국제무역사, 관세사 등의 공부를 하는 수험생들에게도 무역영어에 자신감을 갖추도록 그 기초를 키우고 무역 전반에 대한 이해를 높이는데 도움을 주고자 본 교재를 준비하였다.

무역은 세계적으로 관례화된 상관습과 각국의 법률에 따라 운영되며, 아주 오래전부터 존재해 온 전 세계에서 통용되는 경제적 거래 형태 중 하나이다. 현재에도 전 세계 국가들이 무역활동을 하고 있으며, 이러한 활동을 통해 얻는 장점은 단순한 경제적 이익뿐만 아니라 국가 이미지 제고에도 영향을 끼치는 중요한 활동이다. 우리나라의 경우에는 국가를 대표하는 경제활동 수단인 동시에 국민들의 삶 전반에 영향을 끼치는 중요한 분야이기도 하다. 따라서 무역영어 검정시험을 잘 치르기 위해서 위와 같은 무역에 대한 중요성도 함께 이해했으면 하는 바이다.

본 교재를 통해 무역영어 검정시험의 내용들을 다시 한번 살펴보면서, 무역에 대한 전반적인 이해를 위해 가능한 쉬운 해설과 용어를 사용하고자 노력했으며, 무역을 처음 공부하는 사람들도 쉽게 받아들일 수 있도록 차례를 배치하여, 무역의 시작과 끝을 모두 살펴볼 수 있도록 교재를 작성하였다.

교재의 주요 구성은, 무역거래의 기본조건을 시작으로, 계약, 결제, 보험, 클레임, 무역관리, 무역서류와 서식, 영문해석 및 영작문 등으로 구성하였으며, 특히, 개정된 인코텀즈 2020을 첨부하여 기존 2010버전과의 차이점과 주요 개정사항들을 정리하였다. 또한, 신용장 통일규칙(UCP 600)과 비엔나협약(CISG)의 해석과 전문을 작성하여, 무역공부를 하는 수험생들과 일반 학생들이 본 내용들을 더욱 잘 이해하기 위하여 노력하였다. 이밖에도 무역거래에서 활용되거나 무역영어 시험에 출제되는 무역영어 필수어휘를 첨부하여 무역을 처음 공부하는 수험생들의 어려움을 줄여주고자 노력하였다.

끝으로, 어려운 출판환경과 강의시장 속에서도 본 교재가 나오기까지 수고해주신 출판사 관계자분들, KFO 관계자분들에게 우선 깊은 감사를 드린다. 또한, 교재 작성을 위해 배려해준 사랑하는 아내와 아이들, 그리고 가족들 모두에게 사랑과 감사의 인사를 전한다.

2021년 2월 3일
연구소에서
정문영 드림

Contents

제 1 부 무역의 기초 개념 ········· 6
제1장 무역의 개념과 종류 ········· 8
제2장 수출의 절차 ········· 18
제3장 수입의 절차 ········· 24

제 2 부 무역계약 ········· 28
제1장 무역계약의 의의 ········· 30
제2장 청약과 승낙 ········· 36
제3장 CISG(비엔나협약) ········· 46
제4장 무역계약의 법적 성질 ········· 142
제5장 무역계약의 종류 ········· 144
제6장 무역계약의 기본조건 ········· 148

제 3 부 Incoterms® 2020 ········· 168
제1장 Incoterms® 2020의 배경과 구성 ········· 170
제2장 Incoterms® 2020 주요 개정사항 ········· 174
제3장 Incoterms® 2020의 규칙 ········· 180

제 4 부 무역결제 ········· 196
제1장 송금, 추심 결제방식 ········· 198
제2장 환어음과 대금결제 ········· 206
제3장 신용장 결제방식 ········· 212
제4장 신용장 통일규칙 해설 ········· 228

제 5 부 국제물품운송 및 운송계약 ········· 304
제1장 해상운송의 형태와 운송계약 ········· 306
제2장 항공 및 철도운송 ········· 328
제3장 국제복합운송 ········· 336

제 6 부 해상보험 ······ 342

제1장 해상보험의 의의 ······ 344
제2장 해상적하보험 ······ 350
제3장 해상손해 ······ 370

제 7 부 무역클레임과 상사중재 ······ 384

제1장 무역클레임의 개념과 발생원인 ······ 386
제2장 계약위반에 의한 클레임 ······ 390
제3장 무역클레임의 해결과 상사중재 ······ 398

제 8 부 무역관리 ······ 404

제1장 대외무역법 ······ 406
제2장 관세법 ······ 424
제3장 서비스 무역 ······ 440
제4장 전자무역 ······ 446

제 9 부 무역서류와 무역서신 ······ 454

제1장 무역서신의 의의 ······ 456
제2장 무역서신의 구성요소 ······ 462
제3장 무역서신의 예시 ······ 466

제 10 부 영문해석 및 영작문 ······ 494

제1장 영문해석 빈출유형 ······ 496
제2장 영작문 빈출유형 ······ 520

#부록 ······ 536

필수어휘모음

제1부

무역의 기초 개념

제 1 장 무역의 개념과 종류

제 1 절 무역의 개념

1. 무역의 의의

1) CISG의 구성

무역이란 서로 다른 국가 간의 상거래를 뜻한다. 기업, 개인 혹은 국가 등의 경제주체가 상품, 서비스를 대가를 가지고 교환(exchange)하거나 매매(sale)를 목적으로 이루어지는 국제적인 상거래활동을 말한다.

통상적으로, 무역은 수출자(seller)가 상품(goods), 서비스 등을 제공하고, 이에 상응하여 수입자(buyer)가 대금을 지불하는 것을 말한다.

> 대외무역법 제2조 제1항
>
> 1. "무역"이란 다음 각 목의 어느 하나에 해당하는 것(이하 "물품 등"이라 한다)의 수출과 수입을 말한다.
>
> 가. 물품
> 나. 대통령령으로 정하는 용역
> 다. 대통령령으로 정하는 전자적 형태의 무체물(無體物)

2. 무역과 유사한 개념

무역은 유사한 개념으로서 국제무역, 대외무역, 외국무역, 국제통상 등이라는 말과 함께 사용되고 있다. 무역을 지칭하는 말은 여러 가지로 나뉘지만 사실상 '거래'라는 동일한 기본 개념 하에서 관점에 따라 다르게 나눠진다.

국제무역(International trade)은 물품의 이동이 국제간에 이뤄진다는 관점에서 본 개념으로 유형재화의 수출과 수입거래에 중점을 둔 용어이다.

대외무역(overseas trade)은 헌법과 무역관계 법규에 의해서 규정된 개념이다. 우리나라 상법이나 대외무역법 등에서는 주로 대외무역이라는 표현을 사용한다.

외국무역(Foreign trade)은 물품의 국제 간 거래 현상을 국가 간의 개념에서 파악한 것으로, 국가적인 개념을 위주로 설명하며, 자국과 타국의 거래를 말한다. 우리나라(자국)을 기준으로 '대미무역', '대일무역' 등으로 표현하는 것이 외국무역의 개념에서 말하는 것이다.

국제통상(international commerce, international trade)은 국가 간에 이뤄지는 경제활동을 정치적, 외교적 측면에서 바라본 개념이다. 국제통상은 일반적으로 유형재화(상품)뿐만 아니라 서비스, 지적재산권, 자본 등의 무형재화도 포함하는 개념이다.

제 2 절 무역의 대상과 특징

1. 무역의 대상

무역은 일반적으로는 유형재화를 거래하는 것을 지칭한다. 하지만 넓은 의미로서 용역·자본·기술·지적재산권 등의 생산요소 및 무형재화가 국제적으로 이동하는 것도 무역으로 본다.

1) 상품

상품(goods)은 무역거래의 대부분을 차지하는 것으로 눈에 보이는 가시성(Visibility)을 가진 유형재화이다. 통상적으로 무역거래가 가능한 가격(price)을 가진 물품 모두를 지칭한다.

2) 용역

유형재화인 상품과 달리 서비스, 용역 등을 제공하는 것을 말한다. 상품수출과 연계하여 이뤄지는 운송·보험·금융 등이 대표적인 용역이며, 용역 및 서비스를 무역외거래라고도 부른다.

3) 기술

기술은 과학이론을 실제로 적용하여 사물을 인간생활에 유용하도록 가공하는 수단 혹은 사물을 잘 다룰 수 있는 방법이나 능력을 말한다.

4) 자본

자본(capital)은 상품이나 서비스의 생산에 사용되는 자산을 말한다. 해외주식이나 채권 등 외국에 자본을 대여하거나 투자하는 것 등이 주된 자본거래이다.

2. 무역의 특징

1) 거래 위험의 발생

무역거래는 서로 상이한 문화와 관습이 존재하는 국제 간에 이뤄지므로, 거래 절차가 복잡하고 다양한 거래 위험에 노출되어 있다.

(1) 신용위험(Credit Risks)

신용위험은 거래 상대방에 대한 신용이 불확실한 상황에서 발생하는 위험으로 수출자가 수출대금을 회수하지 못하거나 수입자가 수입물품을 인도받지 못하는 등의 위험을 말한다. 대부분의 신용위험은 수출자를 대상으로 언급되며, 수입자가 계약을 고의적으로 파기하거나 연락두절, 거짓 계약 등으로 발생시키는 경우가 있으며, 시장 상황이나 불가항력 등 불가피한 사정으로 인해서 발생하는 경우도 있다. 신용장 거래를 하거나 무역보험제도 등을 통해서 위험을 일부 방어할 수 있다.

(2) 상업위험(Commercial Risks)

수입자가 대금을 지급하였지만, 수출자가 물품을 선적하지 않거나 계약을 고의적으로 이행하지 않은 경우의 발생을 말한다. 수입자가 계약물품을 정확하게 인도받을 수 있는가에 대한 위험이 상업위험이다.

(3) 운송위험(Transport Risks)

국제 간 발생하는 무역거래는 운송의 중요성이 상당히 높다. 운송위험은 수출지에서 수입지까지 운송 도중에 발생하는 물품의 손상 등에 대한 위험이다. 운송위험은 해상보험을 통해 일부 방어할 수 있다.

(4) 환위험(Exchange Risks)

환위험은 환율(Exchange rate)이 변동함에 따라 발생하는 위험을 말하며 흔히 '환 리스크'라고도 부른다. 환율은 경제 상황이나 다수의 환경적 요소에 따라 통제가 불가능하게 변동되기 때문에 무역거래에서 흔히 발생하는 위험이다.

환위험*은 선물환 제도를 통해서 일부 방어할 수 있다.

(5) 비상위험(Contigency Risks)

비상위험은 수입국에서 전쟁, 내란, 혁명, 폭동, 소요사태 등의 비상사태가 발생하여 수입국 정부가 외환 유출 제한 및 지급제한 조치, 거래 금지 등의 조치를 발동하여 수출자가 대금을 회수하지 못하는 위험을 말한다. 무역보험에 가입하면 어느 정도 방어할 수 있으나, 비상위험이 수시로 존재하는 수입국과 거래하는 수출자는 사전에 주의할 필요가 있다.

---

* 무역거래 및 국제 금융거래 등에서 활용되는 선물거래의 개념. 환위험을 피하고 안정적인 수익을 얻기 위해 특정시점에 일정한 환율로 외환거래를 하는 것이다.

2) INCOTERMS

무역거래는 상이한 국가 간에 발생하는 현상이므로 분쟁, 준거법, 불가항력, 거래 절차 등에 대한 거래 적용 문제가 발생할 수 있다.

이러한 문제를 해결하기 위해 계약 당사자들은 명시조건을 만들어서 계약에 첨부하거나 약정을 진행하지만, 사실상 어떻게 발생할지 모르는 모든 상황들에 대해서 계약서만으로 수용하기 힘든 경우가 발생한다. 따라서 당사자들끼리 이를 보완하기 위해 '정형화된 무역거래조건(INCOTERMS)'을 사용하고 있다.

인코텀즈는 1936년 국제상업회의소(ICC)가 제정한 '무역조건의 해석에 관한 국제규칙(International Rules for the Interpretation of the Trade Terms)'을 말한다. 현재 Incoterms® 2020 버전까지 발행되었으며, 해상운송조건 7가지, 운송수단에 관계없이 사용되는 4가지를 더하여 총 11개 조건으로 이루어져 있다.

매도인과 매수인의 위험과 비용의 부담 정도를 각각 명시하고 있으며, 매도인과 매수인 각각의 의무를 상세하게 규정*하고 있다.

지속적인 개정을 통해 무역거래 당사자들의 분쟁과 오해, 갈등을 대폭 줄이기 위해 노력하고 있으며, 국제무역조건과 상관습을 통일하여 무역거래의 편의성을 돕고 있다.

3) 해상운송

무역거래는 계약상품을 운송하기 위해서 국제운송이 반드시 필요하다. 국제운송의 종류로는 해상, 육상, 항공, 복합 운송이 있다. 그 중에서도 가장 많은 비중을 차지하는 것이 바로 해상운송이다.

무역거래가 과거로부터 해상운송을 기반으로 발전했기 때문에 해상운송량이 전세계에서 약

---
* 매도인의 의무 A1~A10, 매수인의 의무 B1~B10

80% 정도를 차지하고 있다. 우리나라의 경우에도 삼면이 바다로 둘러싸인 구조로 수출입화물의 대부분을 해상으로 운송하고 있다.

4) 다수의 복합계약 체결

무역거래가 이뤄지기 위해서는 가격, 품질, 수량, 결제 등의 주 계약(main contract)을 포함하여 거래 중 발생하는 다양한 보험, 운송, 부가약관 등의 종속계약이 체결된다. 거래 당사자인 수출자와 수입자를 포함하여 거래 중간에 개입하는 당사자들이 많고, 복잡하며, 복합적인 계약의 형태를 보이기 때문에 무역계약을 하기에 앞서서 거래 환경과 상대방 국가의 무역환경에 대한 지식, 운송, 보험 등의 많은 조건들을 상세히 살펴볼 필요가 있다.

5) 경쟁자의 확대 및 관세의 개념

무역을 하게 되면 국내의 경쟁자들 뿐만 아니라 세계의 기업들과 경쟁하게 된다. 세계 시장에는 비슷한 제품을 수출입 하는 경쟁 기업들이 다수 존재하고 있기 때문이다. 다른 경쟁자들보다 경쟁력 있는 품질, 가격 등을 갖출 필요가 있다.

또한 무역은 국내거래와 다르게 무역의 주체가 되는 상품이 국경을 통과하게 되면 관세를 부과하게 된다. 최근에는 자유무역을 위해서 관세를 면제시키거나 낮춰주는 추세이다. 자유무역협정(FTA)의 체결이 그 예이다.

제 3 절 무역 거래 형태

1. 직·간접 무역방식

1) 직접무역(Direct Trade)

제3자의 개입 없이 수출자와 수입자가 직접 실행하는 수출입거래를 뜻한다. 수출자와 수입자가 직접 거래선을 찾아서 거래하는 경우로, 수출자와 수입자의 직접 청약과 승낙이 이뤄지는게 보통이다.

2) 간접무역(Indirect Trade)

수출자와 수입자 사이에 제3자가 개입하여 이뤄지는 수출입거래

(1) 중계무역(intermediate Trade) : 제3국으로 수출할 목적으로 중계상이 거래 물품을 수입한 후에 통관하지 않은 상태(외국물품 상태)로 제3국으로 재수출하여 수출액과 수입액의 차액을 얻기 위한 목적으로 하는 거래형태이다.
제3국에 판매하기 위해 낮은 가격으로 수입하여, 또 다른 제3국으로 수출하여 그 차이 금액을 얻기 위한 거래이다. 수입과 재수출을 실시하는 무역업자는 '중간에서 계산'하여 이득을 얻는다.

(2) 중개무역(Merchandising Trade) : 수출자와 수입자 사이에 중개인이 개입하여 직접 계산하거나 차액을 얻는 것이 아닌, 단순히 수출업자와 수입업자를 연결시켜주고 계약 체결에 대한 수수료만 얻는 방식이다. 흔히, 일상에서 볼 수 있는 부동산 중개업자와 같이 거래 주체를 연결만 시켜주고 '계약관계에는 포함되지 않는 거래'를 말한다. '중간에 개입'하여 이득을 얻는다.

(3) 통과무역(Transit Trade) : 무역의 대상이 되는 거래 물품이 수출국에서 수입국으로 직접 운송되지 않고, 운송, 지리, 사회적 환경(정치, 문화 등)의 이유로 인해서 제3국을 경유하여 이뤄지는 무역을 말한다.

예를 들어 A국(수출국)과 B국(수입국)이 거래를 하려고 할 때, 지리적으로 운송이 어렵게 되면, A국가와 B국가의 운송 중간에 있는 제3국인 C국가를 거쳐서 운송이 되는 무역거래를 말한다. C국가의 입장에서 바라볼 때의 무역을 통과무역이라고 지칭하며, 물품이 C국가를 통과하여 운송되기 때문에 창고보관료, 보험료, 운송료, 환적작업료 등의 수익을 얻게 된다.

(4) 스위치무역(Switch Trade) : 수출국에서 수입국으로 물건이 바로 운송이 되지만 대금결제가 제3국의 제3국 통화로 결제되는 무역형태를 말한다.

중계운송에서 중계상이 수출국에서 수입국으로 물건이 바로 운송될 때 최초 수출국의 노출을 막기 위해 본인을 수출자로 대체하는 Switch B/L을 발행하여 중계상의 수입거래 당사자에게 운송서류를 발행하는 무역거래를 지칭하기도 한다.

2. 특정거래형태

특정거래형태는 국내에서 대외무역법에서 일반적인 거래형태의 수출입이 아닌 별도로 관리가 필요한 거래형태를 특정거래형태로 규정하고 있다.

1) 위탁판매수출

물품을 무환(no-draft)으로 수출하여 해당 물품이 판매된 범위 안에서 대금을 결제하는 계약에 의한 수출(물품을 위탁하여 수출하고 판매된 범위 내에서 대금을 지급받는 방식).

2) 수탁판매수출

물품을 무환(no-draft)으로 수입하여 해당 물품이 판매된 범위 안에서 대금을 결제하는 계약에 의한 수입(물품을 수탁받아서 수입하고 판매된 범위 내에서 대금을 지급하는 방식).

3) 수탁가공무역

외화가득액을 얻기 위해 원자재를 거래 상대방에게 수입하여 가공한 후 원자재를 수출한 수출업자 또는 그가 지정한 자에게 가공한 물품을 수출하는 거래.

4) 연계무역

물물교환, 구상무역*, 대응구매**, 제품환매 등의 형태로 수출과 수입이 연계되어 이뤄지는 수출입거래

---

* 구상무역(Compensation Trade) : 수출입거래가 분리되지 않고 하나의 계약서를 통해서 무역거래가 이뤄지는 것을 말한다. 수출상과 수입상은 서로 계약을 통해 수출자가 일정 기간 이내에 수입자로부터 일정 비율의 대응 수입을 하는 방식
** 구상무역과 비슷하지만, 수출입 거래가 각각의 계약서에 의해서 별도로 이루어짐.

제2장 수출의 절차

수출절차(export procedure)는 수출계약이 체결된 단계에서부터 수출대금이 회수가 되고 모든 거래계약이 종료될 때까지 발생하는 일련의 거래절차들을 말한다. 모든 거래가 같은 형태의 절차에 의해 이뤄지는 것이 아니며 거래 형태, 결제 방법, 거래 품목, 품질 수준, 수량 조건 등에 따라서 절차가 매우 복잡하고 대외무역법, 외국환거래법, 관세법, 국내법, 기준법 등 각종 법규와 다양한 국제규칙 등의 적용을 받게 된다.

1. 매매계약의 체결

해외에 물품을 수출하고자 할 때, 수출상은 자사 상품이 시장성이 있는지의 여부를 파악하고, 시장성이나 잠재력을 갖췄다고 여겨지면 물품을 수입할 신용있는 수입상을 물색한다.

수출상은 해외의 고객들에게 자사의 제품 성능, 품질, 가격 등에 대한 소개와 함께 거래제의를 하게 되고, 구매의사가 있는 상대방이 수출상의 제시에 대하여 offer(청약)를 제시하면 수출상은 구체적인 계약 내용들을 준비하여 정식 offer를 발행하여 수입상에게 거래요청을 하게 된다.

수출상이 발행하는 offer에 대해서 수입상이 바로 Acceptance(승낙)를 하게 되면 거래가 바로 이뤄지지만, 대부분의 무역거래에서는 수입상이 일부 조건을 수정하여 반복적인 Counter offer(반대 청약)를 통해서 거래 조건이 수정되고 최종 절충이 이뤄지면 매매계약이 체결된다.

무역계약은 일정한 가격 및 조건 등의 합의를 통해 이뤄지는 국제간의 매매계약이며, 수출상은 수입상에게 소유권을 이전시키고, 수입상은 이를 수령하고 대금을 지급할 것을 약정하는 계약을 말한다.

일반적으로 수출상이 계약목적물인 상품의 종류(Commodity), 품질(Quality), 수량(Quantity), 가격(Price), 인도조건(Shipment), 대금결제방법(payment) 등의 계약조건을 수입상에게 서면 또는 기타의 방법으로 제시하고 수입상이 이를 승낙(acceptance) 또는 수입상의 주문(order)에 대한 수출상의 주문승낙을 하게 되면 매매계약이 성립된다.

2. 수출신용장 수취

무역거래의 결제방식은 송금, 추심, 신용장 방식 등의 다양한 방식이 있지만, 신규 거래를 할 때는 보통 신용장 거래를 선호하게 된다. 초기 거래를 진행할 때 발생할 수 있는 대금회수의 위험을 방지하기 위해 수출상은 신용장 방식 거래를 활용하게 된다.

수출계약이 성립되면 계약조건에 따라 신용장의 경우에는 수입상이 본인의 거래은행인 신용장 발행은행(Issuing bank)에 수출상을 수익자(beneficiary)로 하는 신용장 발행을 신청하게 되고 신용장 발행신청을 받은 수입상의 거래은행은 수입상의 신용상태, 거래내역 등을 확인하여, 신용장 발행 여부를 결정한다.

신용장이 발행되면 신용장 발행은행은 수익자가 거주하는 지역에 있는 발행은행의 지점 또는 환거래은행인 통지은행(advising bank)을 통해 수익자에게 신용장 도착이 통지가 되고 수출상은 이를 확인하여 신용장을 수취하게 된다.

통지은행으로부터 신용장을 받은 수출상은 신용장의 내용이 계약내용과 일치하게 발행됐는지의 여부를 확인한 후 수출물품을 계약조건과 신용장의 조건에 따라 수출물품을 준비하고 수출승인, 요건 확인 등의 절차를 거치게 된다.

3. 수출승인 및 요건확인

수출하고자 하는 물품이 수출입공고, 통합공고, 전략물자수출입고시 등에 의해 거래가 제한되는지를 확인하고 사전에 제한이 되는 부분이 있다면 수출승인, 요건확인, 허가 등의 절차를 거쳐야 한다.

수출승인은 수출입공고 등에 의해 수출이 제한되는 물품이 수출이 가능하도록 승인해주는 절차이다. 대외무역법 이외의 58여 개의 개별법에 의한 수출입 제한 내용을 통합하여 고시하는 통합공고에 따라 요건확인 등을 받아야 하는 물품은 수출입 승인 대상에 포함되지 않으며, 해당 개별법에 따른 요건을 별도로 확인받은 후에 수출을 실행할 수 있다.

4. 수출물품의 확보

외국으로부터 수출신용장을 수취하고 난 후 수출승인까지 하고 나면, 수출을 진행할 물품을 확보해야 한다. 통상 수출물품을 확보하기 위해서 자가 공장에서 직접 제조하거나 생산하는 방법을 선택한다. 또 다른 방법으로는 수출물품인 완제품을 국내 및 국외 마켓에서 구매 및 수입을 하는 방법이 있다.

5. 수출물품의 운송계약체결

수출물품이 준비되면 수출상은 수출물품을 수출계약조건 및 신용장에서 정한 선적기일 안에 물품을 선적해야 한다. 운송계약을 체결하는 당사자는 적합한 운송회사를 선정하고 운송계약을 체결하여 신용장의 선적기일에 맞춰 선적할 준비를 한다.

선적과 관련된 계약내용은 운송수단, 선적기일, 운송회사 지정 여부, 선적항과 도착항, 분환선적과 할부선적에 관한 지시 등을 말한다.

6. 수출물품의 보험계약 체결 및 통관

수출상은 수출물품의 특성을 감안하여 적절한 해상보험약관을 선택하여 가입하게 된다. 통상 수출상은 운송하는 물품의 수량, 용적, 중량, 금액 등이 정해지면 보험회사에 적하보험신청서(cargo insurance application)를 제출한다. 실무적으로는 편의상 보험회사와 구두로 계약을 맺는 것이 일반적이며, 수출상은 이러한 계약을 통해 보험증권(Insurance Policy)을 교부받는다. 보험사고 발생 시 수출상과 수입상은 계약내용에서 정해진 부보와 담보 범위에 따라서 보상을 받는다. 적하보험은 그 부보범위가 런던보험자협회(ILU: Institute of London Underwriters)에서 제정한 협회적하약관(ICC:Institute Cargo Clause) 및 특별약관(Special Clause) 등의 명칭으로 조건을 표시하는 것이 일반적이며, 개정된 협회적하약관인 ICC(A), ICC(B), ICC(C)는 기존의 A/R, WA 및 FPA 조건과 같이 병행해서 사용되고 있다.

수출보험을 들고 수출을 실시하게 되면, 수출통관을 거치게 된다. 수출하고자 하는 물품을 세관에 신고하고 필요한 심사, 검사 등을 거쳐서 수출신고필증을 받고, 선박 또는 항공기 등에 선·기적하기까지의 절차를 수출통관이라고 한다. 수출통관은 불법수출이나 위장수출 등을 방지하기 위해 의무화하고 있다.

수출통관을 위해 심사 및 검사가 이뤄지고 일정한 요건을 갖추어서 수출통관에 대한 수출신고가 수리되면 수출상은 수출물품을 운송하여 30일 이내에 선적지 보세구역(bounded Area)에 반입하고, 선·적을 하게 된다.

현재 수출(입)신고는 관세청의 수출통관시스템으로 EDI(전자문서거래방식)방식으로 진행하는 전자신고를 원칙으로 하고 있으며, 실무적으로는 관세사들이 이 역할을 담당하고 있다.

7. 수출물품의 선적과 수출대금의 회수

수출통관이 완료되면 수출물품의 선적은 수출상이 선박회사에 제출한 선적요청서(S/R:Shipping Request)를 바탕으로 선박회사가 본선의 선장 앞으로 발행하는 선적지시서(S/O:Shipping Order)와 적하목록에 따라 이뤄지고, 화물의 적재가 완료되면 수출상으로부터 선사가 화물을 수취하였다는 증거로서 부두수취증(D/R:Dock Receipt) 혹은 본선수취증(M/R:Mate Receipt)을 교부한다.

수출상은 D/R 혹은 M/R을 선사에 제시하여 선하증권(B/L:Bill of Lading)을 발급받는다. 화물이 항공기로 운송되면 기적(항공기에 선적됨)을 증거로 항공화물운송장(AWB:Airway Bill)이 발행된다.

8. 수출대금 회수

수출물품이 통관과 선적을 거쳐서 운송서류까지 발급받으면, 수출상은 수출대금을 회수할 수 있게 된다.

수출대금 회수를 위해서는 외국환은행과 외국환거래약정을 체결하고 선적을 이행한 후, 수출신용장 또는 계약서의 조건(D/P, D/A) 등에 따라 환어음, 운송서류 등을 작성하여 매입(negotiation) 또는 추심(collection)을 거래은행에 의뢰하게 된다. 외국환은행은 환어음을 지급인(drawer, 수입상) 앞으로 송부함으로써 수출대금의 회수가 이뤄진다.

제3장 수입의 절차

수입절차(import procedure)는 수입대상물품과 거래선을 선정하여 수입계약을 체결하고 수입신용장 등을 발행한 후 수입화물과 운송서류가 도착하면 수입대금을 결제하여 수입물품의 소유권을 얻는 일련의 절차를 말한다.

1. 수입계약의 체결

수입상은 수입이 필요한 물품을 해외시장 조사, 조회(inquiry) 등을 통해서 수출상을 물색한다. 외국의 수출상으로부터 받은 offer sheet(물품매도확약서)에 승낙(acceptance)하여 수입계약이 성립되며, 계약 이후 분쟁에 대비하기 위해 별도의 수입계약서를 작성하여 상호 서명하여 보관한다.

2. 수입승인 및 요건확인

수입자는 해외 수출자를 물색하여 수입을 의뢰하면 된다. 하지만 수출과 동일하게 수입이 가능한 물품인지는 수입승인을 거쳐야 하며, 우리나라의 대외무역법에서는 수출입공고 상의 수입제한 물품일 경우 수출입공고상의 해당 수입요령에 맞춰서 해당 규정에 맞는 기관으로부터 수입승인(I/L:Import License)을 받아야 한다. 통합공고상의 요건확인이 필요한 경우에는 수입요건 확인신청을 하여 수입요건 확인서를 발급받아야 수입을 할 수 있다.

3. 수입신용장 발행의뢰 및 결제방법 약정

수입자는 수입대금을 송금, 추심, 신용장 등의 결제방법을 이용하여 결제해야 한다. 신용장의 경우 수입자는 신용장의 개설을 의뢰하는 개설의뢰인으로써 수입승인을 받고 수입승인서를 첨부하여 수입지에 있는 신용장 발행은행에 신용장 발행을 의뢰한다. 신용장 발행을 신청할 때는 개설 신청서를 작성하게 되는데, 이 신청서에 작성한 내용대로 신용장이 발행되기 때문에 모든 사항을 구체적으로 작성하되 간단하고 명료하게 작성해야 한다. 또한 신청서의 내용은 수입계약서 및 수입승인서의 조건과 일치하여야 한다.

4. 운송 및 보험계약 체결

수입업자는 인코텀즈(Incoterms® 2020)*의 제조건에 따라 EXW(공장인도조건), FCA(운송인인도조건), FAS(선측인도조건), FOB(본선인도조건)인 경우에는 수입상이 운송인을 수배하여 운송계약을 체결해야 한다. 또한 인코텀즈 2020 규칙상 FCA(운송인인도조건), FAS(선측인도조건), FOB(본선인도조건), CFR(운임포함인도조건) 또는 CPT(운송비지급인도조건)인 경우 수입상이 자신의 위험에 대비하기 위해 스스로 보험계약을 체결해야 한다.

5. 수입대금 결제

수입업자는 수출자가 신용장의 운송서류를 환어음과 함께 수출업자의 거래은행에 매입의뢰를 하고, 매입은행이 신용장 발행은행으로 송부하여 신용장 대금을 청구한다. 발행은행은 수입상에게 선적서류를 제시하고 수입업자는 해당 금액을 결제하면 발행은행은 신용장의 대금을 매입은행에게 지급하게 된다.

이 과정에서 발행은행은 매입은행으로부터 받은 선하증권 등의 운송서류와 신용장에서 요구한 서류가 신용장조건과 일치하는지의 여부를 심사하고, 이후에 수입상에게 서류도착통지서(Arrival Notice)를 발송한다. 수입상은 대금을 결제 혹은 인수하고 운송서류를 받게 된다.

수입화물은 도착했지만 운송서류가 도착하지 않는 경우 발행은행에서 수입화물선취보증서(L/G : Letter of Guarantee, SSB : ShipSide Bond) 혹은 항공화물운송장에 의한 수입화물인도승낙서를 발급받아 이를 선박회사나 항공사에 제출하고 수입화물을 미리 인수할 수 있으며 또한 수입상이 수입화물은 도착했지만 대금결제자금이 없는 경우 발행은행이 수입화물에 대한 소유권을 유지하면서 수입화물을 인도해주고, 수입상이 해당 물품을 처분한 후에 해당 수입대금을

* 인코텀즈 버전은 거래 당사자간 합의에 의해 이전 버전을 사용할 수 있다. 본 교재는 2020버전을 기준으로 작성되었다.

결제할 수 있도록 하는 대도증서(T/R : Trust Receipt)를 제공하고 서류를 먼저 인도받기도 한다.

6. 수입통관 및 물품수령

　관세법의 규정에 따라 수입승인을 마치고 수입서류를 인도한 수입업자는 보세구역에 해당 물품을 장치하고 수입신고를 하게 된다. 수입신고를 한 후 수입신고의 요건을 모두 심사한 후 수입신고를 수리한 후 수입신고필증을 교부받고 과세가격에 따른 관세 등을 부담한다. 수입신고가 적법하게 신고된 후에는 물품을 반출할 수 있으며, 이 때 선사에 선하증권을 제시하고 필요에 따라 운임을 정산하고 화물인도지시서(D/O : Delivery Order)와 함께 보세구역에서 물품을 반출하여 수령하게 된다.

제 2 부

무역계약

제1장 무역계약의 의의

제 1 절 무역계약의 의의

1. 무역계약의 의의와 절차

무역계약은 국제 간 매매 계약으로서 매도인(수출상)이 물품의 소유권을 인도하고, 매수인은 이를 수령하며 대금을 지급할 것을 약정하는 국제물품매매계약을 의미한다.

무역계약은 크게 해외시장에 대한 조사를 하는 ①해외시장조사단계(foreign market research)와 선정된 거래처와의 거래협의를 진행하는 ②거래교섭(business negotiation), 매매당사자간에 계약을 체결하는 ③청약(offer)/주문(order) ↔ 승낙(acceptance)/주문승낙(acknowledge)의 단계에 의해서 거래가 체결된다.

> ✓ **무역계약의 체결과정**
> ㉠ 해외시장조사(foreign market research)
> ㉡ 거래처 선정(prospective buyer)
> ㉢ 거래 제의(business proposal)
> ㉣ 거래상품조회(trade inquiry)
> ㉤ 거래상품조회에 대한 회신(replies to an trade inquiry)
> ㉥ 신용조회(credit inquiry)
> ㉦ 청약(offer)
> ㉧ 반대청약(counter offer)
> ㉨ 확정청약(firm offer)과 주문(order)
> ㉩ 승낙(acceptance)과 주문승낙(acknowledgement)
> ㉪ 무역계약 체결(sales contract)

2. 무역계약의 법적 특성

무역역계약은 또한 4가지의 법적 특성을 갖는다.

첫째, 무역계약은 계약당사자 간의 상호 대가적 관계에 있는 반대급부를 할 것을 목적으로 하기 때문에 유상계약(remunerative contract)이며,

둘째, 무역계약에 대해서 매도인은 물품 인도의 의무, 매수인은 물품 수령과 대금지급의 의무를 갖기 때문에 양 당사자가 모두 의무를 갖는 쌍무계약(Bilateral Contract)이다.

셋째, 매도인의 청약(offer) 또는 주문(order)에 대해 승낙(acceptance) 또는 주문승낙(acknowledgement)이 있어야 비로소 계약이 성립되는 합의 또는 낙성계약(consensual contract)이다.

넷째, 계약의 형태가 구두 계약이든, 서면계약이든 관계없이 무역계약은 그 형식의 특정함이 없는 불요식계약(informal contract)이다.

1) 계약의 성립

청약(Offer)과 반대청약(Counter offer) 등 일련의 과정을 거쳐서 거래상대방의 승낙(Acceptance)이 이루어지게 되면 주문과 동시에 신용장을 개설하게 되는데, 분쟁을 방지하고 거래상태를 파악하기 위하여 계약서의 작성이 필요하다.

사실상 무역계약은 구두계약도 인정되며, 무역계약의 특성 중 하나인 불요식계약(informal contract)*의 특성으로 인해 계약서의 작성이 필수는 아니다.**

---

* 특별히 정해진 계약의 형태와 양식이 없음.

** United Nations Convention on Contracts for the International Sale of Goods, 1980 Article 11
A contract of sale need not be concluded in or evidenced by writing and is not subject to any other requirement as to form. It may be proved by any means, including witnesses.
비엔나협약 제11조(계약의 형식)
매매계약은 서면에 의하여 체결되거나 또는 입증되어야 할 필요가 없으며, 또 형식에 관해서도 어떠한 다른 요건에 따라야 하지 아니한다. 매매계약은 증인을 포함하여 여하한 수단에 의해서도 입증될 수 있다.

무역계약은 매매계약을 주 계약으로 하며 운송, 보험, 결제, 포장(화인), 검사 등 다양한 요건의 종속계약이 따른다.

영국 물품매매법(SGA, The Sales of Goods Act, 1979)에서는 무역계약의 정의를 아래와 같이 정의하고 있다.

> **SGA 2조 1항.**
> (1) A contract of sale of goods is a contract by which the seller transfers or agrees to tranfer the property in goods to the buyer for a money consideration, called price.
> (1) 상품의 판매계약은 매도인이 상품에 있는 소유권을 매수인에게 금전적 대가인 소위 가격(cost)을 위해 양도하거나 양도할 것에 동의하는 계약이다.

2) 무역계약서의 작성

(1) 서두

무역계약서의 서두에는 계약일, 당사자 등을 작성하며, 계약 체결의 목적을 명시한 설명조항(whereas Clause)과 매매거래 당사자 간의 약속자의 이익, 권리와 수약자(약속을 받는 자)의 불이익, 손실, 의무와 같은 대가성 교환과 관련된 내용들을 명시한다. 서두에는 본격적인 계약의 내용보다는 계약의 배경을 주로 작성하게 된다.

(2) 본문

본문에는 계약서에 포함된 단어나 정의에 대한 설명을 돕는 정의조항(Definition Clause)과 거래의 구체적 내용(수량, 가격, 품질, 품명, 선적 시기, 보험 등)이 담긴 특정조항(Specific Clause), 국제매매계약의 일반사항(준거법, 클레임 조항, 선적 조건, 품질 조건, 수량 조건, 보험 조건 등의 해석기준 등)에 대한 내용을 적는 일반조항(General Clause)을 적는다.

본문에는 계약의 실체와 계약에서 요구하는 조건 등에 대한 구체적 내용을 적도록 하며 계약자 상호 간 오해가 발생할 수 있는 여지를 최대한 줄이기 위해 계약의 내용에 대한 해석 또한 명시적으로 해두는 것이 좋다.

(3) 마무리

계약서의 말미에는 계약승낙문언과 서명이 들어가며, 반송문언[*]이 들어가기도 한다.

---

[*] John O, Honnold, supra note 2, p.10.; Schlechtriem & Schwenzer, supra note 1, p2.

memo

제2장 청약과 승낙

제1절 청약(offer)

1. 청약의 의의

어떤 특정한 조건으로 물품을 팔고(사고) 싶다는 의사표시로, selling offer(파는 경우)와 Buying offer(사는 경우)로 구분된다. 대부분의 경우 Selling offer이고, 정부기관의 입찰공고 등 특정의 경우 Buying offer가 이용된다.

2. 기재내용

품목, 수량, 가격 등이 필수적으로 기재되어야 하고 이외에도 대금결제방법, 유효기간, 선적일, 규격, 원산지, 포장방법 등이 포함되어야 한다. 구체적으로 작성되어야 하며, 청약에 대해서 상대방이 승낙한다면 양 당사자는 해당 내용에 구속된다.

청약서 예시

Exporter & Manufacturers
Messrs. ABC INC. Offer No.
Date : May 15, 2010
Ref No.
Reg No.

OFFER SHEET

We are pleased to offer the under meantioned article(s) as per conditions and details describle as follows:

Sample No. Commodity &(Code-Word) Description	Unit Price	Quantity	Amount
	Fob Ulsan Per Set US $ 6,000.00	10,000	60,000,000.00

Origin : Requblic of korea
Supplier : Korea Trading Co. Ltd.
Packing : Export standard packing
Shipment : Within 30days after receipt of Letter of Credit
Inspection : Ours to be final
Payment : By an Irrevocable Letter of Credit in our favor
Validity : By end May, 2010
Remarks : (Subject to our final confirmation)

Looking forward to your kind order for the above offer.

Yours faithfully.

KOREA TRADING CO,. LTD
Authorized Signature

3. 청약의 효용

이러한 offer는 통상적으로 여러 번의 반대청약(Counter offer)의 과정을 거쳐 일방의 Acceptance가 이루어지게 되고, 이를 기초로 하여 Memorandum, Purchase order form, Sales note 등의 방식으로 실질적인 계약이 체결됨. 곧 Offer는 일종의 견적서 성격을 가지는 무역계약의 필수요건이다.

4. 청약의 효력 발생과 소멸

1) 청약의 효력 발생

CISG에서는 청약이 피청약자에게 도달한 때에 효력 발생하는 것으로 한다.

> **CISG Article 15**
> (1) An offer becomes effective when it reaches the offeree.

우리나라 민법 제111조 1항에서도 "상대방이 있는 의사표시는 그 통지가 상대방에게 도달한 때로부터 그 효력이 생긴다."고 하여 도달주의를 채택하고 있다.

2) 청약의 효력 소멸

청약은 아래와 같은 사항이 발생한 경우 그 효력이 소멸된다.
(1) 피청약자가 청약을 거절하는 경우
(2) 대응청약이 있는 경우
(3) 청약의 유효기간이 지난 경우
(4) 당사자가 사망하는 경우
(5) 청약의 취소, 청약의 철회, 후발적 위법상황 등의 위법(subsequent illegality)의 경우

5. 종류

1) 확정청약(Firm offer)

(1) 유효기간(validity)과 선적기일이 명시된 청약을 의미한다.

(2) 유효기간 내 다른 곳에 offer를 내지 못하고, 임의적 변경(amendment), 취소(cancellation), 철회(revocation)가 불가능하다.

(3) 상대방의 승낙 시 계약이행의무가 확정됨.

(4) "We offer you firm"과 같은 문장이 삽입된다.

2) 자유청약(Free offer)

(1) 유효기간과 선적기일이 명시되지 않고 기한의 정함이 없는 청약을 의미한다.

(2) 동시에 여러 곳에 offer가 발행될 수 있고 임의적 변경, 취소, 철회가 가능하다.

(3) 피청약자*(offeree)는 합리적인(reasonable) 시간 내에 승낙해야 계약이 체결될 수 있다.

3) 반대청약(Counter offer)

원(原) 청약의 조건을 변경하거나 새로이 추가하는 청약이다. 최초의 청약에 대해서 조건을 변경하여 피청약자가 청약자에게 다시 offer를 하는 과정이다.

반대 청약에 의해 원 청약의 효력은 상실되므로 '원 청약의 거절과 동시에 새로운 offer가 생성된다'는 성격을 가진다.

4) 조건부 청약(Conditional offer)

(1) 반품허용조건부 청약(offer subject to sale or return / offer on sale or return) : 피청약자에게 위탁판매하게 하고 잔여물품을 반납하는 조건으로 서적판매 등에서 주로 이용된다.

(2) 점검매매조건부 청약(offer on approval) : Offer와 함께 물품을 보내어 점검 후 구매의사가

---

* 청약을 하는 주체인 청약자로부터 청약을 받는 자를 뜻하며, A와 B가 거래할 때 A가 B에게 청약을 한다면 B는 A의 청약을 받는 피청약자가 된다.

있으면 대금지급, 없으면 반품하는 조건으로 이용된다.

(3) 최종확인 조건부 청약(offer subject to final confirmation / sub-con offer) : 피청약자가 승낙해도 청약자의 최종확인이 있어야 계약이 성립됨. 곧 피청약자의 승낙이 offer에 해당한다.

(4) 재고 잔류 조건부 청약(stock offer / offer subject to being unsold) : 피청약자가 승낙해도 유효재고가 있는 경우에만 계약이 성립하는 청약이다.

(5) 선착순 청약(offer subject to prior sale)[*] : 유효재고 범위 내에서 선착순으로 판매하는 것을 조건으로 하는 청약을 말한다.

6. 청약의 유인

거래 상대방의 승낙만으로는 거래가 구속되지 않고 청약자 자신의 확인에 의해 구속되려는 의도를 청약의 유인이라 한다. 즉, 구체적이고 확정적인 의사표시로서 거래 상대방에게 제안하는 것이 아닌, 청약을 해올 것을 유도하는 Inquiry, Circular Letter, Catalog, Sample, Price-list, Estimate 또는 Quotation 등의 서류를 말한다. 계약 체결을 위한 사전 예비교섭행위로 볼 수 있으며, 타인이 직접 권유하여 자기에게 청약을 하게 하는 행위를 말한다.

7. 청약의 철회와 취소

1) 청약의 철회(CISG 15조)

청약은 그것이 취소불능한 것이라도 그 철회가 청약의 도달 전 또는 그와 동시에 피청약자에게 도달하는 경우에는 이를 철회할 수 있다.

---

[*] 재고잔류 조건부 청약과 선착순 청약은 사실상 재고가 한정되어 있는 상황에서 유효재고가 있는 범위 내에서 이용되는 청약의 종류로 유사한 개념이다.

2) 청약의 취소(CISG 16조)

계약이 체결되기까지는 청약은 취소될 수 있다. 다만 이 경우에 취소의 통지는 피청약자가 승낙을 발송하기 전에 피청약자에게 도달하여야 한다.

그러나 다음과 같은 경우에는 청약은 취소될 수 없다.

(1) 청약이 승낙을 위한 지정된 기간을 명시하거나 또는 기타의 방법으로 그것이 철회불능임을 표시하고 있는 경우, 또는
(2) 피청약자가 청약을 취소불능이라고 신뢰하는 것이 합리적이고, 또 피청약자가 그 청약을 신뢰하여 행동한 경우.

8. 청약의 거절(CISG 17조)

Article 17
An offer, even if it is irrevocable, is terminated when a rejection reaches the offeror.

제17조(청약의 거절)
청약은 그것이 취소불능한 것이라도 어떠한 거절의 통지가 청약자에게 도달한 때에는 그 효력이 상실된다.

청약은 철회될 수 없는 것이더라도, 거절의 의사표시가 청약자에게 도달한 때에는 효력을 상실한다.
거절의 통지가 청약자에게 도달한 때에 청약의 효력이 상실되므로 피청약자는 더 빠른 수단을 이용하여 승낙의 의사표시를 청약자에게 도달시켜 계약을 성립시킬 수 있다.
피청약자의 거절의 의사표시가 청약자에게 도달한 후에는 피청약자가 다시 승낙을 해도 계약은 성립되지 않는다. 이 경우 피청약자의 승낙의 의사표시는 반대청약으로서 새로운 청약이 된다.

제 2 절 승낙(acceptance)

1. 승낙의 의의

승낙(acceptance)은 청약자의 청약에 대하여 피청약자가 계약성립을 목적으로 행하는 무조건적(Unconditional/unqualified)이고 절대적(absolute)인 동의의 의사표시로 승낙에 의해 계약이 체결된다.

비엔나협약(CISG) 승낙의 개념을 제18조에서는 아래와 같이 정의하고 있다.

> **CISG, Article 18**
> (1) A statement made by or other conduct of the offeree indicating assent to an offer is an acceptance. Silence or inactivity does not in itself amount to acceptance.
>
> **제 18조**
> (1) 청약에 대한 동의를 표시하는 피청약자의 진술 또는 기타의 행위는 이를 승낙으로 한다. 침묵 또는 부작위 그 자체는 승낙으로 되지 아니한다.

청약의 내용에 대해서 조건을 변경하여 승낙할 수 없고, 조건변경이 있다면, Acceptance가 아니라 원청약의 거절(rejection)임과 동시에 반대청약(Counter offer)이 된다.

> **CISG, Article 19**
> (1) A reply to an offer which purports to be an acceptance but contains additions, limitations or other modifications is a rejection of the offer and constitutes a counteroffer.
>
> **제19조(변경된 승낙의 효력)**
> (1) 승낙을 의도하고는 있으나 이에 추가, 제한 또는 기타의 변경을 포함하고 있는 청약에 대한 회답은 청약의 거절이면서 또한 반대청약을 구성한다.

2. 승낙의 효력 발생

청약과 같이, 도달주의 원칙을 채택하고 있다. 또한, 피청약자가 청약자에게 통지 없이 물품발송이나 대금지급과 같은 행위를 함으로써 동의를 표시할 경우에도 청약에 대한 승낙으로 보며, 청약의 조건을 변경하는 경우에는 계약의 성립이 불가하다.

CISG, Article 18

(1) An acceptance of an offer becomes effective at the moment the indication of assent reaches the offeror. An acceptance is not effective if the indication of assent does not reach the offeror within the time he has fixed or, if no time is fixed, within a reasonable time, due account being taken of the circumstances of the transaction, including the rapidity of the means of communication employed by the offeror. An oral offer must be accepted immediately unless the circumstances indicate otherwise.

제18조(승낙의 시기 및 방법)

(1) 청약에 대한 승낙은 동의의 의사표시가 청약자에게 도달한 때에 그 효력이 발생한다. 승낙은 동의의 의사표시가 청약자가 지정한 기간 내에 도달하지 아니하거나, 또는 어떠한 기간도 지정되지 아니한 때에는 청약자가 사용한 통신수단의 신속성을 포함하여 거래의 사정을 충분히 고려한 합리적인 기간 내에 도달하지 아니한 경우에는 그 효력이 발생하지 아니한다. 구두의 청약은 별도의 사정이 없는 한 즉시 승낙되어야 한다.

3. 승낙 기간의 해석(CISG 20조)

1) 전보 또는 서신에서 청약자가 지정한 승낙의 기간은 전보가 발신을 위하여 교부된 때로부터, 또는 서신에 표시된 일자로부터, 또는 그러한 일자가 표시되지 아니한 경우에는 봉투에 표시된 일자로부터 기산된다. 전화·텔렉스 또는 기타의 동시적 통신수단에 의하여 청약자가 지정한 승낙의 기간은 청약이 피청약자에게 도달한 때로부터 기산된다.

2) 승낙의 기간 중에 들어 있는 공휴일 또는 비영업일은 그 기간의 계산에 산입된다. 그러나 기간의 말일이 청약자의 영업소에서의 공휴일 또는 비영업일에 해당하는 이유로 승낙의 통지가 기간의 말일에 청약자의 주소에 전달될 수 없는 경우에는, 승낙의 기간은 이에 이어지는 최초의 영업일까지 연장된다.

4. 승낙의 철회

승낙은 그 승낙의 효력이 발생하기 이전 또는 그와 동시에 철회가 청약자에게 도달하는 경우에는 이를 철회할 수 있다.
다만, 승낙은 그 의사표시가 확정적이기 때문에, 승낙 이후에 승낙을 취소할 수는 없다.
(청약은 철회, 취소 가능, 승낙은 철회만 가능)

5. 도달의 정의(CISG 24조)

청약, 승낙의 선언 또는 기타의 모든 의사표시는 그것이 상대방에게 구두로 통지되거나, 또는 기타 모든 수단에 의하여 상대방 자신에게, 상대방의 영업소 또는 우편송부처에, 또는 상대방이 영업소나 우편송부처가 없는 경우에는 그 일상적인 거주지에 전달되었을 때에 상대방에게 "도달"한 것으로 한다.

제3장 CISG(비엔나협약)

1. CISG의 구성과 성격

1) CISG의 구성

CISG는 전문, 총 4편(part), 101개 조항(article)으로 구성되어 있다. 제2편 계약의 성립은 '국제물품매매계약의 성립에 관한 통일법 협약(ULF)'에 기초하였고, 제3편 물품의 매매는 '국제물품매매에 관한 통일법 협약(ULIS)'에 기초하고 있다.[*]

제1편 적용범위와 총칙 (13개 조문)	제1장 적용범위(제1조~제6조) 제2장 총칙(제7조~제13조)
제2편 계약의 성립 (11개 조문)	제14조 ~ 제24조
제3편 물품의 매매 (64개 조문)	제1장 총칙(제25조~제29조) 제2장 매도인의 의무(제30조~제52조) 제3장 매수인의 의무(제53조~제65조) 제4장 위험의 이전(제66조~제70조) 제5장 매도인과 매수인의 의무에 공통되는 규정(제71조~88조)
제4편 최종규정 (13개 조문)	제89조~제101조 CISG의 효력 발생, 가입, 탈퇴, 일부 조항의 유보 등

[CISG의 구성]

2) CISG의 성격

비엔나 협약은 국제물품매매계약에 있어서 적용되는 실체법, 통일사법이며 국내법과 동일한 효력을 가지는 민법상 특별법이다.

---

[*] John O, Honnold, supra note 2, p.10.; Schlechtriem & Schwenzer, supra note 1, p2.

(1) 직접성

CISG는 국제물품매매계약에 적용되는 직접법이며 실체법이다. CISG는 우리 민법과 마찬가지로 국제물품매매계약에 직접 적용된다.

(2) 국제성

CISG는 국제물품매매계약에 적용되는 법이다. 원칙적으로는 영업소를 달리하는 당사자 간의 물품매매계약에 적용된다.

(3) 통일성

CISG는 국제물품매매계약에 적용되는 통일법이다. 준거법에 우선하여 적용되어 국제물품매매계약에 적용되는 법을 통일함을 목적으로 한다.

2. 매도인과 매수인의 의무

1) 매도인의 의무

(1) 소유권 이전 및 물품인도 의무

매도인은 물품의 소유권을 매수인에게 이전시키고, 물품을 인도해야 한다(CISG, 제30조). 물품매매에 있어서 매도인의 소유권이전과 물품인도 의무는 가장 기본적인 의무이다. CISG에서 '인도(delivery)'를 "물품을 매수인의 처분하에 두는 것(placing the goods at the buyer disposal)"을 의미한다고 규정하고 있다(CISH 제31조 제b호).

(2) 물품의 계약적합 의무

매도인은 계약에서 정한 수량, 품질, 종류 등을 지켜야 하며, 계약에서 정한 방법으로 용기에 담겨지거나 포장된 물품을 인도하여야 한다(CISG 제35조 제1항).

매도인은 매수인이 제3자의 권리 또는 청구권을 전제로 물품을 수령하는 것에 동의한 경우가 아닌 한, 제3자의 권리 또는 청구권으로부터 자유로운 물품을 인도하여야 한다(CISG 제41조).

(3) 서류인도 의무

매도인은 물품인도와 관련한 서류를 교부해야 한다(CISG 제31조). 그리고 서류를 교부하는 경우에는 계약에서 정한 시기, 장소, 방식에 따라 매수인에게 서류를 교부해야 한다(CISH 제 34 조).

매도인이 인도해야 하는 서류는 계약서에서 정하는데 통상 선하증권, 상업송장, 포장명세서, 원산지증명서, 보험증권, 검사증명서 등이 있다.

2) 매수인의 의무

(1) 대금지급의무

대금지급의무는 매수인의 가장 기본적인 의무이면서(CISG 제53조), 대금지급방식은 계약을 통해서 당사자 간에 정한다. 계약서에서 정하지 않은 경우 원칙적으로 매도인의 영업소에 지급하는 것이 원칙이다(CISG 제57조).

다만, 대금이 물품 또는 서류의 교부와 상환하여 지급되어야 하는 경우에는 그 교부가 이루어지는 장소에서 지급한다(CISG 제57조).

대금지급시기에 대해 정하지 않은 경우에는 물품 또는 그 처분을 지배하는 서류를 매수인의 처분하에 두는 때에 대금을 지급해야 한다(CISG 제58조).

(2) 물품수령의무

매수인은 매도인의 물품인도에 협력하여 물품을 수령해야 한다(CISG 제53조).

(3) 물품검사의무

CISG 제38조에 따라 (a) 매수인은 그 사정에 따라 실행 가능한 짧은 기간 내에 물품을 검사하거나 또는 물품이 검사되도록 하여야 한다. 또한, (b) 계약이 물품의 운송을 포함하고 있는 경우에는, 검사는 물품이 목적지에 도착한 이후까지 연기될 수 있다.

(c) 물품이 매수인에 의한 검사의 합리적인 기회도 없이 매수인에 의하여 운송 중에 목적지가 변경되거나 또는 전송(轉送)되고, 또한 계약 체결 시에 매도인이 그러한 변경이나 전송의 가능성을 알았거나 또는 알았어야 하는 경우에는 검사는 물품이 새로운 목적지에 도착한 이후까지 연기될 수 있다.

(4) 하자통지의무

검사결과 물품의 하자를 발견한 경우 매수인은 상당기간 내에 매도인에게 이를 통지해야 한다. 어떠한 경우에도 물품이 매수인에게 현실적으로 인도된 날로부터 늦어도 2년 이내에 매수인이 매도인에게 불일치의 통지를 하지 아니한 경우에는 매수인은 물품의 불일치에 의존하는 권리를 상실한다. 다만 이러한 기간의 제한이 계약상의 보증기간과 모순된 경우에는 그러하지 아니하다 (CISG 제39조).

3. 매도인과 매수인의 구제권리(REMEDIES)

[CISG의 매도인, 매수인의 구제권리 비교]

구분	매수인의 구제권리 (매도인의 계약위반)	매도인의 구제권리 (매수인의 계약위반)

공통
구제권리
	• 특정이행청구권(제46조 제1항)
	• 부가기간지정권(제47조 제1항)
	• 계약해제권(제49조 제1항)
	• 손해배상청구권(제45조 제1항,
	  제74조~제77조)
		• 특정이행청구권(제62조)
		• 부가기간지정권(제63조 제1항)
		• 계약해제권(제64조 제1항)
		• 손해배상청구권(제61조 제1항,
		  제74조~제77조)

차이점	• 대체품인도청구권(제46조 제2항) • 하자보완청구권(제46조 제3항) • 대금감액청구권(제50조)	• 물품명세확정권(제65조)

1) 매도인의 계약위반에 대한 매수인의 구제권리

인도지연	특정이행청구권, 계약해제권, 손해배상청구권, 부가기간지정권
불완전인도 (물품하자)	대체품인도청구권, 하자보완청구권, 감액청구권, 계약해제권, 손해배상청구권, 부가기간지정권

(1) 특정이행청구권(Specific performance, CISG 제46조 제1항)

매수인은 매도인에게 의무이행을 청구할 수 있다. 매수인이 특정이행청구권을 행사하기 위해서는 매도인의 계약이행의무가 존재하고 그 의무가 이행되지 않아야 한다. 특정이행청구권은 계약을 해제하는 것이 아니고, 청구하는 것이며 계약해제권과는 병행하여 청구할 수 없다. 하지만 계약불이행에 대한 손해배상청구권은 병행하여 청구할 수 있다.

예를 들어 상대방이 물품선적을 하지 않은 경우에 물품선적을 요청하거나, 물품인도행위를 하지 않은 경우 물품인도요청을 할 수 있다.

(2) 대체품인도청구권(CISG 제46조 제2항)

물품을 수령한 매수인은 매도인이 인도한 물건이 계약에 부적합한 경우 대체품의 인도를 청구할 수 있다.

대체품인도청구권을 행사하기 위해서는, 계약에서 약정한 물품과 비교하여 완전부적합, 완전불량 상태인 경우이며,

① 그 부적합이 본질적 계약위반[*] 이어야 하며,
② 물품의 부적합 통지를 해야 하고(물품의 하자를 발견하였거나 발견할 수 있었던 때로부터 합리적인 기간 내에 통지할 것)
③ 부적합통지와 동시에 또는 부적합 통지 후, 합리적인 기간 내에 청구할 것

---

[*] (CISG 제25조 본질적 계약위반의 정의) 당사자의 일방이 범한 계약위반이 그 계약 하에서 상대방이 기대할 권리가 있는 것을 실질적으로 박탈할 정도의 손해를 상대방에게 주는 경우에는, 이는 본질적 위반으로 한다.

(3) 하자보완청구권(CISG 제46조 제3항)

물품이 계약과 일치하지 아니한 경우에는, 매수인은 모든 사정으로 보아 불합리하지 아니하는 한 매도인에 대하여 수리에 의한 불일치의 보완을 청구할 수 있다. 수리의 청구는 제39조에 따라 지정된 통지와 함께 또는 그 후 합리적인 기간 내에 행하여져야 한다.

Article 39

(1) The buyer loses the right to rely on a lack of conformity of the goods if he does not give notice to the seller specifying the nature of the lack of conformity within a reasonable time after he has discovered it or ought to have discovered it.

(2) In any event, the buyer loses the right to rely on a lack of conformity of the goods if he does not give the seller notice thereof at the latest within a period of two years from the date on which the goods were actually handed over to the buyer, unless this time-limit is inconsistent with a contractual period of guarantee.

제39조(불일치의 통지시기)

(1) 매수인이 물품의 불일치를 발견하였거나 또는 발견하였어야 한 때부터 합리적인 기간 내에 매도인에게 불일치의 성질을 기재한 통지를 하지 아니한 경우에는, 매수인은 물품의 불일치에 의존하는 권리를 상실한다.

(2) 어떠한 경우에도, 물품이 매수인에게 현실적으로 인도된 날로부터 늦어도 2년 이내에 매수인이 매도인에게 불일치의 통지를 하지 아니한 경우에는, 매수인은 물품의 불일치에 의존하는 권리를 상실한다. 다만 이러한 기간의 제한이 계약상의 보증기간과 모순된 경우에는 그러하지 아니하다.

---

(4) 부가기간지정권(CISG 제47조 제1항)

매수인은 사실상 계약해제를 피하기 위해 매도인에게 매도인의 의무이행을 위한 합리적인 부가기간을 지정할 수 있다. 매수인이 부가기간을 지정한 경우, 그 기간내에는 계약 해제를 할 수 없다. 다만, 매도인이 이행거절을 통지한 경우에는 계약해제가 가능하다.

(5) 계약해제권(CISG 제49조 제1항)

계약해제권은 일방적인 의사표시로 계약을 종결시키는 것으로, 계약의 본질적 위반(fundamental breach)인 경우에만 계약해재권이 인정된다(CISG 제64조).

계약해제의 사유는 다음과 같다(CISG 제49조 제1항).

① 계약 또는 이 협약에 따른 매도인의 어떠한 의무의 불이행이 계약의 본질적인 위반에 상당하는 경우, 또는
② 인도불이행의 경우에는, 매도인이 제47조 제1항에 따라 매수인에 의하여 지정된 추가기간 내에 물품을 인도하지 아니하거나, 또는 매도인이 그 지정된 기간내에 인도하지 아니하겠다는 뜻을 선언한 경우.

> ✓ 본질적 계약위반의 경우에만 계약해제권을 행사할 수 있도록 하고 있으며, 본질적 계약위반이 아닌 경우에는 부가기간을 지정하고, 그 부가기간이 경과한 경우에만 계약을 해제할 수 있다.

(6) 대금감액청구권(CISG 제 50조)

물품이 계약과 일치하지 아니하는 경우에는 이미 지급된 여부에 관계없이, 매수인은 실제로 인도된 물품이 인도시에 가지고 있던 가액이 계약에 일치하는 물품이 그 당시에 가지고 있었을 가액에 대한 동일한 비율로 대금을 감액할 수 있다.

(7) 손해배상청구권(매도인과 매수인이 공통으로 갖는 구제권리, CISG 제47조)

손해배상의 원칙은 금전배상을 원칙으로 하고 있으며, 계약위반으로 발생한 모든 손실을 그 대상으로 하고 있다. 또한 손해배상액은 이익의 상실도 포함되며, 계약체결 시에 계약을 위반하는 상대방이 알았거나 알 수 있었던 사정에 비추어 위반의 가능한 결과로서 발생할 것을 예견하였거나 예견할 수 있었던 손실을 초과할 수는 없다.

2) 매수인의 계약위반에 대한 매도인의 구제권리

(1) 특정이행 청구권(CISG 제62조)

매도인은 매수인에게 대금지급, 물품의 인도수령 등의 의무를 이행청구할 수 있다. 특정이행 청구권은 계약을 해제하지 않고 청구하는 것이므로, 계약해제권과는 함께 청구할 수 없다. 하지만 손해배상청구권은 함께 청구할 수 있다.

(2) 부가기간 지정권(CISG 제63조 제1항)

매도인은 매수인에 의한 의무의 이행을 위한 합리적인 기간만큼의 추가기간을 지정할 수 있다. 부가기간을 지정한 경우에 매도인은 계약해제를 할 수 없으며, 부가기간이 경과된 이후에 계약해제권을 행사할 수 있다. 부가기간을 지정한 경우에도 손해배상 청구권은 행사할 수 있다.

(3) 계약해제권(CISG 제64조)

매도인은 다음과 같은 경우에 계약의 해제를 선언할 수 있다.

(a) 계약 또는 이 협약에 따른 매수인의 어떠한 의무의 불이행이 계약의 본질적인 위반에 상당하는 경우, 또는
(b) 매수인이 제63조 제1항에 따라 매도인에 의하여 지정된 추가기간 내에 대금의 지급 또는 물품의 인도수령의 의무를 이행하지 아니하거나, 또는 매수인이 그 지정된 기간내에 이를 이행하지 아니하겠다는 뜻을 선언한 경우.

(4) 물품명세확정권(CISG 제65조)

　계약상 매수인이 물품의 형태, 용적 또는 기타의 특징을 지정하기로 되어 있을 경우에 만약 매수인이 합의된 기일 또는 매도인으로부터의 요구를 수령한 후 합리적인 기간 내에 그 물품명세를 작성하지 아니한 때에는, 매도인은 그가 보유하고 있는 다른 모든 권리의 침해없이 매도인에게 알려진 매수인의 요구조건에 따라 스스로 물품명세를 작성할 수 있다.

　매도인이 스스로 물품명세를 작성하는 경우에는, 매도인은 매수인에게 이에 관한 세부사항을 통지하여야 하고, 또 매수인이 이와 상이한 물품명세를 작성할 수 있도록 합리적인 기간을 지정하여야 한다. 매수인이 그러한 통지를 수령한 후 지정된 기간 내에 이와 상이한 물품명세를 작성하지 아니하는 경우에는, 매도인이 작성한 물품명세가 구속력을 갖는다.

(5) 손해배상청구권(매도인과 매수인이 공통으로 갖는 구제권리, CISG 제47조)

　손해배상의 원칙은 금전배상을 원칙으로 하고 있으며, 계약위반으로 발생한 모든 손실을 그 대상으로 하고 있다. 또한 손해배상액은 이익의 상실도 포함되며, 계약체결 시에 계약을 위반하는 상대방이 알았거나 알 수 있었던 사정에 비추어 위반의 가능한 결과로서 발생할 것을 예견하였거나 예견할 수 있었던 손실을 초과할 수는 없다.

4. 비엔나협약의 내용

국제물품매매에 관한 UN협약(비엔나협약) 1980
United Nations Convention on Contracts for the
International Sale of Goods, 1980

PREAMBLE(전문)

The States Parties to this Convention, Bearing in mind the broad objectives in the resolutions adopted by the sixth special session of the General Assembly of the United Nations on the establishment of a New International Economic Order,

Considering that the development of international trade on the basis of equality and mutual benefit is an important element in promoting friendly relations among States,

Being of the opinion that the adoption of uniform rules which govern contracts for the international sale of goods and take into account the different social, economic and legal systems would contribute to the removal of legal barriers in international trade and promote the development of international trade, Have agreed as follows:

이 협약의 당사국은, 신국제경제질서의 확립에 관하여 국제연합 총회 제6차 특별회의에서 채택된 결의의 광범한 목적을 유념하고, 평등과 상호의 이익을 기초로 한 국제무역의 발전은 국가간의 우호관계를 증진시키는데 중요한 요소임을 고려하며, 국제물품매매의 계약을 규율하고, 상이한 사회적, 경제적 및 법률적 제도를 고려하는 통일규칙의 채택이 국제무역에서의 법률적인 장벽을 제거하는데 공헌하며 또 국제무역의 발전을 증진시킬 것이라는 견해 하에서, 다음과 같이 합의하였다.

Part I. Sphere of application and general provisions

제1부 적용범위 및 통칙

CHAPTER 1. SPHERE OF APPLICATION

제1장 적용범위

Article 1

(1) This Convention applies to contracts of sale of goods between parties whose places of business are in different States:

(a) when the States are Contracting States; or
(b) when the rules of private international law lead to the application of the law of a Contracting State.

(2) The fact that the parties have their places of business in different States is to be disregarded whenever this fact does not appear either from the contract or from any dealings between, or from information disclosed by, the parties at any time before or at the conclusion of the contract.

(3) Neither the nationality of the parties nor the civil or commercial character of the parties or of the contract is to be taken into consideration in determining the application of this Convention.

제1조(적용의 기본원칙)

(1) 이 협약은 다음과 같은 경우에 영업소가 상이한 국가에 있는 당사자간의 물품매매계약에 적용된다.

(a) 당해 국가가 모두 체약국인 경우, 또는
(b) 국제사법의 규칙에 따라 어느 체약국의 법률을 적용하게 되는 경우.

(2) 당사자가 상이한 국가에 그 영업소를 갖고 있다는 사실이 계약의 체결 전 또는 그 당시에 당사자간에 행한 계약이나 모든 거래에서, 또는 당사자가 밝힌 정보로부터 나타나지 아니한 경우에는 이를 무시할 수 있다.

(3) 당사자의 국적이나, 또는 당사자 또는 계약의 민사상 또는 상사상의 성격은 이 협약의 적용을 결정함에 있어서 고려되지 아니한다.

Article 2

This Convention does not apply to sales:

(a) of goods bought for personal, family or household use, unless the seller, at any time before or at the conclusion of the contract, neither knew nor ought to have known that the goods were bought for any such use;

(b) by auction;

(c) on execution or otherwise by authority of law;

(d) of stocks, shares, investment securities, negotiable instruments or money;

(e) of ships, vessels, hovercraft or aircraft;

(f) of electricity.

제2조(협약의 적용 제외)

이 협약은 다음과 같은 매매에는 적용되지 아니 한다.

(a) 개인용, 가족용 또는 가사용으로 구입되는 물품의 매매. 다만 매도인이 계약의 체결 전 또는 그 당시에 물품이 그러한 용도로 구입된 사실을 알지 못하였거나 또는 알았어야 할 것도 아닌 경우에는 제외한다.
(b) 경매에 의한 매매,
(c) 강제집행 또는 기타 법률상의 권한에 의한 매매,
(d) 주식, 지분, 투자증권, 유통증권 또는 통화의 매매,
(e) 선박, 부선, 수상익선(水上翼船), 또는 항공기의 매매,
(f) 전기의 매매 등.

Article 3

(1) Contracts for the supply of goods to be manufactured or produced are to be considered sales unless the party who orders the goods undertakes to supply a substantial part of the materials necessary for such manufacture or production.

(2) This Convention does not apply to contracts in which the preponderant part of the obligations of the party who furnishes the goods consists in the supply of labour or other services.

제3조(서비스계약 등의 제외)
(1) 물품을 제조하거나 또는 생산하여 공급하는 계약은 이를 매매로 본다. 다만 물품을 주문한 당사자가 그 제조 또는 생산에 필요한 재료의 중요한 부분을 공급하기로 약정한 경우에는 그러하

지 아니하다.

(2) 이 협약은 물품을 공급하는 당사자의 의무 중에서 대부분이 노동 또는 기타 서비스의 공급으로 구성되어 있는 계약의 경우에는 적용되지 아니한다.

Article 4

This Convention governs only the formation of the contract of sale and the rights and obligations of the seller and the buyer arising from such a contract. In particular, except as otherwise expressly provided in this Convention, it is not concerned with:

(a) the validity of the contract or of any of its provisions or of any usage;
(b) the effect which the contract may have on the property in the goods sold.

제4조(적용대상과 대상 외의 문제)
이 협약은 단지 매매계약의 성립과 그러한 계약으로부터 발생하는 매도인과 매수인의 규율한다. 특히 이 협약에서 별도의 명시적인 규정이 있는 경우를 제외하고, 이 협약은 다음과 같은 사항에는 관계되지 아니한다.

(a) 계약 또는 그 어떠한 조항이나 어떠한 관행의 유효성,
(b) 매각된 물품의 소유권에 관하여 계약이 미칠 수 있는 효과.

Article 5

This Convention does not apply to the liability of the seller for death or personal injury caused by the goods to any person.

제5조(사망 등의 적용 제외)

이 협약은 물품에 의하여 야기된 어떠한 자의 사망 또는 신체적인 상해에 대한 매도인의 책임에 대해서는 적용되지 아니한다.

Article 6

The parties may exclude the application of this Convention or, subject to article 12, derogate from or vary the effect of any of its provisions.

제6조(계약에 의한 적용배제)

당사자는 이 협약의 적용을 배제하거나, 또는 제12조에 따라 이 협약의 어느 규정에 관해서는 그 효력을 감퇴키거나 변경시킬 수 있다.

CHAPTER II. GENERAL PROVISIONS

제2장 총칙

Article 7

(1) In the interpretation of this Convention, regard is to be had to its international character and to the need to promote uniformity in its application and the observance of

good faith in international trade.

(2) Questions concerning matters governed by this Convention which are not expressly settled in it are to be settled in conformity with the general principles on which it is based or, in the absence of such principles, in conformity with the law applicable by virtue of the rules of private international law.

제7조(협약의 해석원칙)
(1) 이 협약의 해석에 있어서는, 협약의 국제적인 성격과 그 적용상의 통일성의 증진을 위한 필요성 및 국제무역상의 신의성실의 준수에 대한 고려가 있어야 한다.
(2) 이 협약에 의하여 규율되는 사항으로서 이 협약에서 명시적으로 해결되지 아니한 문제는 이 협약이 기초하고 있는 일반원칙에 따라 해결되어야 하며, 또는 그러한 원칙이 없는 경우에는 국제사법의 원칙에 의하여 적용되는 법률에 따라 해결되어야 한다.

Article 8

(1) For the purposes of this Convention statements made by and other conduct of a party are to be interpreted according to his intent where the other party knew or could not have been unaware what that intent was.

(2) If the preceding paragraph is not applicable, statements made by and other conduct of a party are to be interpreted according to the understanding that a reasonable person of the same kind as the other party would have had in the same circumstances.

(3) In determining the intent of a party or the understanding a reasonable person would have had, due consideration is to be given to all relevant circumstances of the case

including the negotiations, any practices which the parties have established between themselves, usages and any subsequent conduct of the parties.

제8조(당사자 진술이나 행위의 해석)

(1) 이 협약의 적용에 있어서 당사자의 진술 또는 기타의 행위는 상대방이 그 의도를 알았거나 또는 알 수 있었던 경우에는 당사자의 의도에 따라 해석되어야 한다.

(2) 전항의 규정이 적용될 수 없는 경우에는, 당사자의 진술 또는 기타의 행위는 상대방과 같은 종류의 합리적인 자가 동일한 사정에서 가질 수 있는 이해력에 따라 해석되어야 한다.

(3) 당사자의 의도 또는 합리적인 자가 가질 수 있는 이해력을 결정함에 있어서는, 당사자간의 교섭, 당사자간에 확립되어 있는 관습, 관행 및 당사자의 후속되는 어떠한 행위를 포함하여 일체의 관련된 사정에 대한 합리적인 고려가 있어야 한다.

Article 9

(1) The parties are bound by any usage to which they have agreed and by any practices which they have established between themselves.

(2) The parties are considered, unless otherwise agreed, to have impliedly made applicable to their contract or its formation a usage of which the parties knew or ought to have known and which in international trade is widely known to, and regularly observed by, parties to contracts of the type involved in the particular trade concerned.

제9조(관습과 관행의 구속력)

(1) 당사자는 그들이 합의한 모든 관행과 당사자간에서 확립되어 있는 모든 관습에 구속된다.

(2) 별도의 합의가 없는 한, 당사자가 알았거나 또는 당연히 알았어야 하는 관행으로서 국제무역에서 해당되는 특정무역에 관련된 종류의 계약당사자에게 널리 알려져 있고 통상적으로 준수되고 있는 관행은 당사자가 이를 그들의 계약 또는 계약성립에 묵시적으로 적용하는 것으로 본다.

Article 10

For the purposes of this Convention:

(a) if a party has more than one place of business, the place of business is that which has the closest relationship to the contract and its performance, having regard to the circumstances known to or contemplated by the parties at any time before or at the conclusion of the contract;

(b) if a party does not have a place of business, reference is to be made to his habitual residence.

제10조(영업소의 정의)

이 협약의 적용에 있어서,

(a) 어느 당사자가 둘 이상의 영업소를 갖고 있는 경우에는, 영업소라 함은 계약의 체결전 또는 그 당시에 당사자들에게 알려졌거나 또는 예기되었던 사정을 고려하여 계약 및 그 이행과 가장 밀접한 관계가 있는 영업소를 말한다.

(b) 당사자가 영업소를 갖고 있지 아니한 경우에는, 당사자의 일상적인 거주지를 영업소로 참조하여야 한다.

Article 11

A contract of sale need not be concluded in or evidenced by writing and is not subject to any other requirement as to form. It may be proved by any means, including witnesses.

제11조(계약의 형식)

매매계약은 서면에 의하여 체결되거나 또는 입증되어야 할 필요가 없으며, 또 형식에 관해서도 어떠한 다른 요건에 따라야 하지 아니한다. 매매계약은 증인을 포함하여 여하한 수단에 의해서도 입증될 수 있다.

Article 12

Any provision of article 11, article 29 or Part II of this Convention that allows a contract of sale or its modification or termination by agreement or any offer, acceptance or other indication of intention to be made in any form other than in writing does not apply where any party has his place of business in a Contracting State which has made a declaration under article 96 of this Convention. The parties may not derogate from or vary the effect of this article.

제12조(계약형식의 국내요건)

매매계약 또는 합의에 의한 계약의 변경이나 해제, 또는 모든 청약, 승낙 또는 기타의 의사표시를 서면 이외의 형식으로 행하는 것을 허용하고 있는 이 협약의 제11조, 제29조 또는 제2부의 모든 규정은 어느 당사자가 이 협약의 제96조에 의거한 선언을 행한 체약국에 그 영업소를 갖고 있는 경우에는 적용되지 아니한다. 당사자는 본조의 효력을 감퇴시키거나 또는 변경하여서는 아니된다.

Article 13

For the purposes of this Convention "writing" includes telegram and telex.

제13조(서면의 정의)

이 협약의 적용에 있어서 "서면"이란 전보와 텔렉스를 포함한다.

Part II. Formation of the contract

제2부 계약의 성립

Article 14

(1) A proposal for concluding a contract addressed to one or more specific persons constitutes an offer if it is sufficiently definite and indicates the intention of the offeror to be bound in case of acceptance. A proposal is sufficiently definite if it indicates the goods and expressly or implicitly fixes or makes provision for determining the quantity and the price.

(2) A proposal other than one addressed to one or more specific persons is to be considered merely as an invitation to make offers, unless the contrary is clearly indicated by the person making the proposal.

제14조(청약의 기준)

(1) 1인 이상의 특정한 자에게 통지된 계약체결의 제의는 그것이 충분히 확정적이고 또한 승낙이 있을 경우에 구속된다고 하는 청약자의 의사를 표시하고 있는 경우에는 청약으로 된다. 어떠한 제의가 물품을 표시하고, 또한 그 수량과 대금을 명시적 또는 묵시적으로 지정하거나 또는 이를 결정하는 규정을 두고 있는 경우에는 이 제의는 충분히 확정적인 것으로 한다.

(2) 1인 이상의 특정한 자에게 통지된 것 이외의 어떠한 제의는 그 제의를 행한 자가 반대의 의사를 명확히 표시하지 아니하는 한, 이는 단순히 청약을 행하기 위한 유인으로만 본다.

Article 15

(1) An offer becomes effective when it reaches the offeree.

(2) An offer, even if it is irrevocable, may be withdrawn if the withdrawal reaches the offeree before or at the same time as the offer.

제15조(청약의 효력발생)

(1) 청약은 피청약자에게 도달한 때 효력이 발생한다.

(2) 청약은 그것이 취소불능한 것이라도 그 철회가 청약의 도달전 또는 그와 동시에 피청약자에게 도달하는 경우에는 이를 철회할 수 있다.

Article 16

(1) Until a contract is concluded an offer may be revoked if the revocation reaches the offeree before he has dispatched an acceptance.

(2) However, an offer cannot be revoked:

(a) if it indicates, whether by stating a fixed time for acceptance or otherwise, that it is irrevocable; or
(b) if it was reasonable for the offeree to rely on the offer as being irrevocable and the offeree has acted in reliance on the offer.

제16조(청약의 취소)

(1) 계약이 체결되기까지는 청약은 취소될 수 있다. 다만 이 경우에 취소의 통지는 피청약자가 승낙을 발송하기 전에 피청약자에게 도달하여야 한다.

(2) 그러나 다음과 같은 경우에는 청약은 취소될 수 없다.

(a) 청약이 승낙을 위한 지정된 기간을 명시하거나 또는 기타의 방법으로 그것이 철회불능임을 표시하고 있는 경우, 또는

(b) 피청약자가 청약을 취소불능이라고 신뢰하는 것이 합리적이고, 또 피청약자가 그 청약을 신뢰하여 행동한 경우.

Article 17

An offer, even if it is irrevocable, is terminated when a rejection reaches the offeror.

제17조(청약의 거절)

청약은 그것이 취소불능한 것이라도 어떠한 거절의 통지가 청약자에게 도달한 때에는 그 효력이 상실된다.

Article 18

(1) A statement made by or other conduct of the offeree indicating assent to an offer is an acceptance. Silence or inactivity does not in itself amount to acceptance.

(2) An acceptance of an offer becomes effective at the moment the indication of assent reaches the offeror. An acceptance is not effective if the indication of assent does not reach the offeror within the time he has fixed or, if no time is fixed, within a reasonable time, due account being taken of the circumstances of the transaction, including the rapidity of the means of communication employed by the offeror. An oral offer must be accepted immediately unless the circumstances indicate otherwise.

(3) However, if, by virtue of the offer or as a result of practices which the parties have established between themselves or of usage, the offeree may indicate assent by performing

an act, such as one relating to the dispatch of the goods or payment of the price, without notice to the offeror, the acceptance is effective at the moment the act is performed, provided that the act is performed within the period of time laid down in the preceding paragraph.

제18조(승낙의 시기 및 방법)

(1) 청약에 대한 동의를 표시하는 피청약자의 진술 또는 기타의 행위는 이를 승낙으로 한다. 침묵 또는 부작위 그 자체는 승낙으로 되지 아니한다.

(2) 청약에 대한 승낙은 동의의 의사표시가 청약자에게 도달한 때에 그 효력이 발생한다. 승낙은 동의의 의사표시가 청약자가 지정한 기간내에 도달하지 아니하거나, 또는 어떠한 기간도 지정되지 아니한 때에는 청약자가 사용한 통신수단의 신속성을 포함하여 거래의 사정을 충분히 고려한 합리적인 기간내에 도달하지 아니한 경우에는 그 효력이 발생하지 아니한다. 구두의 청약은 별도의 사정이 없는 한 즉시 승낙되어야 한다.

(3) 그러나 청약의 규정에 의하거나 또는 당사자간에 확립된 관습 또는 관행의 결과에 따라, 피청약자가 청약자에게 아무런 통지없이 물품의 발송이나 대금의 지급에 관한 행위를 이행함으로써 동의의 의사표시를 할 수 있는 경우에는, 승낙은 그 행위가 이행되어진 때에 그 효력이 발생한다. 다만 그 행위는 전항에 규정된 기간 내에 이행되어진 경우에 한한다.

Article 19

(1) A reply to an offer which purports to be an acceptance but contains additions, limitations or other modifications is a rejection of the offer and constitutes a counteroffer.

(2) However, a reply to an offer which purports to be an acceptance but contains

additional or different terms which do not materially alter the terms of the offer constitutes an acceptance, unless the offeror, without undue delay, objects orally to the discrepancy or dispatches a notice to that effect. If he does not so object, the terms of the contract are the terms of the offer with the modifications contained in the acceptance.

(3) Additional or different terms relating, among other things, to the price, payment, quality and quantity of the goods, place and time of delivery, extent of one party's liability to the other or the settlement of disputes are considered to alter the terms of the offer materially.

제19조(변경된 승낙의 효력)
(1) 승낙을 의도하고는 있으나 이에 추가, 제한 또는 기타의 변경을 포함하고 있는 청약에 대한 회답은 청약의 거절이면서 또한 반대청약을 구성한다.

(2) 그러나 승낙을 의도하고 있으나 청약의 조건을 실질적으로 변경하지 아니하는 추가적 또는 상이한 조건을 포함하고 있는 청약에 대한 회답은 승낙을 구성한다. 다만 청약자가 부당한 지체 없이 그 상위를 구두로 반대하거나 또는 그러한 취지의 통지를 발송하지 아니하여야 한다. 청약자가 그러한 반대를 하지 아니하는 경우에는, 승낙에 포함된 변경사항을 추가한 청약의 조건이 계약의 조건으로 된다.

(3) 특히, 대금, 지급, 물품의 품질 및 수량, 인도의 장소 및 시기, 상대방에 대한 당사자 일방의 책임의 범위 또는 분쟁의 해결에 관한 추가적 또는 상이한 조건은 청약의 조건을 실질적으로 변경하는 것으로 본다.

Article 20
(1) A period of time of acceptance fixed by the offeror in a telegram or a letter begins

to run from the moment the telegram is handed in for dispatch or from the date shown on the letter or, if no such date is shown, from the date shown on the envelope. A period of time for acceptance fixed by the offeror by telephone, telex or other means of instantaneous communication, begins to run from the moment that the offer reaches the offeree.

(2) Official holidays or non-business days occurring during the period for acceptance are included in calculating the period. However, if a notice of acceptance cannot be delivered at the address of the offeror on the last day of the period because that day falls on an official holiday or a non-business day at the place of business of the offeror, the period is extended until the first business day which follows.

제20조(승낙기간의 해석)

(1) 전보 또는 서신에서 청약자가 지정한 승낙의 기간은 전보가 발신을 위하여 교부된 때로부터, 또는 서신에 표시된 일자로부터, 또는 그러한 일자가 표시되지 아니한 경우에는 봉투에 표시된 일자로부터 기산된다. 전화, 텔렉스 또는 기타의 동시적 통신수단에 의하여 청약자가 지정한 승낙의 기간은 청약이 피청약자에게 도달한 때로부터 기산된다.

(2) 승낙의 기간 중에 들어 있는 공휴일 또는 비영업일은 그 기간의 계산에 산입된다. 그러나 기간의 말일이 청약자의 영업소에서의 공휴일 또는 비영업일에 해당하는 이유로 승낙의 통지가 기간의 말일에 청약자의 주소에 전달될 수 없는 경우에는, 승낙의 기간은 이에 이어지는 최초의 영업일까지 연장된다.

Article 21

(1) A late acceptance is nevertheless effective as an acceptance if without delay the offeror

orally so informs the offeree or dispatches a notice to that effect.

(2) If a letter or other writing containing a late acceptance shows that it has been sent in such circumstances that if its transmission had been normal it would have reached the offeror in due time, the late acceptance is effective as an acceptance unless, without delay, the offeror orally informs the offeree that he considers his offer as having lapsed or dispatches a notice to that effect.

제21조(지연된 승낙)
(1) 지연된 승낙은 그럼에도 불구하고 청약자가 지체없이 구두로 피청약자에게 유효하다는 취지를 통지하거나 또는 그러한 취지의 통지를 발송한 경우에는, 이는 승낙으로서의 효력을 갖는다.

(2) 지연된 승낙이 포함되어 있는 서신 또는 기타의 서면상으로, 이것이 통상적으로 전달된 경우라면 적시에 청약자에게 도달할 수 있었던 사정에서 발송되었다는 사실을 나타내고 있는 경우에는, 그 지연된 승낙은 승낙으로서의 효력을 갖는다. 다만 청약자가 지체없이 피청약자에게 청약이 효력을 상실한 것으로 본다는 취지를 구두로 통지하거나 또는 그러한 취지의 통지를 발송하지 아니하여야 한다.

Article 22
An acceptance may be withdrawn if the withdrawal reaches the offeror before or at the same time as the acceptance would have become effective.

제22조(승낙의 철회)
승낙은 그 승낙의 효력이 발생하기 이전 또는 그와 동시에 철회가 청약자에게 도달하는 경우에는 이를 철회할 수 있다.

Article 23

A contract is concluded at the moment when an acceptance of an offer becomes effective in accordance with the provisions of this Convention.

제23조(계약의 성립시기)
계약은 청약에 대한 승낙이 이 협약의 규정에 따라 효력을 발생한 때에 성립된다.

Article 24

For the purposes of this Part of the Convention, an offer, declaration of acceptance or any other indication of intention "reaches" the addressee when it is made orally to him or delivered by any other means to him personally, to his place of business or mailing address or, if he does not have a place of business or mailing address, to his habitual residence.

제24조(도달의 정의)
이 협약의 제2부의 적용에 있어서, 청약, 승낙의 선언 또는 기타의 모든 의사표시는 그것이 상대방에게 구두로 통지되거나, 또는 기타 모든 수단에 의하여 상대방 자신에게, 상대방의 영업소 또는 우편송부처에, 또는 상대방이 영업소나 우편송부처가 없는 경우에는 그 일상적인 거주지에 전달되었을 때에 상대방에게 "도달"한 것으로 한다.

Part III. Sale of goods

제3부 물품의 매매

CHAPTER I. GENERAL PROVISIONS

제1장 총칙

Article 25

A breach of contract committed by one of the parties is fundamental if it results in such detriment to the other party as substantially to deprive him of what he is entitled to expect under the contract, unless the party in breach did not foresee and a reasonable person of the same kind in the same circumstances would not have foreseen such a result.

제25조(본질적 위반의 정의)

당사자의 일방이 범한 계약위반이 그 계약하에서 상대방이 기대할 권리가 있는 것을 실질적으로 박탈할 정도의 손해를 상대방에게 주는 경우에는, 이는 본질적 위반으로 한다. 다만 위반한 당사자가 그러한 결과를 예견하지 못하였으며, 또한 동일한 종류의 합리적인 자도 동일한 사정에서 그러한 결과를 예견할 수가 없었던 경우에는 그러하지 아니하다.

Article 26

A declaration of avoidance of the contract is effective only if made by notice to the other party.

제26조(계약해제의 통지)

계약해제의 선언은 상대방에 대한 통지로써 이를 행한 경우에 한하여 효력을 갖는다.

Article 27

Unless otherwise expressly provided in this Part of the Convention, if any notice, request or other communication is given or made by a party in accordance with this Part and by means appropriate in the circumstances, a delay or error in the transmission of the communication or its failure to arrive does not deprive that party of the right to rely on the communication.

제27조(통신상의 지연과 오류)

이 협약 제3부에서 별도의 명시적인 규정이 없는 한, 어떠한 통지, 요청 또는 기타의 통신이 이 협약 제3부에 따라 그 사정에 적절한 수단으로 당사자에 의하여 행하여진 경우에는, 통신의 전달에 있어서의 지연 또는 오류, 또는 불착이 발생하더라도 당사자가 그 통신에 의존할 권리를 박탈당하지 아니한다.

Article 28

If, in accordance with the provisions of this Convention, one party is entitled to require performance of any obligation by the other party, a court is not bound to enter a judgement for specific performance unless the court would do so under its own law in respect of similar contracts of sale not governed by this Convention.

제28조(특정이행과 국내법)
이 협약의 규정에 따라 당사자의 일방이 상대방에 의한 의무의 이행을 요구할 권리가 있는 경우라 하더라도, 법원은 이 협약에 의하여 규율되지 아니하는 유사한 매매계약에 관하여 국내법에 따라 특정이행을 명하는 판결을 하게 될 경우를 제외하고는 특정이행을 명하는 판결을 하여야 할 의무가 없다.

Article 29

(1) A contract may be modified or terminated by the mere agreement of the parties.

(2) A contract in writing which contains a provision requiring any modification or termination by agreement to be in writing may not be otherwise modified or terminated by agreement. However, a party may be precluded by his conduct from asserting such a provision to the extent that the other party has relied on that conduct.

제29조(계약변경 또는 합의종료)

(1) 계약은 당사자 쌍방의 단순한 합의만으로 변경되거나 또는 종료될 수 있다.

(2) 어떠한 변경 또는 합의에 의한 종료를 서면으로 할 것을 요구하는 규정이 있는 서면에 의한 계약은 그 이외의 방법으로 변경되거나 합의에 의하여 종료될 수 없다. 그러나 당사자 일방은 자신의 행위에 의하여 상대방이 그러한 행위를 신뢰한 범위에까지 위의 규정을 원용하는 것으로부터 배제될 수 있다.

CHAPTER II. OBLIGATIONS OF THE SELLER

제2장 매도인의 의무

Article 30

The seller must deliver the goods, hand over any documents relating to them and transfer the property in the goods, as required by the contract and this Convention.

제30조(매도인의 의무요약)

매도인은 계약과 이 협약에 의하여 요구된 바에 따라 물품을 인도하고, 이에 관련된 모든 서류를 교부하며, 또 물품에 대한 소유권을 이전하여야 한다.

Section I. Delivery of the goods and handing over of documents

제1절 물품의 인도와 서류의 교부

Article 31

If the seller is not bound to deliver the goods at any other particular place, his obligation to deliver consists:

(a) if the contract of sale involves carriage of the goods--in handing the goods over to the first carrier for transmission to the buyer;

(b) if, in cases not within the preceding subparagraph, the contract relates to specific goods, or unidentified goods to be drawn from a specific stock or to be manufactured or produced, and at the time of the conclusion of the contract the parties knew that the goods were at, or were to be manufactured or produced at, a particular place--in placing the goods at the buyer's disposal at that place;

(c) in other cases--in placing the goods at the buyer's disposal at the place where the seller had his place of business at the time of the conclusion of the contract.

제31조(인도의 장소)

매도인이 물품을 다른 특정한 장소에서 인도할 의무가 없는 경우에는, 매도인의 인도의 의무는 다음과 같이 구성된다.

(a) 매매계약이 물품의 운송을 포함하는 경우 - 매수인에게 전달하기 위하여 물품을 최초의 운송인에게 인도하는 것.
(b) 전항의 규정에 해당되지 아니하는 경우로서 계약이 특정물, 또는 특정한 재고품으로부터 인출되어야 하거나 또는 제조되거나 생산되어야 하는 불특정물에 관련되어 있으며, 또한 당사자 쌍방이 계약체결시에 물품이 특정한 장소에 존재하거나 또는 그 장소에서 제조되거나 생산된다는 것을 알고 있었던 경우 - 그 장소에서 물품을 매수인의 임의처분하에 두는 것.
(c) 기타의 경우 - 매도인이 계약체결시에 영업소를 가지고 있던 장소에서 물품을 매수인의 임의처분하에 두는 것.

Article 32

(1) If the seller, in accordance with the contract or this Convention, hands the goods over to a carrier and if the goods are not clearly identified to the contract by markings on the goods, by shipping documents or otherwise, the seller must give the buyer notice of the consignment specifying the goods.

(2) If the seller is bound to arrange for carriage of the goods, he must make such contracts

as are necessary for carriage to the place fixed by means of transportation appropriate in the circumstances and according to the usual terms for such transportation.

(3) If the seller is not bound to effect insurance in respect of the carriage of the goods, he must, at the buyer's request, provide him with all available information necessary to enable him to effect such insurance.

제32조(선적수배의 의무)

(1) 매도인이 계약 또는 이 협약에 따라 물품을 운송인에게 인도하는 경우에 있어서, 물품이 하인에 의하거나 선적서류 또는 기타의 방법에 의하여 그 계약의 목적물로서 명확히 특정되어 있지 아니한 경우에는, 매도인은 물품을 특정하는 탁송통지서를 매수인에게 송부하여야 한다.

(2) 매도인이 물품의 운송을 수배하여야 할 의무가 있는 경우에는, 매도인은 사정에 따라 적절한 운송수단에 의하여 그러한 운송의 통상적인 조건으로 지정된 장소까지의 운송에 필요한 계약을 체결하여야 한다.

(3) 매도인이 물품의 운송에 관련한 보험에 부보하여야 할 의무가 없는 경우에는, 매도인은 매수인의 요구에 따라 매수인이 그러한 보험에 부보하는데 필요한 모든 입수 가능한 정보를 매수인에게 제공하여야 한다.

Article 33

The seller must deliver the goods:

(a) if a date is fixed by or determinable from the contract, on that date;

(b) if a period of time is fixed by or determinable from the contract, at any time within that period unless circumstances indicate that the buyer is to choose a date; or

(c) in any other case, within a reasonable time after the conclusion of the contract.

제33조(인도의 시기)

매도인은 다음과 같은 시기에 물품을 인도하여야 한다.

(a) 어느 기일이 계약에 의하여 지정되어 있거나 또는 결정될 수 있는 경우에 그 기일,
(b) 어느 기간이 계약에 의하여 지정되어 있거나 또는 결정될 수 있는 경우에는, 매수인이 기일을 선택하여야 하는 사정이 명시되어 있지 않는 한 그 기간 내의 어떠한 시기, 또는
(c) 기타의 모든 경우에는 계약체결 후의 합리적인 기간 내,

Article 34

If the seller is bound to hand over documents relating to the goods, he must hand them over at the time and place and in the form required by the contract. If the seller has handed over documents before that time, he may, up to that time, cure any lack of conformity in the documents, if the exercise of this right does not cause the buyer unreasonable inconvenience or unreasonable expense. However, the buyer retains any right to claim damages as provided for in this Convention.

제34조(물품에 관한 서류)

매도인이 물품에 관련된 서류를 교부하여야 할 의무가 있는 경우에는, 매도인은 계약에서 요구되는 시기와 장소와 방법에 따라 서류를 교부하여야 한다. 매도인이 당해 시기 이전에 서류를 교부한 경우에는, 매도인은 당해 시기까지는 서류상의 모든 결함을 보완할 수 있다. 다만 이 권리의 행사가 매수인에게 불합리한 불편이나 또는 불합리한 비용을 발생하게 하여서는 아니된다. 그러나 매수인은 이 협약에서 규정된 바의 손해배상을 청구하는 모든 권리를 보유한다.

Section II. Conformity of the goods and third party claims

Article 35

(1) The seller must deliver goods which are of the quantity, quality and description required by the contract and which are contained or packaged in the manner required by the contract.

(2) Except where the parties have agreed otherwise, the goods do not conform with the contract unless they:

(a) are fit for the purposes for which goods of the same description would ordinarily be used;

(b) are fit for any particular purpose expressly or impliedly made known to the seller at the time of the conclusion of the contract, except where the circumstances show that the buyer did not rely, or that it was unreasonable for him to rely, on the seller's skill and judgement;

(c) possess the qualities of goods which the seller has held out to the buyer as a sample or model;

(d) are contained or packaged in the manner usual for such goods or, where there is no such manner, in a manner adequate to preserve and protect the goods.

(3) The seller is not liable under subparagraphs (a) to (d) of the preceding paragraph for any lack of conformity of the goods if at the time of the conclusion of the contract the buyer knew or could not have been unaware of such lack of conformity.

제35조(물품의 일치성)

(1) 매도인은 계약에서 요구되는 수량, 품질 및 상품명세에 일치하고, 또한 계약에서 요구되는 방법으로 용기에 담거나 또는 포장된 물품을 인도하여야 한다.

(2) 당사자가 별도로 합의한 경우를 제외하고, 물품은 다음과 같지 아니하는 한 계약과 일치하지 아니한 것으로 한다.

(a) 물품은 그 동일한 명세의 물품이 통상적으로 사용되는 목적에 적합할 것.
(b) 물품은 계약체결시에 명시적 또는 묵시적으로 매도인에게 알려져 있는 어떠한 특정의 목적에 적합할 것. 다만 사정으로 보아 매수인이 매도인의 기량과 판단에 신뢰하지 않았거나 또는 신뢰하는 것이 불합리한 경우에는 제외한다.
(c) 물품은 매도인이 매수인에게 견본 또는 모형으로서 제시한 물품의 품질을 보유할 것.
(d) 물품은 그러한 물품에 통상적인 방법으로, 또는 그러한 방법이 없는 경우에는 그 물품을 보존하고 보호하는데 적절한 방법으로 용기에 담거나 또는 포장되어 있을 것.

(3) 매수인이 계약체결시에 물품의 어떠한 불일치를 알고 있었거나 또는 알지 못하였을 수가 없는 경우에는, 매도인은 물품의 어떠한 불일치에 대하여 전항의 제a호 내지 제d호에 따른 책임을 지지 아니한다.

Article 36

(1) The seller is liable in accordance with the contract and this Convention for any lack of conformity which exists at the time when the risk passes to the buyer, even though the lack of conformity becomes apparent only after that time.

(2) The seller is also liable for any lack of conformity which occurs after the time indicated in the preceding paragraph and which is due to a breach of any of his obligations, including a breach of any guarantee that for a period of time the goods will remain fit for their ordinary purpose or for some particular purpose or will retain specified qualities or characteristics.

제36조(일치성의 결정시점)

(1) 매도인은 위험이 매수인에게 이전하는 때에 존재한 어떠한 불일치에 대하여 계약 및 이 협약에 따른 책임을 진다. 이는 물품의 불일치가 그 이후에 드러난 경우에도 동일하다.

(2) 매도인은 전항에서 규정된 때보다 이후에 발생하는 어떠한 불일치에 대해서도 그것이 매도인의 어떠한 의무 위반에 기인하고 있는 경우에는 이에 책임을 진다. 그러한 의무 위반에는 일정한 기간동안 물품이 통상적인 목적 또는 어떠한 특정의 목적에 적합성을 유지할 것이라는 보증, 또는 특정된 품질이나 특질을 보유할 것이라는 보증의 위반도 포함된다.

Article 37

If the seller has delivered goods before the date for delivery, he may, up to that date, deliver any missing part or make up any deficiency in the quantity of the goods delivered, or deliver goods in replacement of any non-conforming goods delivered or remedy any lack of conformity in the goods delivered, provided that the exercise of this right does not cause the buyer unreasonable inconvenience or unreasonable expense. However, the buyer retains any right to claim damages as provided for in this Convention.

제37조(인도만기전의 보완권)
매도인이 인도기일 이전에 물품을 인도한 경우에는, 매수인에게 불합리한 불편이나 또는 불합리한 비용을 발생시키지 아니하는 한, 매도인은 그 기일까지는 인도된 물품의 모든 부족분을 인도하거나, 또는 수량의 모든 결함을 보충하거나, 또는 인도된 모든 불일치한 물품에 갈음하는 물품을 인도하거나, 또는 인도된 물품의 모든 불일치를 보완할 수 있다. 그러나 매수인은 이 협약에서 규정된 바의 손해배상을 청구하는 모든 권리를 보유한다.

Article 38

(1) The buyer must examine the goods, or cause them to be examined, within as short a period as is practicable in the circumstances.

(2) If the contract involves carriage of the goods, examination may be deferred until after the goods have arrived at their destination.

(3) If the goods are redirected in transit or redispatched by the buyer without a reasonable opportunity for examination by him and at the time of the conclusion of the contract the seller knew or ought to have known of the possibility of such redirection or redispatch, examination may be deferred until after the goods have arrived at the new destination.

제38조(물품의 검사기간)
(1) 매수인은 그 사정에 따라 실행가능한 짧은 기간 내에 물품을 검사하거나 또는 물품이 검사되어 지도록 하여야 한다.

(2) 계약이 물품의 운송을 포함하고 있는 경우에는, 검사는 물품이 목적지에 도착한 이후까지 연

기될 수 있다.

(3) 물품이 매수인에 의한 검사의 합리적인 기회도 없이 매수인에 의하여 운송중에 목적지가 변경되거나 또는 전송(轉送)되고, 또한 계약 체결시에 매도인이 그러한 변경이나 전송의 가능성을 알았거나 또는 알았어야 하는 경우에는, 검사는 물품이 새로운 목적지에 도착한 이후까지 연기될 수 있다.

Article 39
(1) The buyer loses the right to rely on a lack of conformity of the goods if he does not give notice to the seller specifying the nature of the lack of conformity within a reasonable time after he has discovered it or ought to have discovered it.
(2) In any event, the buyer loses the right to rely on a lack of conformity of the goods if he does not give the seller notice thereof at the latest within a period of two years from the date on which the goods were actually handed over to the buyer, unless this time-limit is inconsistent with a contractual period of guarantee.

제39조(불일치의 통지 시기)
(1) 매수인이 물품의 불일치를 발견하였거나 또는 발견하였어야 한 때부터 합리적인 기간 내에 매도인에게 불일치의 성질을 기재한 통지를 하지 아니한 경우에는, 매수인은 물품의 불일치에 의존하는 권리를 상실한다.

(2) 어떠한 경우에도, 물품이 매수인에게 현실적으로 인도된 날로부터 늦어도 2년 이내에 매수인이 매도인에게 불일치의 통지를 하지 아니한 경우에는, 매수인은 물품의 불일치에 의존하는 권리를 상실한다. 다만 이러한 기간의 제한이 계약상의 보증기간과 모순된 경우에는 그러하지 아니하다.

Article 40

The seller is not entitled to rely on the provisions of articles 38 and 39 if the lack of conformity relates to facts of which he knew or could not have been unaware and which he did not disclose to the buyer.

제40조(매도인의 악의)

물품의 불일치가 매도인이 알았거나 또는 알지 못하였을 수가 없는 사실에 관련되고 또 매도인이 이를 매수인에게 고지하지 아니한 사실에도 관련되어 있는 경우에는, 매도인은 제38조 및 제39조의 규정을 원용할 권리가 없다.

Article 41

The seller must deliver goods which are free from any right or claim of a third party, unless the buyer agreed to take the goods subject to that right or claim. However, if such right or claim is based on industrial property or other intellectual property, the seller's obligation is governed by article 42.

제41조(제3자의 청구권)

매도인은 매수인이 제3자의 권리 또는 청구권을 전제로 물품을 수령하는 것에 동의한 경우가 아닌 한, 제3자의 권리 또는 청구권으로부터 자유로운 물품을 인도하여야 한다. 그러나 그러한 제3자의 권리 또는 청구권이 공업소유권 또는 기타 지적소유권에 기초를 두고 있는 경우에는, 매도인의 의무는 제42조에 의하여 규율된다.

Article 42

(1) The seller must deliver goods which are free from any right or claim of a third party based on industrial property or other intellectual property, of which at the time of the conclusion of the contract the seller knew or could not have been unaware, provided that

the right or claim is based on industrial property or other intellectual property:

(a) under the law of the State where the goods will be resold or otherwise used, if it was contemplated by the parties at the time of the conclusion of the contract that the goods would be resold or otherwise used in that State; or

(b) in any other case, under the law of the State where the buyer has his place of business.

(2) The obligation of the seller under the preceding paragraph does not extend to cases where:

(a) at the time of the conclusion of the contract the buyer knew or could not have been unaware of the right or claim; or

(b) the right or claim results from the seller's compliance with technical drawings, designs, formulae or other such specifications furnished by the buyer.

제42조(제3자의 지적소유권)

(1) 매도인은 계약 체결시에 매도인이 알았거나 또는 알지 못하였을 수가 없는 공업소유권 또는 지적소유권에 기초를 두고 있는 제 3자의 권리 또는 청구권으로부터 자유로운 물품을 인도하여야 한다. 다만 그 권리 또는 청구권은 다음과 같은 국가의 법률에 의한 공업소유권 또는 기타 지적소유권에 기초를 두고 있는 경우에 한한다.

(a) 물품이 어느 국가에서 전매되거나 또는 기타의 방법으로 사용될 것이라는 것을 당사자 쌍방이 계약 체결시에 예상한 경우에는, 그 물품이 전매되거나 또는 기타의 방법으로 사용되는 국가의 법률, 또는

(b) 기타의 모든 경우에는, 매수인이 영업소를 갖고 있는 국가의 법률,

(2) 전항에 따른 매도인의 의무는 다음과 같은 경우에는 이를 적용하지 아니한다.

(a) 계약 체결시에 매수인이 그 권리 또는 청구권을 알았거나 또는 알지 못하였을 수가 없는 경우, 또는

(b) 그 권리 또는 청구권이 매수인에 의하여 제공된 기술적 설계, 디자인, 공식 또는 기타의 명세서에 매도인이 따른 결과로 발생한 경우.

Article 43

(1) The buyer loses the right to rely on the provisions of article 41 or article 42 if he does not give notice to the seller specifying the nature of the right or claim of the third party within a reasonable time after he has become aware or ought to have become aware of the right or claim.

(2) The seller is not entitled to rely on the provisions of the preceding paragraph if he knew of the right or claim of the third party and the nature of it.

제43조(제3자의 권리에 대한 통지)

(1) 매수인이 제3자의 권리 또는 청구권을 알았거나 또는 알았어야 하는 때로부터 합리적인 기간내에 매도인에게 그 제 3자의 권리 또는 청구권의 성질을 기재한 통지를 하지 아니한 경우에는, 매수인은 제41조 또는 제42조의 규정을 원용할 권리를 상실한다.

(2) 매도인이 제3자의 권리 또는 청구권 및 그 성질을 알고 있었던 경우에 매도인은 전항의 규정을 원용할 권리가 없다.

Article 44

Notwithstanding the provisions of paragraph (1) of article 39 and paragraph (1) of article 43, the buyer may reduce the price in accordance with article 50 or claim damages, except for loss of profit, if he has a reasonable excuse for his failure to give the required notice.

제44조(통지불이행의 정당한 이유)

제39조 제1항 및 제43조 제1항의 규정에도 불구하고, 매수인은 요구된 통지의 불이행에 대한 정당한 이유가 있는 경우에는 제50조에 따라 대금을 감액하거나 또는 이익의 손실을 제외한 손해배상을 청구할 수 있다.

Section III. Remedies for breach of contract by the seller

제3절 매도인의 계약위반에 대한 구제

Article 45
(1) If the seller fails to perform any of his obligations under the contract or this Convention, the buyer may:

(a) exercise the rights provided in articles 46 to 52;
(b) claim damages as provided in articles 74 to 77.

(2) The buyer is not deprived of any right he may have to claim damages by exercising his right to other remedies.

(3) No period of grace may be granted to the seller by a court or arbitral tribunal when the buyer resorts to a remedy for breach of contract.

제45조(매수인의 구제방법)
(1) 매도인이 계약 또는 이 협약에 따른 어떠한 의무를 이행하지 아니하는 경우에는, 매수인은 다음과 같은 것을 행할 수 있다.

(a) 제46조 내지 제52조에서 규정된 권리를 행사하는 것,

(b) 제74조 내지 제77조에서 규정된 바의 손해배상을 청구하는 것 등.

(2) 매수인은 손해배상 이외의 구제를 구하는 권리의 행사로 인하여 손해배상을 청구할 수 있는 권리를 박탈당하지 아니한다.

(3) 매수인이 계약위반에 대한 구제를 구할 때에는, 법원 또는 중재판정부는 매도인에게 어떠한 유예기간도 적용하여서는 아니된다.

Article 46

(1) The buyer may require performance by the seller of his obligations unless the buyer has resorted to a remedy which is inconsistent with this requirement.

(2) If the goods do not conform with the contract, the buyer may require delivery of substitute goods only if the lack of conformity constitutes a fundamental breach of contract and a request for substitute goods is made either in conjunction with notice given under article 39 or within a reasonable time thereafter.

(3) If the goods do not conform with the contract, the buyer may require the seller to remedy the lack of conformity by repair, unless this is unreasonable having regard to all the circumstances. A request for repair must be made either in conjunction with notice given under article 39 or within a reasonable time thereafter.

제46조(매수인의 이행청구권)

(1) 매수인은 매도인에게 그 의무의 이행을 청구할 수 있다. 다만 매수인이 이러한 청구와 모순되는 구제를 구한 경우에는 그러하지 아니하다.

(2) 물품이 계약과 일치하지 아니한 경우에는, 매수인은 대체품의 인도를 청구할 수 있다. 다만 이러한 청구는 불일치가 계약의 본질적인 위반을 구성하고 또 대체품의 청구가 제39조에 따라 지정된 통지와 함께 또는 그 후 합리적인 기간 내에 행하여지는 경우에 한한다.

(3) 물품이 계약과 일치하지 아니한 경우에는, 매수인은 모든 사정으로 보아 불합리하지 아니하는 한 매도인에 대하여 수리에 의한 불일치의 보완을 청구할 수 있다. 수리의 청구는 제39조에 따라 지정된 통지와 함께 또는 그 후 합리적인 기간 내에 행하여져야 한다.

Article 47

(1) The buyer may fix an additional period of time of reasonable length for performance by the seller of his obligations.

(2) Unless the buyer has received notice from the seller that he will not perform within the period so fixed, the buyer may not, during that period, resort to any remedy for breach of contract. However, the buyer is not deprived thereby of any right he may have to claim damages for delay in performance.

제47조(이행추가기간의 통지)

(1) 매수인은 매도인에 의한 의무의 이행을 위한 합리적인 기간만큼의 추가기간을 지정할 수 있다.

(2) 매수인이 매도인으로부터 그 지정된 추가기간 내에 이행하지 아니하겠다는 뜻의 통지를 수령하지 않은 한, 매수인은 그 기간 중에는 계약위반에 대한 어떠한 구제도 구할 수 없다. 그러나 매수인은 이로 인하여 이행의 지연에 대한 손해배상을 청구할 수 있는 어떠한 권리를 박탈당하지 아니한다.

Article 48

(1) Subject to article 49, the seller may, even after the date for delivery, remedy at his own expense any failure to perform his obligations, if he can do so without unreasonable delay and without causing the buyer unreasonable inconvenience or uncertainty of reimbursement by the seller of expenses advanced by the buyer. However, the buyer retains any right to claim damages as provided for in this Convention.

(2) If the seller requests the buyer to make known whether he will accept performance and the buyer does not comply with the request within a reasonable time, the seller may perform within the time indicated in his request. The buyer may not, during that period of time, resort to any remedy which is inconsistent with performance by the seller.

(3) A notice by the seller that he will perform within a specified period of time is assumed to include a request, under the preceding paragraph, that the buyer make known his decision.

(4) A request or notice by the seller under paragraph (2) or (3) of this article is not effective unless received by the buyer.

제48조(인도기일후의 보완)

(1) 제49조의 규정에 따라, 매도인은 인도기일 후에도 불합리한 지체없이 그리고 매수인에게 불합리한 불편을 주거나 또는 매수인이 선지급한 비용을 매도인으로부터 보상받는데 대한 불확실성이 없는 경우에는 자신의 비용부담으로 그 의무의 어떠한 불이행을 보완할 수 있다. 그러나 매수인은 이 협약에 규정된 바의 손해배상을 청구하는 모든 권리를 보유한다.

(2) 매도인이 매수인에 대하여 그 이행을 승낙할 것인지의 여부를 알려 주도록 요구하였으나 매

수인시 합리적인 기간 내에 그 요구에 응하지 아니한 경우에는 매도인은 그 요구에서 제시한 기간 내에 이행할 수 있다. 매수인은 그 기간 중에는 매도인의 이행과 모순되는 구제를 구하여서는 아니된다.

(3) 특정한 기간 내에 이행하겠다는 매도인의 통지는 매수인이 승낙여부의 결정을 알려주어야 한다는 내용의 전항에 규정하고 있는 요구를 포함하는 것으로 추정한다.

(4) 본조 제2항 또는 제3항에 따른 매도인의 요구 또는 통지는 매수인에 의하여 수령되지 아니한 경우에는 그 효력이 발생하지 아니한다.

Article 49

(1) The buyer may declare the contract avoided:

(a) if the failure by the seller to perform any of his obligations under the contract or this Convention amounts to a fundamental breach of contract; or
(b) in case of non-delivery, if the seller does not deliver the goods within the additional period of time fixed by the buyer in accordance with paragraph (1) of article 47 or declares that he will not deliver within the period so fixed.

(2) However, in cases where the seller has delivered the goods, the buyer loses the right to declare the contract avoided unless he does so:

(a) in respect of late delivery, within a reasonable time after he has become aware that delivery has been made;
(b) in respect of any breach other than late delivery, within a reasonable time:
(i) after he knew or ought to have known of the breach;

(ii) after the expiration of any additional period of time fixed by the buyer in accordance with paragraph (1) of article 47, or after the seller has declared that he will not perform his obligations within such an additional period; or

(iii) after the expiration of any additional period of time indicated by the seller in accordance with paragraph (2) of article 48, or after the buyer has declared that he will not accept performances.

제49조(매수인의 계약해제권)
(1) 매수인은 다음과 같은 경우에 계약의 해제를 선언할 수 있다.

(a) 계약 또는 이 협약에 따른 매도인의 어떠한 의무의 불이행키 계약의 본질적인 위반에 상당하는 경우, 또는

(b) 인도불이행의 경우에는, 매도인이 제47조 제1항에 따라 매수인에 의하여 지정된 추가 기간 내에 물품을 인도하지 아니하거나, 또는 매도인이 그 지정된 기간내에 인도하지 아니하겠다는 뜻을 선언한 경우.

(2) 그러나 매도인이 물품을 이미 인도한 경우에는, 매수인은 다음과 같은 시기에 계약의 해제를 선언하지 않는 한 그 해제의 권리를 상실한다.

(a) 인도의 지연에 관해서는, 매수인이 인도가 이루어진 사실을 알게 된 때로부터 합리적인 기간 내,

(b) 인도의 지연 이외의 모든 위반에 관해서는, 다음과 같은 때로부터 합리적인 기간 내.

(i) 매수인이 그 위반을 알았거나 또는 알았어야 하는 때,

(ii) 제47조 제1항에 따라 매수인에 의하여 지정된 어떠한 추가기간이 경과한 때, 또는 매도인이 그러한 추가기간 내에 의무를 이행하지 아니하겠다는 뜻을 선언한 때, 또는

(iii) 제48조 제2항에 따라 매도인에 의하여 제시된 어떠한 추가기간이 경과한 때, 또는 매수인이

이행을 승낙하지 아니하겠다는 뜻을 선언한 때.

Article 50

If the goods do not conform with the contract and whether or not the price has already been paid, the buyer may reduce the price in the same proportion as the value that the goods actually delivered had at the time of the delivery bears to the value that conforming goods would have had at that time. However, if the seller remedies any failure to perform his obligations in accordance with article 37 or article 48 or if the buyer refuses to accept performance by the seller in accordance with those articles, the buyer may not reduce the price.

제50조(대금의 감액)

물품이 계약과 일치하지 아니하는 경우에는 이미 지급된 여부에 관계없이, 매수인은 실제로 인도된 물품이 인도시에 가지고 있던 가액이 계약에 일치하는 물품이 그 당시에 가지고 있었을 가액에 대한 동일한 비율로 대금을 감액할 수 있다. 그러나 매도인이 제37조 또는 제48조에 따른 그 의무의 어떠한 불이행을 보완하거나, 또는 매수인이 그러한 조항에 따른 매도인의 이행의 승낙을 거절하는 경우에는, 매수인은 대금을 감액할 수 없다.

Article 51

(1) If the seller delivers only a part of the goods or if only a part of the goods delivered is in conformity with the contract, articles 46 to 50 apply in respect of the part which is missing or which does not conform.

(2) The buyer may declare the contract avoided in its entirety only if the failure to make delivery completely or in conformity with the contract amounts to a fundamental breach of the contract.

제51조(물품 일부의 불일치)

(1) 매도인이 물품의 일부만을 인도하거나, 또는 인도된 물품의 일부만이 계약과 일치하는 경우에는, 제46조 내지 제50조의 규정은 부족 또는 불일치한 부분에 관하여 적용한다.

(2) 인도가 완전하게 또는 계약에 일치하게 이행되지 아니한 것이 계약의 본질적인 위반에 해당하는 경우에 한하여, 매수인은 계약 그 전체의 해제를 선언할 수 있다.

Article 52

(1) If the seller delivers the goods before the date fixed, the buyer may take delivery or refuse to take delivery.

(2) If the seller delivers a quantity of goods greater than that provided for in the contract, the buyer may take delivery or refuse to take delivery of the excess quantity. If the buyer takes delivery of all or part of the excess quantity, he must pay for it at the contract rate.

제52조(기일 전의 인도 및 초과수량)

(1) 매도인이 지정된 기일전에 물품을 인도하는 경우에는, 매수인은 인도를 수령하거나 또는 이를 거절할 수 있다.

(2) 매도인이 계약에서 약정된 것보다도 많은 수량의 물품을 인도하는 경우에는, 매수인은 초과수량의 인도를 수령하거나 또는 이를 거절할 수 있다. 매수인이 초과수량의 전부 또는 일부의 인도를 수령하는 경우에는, 매수인은 계약비율에 따라 그 대금을 지급하여야 한다.

CHAPTER III. OBLIGATIONS OF THE BUYER

제3장 매수인의 의무

Article 53

The buyer must pay the price for the goods and take delivery of them as required by the contract and this Convention.

제53조(매수인의 의무요약)

매수인은 계약 및 이 협약에 의하여 요구된 바에 따라 물품의 대금을 지급하고 물품의 인도를 수령하여야 한다.

Section I. Payment of the price

제1절 대금의 지급

Article 54

The buyer's obligation to pay the price includes taking such steps and complying with such formalities as may be required under the contract or any laws and regulations to enable payment to be made.

제54조(대금지급을 위한 조치)

매수인의 대금지급의 의무는 지급을 가능하게 하기 위한 계약 또는 어떠한 법률 및 규정에 따라 요구되는 그러한 조치를 취하고 또 그러한 절차를 준수하는 것을 포함한다.

Article 55

Where a contract has been validly concluded but does not expressly or implicitly fix or make provision for determining the price, the parties are considered, in the absence of any indication to the contrary, to have impliedly made reference to the price generally charged at the time of the conclusion of the contract for such goods sold under comparable circumstances in the trade concerned.

제55조(대금이 불확정된 계약)

계약이 유효하게 성립되었으나, 그 대금을 명시적 또는 묵시적으로 지정하지 아니하거나 또는 이를 결정하기 위한 조항을 두지 아니한 경우에는, 당사자는 반대의 어떠한 의사표시가 없는 한 계약 체결 시에 관련거래와 유사한 사정 하에서 매각되는 동종의 물품에 대하여 일반적으로 청구되는 대금을 묵시적으로 참조한 것으로 본다.

Article 56

If the price is fixed according to the weight of the goods, in case of doubt it is to be determined by the net weight.

제56조(순중량에 의한 결정)

대금이 물품의 중량에 따라 지정되는 경우에 이에 의혹이 있을 때에는, 그 대금은 순중량에 의하여 결정되어야 한다.

Article 57

(1) If the buyer is not bound to pay the price at any other particular place, he must pay it to the seller:

(a) at the seller's place of business; or

(b) if the payment is to be made against the handing over of the goods or of documents, at the place where the handing over takes place.

(2) The seller must bear any increase in the expenses incidental to payment which is caused by a change in his place of business subsequent to the conclusion of the contract.

제57조(대금지급의 장소)
(1) 매수인이 기타 어느 특정한 장소에서 대금을 지급하여야 할 의무가 없는 경우에는, 매수인은 다음과 같은 장소에서 매도인에게 이를 지급하여야 한다.

(a) 매도인의 영업소, 또는
(b) 지급이 물품 또는 서류의 교부와 상환으로 이루어져야 하는 경우에는, 그 교부가 행하여지는 장소.

(2) 매도인은 계약 체결 후에 그 영업소를 변경함으로 인하여 야기된 지급의 부수적인 비용의 모든 증가액을 부담하여야 한다.

Article 58

(1) If the buyer is not bound to pay the price at any other specific time he must pay it when the seller places either the goods or documents controlling their disposition at the buyer's disposal in accordance with the contract and this Convention. The seller may make such payment a condition for handing over the goods or documents.

(2) If the contract involves carriage of the goods, the seller may dispatch the goods on terms whereby the goods, or documents controlling their disposition, will not be handed over to the buyer except against payment of the price.

(3) The buyer is not bound to pay the price until he has had an opportunity to examine the goods, unless the procedures for delivery or payment agreed upon by the parties are inconsistent with his having such an opportunity.

제58조(대금지급의 시기)
(1) 매수인이 기타 어느 특정한 대금을 지급하여야 할 의무가 없는 경우에는, 매수인은 매도인이 계약 및 이 협정에 따라 물품 또는 그 처분을 지배하는 서류 중에 어느 것을 매수인의 임의처분 하에 인도한 때에 대금을 지급하여야 한다. 매도인은 그러한 지급을 물품 또는 서류의 교부를 위한 조건으로 정할 수 있다.

(2) 계약이 물품의 운송을 포함하는 경우에는, 매도인은 대금의 지급과 상환하지 아니하면 물품 또는 그 처분을 지배하는 서류를 매수인에게 교부하지 아니한다는 조건으로 물품을 발송할 수 있다.

(3) 매수인은 물품을 검사할 기회를 가질 때까지는 대금을 지급하여야 할 의무가 없다. 다만 당사자간에 합의된 인도 또는 지급의 절차가 매수인이 그러한 기회를 가지는 것과 모순되는 경우에는 그러하지 아니하다.

Article 59

The buyer must pay the price on the date fixed by or determinable from the contract and this Convention without the need for any request or compliance with any formality on the part of the seller.

제59조(지급청구에 앞선 지급)

매수인은 매도인 측의 어떠한 요구나 그에 따른 어떠한 절차를 준수할 필요 없이 계약 및 이 협약에 의하여 지정되었거나 또는 이로부터 결정될 수 있는 기일에 대금을 지급하여야 한다.

Section II. Taking delivery

제2절 인도의 수령

Article 60

The buyer's obligation to take delivery consists:

(a) in doing all the acts which could reasonably be expected of him in order to enable the seller to make delivery; and
(b) in taking over the goods.

제60조(인도수령의 의무)

매수인의 인도수령의 의무는 다음과 같은 것으로 구성된다.

(a) 매도인에 의만 인도를 가능케 하기 위하여 매수인에게 합리적으로 기대될 수 있었던 모든 행위를 하는 것, 그리고
(b) 물품을 수령하는 것.

Section III. Remedies for breach of contract by the buyer

제3절 매수인의 계약위반에 대한 구제

Article 61

(1) If the buyer fails to perform any of his obligations under the contract or this Convention, the seller may:

(a) exercise the rights provided in articles 62 to 65;
(b) claim damages as provided in articles 74 to 77.

(2) The seller is not deprived of any right he may have to claim damages by exercising his right to other remedies.

(3) No period of grace may be granted to the buyer by a court or arbitral tribunal when the seller resorts to a remedy for breach of contract.

제61조(매도인의 구제방법)
(1) 매수인이 계약 또는 이 협약에 따른 어떠한 의무를 이행하지 아니하는 경우에는, 매도인은 다음과 같은 것을 행할 수 있다.

(a) 제62조 내지 제65도에 규정된 권리를 행사하는 것,
(b) 제74조 내지 제77조에 규정된 바의 손해배상을 청구하는 것 등.

(2) 매도인은 손해배상 이외의 구제를 구하는 권리의 행사로 인하여 손해배상을 청구할 수 있는 권리를 박탈당하지 아니한다.

(3) 매도인이 계약위반에 대한 구제를 구할 때에는, 법원 또는 중재판정부는 매수인에게 어떠한 유예기간도 허용하여서는 아니된다.

Article 62

The seller may require the buyer to pay the price, take delivery or perform his other obligations, unless the seller has resorted to a remedy which is inconsistent with this requirement.

제62조(매도인의 이행청구권)

매도인은 매수인에 대하여 대금의 지급, 인도의 수령 또는 기타 매수인의 의무를 이행하도록 청구할 수 있다. 다만 매도인이 이러한 청구와 모순되는 구제를 구한 경우에는 그러하지 아니하다.

Article 63

(1) The seller may fix an additional period of time of reasonable length for performance by the buyer of his obligations.

(2) Unless the seller has received notice from the buyer that he will not perform within the period so fixed, the seller may not, during that period, resort to any remedy for breach of contract. However, the seller is not deprived thereby of any right he may have to claim damages for delay in performance.

제63조(이행추가기간의 통지)

(1) 매도인은 매수인에 의한 의무의 이행을 위한 합리적인 기간 만큼의 추가기간을 지정할 수 있다.

(2) 매도인이 매수인으로부터 그 지정된 추가기간 내에 이행하지 아니하겠다는 뜻의 통지를 수령하지 않은 한, 매도인은 그 기간 중에는 계약위반에 대한 어떠한 구제도 구할 수 없다. 그러나

매도인은 이로 인하여 이행의 지연에 대한 손해배상을 청구할 수 있은 어떠한 권리를 박탈당하지 아니한다.

Article 64

(1) The seller may declare the contract avoided:

(a) if the failure by the buyer to perform any of his obligations under the contract or this Convention amounts to a fundamental breach of contract; or
(b) if the buyer does not, within the additional period of time fixed by the seller in accordance with paragraph (1) of article 63, perform his obligation to pay the price or take delivery of the goods, or if he declares that he will not do so within the period so fixed;

(2) However, in cases where the buyer has paid the price, the seller loses the right to declare the contract avoided unless he does so:

(a) in respect of late performance by the buyer, before the seller has become aware that performance has been rendered; or
(b) in respect of any breach other than late performance by the buyer, within a reasonable time:
(i) after the seller knew or ought to have known of the breach; or
(ii) after the expiration of any additional period of time fixed by the seller in accordance with paragraph (1) of article 63, or after the buyer has declared that he will not perform his obligations within such an additional period.

제64조(매도인의 계약해제권)

(1) 매도인은 다음과 같은 경우에 계약의 해제를 선언할 수 있다.

(a) 계약 또는 이 협약에 따른 매수인의 어떠한 의무의 불이행이 계약의 본질적인 위반에 상당하는 경우, 또는

(b) 매수인이 제63조 제1항에 따라 매도인에 의하여 지정된 추가기간 내에 대금의 지급 또는 물품의 인도수령의 의무를 이행하지 아니하거나, 또는 매수인이 그 지정된 기간 내에 이를 이행하지 아니하겠다는 뜻을 선언한 경우.

(2) 그러나 매수인이 대금을 이미 지급한 경우에는, 매도인은 다음과 같은 시기에 계약의 해제를 선언하지 않는 한 그 해제의 권리를 상실한다.

(a) 매수인에 의한 이행의 지연에 관해서는, 매도인이 그 이행이 이루어진 사실을 알기 전, 또는

(b) 매수인에 의한 이행의 지연 이외의 모든 위반에 관해서는, 다음과 같은 때로부터 합리적인 기간 내.

(i) 매도인이 그 위반을 알았거나 또는 알았어야 하는 때, 또는

(ii) 제63조 제1항에 따라 매도인에 의하여 지정된 어떠한 추가기간이 경과한 때, 또는 매수인이 그러한 추가기간 내에 의무를 이행하지 않겠다는 뜻을 선언한 때.

Article 65

(1) If under the contract the buyer is to specify the form, measurement or other features of the goods and he fails to make such specification either on the date agreed upon or within a reasonable time after receipt of a request from the seller, the seller may, without prejudice to any other rights he may have, make the specification himself in accordance with the requirements of the buyer that may be known to him.

(2) If the seller makes the specification himself, he must inform the buyer of the details thereof and must fix a reasonable time within which the buyer may make a different specification. If, after receipt of such a communication, the buyer fails to do so within the time so fixed, the specification made by the seller is binding.

제65조(물품명세의 확정권)
(1) 계약상 매수인이 물품의 형태, 용적 또는 기타의 특징을 지정하기로 되어 있을 경우에 만약 매수인이 합의된 기일 또는 매도인으로부터의 요구를 수령한 후 합리적인 기간 내에 그 물품명세를 작성하지 아니한 때에는, 매도인은 그가 보유하고 있는 다른 모든 권리의 침해 없이 매도인에게 알려진 매수인의 요구조건에 따라 스스로 물품명세를 작성할 수 있다.

(2) 매도인이 스스로 물품명세를 작성하는 경우에는, 매도인은 매수인에게 이에 관한 세부사항을 통지하여야 하고, 또 매수인이 이와 상이한 물품명세를 작성할 수 있도록 합리적인 기간을 지정하여야 한다. 매수인이 그러한 통지를 수령한 후 지정된 기간 내에 이와 상이한 물품명세를 작성하지 아니하는 경우에는, 매도인이 작성한 물품명세가 구속력을 갖는다.

CHAPTER IV. PASSING OF RISK

제4장 위험의 이전

Article 66

Loss of or damage to the goods after the risk has passed to the buyer does not discharge him from his obligation to pay the price, unless the loss or damage is due to an act or omission of the seller.

제66조(위험부담의 일반원칙)

위험이 매수인에게 이전된 이후에 물품의 멸실 또는 손상은 매수인을 대금지급의 의무로부터 면제시키지 아니한다. 다만 그 멸실 또는 손상이 매도인의 작위 또는 부작위에 기인한 경우에는 그러하지 아니하다.

Article 67

(1) If the contract of sale involves carriage of the goods and the seller is not bound to hand them over at a particular place, the risk passes to the buyer when the goods are handed over to the first carrier for transmission to the buyer in accordance with the contract of sale. If the seller is bound to hand the goods over to a carrier at a particular place, the risk does not pass to the buyer until the goods are handed over to the carrier at that place. The fact that the seller is authorized to retain documents controlling the disposition of the goods does not affect the passage of the risk.

(2) Nevertheless, the risk does not pass to the buyer until the goods are clearly identified to the contract, whether by markings on the goods, by shipping documents, by notice given to the buyer or otherwise.

제67조(운송조건부 계약품의 위험)

(1) 매매계약이 물품의 운송을 포함하고 있는 경우에 매도인이 특정한 장소에서 이를 인도하여야 할 의무가 없는 때에는, 위험은 물품이 매매계약에 따라 매수인에게 송부하도록 최초의 운송인에게 인도된 때에 매수인에게 이전한다. 매도인이 특정한 장소에서 물품을 운송인에게 인도하여야 할 의무가 있는 경우에는, 위험은 물품이 그러한 장소에서 운송인에게 인도되기까지는 매수인에게 이전하지 아니한다. 매도인이 물품의 처분을 지배하는 서류를 보유하는 권한이 있다는 사실은 위험의 이전에 영향을 미치지 아니 한다.

(2) 그럼에도 불구하고, 위험은 물품이 하인, 선적서류, 매수인에 대한 통지 또는 기타의 방법에 의하여 계약에 명확히 특정되기까지는 매수인에게 이전하지 아니 한다.

Article 68

The risk in respect of goods sold in transit passes to the buyer from the time of the conclusion of the contract. However, if the circumstances so indicate, the risk is assumed by the buyer from the time the goods were handed over to the carrier who issued the documents embodying the contract of carriage. Nevertheless, if at the time of the conclusion of the contract of sale the seller knew or ought to have known that the goods had been lost or damaged and did not disclose this to the buyer, the loss or damage is at the risk of the seller.

제68조(운송중매매물품의 위험)

운송중에 매각된 물품에 관한 위험은 계약 체결시로부터 매수인에게 이전한다. 그러나 사정에 따라서는 위험은 운송계약을 구현하고 있는 서류를 발행한 운송인에게 물품이 인도된 때로부터 매수인이 부담한다. 그럼에도 불구하고, 매도인이 매매계약의 체결시에 물품이 이미 멸실 또는 손상되었다는 사실을 알았거나 또는 알았어야 하는 경우에 이를 매수인에게 밝히지 아니한 때에는, 그 멸실 또는 손상은 매도인의 위험부담에 속한다.

Article 69

(1) In cases not within articles 67 and 68, the risk passes to the buyer when he takes over the goods or, if he does not do so in due time, from the time when the goods are placed at his disposal and he commits a breach of contract by failing to take delivery.

(2) However, if the buyer is bound to take over the goods at a place other than a place of business of the seller, the risk passes when delivery is due and the buyer is aware of the

fact that the goods are placed at his disposal at that place.

(3) If the contract relates to goods not then identified, the goods are considered not to be placed at the disposal of the buyer until they are clearly identified to the contract.

제69조(기타 경우의 위험)
(1) 제67조 및 제68조에 해당되지 아니하는 경우에는, 위험은 매수인이 물품을 인수한 때, 또는 매수인이 적시에 이를 인수하지 아니한 경우에는 물품이 매수인의 임의처분하에 적치되고 매수인이 이를 수령하지 아니하여 계약위반을 범하게 된 때로부터 매수인에게 이전한다.

(2) 그러나 매수인이 매도인의 영업소 이외의 장소에서 물품을 인수하여야 하는 경우에는, 위험은 인도의 기일이 도래하고 또 물품이 그러한 장소에서 매수인의 임의처분하에 적치된 사실을 매수인이 안 때에 이전한다.

(3) 계약이 아직 특정되지 아니한 물품에 관한 것인 경우에는, 물품은 계약의 목적물로서 명확히 특정되기까지는 태수인의 임의처분하에 적치되지 아니한 것으로 본다.

Article 70

If the seller has committed a fundamental breach of contract, articles 67, 68 and 69 do not impair the remedies available to the buyer on account of the breach.

제70조(매도인의 계약위반시의 위험)
매도인이 계약의 본질적인 위반을 범한 경우에는, 제67조, 제68조 및 제69조의 규정은 그 본질적인 위반을 이유로 매수인이 원용할 수 있는 구제를 침해하지 아니한다.

CHAPTER V. PROVISIONS COMMON TO THE OBLIGATIONS OF THE SELLER AND OF THE BUYER

제5장 매도인과 매수인의 의무에 공통되는 규정

Section I. Anticipatory breach and instalment contracts

제1절 이행기일전의 계약위반과 분할이행계약

Article 71

(1) A party may suspend the performance of his obligations if, after the conclusion of the contract, it becomes apparent that the other party will not perform a substantial part of his obligations as a result of:

(a) a serious deficiency in his ability of perform or in his creditworthiness; or
(b) his conduct in preparing to perform or in performing the contract.

(2) If the seller has already dispatched the goods before the grounds described in the preceding paragraph become evident, he may prevent the handing over of the goods to the buyer even though the buyer holds a document which entitles him to obtain them. The present paragraph relates only to the rights in the goods as between the buyer and the seller.

(3) A party suspending performance, whether before or after dispatch of the goods, must immediately give notice of the suspension to the other party and must continue with performance if the other party provides adequate assurance of his performance.

제71조(이행의 정지)

(1) 당사자 일방은 계약체결 후에 상대방이 다음과 같은 사유의 결과로 그 의무의 어떤 실질적인 부분을 이행하지 아니할 것이 명백하게 된 경우에는, 자기의 의무의 이행을 정지할 수 있다.

(a) 상대방의 이행능력 또는 그 신뢰성의 중대한 결함, 또는
(b) 상대방의 계약이행의 준비 또는 계약이행의 행위.

(2) 매도인이 전항에 기술된 사유가 명백하게 되기 전에 이미 물품을 발송한 경우에는, 비록 매수인이 물품을 취득할 권한을 주는 서류를 소지하고 있더라도, 매도인은 물품이 매수인에게 인도되는 것을 중지시킬 수 있다. 본항의 규정은 매도인과 매수인 간에서의 물품에 대한 권리에만 적용한다.

(3) 이행을 정지한 당사자는 물품의 발송 전후에 관계없이 상대방에게 그 정지의 통지를 즉시 발송하여야 하고, 또 상대방이 그 이행에 관하여 적절한 확약을 제공하는 경우에는 이행을 계속하여야 한다.

Article 72

(1) If prior to the date for performance of the contract it is clear that one of the parties will commit a fundamental breach of contract, the other party may declare the contract avoided.

(2) If time allows, the party intending to declare the contract avoided must give reasonable notice to the other party in order to permit him to provide adequate assurance of his performance.

(3) The requirements of the preceding paragraph do not apply if the other party has

declared that he will not perform his obligations.

제72조(이행기일전의 계약해제)
(1) 계약의 이행기일 이전에 당사자의 일방이 계약의 본질적인 위반을 범할 것이 명백한 경우에는, 상대방은 계약의 해제를 선언할 수 있다.

(2) 시간이 허용하는 경우에는, 계약의 해제를 선언하고자 하는 당사자는 상대방이 그 이행에 관하여 적절한 확약을 제공할 수 있도록 하기 위하여 상대방에게 합리적인 통지를 발송하여야 한다.

(3) 전항의 요건은 상대방이 그 의무를 이행하지 아니할 것을 선언한 경우에는 이를 적용하지 아니한다.

Article 73
(1) In the case of a contract for delivery of goods by instalments, if the failure of one party to perform any of his obligations in respect of any instalment constitutes a fundamental breach of contract with respect to that instalment, the other party may declare the contract avoided with respect to that instalment.

(2) If one party's failure to perform any of his obligations in respect of any instalment gives the other party good grounds to conclude that a fundamental breach of contract will occur with respect to future installments, he may declare the contract avoided for the future, provided that he does so within a reasonable time.

(3) A buyer who declares the contract avoided in respect of any delivery may, at the same time, declare it avoided in respect of deliveries already made or of future deliveries if,

by reason of their interdependence, those deliveries could not be used for the purpose contemplated by the parties at the time of the conclusion of the contract.

제73조(분할이행계약의 해제)
(1) 물품의 분할인도를 위한 계약의 경우에 있어서, 어느 분할 부분에 관한 당사자 일방의 어떠한 의무의 불이행이 그 분할부분에 관하여 계약의 본질적인 위반을 구성하는 경우에는, 상대방은 그 분할 부분에 관하여 계약의 해제를 선언할 수 있다.

(2) 어느 분할부분에 관한 당사자 일방의 어떠한 의무의 불이행이 상대방으로 하여금 장래의 분할 부분에 관하여 계약의 본질적인 위반이 발생할 것이라는 결론을 내리게 하는 충분한 근거가 되는 경우에는, 상대방은 장래의 분할 부분에 관하여 계약의 해제를 선언할 수 있다. 다만 상대방은 합리적인 기간 내에 이를 행하여야 한다.

(3) 어느 인도부분에 관하여 계약의 해제를 선언하는 매수인은 이미 행하여진 인도 또는 장래의 인도에 관해서도 동시에 계약의 해제를 선언할 수 있다. 다만 그러한 인도 부분들이 상호 의존관계로 인하여 계약 체결시에 당사자 쌍방이 의도한 목적으로 사용될 수 없을 경우에 한한다.

Section II. Damages
제2절 손해배상액

Article 74

Damages for breach of contract by one party consist of a sum equal to the loss, including loss of profit, suffered by the other party as a consequence of the breach. Such damages may not exceed the loss which the party in breach foresaw or ought to have foreseen at the time of the conclusion of the contract, in the light of the facts and matters of which he then knew or ought to have known, as a possible consequence of the breach of contract.

제74조(손해배상액산정의 원칙)

당사자 일방의 계약위반에 대한 손해배상액은 이익의 손실을 포함하여 그 위반의 결과로 상대방이 입은 손실과 동등한 금액으로 한다. 그러한 손해배상액은 계약 체결시에 위반의 당사자가 알았거나 또는 알았어야 할 사실 및 사정에 비추어서 그 위반의 당사자가 계약 체결시에 계약 위반의 가능한 결과로서 예상하였거나 또는 예상하였어야 하는 손실을 초과할 수 없다.

Article 75

If the contract is avoided and if, in a reasonable manner and within a reasonable time after avoidance, the buyer has bought goods in replacement or the seller has resold the goods, the party claiming damages may recover the difference between the contract price and the price in the substitute transaction as well as any further damages recoverable under article 74.

제75조(대체거래시의 손해배상액)

계약이 해제되고 또한 해제후에 합리적인 방법과 합리적인 기간 내에 매수인이 대체품을 구매하거나 또는 매도인이 물품을 재매각한 경우에는, 손해배상을 청구하는 당사자는 계약대금과 대체거래의 대금과의 차액뿐만 아니라 제74조에 따라 회수 가능한 기타의 모든 손해배상액을 회수할 수 있다.

Article 76

(1) If the contract is avoided and there is a current price for the goods, the party claiming damages may, if he has not made a purchase or resale under article 75, recover the difference between the price fixed by the contract and the current price at the time of avoidance as well as any further damages recoverable under article 74. If, however, the party claiming damages has avoided the contract after taking over the goods, the current price at the time of such taking over shall be applied instead of the current price at the time of avoidance.

(2) For the purposes of the preceding paragraph, the current price is the price prevailing at the place where delivery of the goods should have been made or, if there is no current price at that place, the price at such other place as serves as a reasonable substitute, making due allowance for differences in the cost of transporting the goods.

제76조(시가에 기초한 손해배상액)
(1) 계약이 해제되고 또한 물품에 시가가 있는 경우에는, 손해배상을 청구하는 당사자는 제75조에 따라 구매 또는 재매각을 행하지 아니한 때에는 계약대금과 계약해제시의 시가와의 차액뿐만 아니라 제74조에 따라 회수 가능한 기타의 모든 손해배상액을 회수할 수 있다. 그러나 손해배상을 청구하는 당사자가 물품을 인수한 후에 계약을 해제한 경우에는, 계약해제시의 시가에 대신하여 물품인수시의 시가를 적용한다.

(2) 전항의 적용에 있어서, 시가라 함은 물품의 인도가 행하여졌어야 할 장소에서 지배적 신 가격을 말하고, 그 장소에서 아무런 시가가 없는 경우에는 물품의 운송비용의 차이를 적절히 감안하여 합리적인 대체가격으로 할 수 있는 다른 장소에서의 가격을 말한다.

Article 77
A party who relies on a breach of contract must take such measures as are reasonable in the circumstances to mitigate the loss, including loss of profit, resulting from the breach. If he fails to take such measures, the party in breach may claim a reduction in the damages in the amount by which the loss should have been mitigated.

제77조(손해경감의 의무)
계약위반을 주장하는 당사자는 이익의 손실을 포함하여 그 위반으로부터 야기된 손실을 경감하기 위하여 그 사정에 따라 합리적인 조치를 취하여야 한다. 그러한 조치를 취하지 아니하는 경우에는, 위반의 당사자는 경감되었어야 하는 손실의 금액을 손해배상액에서 감액하도록 청구할 수 있다.

Section III. Interest

제 3절 이자

Article 78

If a party fails to pay the price or any other sum that is in arrears, the other party is entitled to interest on it, without prejudice to any claim for damages recoverable under article 74.

제78조(연체금액의 이자)

당사자 일방이 대금 또는 기타 모든 연체된 금액을 지급하지 아니한 경우에는, 상대방은 제74조에 따라 회수 가능한 손해배상액의 청구에 침해받지 아니하고 그 금액에 대한 이자를 청구할 권리를 갖는다.

Section IV. Exemption

제4절 면책

Article 79

(1) A party is not liable for a failure to perform any of his obligations if he proves that the failure was due to an impediment beyond his control and that he could not reasonably be expected to have taken the impediment into account at the time of the conclusion of the contract or to have avoided or overcome it or its consequences.

(2) If the party's failure is due to the failure by a third person whom he has engaged to perform the whole or a part of the contract, that party is exempt from liability only if:

(a) he is exempt under the preceding paragraph; and

(b) the person whom he has so engaged would be so exempt if the provisions of that paragraph were applied to him.

(3) The exemption provided by this article has effect for the period during which the impediment exists.

(4) The party who fails to perform must give notice to the other party of the impediment and its effect on his ability to perform. If the notice is not received by the other party within a reasonable time after the party who fails to perform knew or ought to have known of the impediment, he is liable for damages resulting from such nonreceipt.

(5) Nothing in this article prevents either party from exercising any right other than to claim damages under this Convention.

제79조(손해배상책임의 면제)
(1) 당사자 일방은 그 의무의 불이행이 자신의 통제를 벗어난 장해에 기인하였다는 점과 계약 체결시에 그 장해를 고려하거나 또는 그 장해나 장해의 결과를 회피하거나 극복하는 것이 합리적으로 기대될 수 없었다는 점을 입증하는 경우에는 자신의 어떠한 의무의 불이행에 대하여 책임을 지지 아니한다.

(2) 당사자의 불이행이 계약의 전부 또는 일부를 이행하기 위하여 고용된 제3자의 불이행에 기인한 경우에는, 그 당사자는 다음과 같은 경우에 한하여 그 책임이 면제된다.

(a) 당사자가 전항의 규정에 따라 면책되고, 또
(b) 당사자가 고용한 제3자가 전항의 규정이 그에게 적용된다면 역시 면책되는 경우.

(3) 본조에 규정된 면책은 장해가 존재하는 동안의 기간에만 효력을 갖는다.

(4) 불이행의 당사자는 장해와 그것이 자신의 이행능력에 미치는 영향에 관하여 상대방에게 통지하여야 한다. 불이행의 당사자가 장해를 알았거나 또는 알았어야 하는 때로부터 합리적인 기간 내에 그 통지가 상대방에게 도착하지 아니한 경우에는, 당사자는 그러한 불착으로 인하여 발생하는 손해배상액에 대한 책임이 있다.

(5) 본조의 규정은 어느 당사자에 대해서도 이 협약에 따른 손해배상액의 청구 이외의 모든 권리를 행사하는 것을 방해하지 아니한다.

Article 80

A party may not rely on a failure of the other party to perform, to the extent that such failure was caused by the first party's act or omission.

제80조(자신의 귀책사유와 불이행)

당사자 일방은 상대방의 불이행이 자신의 작위 또는 부작위에 기인하여 발생한 한도 내에서는 상대방의 불이행을 원용할 수 없다.

Section V. Effects of avoidance

제5절 해제의 효과

Article 81

(1) Avoidance of the contract releases both parties from their obligations under it, subject to any damages which may be due. Avoidance does not affect any provision of the contract for the settlement of disputes or any other provision of the contract governing

the rights and obligations of the parties consequent upon the avoidance of the contract.

(2) A party who has performed the contract either wholly or in part may claim restitution from the other party of whatever the first party has supplied or paid under the contract. If both parties are bound to make restitution, they must do so concurrently.

제81조(계약의무의 소멸과 반환청구)
(1) 계약의 해제는 이미 발생한 모든 손해배상의 의무를 제외하고 양당사자를 계약상의 의무로부터 면하게 한다. 해제는 분쟁해결을 위한 어떠한 계약조항이나 계약의 해제에 따라 발생하는 당사자의 권리와 의무를 규율하는 기타 모든 계약조항에 영향을 미치지 아니한다.

(2) 계약의 전부 또는 일부를 이행한 당사자 일방은 상대방에 대하여 그 계약하에서 자신이 이미 공급하였거나 또는 지급한 것에 대한 반환을 청구할 수 있다. 당사자 쌍방이 반환하여야 할 의무가 있는 경우에는, 양당사자는 동시에 이를 이행하여야 한다.

Article 82
(1) The buyer loses the right to declare the contract avoided or to require the seller to deliver substitute goods if it is impossible for him to make restitution of the goods substantially in the condition in which he received them.

(2) The preceding paragraph does not apply:

(a) if the impossibility of making restitution of the goods or of making restitution of the goods substantially in the condition in which the buyer received them is not due to his act or omission;
(b) the goods or part of the goods have perished or deteriorated as a result of the

examination provided for in article 38; or

(c) if the goods or part of the goods have been sold in the normal course of business or have been consumed or transformed by the buyer in the course of normal use before he discovered or ought to have discovered the lack of conformity.

제82조(물품반환이 불가능한 경우)
(1) 매수인이 물품을 수령한 상태와 실질적으로 동등한 물품을 반환하는 것이 불가능한 경우에는, 매수인은 계약의 해제를 선언하거나 또는 매도인에게 대체품의 인도를 요구하는 권리를 상실한다.

(2) 전항의 규정은 다음과 같은 경우에는 이를 적용하지 아니한다.
(a) 물품을 반환하거나 또는 매수인이 물품을 수령한 상태와 실질적으로 동등한 물품을 반환하는 것이 불가능한 사유가 매수인의 작위 또는 부작위에 기인하지 아니한 경우,
(b) 제38조에 규정된 검사의 결과로 물품의 전부 또는 일부가 이미 멸실되었거나 또는 변질된 경우, 또는
(c) 매수인이 불일치를 발견하였거나 또는 발견하였어야 하는 때 이전에 물품의 전부 또는 일부가 이미 매수인에 의하여 정상적인 영업과정에서 매각되었거나, 또는 정상적인 사용과정에서 소비되었거나 또는 변형된 경우.

Article 83

A buyer who has lost the right to declare the contract avoided or to require the seller to deliver substitute goods in accordance with article 82 retains all other remedies under the contract and this Convention.

제83조(기타의 구제방법)
매수인은 제82조에 가라 계약의 해제를 선언하는 권리 또는 매도인에게 대체품의 인도를 요구하

는 권리를 상실한 경우에도, 계약 및 이 협약에 따른 기타 모든 구제방법을 보유한다.

Article 84

(1) If the seller is bound to refund the price, he must also pay interest on it, from the date on which the price was paid.

(2) The buyer must account to the seller for all benefits which he has derived from the goods or part of them:

(a) if he must make restitution of the goods or part of them; or
(b) if it is impossible for him to make restitution of all or part of the goods or to make restitution of all or part of the goods substantially in the condition in which he received them, but he has nevertheless declared the contract avoided or required the seller to deliver substitute goods.

제84조(이익의 반환)

(1) 매도인이 대금을 반환하여야 할 의무가 있는 경우에는, 매도인은 대금이 지급된 날로부터의 그것에 대한 이자도 지급하여야 한다.

(2) 매수인은 다음과 같은 경우에는 물품의 전부 또는 일부로부터 취득한 이익을 매도인에게 반환하여야 한다.

(a) 매수인이 물품의 전부 또는 일부를 반환하여야 하는 경우, 또는
(b) 매수인이 물품의 전부 또는 일부를 반환하거나 또는 그가 물품을 수령한 상태와 실질적으로 동등하게 물품의 전부 또는 일부를 반환하는 것이 불가능함에도 불구하고, 매수인이 계약의 해

제를 선언하였거나 또는 매도인에게 대체품의 인도를 요구한 경우.

Section VI. Preservation of the goods

제6절 물품의 보존

Article 85

If the buyer is in delay in taking delivery of the goods or, where payment of the price and delivery of the goods are to be made concurrently, if he fails to pay the price, and the seller is either in possession of the goods or otherwise able to control their disposition, the seller must take such steps as are reasonable in the circumstances to preserve them. He is entitled to retain them until he has been reimbursed his reasonable expenses by the buyer.

제85조(매도인의 보존의무)

매수인이 물품의 인도수령을 지체한 경우에, 또는 대금의 지급과 물품의 인도가 동시에 이행되어야 하는 때에 매수인이 그 대금을 지급하지 아니하고 매도인이 물품을 점유하고 있거나 또는 기타의 방법으로 그 처분을 지배할 수 있는 경우에는, 매도인은 물품을 보존하기 위하여 그 사정에 합리적인 조치를 취하여야 한다. 매도인은 자신의 합리적인 비용을 매수인으로부터 보상받을 때까지 물품을 유치할 권리가 있다.

Article 86
(1) If the buyer has received the goods and intends to exercise any right under the contract or this Convention to reject them, he must take such steps to preserve them as are

reasonable in the circumstances. He is entitled to retain them until he has been reimbursed his reasonable expenses by the seller.

(2) If goods dispatched to the buyer have been placed at his disposal at their destination and he exercises the right to reject them, he must take possession of them on behalf of the seller, provided that this can be done without payment of the price and without unreasonable inconvenience or unreasonable expense. This provision does not apply if the seller or a person authorized to take charge of the goods on his behalf is present at the destination. If the buyer takes possession of the goods under this paragraph, his rights and obligations are governed by the preceding paragraph.

제86조(매수인의 보존의무)

(1) 매수인이 물품을 수령한 경우에 있어서 그 물품을 거절하기 위하여 계약 또는 이 협약에 따른 어떠한 권리를 행사하고자 할 때에는, 매수인은 물품을 보존하기 위하여 그 사정에 합리적인 조치를 취하여야 한다. 매수인은 자신의 합리적인 비용을 매도인으로부터 보상받을 때까지 물품을 유치할 권리가 있다.

(2) 매수인 앞으로 발송된 물품이 목적지에서 매수인의 임의처분하에 적치된 경우에 있어서 매수인이 물품을 거절하는 권리를 행사할 때에는, 매수인은 매도인을 위하여 물품을 점유하여야 한다. 다만 이것은 대금의 지급이 없이 그리고 불합리한 불편이나 불합리한 비용이 없이 행하여질 수 있는 경우에 한한다. 이 규정은 매도인이나 또는 매도인을 위하여 물품을 관리하도록 수권된 자가 목적지에 있는 경우에는 이를 적용하지 아니한다. 매수인이 본항의 규정에 따라 물품을 점유하는 경우에는, 매수인의 권리와 의무에 대해서는 전항의 규정을 적용한다.

Article 87

A party who is bound to take steps to preserve the goods may deposit them in a warehouse of a third person at the expense of the other party provided that the expense incurred is not unreasonable.

제87조(제3자 창고에의 기탁)
물품을 보존하기 위한 조치를 취하여야 할 의무가 있는 당사자는 그 발생한 비용이 불합리한 것이 아닌 한, 상대방의 비용으로 물품을 제3자의 창고에 기탁할 수 있다.

Article 88
(1) A party who is bound to preserve the goods in accordance with article 85 or 86 may sell them by any appropriate means if there has been an unreasonable delay by the other party in taking possession of the goods or in taking them back or in paying the price or the cost of preservation, provided that reasonable notice of the intention to sell has been given to the other party.

(2) If the goods are subject to rapid deterioration or their preservation would involve unreasonable expense, a party who is bound to preserve the goods in accordance with article 85 or 86 must take reasonable measures to sell them. To the extent possible he must give notice to the other party of his intention to sell.

(3) A party selling the goods has the right to retain out of the proceeds of sale an amount equal to the reasonable expenses of preserving the goods and of selling them. He must account to the other party for the balance.

제88조(물품의 매각)

(1) 제85조 또는 제86조에 따라 물품을 보존하여야 할 의무가 있는 당사자는 상대방이 물품의 점유 또는 반송에 있어서, 또는 대금이나 보존비용의 지급에 있어서 불합리하게 지연한 경우에는,

적절한 방법으로 물품을 매각할 수 있다. 다만 상대방에 대하여 그 매각의 의도에 관한 합리적인 통지가 있어야 한다.

(2) 물품이 급속히 변질되기 쉬운 것이거나 또는 그 보존에 불합리한 비용이 요구되는 경우에는, 제85조 또는 제86조에 따라 물품을 보존하여야 할 의무가 있는 당사자는 이를 매각하기 위한 합리적인 조치를 취하여야 안다. 보존의 의무가 있는 당사자는 가능한 한, 상대방에게 매각의 의도에 관하여 통지를 하여야 한다.

(3) 물품을 매각하는 당사자는 매각의 대금으로부터 물품의 보존과 그 매각에 소요된 합리적인 비용과 동등한 금액을 유보할 권리를 갖는다. 그러나 그 당사자는 상대방에게 잔액을 반환하여야 한다.

Part IV. Final provisions

제4부 최종규정

Article 89

The Secretary-General of the United Nations is hereby designated as the depositary for this Convention.

제89조(협약의 수탁자)

국제연합의 사무총장은 이 협약의 수탁자로서 이에 임명된다.

Article 90

This Convention does not prevail over any international agreement which has already been or may be entered into and which contains provisions concerning the matters governed by this Convention, provided that the parties have their places of business in States parties, to such agreement.

제90조(타협정자의 관계)

이 협약은 이미 발효되었거나 또는 앞으로 발효되는 어떠한 국제적인 협정이 이 협약에 의하여 규율되는 사항에 관한 규정을 포함하고 있는 경우에는 이에 우선하지 아니한다. 다만 당사자 쌍방이 그러한 협정의 당사국에 영업소를 갖고 있는 경우에 한한다.

Article 91

(1) This Convention is open for signature at the concluding meeting of the United Nations Conference on Contracts for the International Sale of Goods and will remain open for signature by all States at the Headquarters of the United Nations, New York until 30

September 1981.

(2) This Convention is subject to ratification, acceptance or approval by the signatory States.

(3) This Convention is open for accession by all States which are not signatory States as from the date it is open for signature.

(4) Instruments of ratification, acceptance, approval and accession are to be deposited with the Secretary-General of the United Nations.

제91조(서명과 협약의 채택)

(1) 이 협약은 국제물품매매계약에 관한 국제연합회의의 최종일에 서명을 위하여 개방되며, 또 1981년 9월 30일까지 뉴욕의 국제연합본부에서 모든 국가에 의한 서명을 위하여 개방해 둔다.

(2) 이 협약은 서명국에 의하여 비준, 승낙 또는 승인되는 것을 전제로 한다.

(3) 이 협약은 서명을 위하여 개방된 날로부터 서명국이 아닌 모든 국가에 의한 가입을 위하여 개방된다.

(4) 비준서, 승낙서, 승인서 및 가입서는 국제연합의 사무총장에게 기탁하는 것으로 한다.

Article 92

(1) A Contracting State may declare at the time of signature, ratification, acceptance, approval or accession that it will not be bound by Part II of this Convention or that it will

not be bound by Part III of this Convention.

(2) A Contracting State which makes a declaration in accordance with the preceding paragraph in respect of Part II or Part III of this Convention is not to be considered a Contracting State within paragraph (1) of article 1 of this Convention in respect of matters governed by the Part to which the declaration applies.

제92조(일부규정의 채택)

(1) 체약국은 서명, 비준, 승낙, 승인 또는 가입의 당시에 그 국가가 이 협약의 제2부에 구속되지 아니한다거나 또는 이 협약의 제3부에 구속되지 아니한다는 것을 선언할 수 있다.

(2) 이 협약의 제2부 또는 제3부에 관하여 전항의 규정에 따른 선언을 하는 체약국은 그 선언이 적용되는 각부에 의하여 규율되는 사항에 관해서는 이 협약의 제1조 제1항에서 규정하는 체약국으로 보지 아니한다.

Article 93

(1) If a Contracting State has two or more territorial units in which, according to its constitution, different systems of law are applicable in relation to the matters dealt with in this Convention, it may, at the time of signature, ratification, acceptance, approval or accession, declare that this Convention is to extend to all its territorial units or only to one or more of them, and may amend its declaration by submitting another declaration at any time.

(2) These declarations are to be notified to the depositary and are to state expressly the

territorial units to which the Convention extends.

(3) If, by virtue of a declaration under this article, this Convention extends to one or more but not all of the territorial units of a Contracting State, and if the place of business of a party is located in that State, this place of business, for the purposes of this Convention, is considered not to be in a Contracting State, unless it is in a territorial unit to which the Convention extends.

(4) If a Contracting State makes no declaration under paragraph (1) of this article, the Convention is to extend to all territorial units of that State.

제93조(연방국가의 채택)

(1) 체약국이 그 헌법에 의하여 이 협약에서 취급되는 사항에 관하여 상이한 법체계가 적용되는 둘 이상의 영역을 보유하고 있는 경우에는, 체약국은 서명, 비준, 승낙, 승인 또는 가입의 당시에 이 협약을 전부의 영역 또는 그 중의 하나 이상의 일부의 영역에만 적용한다는 것을 선언할 수 있으며, 또 언제든지 다른 선언을 제출함으로써 앞의 선언을 변경할 수 있다.

(2) 전항의 선언은 수탁자에게 통고되어야 하며, 또 이 협약이 적용되는 영역을 명시적으로 기재하여야 한다.

(3) 본조에 따른 선언에 의하여, 이 협약이 체약국의 하나 이상의 일부의 영역에 적용되고 그 전부의 영역에는 적용되지 아니한 경우에 당사자 일방의 영업소가 그 체약국에 있는 때에는, 그 영업소는 이 협약의 적용에 있어서 체약국에 있지 아니한 것으로 본다. 다만 그 영업소가 이 협약이 적용되는 영역에 있는 경우에는 그러하지 아니하다.

(4) 체약국이 본조 제1항에 따른 선언을 하지 아니하는 경우에는, 이 협약은 그 체약국의 전부의 영역에 적용되는 것으로 한다.

Article 94

(1) Two or more Contracting States which have the same or closely related legal rules on matters governed by this Convention may at any time declare that the Convention is not to apply to contracts of sale or to their formation where the parties have their places of business in those States. Such declarations may be made jointly or by reciprocal unilateral declarations.

(2) A Contracting State which has the same or closely related legal rules on matters governed by this Convention as one or more non-Contracting States may at any time declare that the Convention is not to apply to contracts of sale or to their formation where the parties have their places of business in those States.

(3) If a State which is the object of a declaration under the preceding paragraph subsequently becomes a Contracting State, the declaration made will, as from the date on which the Convention enters into force in respect of the new Contracting State, have the effect of a declaration made under paragraph (1), provided that the new Contracting State joins in such declaration or makes a reciprocal unilateral declaration.

제94조(관련법이 있는 국가의 채택)

(1) 이 협약이 규율하는 사항에 관하여 이와 동일하거나 또는 밀접한 관계가 있는 법령을 두고 있는 둘 이상의 체약국은 당사자 쌍방이 이들 체약국에 영업소를 갖고 있는 경우의 매매계약 및 그 성립에 대하여 이 협약을 적용하지 아니한다는 것을 언제라도 선언할 수 있다. 그러한 선언은

체약국이 공동으로 또는 호혜주의를 조건으로 하여 일방적으로 행할 수 있다.

(2) 이 협약이 규율하는 사항에 관하여 하나 이상의 비체약국과 동일하거나 또는 밀접한 관계가 있는 법령을 두고 있는 체약국은 당사자 쌍방이 이들 해당 국가에 영업소를 갖고 있는 경우의 매매계약 및 그 성립에 대하여 이 조약을 적재하지 아니한다는 것을 언제라도 선언할 수 있다.

(3) 전항에 따른 선언의 대상이 된 국가가 그 후 체약국이 된 경우에는, 그 선언은 이 협약이 그 새로운 체약국에 대하여 효력을 발생한 날로부터 본조 제1항에 따른 선언으로서의 효력을 갖는다. 다만 새로운 체약국이 그러한 선언에 참가하거나 또는 호혜주의를 조건으로 하는 일방적인 선언을 행하는 경우에 한한다.

Article 95

Any State may declare at the time of the deposit of its instrument of ratification, acceptance, approval or accession that it will not be bound by subparagraph (1) (b) of article 1 of this Convention.

제95조(제1조 제1항 b호의 배제)

어느 국가의 경우에도 이 협약의 비준서, 승낙서, 승인서 또는 가입서를 기탁할 당시에 이 협약의 제1조 제1항 b호의 규정에 구속되지 아니한다는 것을 선언할 수 있다.

Article 96

A Contracting State whose legislation requires contracts of sale to be concluded in or evidenced by writing may at any time make a declaration in accordance with article 12 that any provision of article 11, article 29, or Part II of this Convention, that allows a contract of sale or its modification or termination by agreement or any offer, acceptance, or other indication of intention to be made in any form other than in writing, does not apply where any party has his place of business in that State.

제96조(계약형식요건의 유보)

체약국의 법률상 매매계약을 서면으로 체결하거나 또는 입증하도록 요구하고 있는 체약국은 제12조의 규정에 따라, 어떠한 매매계약이나 그 변경 또는 합의에 의한 해지 또는 모든 청약, 승낙 또는 기타의 의사표시를 서면 이외의 어느 방법으로 행하는 것을 인정하고 있는 이 협약의 제11조, 제29조 또는 제2부의 어떠한 규정도 당사자의 어느 일방이 그 체약국에 영업소를 갖고 있는 경우에는 이를 적용하지 아니한다는 것을 선언할 수 있다.

Article 97

(1) Declarations made under this Convention at the time of signature are subject to confirmation upon ratification, acceptance or approval.

(2) Declarations and confirmations of declarations are to be in writing and be formally notified to the depositary.

(3) A declaration takes effect simultaneously with the entry into force of this Convention in respect of the State concerned. However, a declaration of which the depositary receives formal notification after such entry into force takes effect on the first day of the month following the expiration of six months after the date of its receipt by the depositary. Reciprocal unilateral declarations under article 94 take effect on the first day of the month following the expiration of six months after the receipt of the latest declaration by the depositary.

(4) Any State which makes a declaration under this Convention may withdraw it at any

time by a formal notification in writing addressed to the depositary. Such withdrawal is to take effect on the first day of the month following the expiration of six months after the date of the receipt of the notification by the depositary.

(5) A withdrawal of a declaration made under article 94 renders inoperative, as from the date on which the withdrawal takes effect, any reciprocal declaration made by another State under that article.

제97조(협약에 관한 선언절차)

(1) 서명시에 이 협약에 따라 행한 선언은 비준, 승낙 또는 승인에 즈음하여 이를 확인하여야 하는 것으로 한다.

(2) 선언 및 선언의 확인은 서면으로 이를 행하여야 하며, 또 정식으로 수탁자에게 통고하여야 한다.

(3) 선언은 관련된 국가에 대하여 이 협약이 효력을 발생함과 동시에 그 효력을 발생한다. 그러나 이 협약이 그 국가에 대하여 효력을 발생한 이후에 수탁자가 정식의 통고를 수령한 선언은 수탁자가 이를 수령한 날로부터 6개월을 경과한 후 이어지는 월의 최초일에 그 효력을 발생한다. 제94조에 따른 호혜주의를 조건으로 하는 일방적인 선언은 수탁자가 최후의 선언을 수령한 날로부터 6개월을 경과한 후 이어지는 월의 최초일에 그 효력을 발생한다.

(4) 이 협약에 따른 선언을 행한 모든 국가는 수탁자 앞으로 서면에 의한 정식의 통고를 함으로써 언제든지 이를 철회할 수 있다. 그러한 철회는 수탁자가 통고를 수령한 날로부터 6개월을 경과한 후 이어지는 월의 최초일에 그 효력을 발생한다.

(5) 제94조에 따른 선언의 철회는 그 철회가 효력을 갖는 날로부터 동조에 따른 다른 국가의 모

든 호혜적인 선언의 효력을 상실하게 한다.

Article 98

No reservations are permitted except those expressly authorized in this Convention.

제98조(유보의 금지)

어떠한 유보도 이 협약에서 명시적으로 인정된 경우를 제외하고는 이를 허용하지 아니한다.

Article 99

(1) This Convention enters into force, subject to the provisions of paragraph (6) of this article, on the first day of the month following the expiration of twelve months after the date of deposit of the tenth instrument of ratification, acceptance, approval or accession, including an instrument which contains a declaration made under article 92.

(2) When a State ratifies, accepts, approves or accedes to this Convention after the deposit of the tenth instrument of ratification, acceptance, approval or accession, this Convention, with the exception of the Part excluded, enters into force in respect of that State, subject to the provisions of paragraph (6) of this article, on the first day of the month following the expiration of twelve months after the date of the deposit of its instrument of ratification, acceptance, approval or accession.

(3) A State which ratifies, accepts, approves or accedes to this Convention and is a party to either or both the Convention relating to a Uniform Law on the Formation of Contracts for the International Sale of Goods done at The Hague on 1 July 1964 (1964 Hague Formation Convention) and the Convention relating to a Uniform Law on

the International Sale of Goods done at The Hague on 1 July 1964 (1964 Hague Sales Convention) shall at the same time denounce, as the case may be, either or both the 1964 Hague Sales Convention and the 1964 Hague Formation Convention by notifying the Government of the Netherlands to that effect.

(4) A State party to the 1964 Hague Sales Convention which ratifies, accepts, approves or accedes to the present Convention and declares or has declared under article 92 that it will not be bound by Part II of this Convention shall at the time of ratification, acceptance, approval or accession denounce the 1964 Hague Sales Convention by notifying the Government of the Netherlands to that effect.

(5) A State party to the 1964 Hague Formation Convention which ratifies, accepts, approves or accedes to the present Convention and declares or has declared under article 92 that it will not be bound by Part III of this Convention shall at the time of ratification, acceptance, approval or accession denounce the 1964 Hague Formation Convention by notifying the Government of the Netherlands to that effect.

(6) For the purpose of this article, ratifications, acceptances, approvals and accessions in respect of this Convention by States parties to the 1964 Hague Formation Convention or to the 1964 Hague Sales Convention shall not be effective until such denunciations as may be required on the part of those States in respect of the latter two Conventions have themselves become effective. The depositary of this Convention shall consult with the Government of the Netherlands, as the depositary of the 1964 Conventions, so as to ensure necessary co-ordination in this respect.

제99조(협약의 발효)

(1) 이 협약은 본조 제6항의 규정에 따라 제92조에 의한 선언에 기재되어 있는 문서를 포함하여 제10번째의 비준서, 승낙서, 승인서 또는 가입서가 기탁된 날로부터 12개월을 경과한 후 이어지는 월의 최초일에 그 효력을 발생한다.

(2) 어느 국가가 제10번째의 비준서, 승낙서, 승인서 또는 가입서를 기탁한 후에 이 협약을 비준, 승낙, 승인 또는 가입하는 경우에는, 이 협약은 그 적용이 배제되는 부을 제외하고 본조 제6항의 규정에 따라 그 국가의 비준서, 승낙서, 승인서 또는 가입서가 기탁된 날로부터 12개월을 경과한 후 이어지는 월의 최초일에 그 국가에 대하여 효력을 발생한다.

(3) 이 협약을 비준, 승낙, 승인 또는 가입하는 국가가 1964년 7월 1일 헤이그에서 작성된 국제물품매매계약의 성립에 관한 통일법에 관련한 협약(1964년 헤이그 성립협약) 및 1964년 7월 1일 헤이그에서 작성된 국제물품매매에 관한 통일법에 관련한 협약(1964년 헤이그 매매협약)의 일방 또는 쌍방의 당사국인 경우에는, 그 국가는 이와 동시에 네덜란드 정부에 폐기의 취지를 통고함으로써 경우에 따라서는 1964년 헤이그 매매협약과 1964년 헤이그 성립협약의 일방 또는 쌍방을 폐기하여야 한다.

(4) 1964년 헤이그 매매협약의 당사국으로서 이 협약을 비준, 승낙, 승인 또는 가입하는 국가가 제92조에 따라 이 협약의 제2부에 구속되지 아니한다는 것을 선언하거나 또는 선언한 경우에는, 그 국가는 이 협약의 비준, 승낙, 승인 또는 가입시에 네덜란드 정부에 폐기의 취지를 통고함으로써 1964년 헤이그 매매협약을 폐기하여야 한다.

(5) 1964년 헤이그 성립협약의 당사국으로서 이 협약을 비준, 승낙, 승인 또는 가입하는 국가가 제92조에 따라 이 협약의 제3부에 구속되지 아니한다는 것을 선언하거나 또는 선언한 경우에는, 그 국가는 이 협약의 비준, 승낙, 승인 또는 가입시에 네덜란드 정부에 폐기의 취지를 통고함으로써 1964년 헤이그 성립협약을 폐기하여야 한다.

(6) 본조의 적용에 있어서, 1964년 헤이그 성립협약 또는 1964년 헤이그 매매협약의 당사국에 의한 이 협약의 비준, 승낙, 승인 또는 가입은 당사국측의 이 두 가지 협약에 대한 폐기의 통고가 스스로 효력을 발생하기까지는 그 효력을 발생하지 아니한다. 이 협약의 수탁자는 이러한 점에 대한 필요한 상호조정을 확실히 하기 위하여 1964년 협약의 수탁자인 네덜란드 정부와 협의하여야 한다.

Article 100

(1) This Convention applies to the formation of a contract only when the proposal for concluding the contract is made on or after the date when the Convention enters into force in respect of the Contracting States referred to in subparagraph (1) (a) or the Contracting State referred to in subparagraph (1) (b) of article 1.

(2) This Convention applies only to contracts concluded on or after the date when the Convention enters into force in respect of the Contracting States referred to in subparagraph (1)(a) or the Contracting State referred to in subparagraph (1)(b) of article 1.

제100조(계약에 대한 적용일)
(1) 이 협약은 제1조 제1항 a호에 언급된 체약국이나 또는 동조 제1항 b호에 언급된 체약국에 대하여 그 효력을 발생하는 날 또는 그 이후에 계약의 체결을 위한 제의가 행하여진 경우에만 계약의 성립에 적용한다.

(2) 이 협약은 제1조 제1항 a호에 언급된 체약국이나 또는 동조 제1항 b호에 언급된 체약국에 대하여 그 효력을 발생하는 날 또는 그 이후에 체결되는 계약에만 적용한다.

Article 101

(1) A Contracting State may denounce this Convention, or Part II or Part III of the Convention, by a formal notification in writing addressed to the depositary.

(2) The denunciation takes effect on the first day of the month following the expiration of twelve months after the notification is received by the depositary. Where a longer period for the denunciation to take effect is specified in the notification, the denunciation takes effect upon the expiration of such longer period after the notification is received by the depositary.

DONE at Vienna, this day of eleventh day of April, one thousand nine hundred and eighty, in a single original, of which the Arabic, Chinese, English, French, Russian and Spanish texts are equally authentic.
IN WITNESS WHEREOF the undersigned plenipotentiaries, being duly authorized by their respective Governments, have signed this Convention.

제101조(협약의 폐기)

(1) 체약국은 수탁자 앞으로 서면에 의한 정식의 통고를 함으로써 이 협약 또는 이 협약의 제2부 또는 제3부를 폐기할 수 있다.

(2) 폐기는 수탁자가 그 통고를 수령한 날로부터 12개월을 경과한 후 이어지는 월의 최초일에 그 효력을 발생한다. 폐기가 효력을 발생하기 위한 보다 긴 기간이 그 통고에 명시되어 있는 경우에는, 폐기는 수탁자가 그 통고를 수령한 날로부터 그러한 기간이 경과한 때에 그 효력을 발생한다.

* **협약의 작성**

이 협약은 1980년 4월 11일 당일에 비엔나에서 국제연합이 동등하게 인증한 아랍어, 중국어, 영어, 불어, 러시아어 및 스페인어를 정본으로 한 1통의 원본으로 작성되었다.

이상의 증거로서 아래에 명기된 전권위원들은 그 각각의 정부로부터 정당하게 위임을 받아 이 협약에 서명하였다.

memo

제4장 무역계약의 법적 성질

1. 의의

무역계약은 원칙적으로 국내 상거래와 큰 차이가 없다. 하지만 원격지간에 국제적 이동을 전제로 하므로 운송계약, 보험조건 등의 부가계약들이 원계약에 추가되며 국제 간 상관습, 문화의 차이 등이 존재하기 때문에 무역계약 진행 시 주의해야 한다.

2. 법적 성질

1) 쌍무계약(bilateral contract)

계약의 성립에 의해 매도인은 상품인도, 매수인은 대금지급의 의무를 부담하게 되고 동시에 상대방에게 이를 요구할 수 있는 권리를 보유하게 된다.

2) 불요식계약(informal contract)

구두, 또는 문서로 의사를 전달·표시함으로써 성립되는 불요식 계약이다. 따라서 sales note, purchase order form, memorandum 등의 형식이 반드시 요구되는 것은 아니나 분쟁 방지를 위하여 요식계약의 형식을 취하는 것이 필요하다.

3) 낙성계약(consensual contract)

매매당사자간의 '합의'에 의해 계약이 이루어진다. 즉 통상적으로 Selling offer와 Counter offer, Acceptance를 통해 합의가 이루어지면 계약이 이루어지는 것이지 소유권, 점유권의 이전이 계약의 성립 요건이 아니다.

4) 유상계약(remunerative contract)

상품을 인도하고 대금을 지급함으로써 쌍방이 대가적 의미를 가지는 급부를 제공해야 한다.

제5장 무역계약의 종류

1. 의의

Offer와 counter offer, acceptance 등 일련의 과정을 거쳐서 매매 당사자간 합의가 이루어지면 Memorandum, Purchase order form, Sales notes 등의 형식으로 계약이 이루어지게 된다.

2. 종류

1) 개별계약(Case by Case Contract)

어떤 거래가 성립될 때마다 그 거래에 대한 계약서를 작성하는 것을 말한다. Offer의 내용을 중심으로 주로 매도인에 의해 작성되고, Offer에서 다루어지지 못한 환적, 분할선적, Claim 해결 문제 등도 함께 논의·작성된다.

해당 거래선과 최초 거래이거나 소액거래를 할 때 주로 사용되고, 전면조항(Face)*과 이면조항(Back)**으로 구성되며, 동시에 전면조항과 이면조항을 모두 작성한다.

2) 포괄계약(Master Contract)

매매 당사자간 서로 잘 알고 장기간 거래하는 경우 개별계약의 번거로움을 피하기 위해 1년에 1-2회 Master 계약을 체결하고 이에 의거 필요할 때마다 선적해 주는 방식이다.

계속 거래시(반복 거래시) 주로 사용되며 일반거래조건협정***과 오퍼-오더계약****으로 구성되어 있다. 일반거래조건협정과 오퍼-오더계약은 별도로 약정한다.

---

* 개별거래에 관한 구체적 약정
** 일반거래조항과 계약위반구제조항
*** 거래의 기본준칙을 포괄적으로 약정
**** 개별거래에 관한 거래내용 약정

※ 일반거래조건협정서
(Agreement on general terms and the condition / General agreement)

1. 의 의
(1) 무역당사자 사이에 그 거래의 기준이 되는 일반적 조건을 결정하고 이를 문서화한 후 이에 서명하여 보관·소지하는 agreement로 이후 계속 반복적으로 거래함에 있어서 계약의 토대가 된다.
(2) 통상적으로 Terms and conditions between~, Contract for 등의 문구를 제목으로 한다.
(3) 이후 매수인이 발송하는 order sheet, 매도인이 작성하는 contract sheet은 이를 토대로 작성된다.

2. 내 용
(1) 거래의 기본조건, 매매계약에 관한 조건, 분쟁해결에 관한 조건 등이 포함된다.
(2) 거래상품에 관한 기본조건에는 품질, 가격, 수량, 선적, 보험, 결제 등의 조건이 포함된다.

3. 중요성
협정서 상의 제 조건들은 계약구성에 필수적 요소이고, 조건의 불완전 및 오해는 claim을 발생시킬 소지가 있다.

3) 독점판매계약(Exclusive Contract)

(1) 수출업자는 수입국의 지정수입자 이외의 다른 수입자에게 offer하지 않으며, 수입업자는 수출국 다른 업자의 해당물품을 취급하지 않는 조건으로 이루어지는 계약이다.

(2) 이 계약서에는 매매 당사자간 준수해야 할 의무가 명시되어야 하는데 매도인은 저렴한 가격의 offer, 매수인시장의 다른 업자에게 offer하지 않을 것, 다른 명의나 제3자를 통해서 우회적으로 침투하지 않을 것, 일정 수준의 품질을 보장해 줄 것을 약정해야 한다.

제6장 무역계약의 기본조건

무역계약을 체결할 때에는 후일의 오해와 분쟁을 방지하기 위하여 그 내용을 명확히 하는 동시에 다른 절차나 무역클레임에 대한 해결방법도 문서화하는 것이 필요하다. 거래를 하는 주체는 서로 다른 나라에 있으며, 격지 간 서로에 대한 정보도 정확하지 않은 경우가 많다. 또한 문화가 다르기 때문에 수량, 품질, 가격, 선적 등 다양한 조건들의 기준이 다른 경우도 존재한다. 따라서 무역계약을 진행할 때는 반드시 이러한 상세 조건들에 대해서 협의할 필요가 있다.

전체 무역계약의 주요 조건 중 품질과 수량조건은 본 파트에서 다루고, 선적, 가격, 중재, 보험 및 기타조건은 교재 내의 개별 파트에서 다루기도 한다.

> ✓ **무역계약의 주요 조건들**
> - 품질조건(quality terms)
> - 수량조건(quantity terms)
> - 가격조건(price terms)
> - 결제조건(payment terms)
> - 선적조건(shipment terms)
> - 중재조건(arbitration terms)
> - 보험조건(insurance terms)
> - 포장조건(packing terms)

1. 품질조건

1) 의의

매매거래 당사자 간에 품질의 정도에 따라 약정하는 것으로 무역거래에서는 상품의 종류, 선적지, 양륙지 등으로 그 품질의 정도와 시기를 정하고 있다.

2) 품질결정방법

거래에서 정하는 품질의 정도 및 분류에 따라 견본매매, 상표매매, 규격매매, 점검매매, 명세서매매 등이 있으며, 견본매매가 가장 많이 활용된다.

(1) 견본매매(Sale by Sample)

매매 당사자가 제시한 견본과 동일 품질의 물품을 인도하도록 약정하는 매매방식으로, 매도인견본(seller's sample)이나 매수인이 매도인에게 송부하는 매수인견본(buyer's sample)도 있으며, 또한 매수인의 견본에 대해 매도인이 제조하여 보내는 견본을 반대견본(counter samle)이라고 한다.

(2) 상표매매(Sale by Trade mark or Brand)

Sony TV, Rolex 시계와 같이 널리 알려진 Brand에 의해 품질수준을 결정한다. 사실상 견본이나 상품을 별도로 제시할 필요 없이 전 세계적으로 알려진 이미지를 통해 매매계약을 체결하게 된다. 상품의 Brand가 곧 품질을 의미할 정도로 대표적인 상품들에 널리 사용된다.

(3) 규격매매(Sale by grade)

KS(Korean standard), JIS(Japan industrial standard), BSS(British standard specification), ISO(International standadization organization)와 같이 상품규격이 국제적으로 규정되어 있거나 공식적 규정으로 특정된 경우에 사용되며, 상품규격에 따른 품질일 경우 매매 당사자 간에 객관적인 품질기준을 삼을 수 있어서 거래가 수월하다. 이러한 기준을 통해 매매계약을 체결하는 방식을 규격매매라고 한다.

(4) 점검매매(Sale by Inspection)

매수인이 현품을 직접 확인한 후 체결하는 방식으로 BWT*(Bonded Warehouse Trade : 보

---

* 외국의 주요 항구에 물품을 수출하여 해당 지역의 보세 창고를 빌려 수입 물품을 임시로 입고시켰다가, 현지 수입업자가 원할 때마다 수입 관세를 물고 상품을 출고하는 거래이다. 수입지에서 수입자가 직접 현물을 확인이 가능하기 때문에 점검매매 방식에서 많이 활용된다.

세창고도 거래) 및 COD(Cash on delivery) 등에서 주로 활용된다.

(5) 명세서매매(Sale by Specification)

견본매매가 어려운 선박, 기계류 등에 있어서 구조, 성능 등 모든 명세를 정확히 표시하고 설계도, 청사진 등과 함께 제시함.

(6) 표준품 매매(sales by standard)

공인검사기관에 의해서 표준품의 품질을 결정하는 방식으로, 보통 품질의 품질을 인증하는 방식이다. 미국의 원면(raw cotton), 원사(raw silk) 등의 판매에서 시작되었다.

① **FAQ(Fair Average Quaility : 평균 중등 품질 조건, 선적지 품질 조건)**

㉠ 선적 시, 동종 상품중 평균적이며 중등의 품질을 뜻하는 것으로 표준품 매매의 대표적 경우이다.

㉡ 계약체결 시, 전년도 수확물의 중등품을 표준으로 가격을 책정하고, 인도할 상품은 당해 계절의 중등품일 것을 조건으로 하는 경우가 이에 해당한다.

㉢ 주로 곡물류, 과일류 매매에서 많이 사용된다.

② **GMQ(Good merchantable Quality : 판매 적격 품질 조건, 양륙지 품질 조건)**

㉠ 표준품이 제시되더라도 내부 부패, 잠재하자가 외관상 확인되기 어려운 경우 주로 쓰이는 방식으로 양륙 시, 판매에 적합한 품질이 보장되어야 한다는 조건이다. 수입지에서 확인하여 내부 하자 및 판매가 불가능한 부분에 대해서 매수인이 매도인에게 보상을 요구할 수 있다.

㉡ 주로 원목, 목재류 및 냉동 어류의 경우 이용되는 방식이다.

③ **USQ(Usual Standard Quality : 보통 표준 품질 조건)**

㉠ 공인검사기관, 공인표준기준에 의한 보통 품질을 표준품의 품질로 결정하는 방식.

㉡ 주로 미국산 원면(raw cotton), 생사(raw silk) 거래에서 시작된 것으로 우리나라의 인삼,

오징어 등은 당해 수출조합이나 정부 지정 공공기관에서 등급을 판정하고 있다.

3) 품질결정 시기

(1) '매도인'이 '선적'시 품질을 보증하느냐, '양륙'시 품질을 보증하느냐에 따라 선적 품질 조건과 양륙 품질 조건으로 나뉨.

(2) 곡물류의 경우*

① TQ(Tale Quale, Tel Quel terms)는 선적 시 품질 조건이며, Incoterms2020상에서 FOB, CFR, CIF 조건에 의한 거래가 선적지 품질 조건을 따른다.

② RT(Rye Terms)는 양륙 품질 조건을 의미하며 주로 호밀(Rye) 거래 및 광산물 등의 거래에서 활용한다. Incoterms2020상에서 DAP, DPU 등의 조건이 이에 해당한다.

③ SD(Sea Damaged terms)는 선적지 품질조건과 양륙지 품질 조건이 결합된 것으로, 기본적인 틀은 선적지 품질 조건을 따른다.

따라서, 원칙적으로는 양륙지에 도착한 화물의 품질에 대해서는 매도인에게 책임이 없지만, 본 조건의 경우에는 다른 위험을 제외한, 해상운송 중 발생한 해수(海水)에 의한 피해만은 매도인이 부담하는 것이다.

2. 수량조건

무역계약에 있어서 수량 조건은 총 가격에 영향을 주는 매우 중요한 조건이다. 특히 수량 조건은 수량 약정의 방법과 검량 시기, 계량 방법 및 수량의 증명방법 등에 대해서 협의할 필요가 있다.

---

* TQ, RT, SD 조건은 선적과 양륙 시에 매매 당사자 중 누구에게 책임이 있는가에 대해 나눈, 런던 곡물시장을 중심으로 성립된 특수 조건이다.

1) 포장단위 상품

포장단위 상품이나 개체물품의 경우에는 정확한 개수로 수량을 표시, 인도해야 한다.

2) Bulk products

광물, 곡물과 같은 Bulk products(산물)의 경우에는 정확한 수량 표현이 불가능하다. 따라서 과부족용인조건(More or less clause) 또는 개산수량조건(Approximate Quantity Term)을 사용하게 된다.

3) 신용장상 M/L Clause

(1) 대량의 화물을 장기간 운송하는 무역운송에 있어서 선적중량 및 양륙중량을 계약된 수량과 정확히 일치시키는 것은 대단히 어렵다.
따라서 어느 정도의 과부족을 용인하여 claim의 원인으로 하지 않는 것이 필요한데, 이러한 조건을 약정하는 것이 과부족용인조건이다. 광물이나 곡물과 같은 산적하물의 경우 효용이 크다.
(2) 신용장통일규칙(UCP)에서는 금액, 수량, 단가 앞에 about, circa, approximately 단어를 사용 시 10% 이내의 과부족(difference) 허용하는 것으로 허용한다고 규정하고 있다.
M/L clause를 사용하여 물품을 인도한 경우에는 매도인이나 매수인은 그 과부족 수량에 대한 금액은 결재과정에서 정산해 줘야 한다.
(3) 신용장 상에 과부족과 관련한 금지문언이 없는 경우에는 어음의 발행 총액이 신용장금액을 초과하지 않는 범위 내에서 5%의 과부족은 허용하는 것으로 본다.

무역계약시 사용되는 주요 수량단위는 아래와 같다.[*]

무역계약시 사용되는 주요 수량 단위

수량단위		종 류
중량 단위		• Long ton(English ton) : Gross Ton : LT=2,240lbs=1,016.1kgs(영국식) • Short ton(American ton) : Net ton : S/T=2,000lbs=907.2kgs(미국식) • Metric ton(French ton) : kilo ton :M/T=2,240lbs=1,000kgs(대륙식) • Gross weight(총중량) : 포장무게 + 물품무게 • Net weight(순중량) : 포장무게를 제외한 물품의 순중량
용적 중량	목재 단위	• Cubic meter : CBM : 1m(가로) x 1m(세로) x 1m(높이)
	액체 화물	• barrel : 31.5 gallon(미국), 36 gallon(영국) • Gallon(gal) : American gallon(wine gallon) = 4,456 liters = 4 quarts English gallon(imperial gallon) = 3,785 liters= 4 quarts • Quarts : 1/4 gallon = 2 pints = 0.95 liter(미국) = 1.14 liter(영국) • pints : 0.47 liter(미국) = 0.57 liter(영국)
	곡물	• Bushel = 8gallon = 35 liters(미국) = 36 liters(영국)
	선박	• Measurement ton(용적톤 : M/T) = 1CBM(m^3) = 40입방피트 = 480sf
개수		Dozen : 12pcs • Gross : 144pcs(12pcs x 12pcs) • Small Gross : 120pcs(12pcs x 10pcs) • Great Gross : 1,728pcs(12pcs x 12pcs x 12pcs)
길이		• Meter, Yard, Inch, Foot

---

[*] 남풍우, 무역영어, 두남, p165

4) 검량의 기준 시기

(1) 선적 수량 조건(shipped quantity terms)

선적 조건은 물품의 멸실 및 손상에 대한 매도인의 책임이 선적한 국가에서 종료되는 정형조건이다. 선적 시 검량한 결과가 계약과 일치하면 매도인은 책임을 다한 것이다.

(2) 양륙 수량 조건(landed quantity terms)

양륙 수량 조건은 목적지(항구)에서 상품을 양륙하는 시점에 수량을 측정하여 인도수량이 계약에 합당한지 여부를 판정하는 조건을 말한다. 목적지에서 양륙되어 검품이 이뤄지기 전까지는 매도인이 모든 책임을 부담한다.

3. 가격 조건

1) 가격의 구성요소

수·출입상품의 구매가격인 수·출입 단가(unit price)는 제조원가에 이윤을 붙이고 수출입에 수반되는 부대비용(요소비용)을 모두 더하여 수·출입 가격이 이뤄진다.

수출부대비용은 포장비, 선적 전 검사(PSI:pre-shipping inspection) 및 증명료와 인허가 비용, 선적항(shipping port)까지의 수출국내에서의 내륙수송비(inland freight), 창고비용(godown rent), 또는 보관료(storage), 수출통관비용(cost of export clearance) 및 수출세(export duties), 선적비용(shipping charges 및 stowing charges), 해상운임(ocean freight), 보험료(insurance premium), 양하비용(unloading charges), 항구세(port duties)와 부두사용료(wharfage charges) 등이 있다.

수입부대비용은 수입통관비용(cost of import clearnce) 및 관세(import duties), 수입 국내

에서의 창고료(godown rent)와 보관료(storage) 및 각종 행정 비용, 그밖에 수출입에 수반되는 이자, 환비용(cost of exchange), 수수료(commission), Cable 비용을 포함한 여러 가지 영업비용(business expense) 또는 잡비(petty expenses) 등을 열거할 수 있는데, 어느 것을 매도인 또는 매수인의 부담으로 하는가에 따라 상품의 단가(unit price)가 달라지는 것이다.[*]

2) 인코텀즈(Incoterms® 2020)

수·출입가격은 매도인과 매수인이 서로 합의하에 정해지는데, 이러한 거래를 정형화한 것을 인코텀즈라고 한다. 국제무역 거래에서는 서로 다른 문화권의 매도인과 매수인이 서로 발생하는 위험과 비용에 대해 어디까지, 누가 책임질 것인가에 대한 문제가 발생하고, 이러한 위험과 비용의 분기점이 수·출입 가격에 영향을 끼치게 된다. 이러한 문제를 해결하고, 다양한 거래들의 분쟁을 방지하고자 국제상업회의소(ICC)는 무역거래의 해석에 관한 국제규칙(international Rules for the Interpretation of Trade Terms : 약칭 International Commercial Terms : INCOTERMS)를 1936년도에 제정하였고, 1953년, 1967년, 1976년, 1980년, 1990년, 2000년, 2010년, 2020년에 8차례 개정되었다.

인코텀즈 2020은 기본적으로 모든 운송방식에 적용되는 규칙(운송 방식 불문, 복합운송규칙, Rules for any Medel or Modes of Transport) EXW, FCA, CPT, CIP, DAP, DPU, DDP 규칙 7개와 해상운송과 내수로 운송에 적용되는 규칙(해상운송 전용규칙, Rules for Sea & inland waterway Transport) FAS, FOB, CFR, CIF 규칙 4개의 총 11개 규칙으로 이루어져 있다.

매도인의 의무와 매수인의 의무를 각각 A1(일반의무)~A10(통지)와 B1(일반의무)~B10(통지)을 대칭적으로 규정하여 각 당사자가 무역거래 시 의무를 수행하도록 하고 있다. 거래 당사자

---

[*] 김상만, 무역영어, 두남

간에 이러한 의무를 수행하는 중에 비용과 위험이 어떻게 배분되고 이전되는지 나누고 있다.

4. 결제 조건

결제 조건은 신용장의 유무, 서류인도 방식, 대금지급 방식 등에 의해 크게 송금 방식에 의한 대금결제, 추심 방식에 의한 대금결제, 신용장 방식에 의한 대금결제로 분류할 수 있다.

한편, 송금 방식은 대금결제의 유형이 아니라 대금을 상대방에게 보내는 방법이기 때문에 별도의 대금결제 유형으로 분류하지 않고, 무역대금결제의 종류를 선수금 방식(advance payment), 오픈어카운트 방식(open account), 추심결제 방식(documentary collection), 신용장 방식(documentary credits)으로 구분하기도 한다.

5. 선적조건

선적이란 물품의 인도가 본선, 항공기나 철도화차 등 운송수단에 물품을 적재하는 것을 말하며, 복합운송 시 운송을 위한 물품의 위-수탁을 포함하는 개념이다. 매매 거래의 당사자 간에 약정한 선적시기, 방법, 선적의 증명방법 등을 모두 지켜야 한다.

1) 선적 조건의 의의

무역계약의 이행을 위하여 언제, 어떻게 약정물품을 인도할 것인가를 규정하는 선적조건은 필수적 요소이며, 선적(shipment)이란 선박적재뿐만이 아니고 모든 운송수단에 있어서 적재, 인수, 발송, 수탁, 수령을 포괄하는 광범한 의미이다. 선적 조건에서 약정되어야 할 것에는 선적 시기, 선적 방법, 선적일 증명 및 선적 지연 등이 있다.

2) 선적 시기의 약정

(1) 선적 시기

① 단월조건 : 해당 월에 모든 선적을 완료하는 조건

ex) Shipment shall be made during May, 2020

② 연월조건 : 연속되는 달에 모든 선적을 완료하는 조건

ex) Shipment shall be made during Oct, and November 2020

③ 최종일조건 : 최종 선적일자를 정하여 기간 내에 선적을 완료하는 조건

ex) Shipment shall be made by November 20, 2020

Shipment shall be made not later than November 20, 2020

Shipment shall be made during first half of November, 2020

- first half(해당 월의 상반, 1일~15일)
- second half(해당 월의 하반, 16일~말일)

Shipment shall be made at the beginning of November, 2020

- 상순(beginning, 1일~10일), 중순(middle, 11일~20일), 하순(end, 21일~말일)

④ on or about 조건 : on or about 은 "당해 일자 혹은 그때쯤"이라는 개념으로 당해 일자와 양단일을 모두 포함하여 5일 전후의 기간을 의미한다.

ex) Shipment shall be made(effected) on or about November 20, 2020

- 기준일자를 포함하여 11월 15일 ~ 11월 25일까지 총 11일을 뜻함.

⑤ 기간을 산정할 때, within- 지정일을 제외한 ~일자 전과 ~일자 후를 포함.

- 'within 3 days of May 15, 2020' = 5월 12~18일(총 7일)

⑥ 즉시선적조건 : 특정한 일자의 약정 없이 최대한 빠른 일자에 선적할 것을 요구하는 선적 조건
ex) Shipment should be made as soon as possible.
- UCP600에서는 promptly, immediately, soonest, quickly, at once, without delay, as early as possible 등의 표현으로 약정하는 경우 모든 은행들은 이를 무시(disregard)한다고 규정하고 있다.

(2) 선적 방법

① 분할선적(partial shipment)
거래 수량을 정해진 선적기간 내에 수차례 선적을 진행하여 거래수량을 완료하는 선적방식이다.

UCP600 상의 규정에서,

㉠ 분할선적의 허용 여부에 관련해서는 신용장상에 분할선적 금지의 명시가 없는 한 분할선적의 허용조항이 없어도 분할선적은 인정된다고 규정하고 있다.
㉡ 분할선적을 허용하지 않는 경우 'partial shipment prohibited'라고 표현한다.
㉢ 선적일자는 분할선적의 마지막 선적분이 최종 선적일로 지정된다.
㉣ 분할선적의 정의와 관련해서는 비록 선적일, 적재항, 수탁지, 또는 발송지가 각각 상이하게 표시된 다수의 운송서류가 발행되었더라도 항로와 운송수단 및 목적지가 동일한 것으로 표시하고 있다면 그러한 경우에는 분할선적으로 보지 않는다고 규정하고 있다.

② 할부선적(Installment shipment)
거래 수량에 대해서 기간을 약정하여 약정한 기간마다 수차례 선적하는 방식이다. ㉠ 신용장 상에서는 별도의 합의가 없는 한 할부선적은 허용되지 않는다. ㉡ 약정한 기간별로 선적을 진행하며, 약정한 기간 중 선적 분을 실행하지 못하면 이 후의 거래는 신용장상 무효가 된다.

③ 환적(transhipment)

㉠ 선적한 물품을 하역하여 다른 선박이나 다른 운송수단에 재적재하는 것으로 명시적으로 금지되지 않는 한 허용된다.
㉡ 복합운송을 포함하는 계약서에서는 환적을 금지한다는 문언이 있을지라도 환적이 허용되는 것으로 간주한다.

(3) 선적일 증명 및 선적지연

① 선적일 증명에 관한 내용은 UCP20, a항 ii

> ii. indicate that the goods have been shipped on board a named vessel at the port of loading sated in the credit by:
>
> ii. 다음에 의하여 물품이 신용장에 명기된 적재항에서 지정선박에 본선선적되었음을 표시하고 있는 것:
>
> - pre-printed wording, or
> - an on board notation indicating the date on which the goods have been shipped on board.
>
> The date of issuance of the bill of lading will be deemed to be the date of shipment unless the bill of lading contains an on board notation indicating the date of shipment, in which case the date stated in the on board notation will be deemed to be the date of shipment.
>
> - 사전인쇄된 문언, 또는
> - 물품이 본선선적된 일자를 표시하고 있는 본선적재표기

> 선하증권의 발행일은 선적일로 본다. 다만, 선하증권이 선적일을 표시하고 있는 본선적재표기를 포함하고 있는 경우에는 그러하지 아니하며, 이 경우, 본선적재표기상에 명기된 일자는 선적일로 본다.

㉠ 선적선하증권(Shipped B/L) : 선하증권 발행의 일부일(B/L date)
㉡ 수취 선하증권(Received B/L) : 선적완료 부기*일(On board notation)
㉢ 기타 운송서류(Transport document) : 운송서류 발행일(Date of issuance)

② 선적지연

선적지연은 약정된 기한 내에 선적을 이행하지 않는 것을 말한다.

매도인의 고의·고실·태만에 의힌 지연선적은 매도인의 책임으로 손해배상의무를 가지게 되며 Act of god(천재지변), Force Majeure(불가항력)에 의한 지연선적은 매도인 면책사항으로 손해배상 의무를 갖지 않는다.

그러나 계약을 할 당시에 매도인, 매수인의 관점과 해석, 입장 등이 다르므로 명확히 약정해 둘 필요가 있다.

6. 중재조건

무역거래는 다양한 계약조건이 존재하기 때문에 사소한 문언의 해석이나 조건의 변동, 불일치 등에도 쉽게 무역클레임(claim)이 발생할 수 있다.

무역클레임이란 매매당사자가 약정된 계약을 위반함으로써 상대방에게 단순한 불평을 넘어서 권리의 회복을 요구하거나 손해배상 청구를 하는 것이다. 무역분쟁이 발생 시 중재조항 등을

---

* 수취선하증권은 실제 선적일자가 아닌, 운송인(주로 선사)이 매도인으로부터 화물을 수취했음을 증명하는 서류이다. 따라서 선적 화물의 증거로서 효력을 얻기 위해서는 운송인이 실제 화물이 선적된 일자에 수취선하증권에 별도로 선적일자를 추가하여 적는다. 이 것을 '부가적으로 적다'라는 의미에서 부기라고 한다.

통해 해결방법을 미리 약정하여 두는 것이 좋다.

중재(arbitration)란, 당사자 쌍방의 중재합의(arbitration agreement)에 의하여 공정한 제3자를 중재인(arbitrator)으로 선정하여 중재 판정부(arbitral tribunal)를 구성하고, 그 판정부에서 내려진 중재판정(arbitral award)에 당사자가 무조건 승복함으로써 무역분쟁 내지 클레임을 해결하는 방법이다. 반드시 사전에 양 당사자가 중재계약을 체결해야 하며, 당사자 간 맺어진 중재계약은 국내-국제적으로 모두 그 효력이 인정된다.

또한, 이러한 무역클레임을 해결하기 위해서 준거법 조항을 넣게 된다. 준거법(applicable law, governing law)은 준거법의 결정원리(choice of law rule)를 적용하여 여러 국가 간에 관계가 있는 섭외적 성질[*]을 갖는 법률관계를 규율하기 위해 지정된 법률이다.

7. 보험조건
무역거래는 국제 간 운송을 전제로 하고 있기 때문에 내국 또는 외국에서 발생할 수 있는 예기치 못한 사고, 혹은 예상할 수 있는 위험에 대비하여 보험조건을 계약 시 첨부하게 된다.

1) 보험계약의 당사자
　(1) 보험자(insurer) : 보험사고 발생 시 피보험자에게 보험금을 지급할 의무가 있는 자, 통상의 보험회사.
　(2) 보험계약자(Policy Holder) : 보험자와 보험계약을 체결하고 보험료를 납입하는 자.
　(3) 피보험자(Assured) : 보험사고의 발생으로 보험금을 지급받을 권리를 가진 자.

---
[*] 외국적 요소를 포함한 법률관계.

> ✓ **무역계약에서의 보험계약 당사자**
>
> 통상 일반적인 보험에서는 보험계약자와 피보험자가 동일한 경우가 다수. 하지만 무역계약에서는 인코텀즈의 활용 및 다양한 국제적 환경에 따른 거래 형태로 인해서 매도인이 출발지에서 보험을 가입하는 보험계약자가 되고, 실제 운송 중 사고에 따른 보험금을 받는 피보험자는 매수인이 되는 경우가 있다. 인코텀즈에서는 CIP, CIF 조건은 매도인의 수출지에서 물품인도 의무가 종료되지만, 비용과 보험의 의무를 지고 있기 때문에 매도인은 의무적으로 보험계약을 체결하지만 피보험자를 매수인으로 지정하여 보험에 부보한다. 따라서 실제 수출지를 떠나 지정목적지(목적항)까지 가는 도중 보험에 부보된 사고가 발생하면 매도인이 보험계약을 했지만, 피보험자인 매수인이 보험금을 수령한다.

2) 보험금액, 보험가액, 보험금

(1) 보험금액(Insured amount) : 보험으로 인해 보상받는 보험금의 최고 한도액.

(2) 보험가액(Insured Value) : 피보험목적물의 재산 가치 평가액
- 전부보험(보험가액 = 보험금액),
- 일부보험(보험가액 > 보험금액),
- 초과보험(보험가액 < 보험금액)

(3) 피보험이익 : 보험계약의 목적, 보험사고 발생으로 인해 손해를 입을 우려가 있는 이익, 보험자와 피보험자 사이의 보험이익 계약.

3) 보험조건의 개요

(1) 통상 해상보험의 내용을 시험에서 다루고 있다.
(2) 인코텀즈 상의 CIP, CIF 조건이 매도인의 적하보험부보 의무가 있음.
(3) 구 협회적하약관과 신 협회적하약관으로 구성.
- 약관의 특성에 따라 보험의 범위가 결정됨.
- [구] A/R, W/A, FPA, [신] ICC(A), ICC(B), ICC(C)

8. 포장조건

포장은 운송 중 상품을 보호하기 위한 행위로서 보관 및 거래유지, 사용 등에 있어서 적합한 재료나 용기를 사용하여 시공한 기술 또는 상태를 의미하는 용어이다. 상품의 보호와 더불어서 소비자들에게 더욱 매력적으로 보이기 위한 포장을 통해 판촉행위를 극대화하기 위한 포장을 하기도 한다.

무역거래에서는 국가 간 거래이므로, 국제운송 중 상품의 변이, 손실, 분실 등을 방지하고 운송 중 상품을 구분하기 위한 표시(화인; Cargo Mark, Shipping Mark)와 함께 원초적 포장의 기능인 보호적 포장이 주를 이루게 된다.

1) 포장의 종류

포장의 종류는 재질과 단계에 따라 여러종류가 있다. 포장 단계에 따라 개장(unitary packing), 내장(interior packing), 외장(outer packing)으로 구분한다.

개장은 상품의 최소 낱개 단위를 포장하는 방법이며, 상표, 제조업체명, 제품의 성분, 용량 등이 기재되고 비교적 비주얼적인 포장지가 활용된다. 소비자를 직접 대면하게 되는 포장에 해당한다.

내장은 개장물품을 수송하고 취급하기 면하도록 개장물품을 여러개 묶어서 포장한 것으로 소포장한 물품 몇 개씩을 한 개의 수용용기에 포장하는 수용물포장과 수송용기에 영향을 끼칠 수분, 습기, 충격 등을 고려하여 내부의 칸막이 등을 이용하는 보호적 내부 포장이 있다.

외장은 무역화물의 수송 도중에 발생 가능한 변질, 파손, 도난, 유실 등의 위험을 사전에 예방하고 내장 포장을 몇 개씩 모아서 다시 행하는 포장방법을 뜻한다.

2) 화인(Cargo Mark, Shipping Mark)

(1) 화인의 의의

화인은 포장화물의 외부 표면에 표시하는 특정 기호, 번호, 목적지, 취급 문구 등을 말하며, 매도인이 보낸 상품을 매수인이 다른 물품과 구분하여 사용편의 및 선석서류와 물품의 대조 등의 편의를 제공하기 위한 것에 의의를 둔다. 국제무역에서는 환적이나 국제 간 장시간 수송이 필요한 경우도 있기 때문에 화인을 정확하게 하지 않으면 타 화물과의 혼동이 생길 수도 있다. 화인의 내용은 구체적으로 계약서에 명시하고 명기하여야 한다.

(2) 화인의 구성

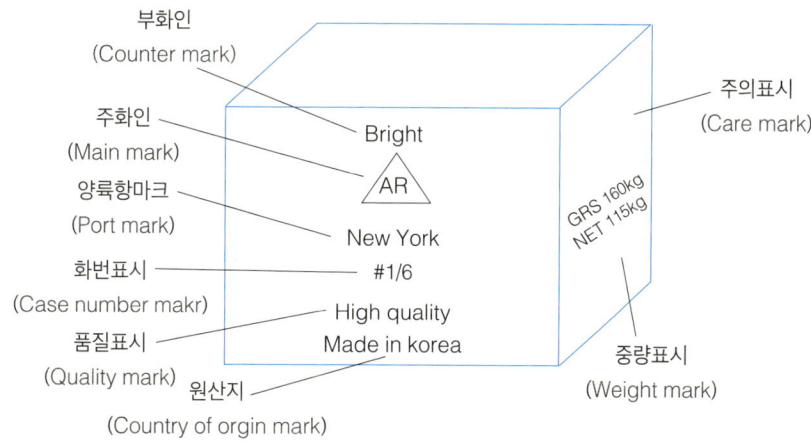

① 주하인(Main Mark) : 타 화물과 식별을 용이하게 하기 위해 마름모, 세모, 네모 등의 형태에 표시를 한다. 화인 중 가장 중요한 표시로, 회사의 특정기호 혹은 특정 대표문자를 넣어 만든다.

② 부하인(Counter Mark) : 내용물의 직접 생산자, 수출대행사 등을 넣으며, 주마크의 위쪽이나 밑에 기재한다.

③ 목적지 표시(Destination Mark) : 내용물이 도착하게 되는 최종 도착지 또는 도착항을 표시한다.

④ 상자 번호, 수량 표시(Case No. or Case mark) : 상품의 수량이 두 개 이상일 경우 첫번째에 해당하는지를 상자별 일련 번호로 표시한다.

⑤ 품질 표시(Quality Mark) : 주하인 아래에 화물의 품질이나 등급 기입하는 곳으로 내용물의 품질, 등급을 표시하여 송화인과 수화인이 알 수 있도록 사용하는 표시이다.

⑥ 원산지 표시(Country of Origin Mark) : 물품의 생산지를 표시한다.

⑦ 중량 또는 수량 표시(Weight or Quantity Mark) : 총중량(gross weight), 순중량(net weight), 용적(Cubic feet) 등을 표시한다.

⑧ 주의 표시(Care Mark) : 내용물의 성격, 형상, 취급 방법 등에 따라 표시를 하며 문자에 의한 방법과 그림으로 표현하는 방법이 있다.

⑨ 기타 : 매수인의 요청에 따라 상품명(nomenclature), 내용품 번호(item no.), 신용장번호(L/C No.), 수입허가번호(I/L No.) 등이 추가될 수 있다.

memo

제3부

Incoterms® 2020

제1장 INCOTERMS 2020의 배경과 구성

1. INCOTERMS 2020의 배경

국제간 상거래에서 사용될 수 있는 무역거래의 형태를 정형화하여 국제간 거래자가 상호 간에 자유롭게 선택하여 활용함으로써 국제간 무역거래를 원활히 하도록 하는데 있다.

계약 당사자 간에는 상호 간의 무역관행을 전부 이해하지 못하고 있기 때문에 계약서 작성 및 소통의 문제, 해석의 문제 등이 다르게 나타날 수 있다. 이러한 문제들을 해소하기 위해서 국제상업회의소에서 1936년에 국제규칙을 제정하였다.

이 명칭을 '무역거래조건의 해석에 관한 국제규칙(international Rules for the interpretation of Trade Terms : 약칭 International Commercial Terms; INCOTERMS)'이라 부른다.

1953년, 1967년, 1976년, 1980년, 1990년, 2000년, 2011년에 개정이 이루어졌으며, 현재 2019년 개정 후 2020년 1월 1일부터 Incoterms® 2020이 시행되고 있다.

2. INCOTERMS 2020의 구성

무역관습의 변화에 따라 개정되어 2020년 1월 1일부터 11가지의 거래규칙을 사용하는 INCOTERMS 2020에서는 '국내 및 국제무역거래조건의 사용에 관한 국제상업회의소 규칙 (ICC Rules for the use domestic and international trade terms)'이라는 공식부제를 달아서 국내와 국제거래에서 모두 이 규칙을 사용할 수 있도록 하였다.

11가지의 정형거래규칙*을 통해서 상이한 해석에 따른 불확실성의 감소나 제거를 가능하게 하였고, 매도인의 물품인도 장소, 위험의 이전 시기, 물품 인도에 관한 통지, 운송계약의 체결, 부보 및 부보를 위한 정보 제공, 수출입통관 등 무역 분야 전반에 걸친 내용을 담고 있다.

---

* 물품이 매도인으로부터 매수인에게 이르기까지 운송과 수출입통관을 비롯하여 모든 비용과 위험부담의 당사자를 구분해 주는 국제 매매계약의 주 요소를 지칭함. 국가나 지역별로 상이한 상관습과 법체계가 다르기 때문에 그 해석상의 오해가 생겨나기도 한다.

[Incoterms® 2020의 구성]

Incoterms® 2020	
인코텀즈 2020 소개문 (Introduction to Incoterms® 2020)	
Rules for ANY Model or Modes of transport 모든 운송 방식에 적용되는 규칙 (운송 방식 불문-복합운송 규칙)	Rules for Sea & Inland Waterway Transport 해상운송과 내수로 운송에 적용되는 규칙 (해상운송 전용 규칙)
EXW, FCA, CPT, CIP, DAP, DPU, DDP	FAS, FOB, CFR, CIF
인코텀즈 2020 소개문 (Explanatory Notes for Users)	

A. 매도인의 의무(The Seller's obligations)		B. 매수인의 의무(The Buyer's obligations)	
A1	General obligations 일반 의무	B1	General obligations 일반 의무
A2	Delivery 인도	B2	Delivery 인도
A3	Transfer of risks 위험의 이전	B3	Transfer of risks 위험의 이전
A4	Carriage 운송	B4	Carriage 운송
A5	Insurance 보험	B5	Insurance 보험
A6	Delivery / Transport document 인도/운송서류	B6	Delivery / Transport document 인도/운송서류
A7	Export / Import clearance 수출/수입통관	B7	Export / Import clearance 수출/수입통관
A8	Checking / Packaging / Marking 점검/포장/화인	B8	Checking / Packaging / Marking 점검/포장/화인
A9	Allocation of costs 비용 분담	B9	Allocation of costs 비용 분담
A10	Notices 통지	B10	Notices 통지

3. INCOTERMS 2020의 규칙 11가지

1) RULES FOR ANY MODE OR MODES OF TRANSPORT
: 단일 또는 복수의 운송 방식에 사용 가능한 규칙

1. EXW - EX WORKS	공장 인도
2. FCA - FREE CARRIER	운송인 인도
3. CPT - CARRIAGE PAID TO	운송비 지급 인도
4. CIP - CARRIAGE AND INSURANCE PAID TO	운송비·보험료 지급 인도
5. DAP - DELIVERED AT PLACE	도착 장소 인도
6. DPU - DELIVERED AT PLACE UNLOADED	도착지양하인도(2020 신설)
7. DDP - DELIVERED DUTY PAID	관세지급 인도

2) RULES FOR SEA AND INLAND WATERWAY TRANSPORT
: 해상운송과 내수로 운송에 사용 가능한 규칙

8. FAS - FREE ALONGSIDE SHIP	선측 인도
9. FOB - FREE ON BOARD	본선 인도
10. CFR - COST AND FREIGHT	운임 포함 인도
11. CIF - COST INSURANCE AND FREIGHT	운임·보험료 포함 인도

제 2장 Incoterms® 2020 주요 개정사항

1. DAT(Delivered at terminal) 삭제, DPU(Delivered at Place Unloaded) 추가

2010에서 사용하던 DAT(터미널 인도조건)을 삭제하고 DPU(도착지 양하인도조건)를 신설하였다. 인코텀즈 조건은 매도인의 도착지 양하의무를 규정하는 규칙을 1개씩 제시해왔는데, 기존 DAT 조건은 목적지 터미널이라는 제한적인 인도장소를 버리고, Place(지정 장소)라고 명명하여 도착지의 인도장소의 제한을 넓혀주었다.

다만, DAT 조건과 동일하게 목적지에서 양하(Unloaded)를 하는 내용은 변경하지 않고, '물품을 도착 운송수단으로부터 양하한 후 인도함'의 원칙을 그대로 유지하였다.

인코텀즈의 순서적으로 지정 목적지까지 이동하지만, '물품을 도착 운송수단에 실어둔 채 양하를 위하여 매수인의 처분하에 둠으로써 인도하는' DAP 조건의 다음에 위치하게 되었다.

2. CIP 최대 부보 의무(CIF 최소 부보 의무 유지)

2010 규칙에서는 CIP와 CIF 조건 모두 매도인의 최소 부보 의무를 규정하고 있었다. 하지만 실무적으로는 대부분 최대 부보 의무를 사용하고 있었으며, 매수인 입장에서는 대부분 최대 부보를 희망했기 때문에, 실무적으로 괴리감이 있었으며, 매수인의 요구를 충족시키기도 어려웠다. 따라서 CIP에 대해서는 최대 부보 의무인 ICC(A)로 부보해야 하며, 실제적으로 1차산품 거래에 널리 활용되고 있는 CIF는 기존의 최소 부보 의무를 유지하게 되었다.

물론 당사자 합의에 의하여 부보의무의 정도는 달라질 수 있다. CIP의 경우에도 거래 당사자 간의 합의에 의해 더욱 낮은 부보 수준으로 변경할 수 있다.

3. FCA상 본선 적재 표기 선하증권

FCA 매매에서는 해상운송의 경우 매도인/매수인(특히 신용장 발행은행)이 본선적재 표기가 있는 선하증권(선적 선하증권 혹은 본선적재 선하증권)이 필요한 경우가 발생한다.

FCA거래에서 매도인이 운송인에게 물품인도를 완료한 후, 운송인이 실제로 물품을 선적하기까지의 시간이 소요되며, 실제 선적 시 선적선하증권이 발행되었다. 이에 FCA A6/B6에서는 본선적재 표기가 있는 선하증권에 관한 규정이 신설되었다.

> **FCA A6 신설규정(선적선하 증권 제공 의무)**
> '매수인이 B6에 따라 매도인에게 운송서류를 발행하도록 운송인에게 지시한 경우에 매도인은 그러한 서류를 매수인에게 제공하여야 한다.'
>
> **FCA B6 신설규정(지시 의무)**
> '당사자들이 합의한 경우에 매수인은 물품이 적재되었음을 기재한(본선적재표기가 있는 선하증권과 같은) 운송서류를 자신의 비용과 위험으로 매도인에게 발행하도록 운송인에게 지시하여야 한다.'

4. 매도인/매수인 자신의 운송수단에 의한 운송 허용

1) FCA B6

"매수인은 자신의 비용으로 물품을 지정 인도장소로부터 운송하는 계약을 체결하거나 그러한 운송을 마련(arrange the carriage)하여야 하되…"

> FCA의 경우, 매수인은 지정 인도장소에서 물품을 자신의 영업장으로 운송하기 위해 자신의 운송수단을 사용할 수 있다.

2) DAP/DPU/DAT A6

"매도인은 자신의 비용으로 물품을 지정 목적지까지 또는 그 지정 목적지에 합의된 지점이 있는 때에는 그 지점까지 운송하는 계약을 체결하거나 그러한 운송을 마련(arrange the carriage)하여야 한다."

> DAP/DPU/DDP의 경우, 매도인은 지정 목적지까지 운송을 제3자에게 맡기지 않고 자신의 운송수단을 사용하여 운송할 수 있다.

5. 운송/비용 조항에 보안 관련 의무 삽입

인코텀즈 2010 시행 후 테러의 증가와 보안문제가 발생하면서 선적관행이 상당히 정립되어 왔다. 따리서 보안통관은 운송 및 통관과 직결되기 때문에 인코텀즈 각 규칙에서 A4(운송)과 A7(통관) 의무를 통해 보안 관련 의무를 명시하였다.

보안 관련 비용도 A9/B9(비용분담)에서 규정하고 있다.

6. 기타 개정사항

1) 사용자를 위한 설명문

Incoterms 2010의 사용지침(Guide Note)을 Incoterms® 2020의 사용자를 위한 설명문(Explanatory Notes of Users)으로 변경하였다.

개별 인코텀즈 규칙의 기본사항을 설명하고, 사용자들이 해당 거래에 적합한 인코텀즈 규칙을 효율적으로 찾고 사용할 수 있도록 하였다.

2) 개별규칙 내 조항 순서 변경

중요한 규정을 앞쪽으로 배치하여 A1~A10, B1~B10의 순서를 변경하였다.

A2/B2 Delivery/Taking Delivery
A3/B3 Transfer of Risks
A4/B4 Carriage
A5/B5 Insurance
A6/B6 Delivery/Transport Document
비용 조항은 중요도에도 불구하고 A9/B9(Allocation of costs)에 두었다.

memo

제3장 Incoterms® 2020의 규칙

> ✓ 인코텀즈의 규칙은 쉽게 생각하면 매도인 입장에서의 의무를 규정한 것이라고 해석하면 된다. 예를 들어 FCA 같은 경우 Free Carrier(운송인 인도 조건)이라고 부르는데, 매도인이 운송인(carrier)를 만나면 Free해진다고 보면 된다. 즉 운송인을 만나서 물품을 인도하면 의무가 종료되어 Free하게 된다는 뜻이다. 전체 규칙을 기억할 때 매도인 입장에서 각 규칙의 의무를 지켜야 한다고 생각하면 한결 쉽게 이해될 수 있다.

1. RULES FOR ANY MODE OR MODES OF TRANSPORT
: 단일 또는 복수의 운송방식에 사용 가능한 규칙

1) EXW - Ex Works(공장 인도 조건)

매도인의 영업장 구내 또는 기타 지정장소(작업장, 공장, 창고, 농장, 판매장 등)에서 물품을 매수인의 임의처분 하에 두면 된다. 매도인은 물품을 매수인의 집화용 차량에 적재하지 아니한 상태로 인도하면 된다.

매도인에게는 수출통관의 의무도 없는, 최소 의무 조건(Minimum obligation)이며,

매수인에게는 운송(필요하다면) 보험, 수출통관, 수입통관까지 해야하는 최대 의무 조건(Maximum obligation)이다.

> EXW represents the minimum obigation for the seller.
> EXW represents the maximum obigation for the buyer.

매수인이 직접 매도인(Seller)의 장소까지 이동하여 매수인 본인의 지점까지 물품을 운송하고 해당 구간에 대한 보험 또한 필요에 따라 매수인이 직접 부보해야 한다.

수출통관과 수입통관의 의무가 모두 매수인(Buyer)에게 있다.

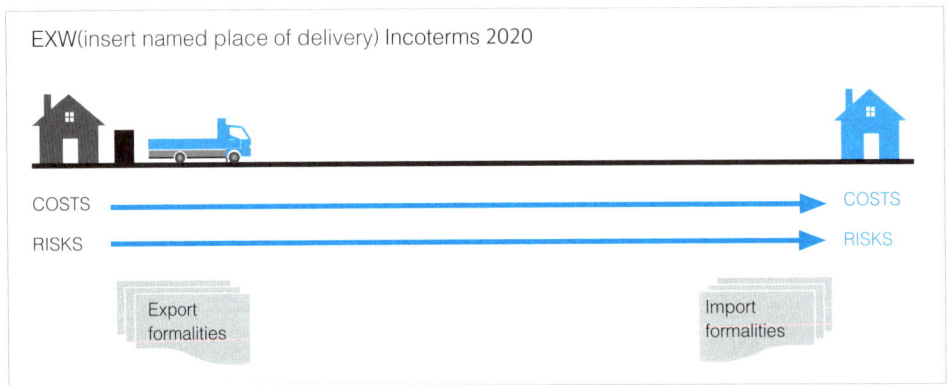

2) FCA - Free Carrier(운송인 인도 조건)

■ 매도인의 위험과 비용

EXW + 인도 장소까지의 운송 비용 + 수출통관비.

매도인은 운송인(carrier)을 만나면 그 위험과 비용의 의무가 종료(free)되고, 매수인의 위험과 비용이 시작되는 시점이 된다. 매도인의 구역 내에서 FCA가 이루어지면 매도인은 물건을 매수인의 운송수단에 실어줘야 하지만, 매도인의 구역이 아니라 다른 장소일 경우에는 매도인은 자기 차량에서 물건을 내릴 의무가 없다. 물건을 내리고 다시 새로운 운송수단에 싣는 것은 매수인이 할 의무이다.

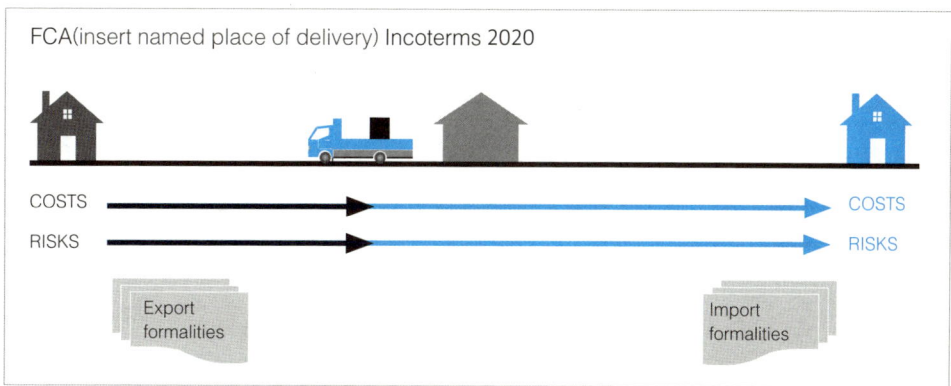

(1) 운송계약 및 운송비 부담 = 매수인(freight Collect)

(2) 수출통관/수입통관 의무 = 매도인/매수인

(3) 보험부보의무 = 매도인과 매수인 모두 의무 없음. 필요에 따라 주 운송구간 중 위험을 부담하는 매수인(Buyer)이 부보.

(4) [2020 개정사항] 당사자들이 계약에서 합의한 경우에 매수인은 그의 운송인에게 본선적재표기가 있는 선하증권을 매도인에게 발행하도록 지시하여야 한다.

3) CPT2[*] - Carriage Paid to(운송비 지급 인도조건)

(1) 매도인의 위험과 비용

FCA + 지정 목적지까지의 운송 비용(여기서 목적지는 해상이 아니라 내륙의 합의된 지점)

매도인은 운송계약을 체결해야 한다. 매도인은 운송인에게 물품을 인도할 때 위험의 분기점만 종료되는 것이고, 비용의 분기점은 물건이 수출지의 지정목적지에 도착해야만 종료된다. 위험과 비용의 분기점이 다르다.

수출통관은 매도인, 수입통관은 매수인이 한다.

---

[*] CPT, CIP, CFR, CIF 의 소위 'C'규칙은 위험과 비용의 분기점이 다르다.

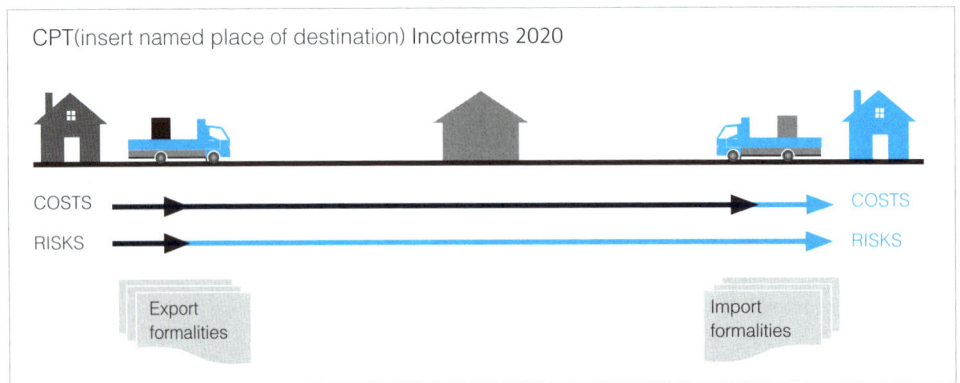

① 운송계약 및 운송비 부담 = 매도인(운임선불 - Freight Prepaid)
② 수출통관/수입통관 의무 = 매도인/매수인
③ 보험부보의무 = 매도인과 매수인 모두 의무 없음. 필요에 따라 주 운송구간 중 위험을 부담하는 매수인(Buyer)이 부보.

4) CIP - Carriage and Insurance Paid to(운송비 & 보험료 인도 조건)

(1) 매도인의 위험과 비용

CPT + 보험계약 체결 의무

매도인은 CPT와 동일한 비용에서 지정목적지까지 가는 데에 필요한 운송료와 추가로 보험료를 지급해야 하는 조건이다. 인코텀즈 2020조건부터는 CIP조건 사용 시 매도인이 ICC(A)-최대담보조건으로 보험을 부보해야 한다. 위험의 분기점은 CPT와 마찬가지로 운송인에게 물건을 인도하면 종료된다.

수출통관은 매도인, 수입통관은 매수인이 한다.

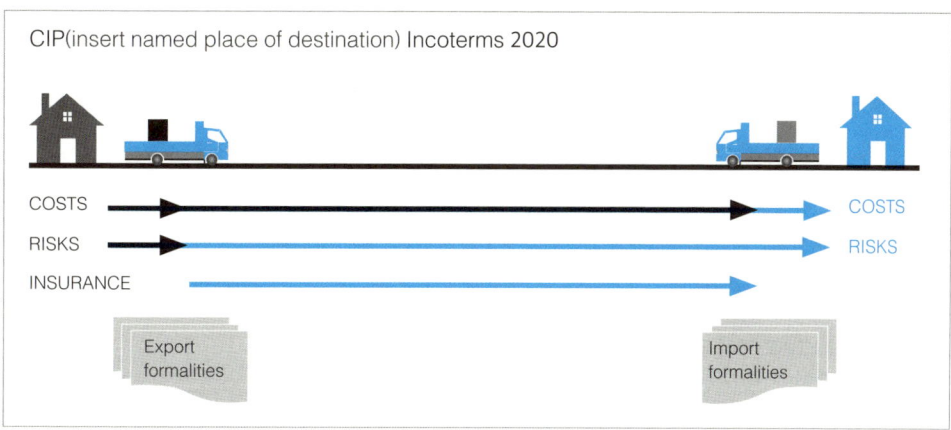

① 운송계약 및 운송비 부담 = 매도인(운임선불 - freight Prepaid)

② 수출통관/수입통관 의무 = 매도인/매수인

③ [인코텀즈2020 개정사항] 보험부보의무 = 매도인(Seller)이 최대부보의무로 보험을 부보해야 한다.

[인코텀즈 2020 개정 - CIP 조건에서 매도인의 최대 담보 조건의 보험 부보 의무]

The seller must also contract for insurance cover against the buyer's risk of loss of or damage to the goods from the port of shipment to at least the port of destination. 매도인은 또한 선적항부터 적어도 목적항까지 매수인의 물품의 멸실 또는 손상위험에 대해 보험계약을 체결하여야 한다.

The buyer should also note that under the CIP Incoterms 2020 rule the seller is required to obtain extensive insurance cover complying with Institute Cargo Clause(A) or similar clause, rather than with the more limited cover under Institute Cargo Clause(C). It is, However, still opem to the parties to agree on a lower level or cover.

> 매수인은 인코텀즈 2020 CIP조건하에서 매도인은 협회적하약관 C약관에 의한 제한적인 담보조건이 아니라 협회적하약관의 A약관이나 그와 유사한 약관에 따른 광범위한 담보조건으로 부보하여야 한다는 것을 유의하여야 한다. 그러나 당사자들은 여전히 더 낮은 수준의 담보조건으로 부보하기로 합의할 수 있다.

5) DAP - Delivered at Place(도착지 인도 조건)

(1) 매도인의 위험과 비용

매도인은 수입지 도착 후 지정목적지에서 물건을 운송수단으로부터 양하하지 않은 채로 매수인의 임의 처분 하에 둘 때 매도인의 위험과 비용의 분기점은 동시에 종료된다. 복합운송이기 때문에 지정목적지가 내륙의 어느 지점일 수도 있고, 항구일 수도 있다.

DPU는 지정목적지에서 양하 한 후에 인도하지만, DAP는 지정목적지에 도착하여 양하하지 않는다는 차이점이 있다.

수출통관은 매도인, 수입통관은 매수인이 한다.

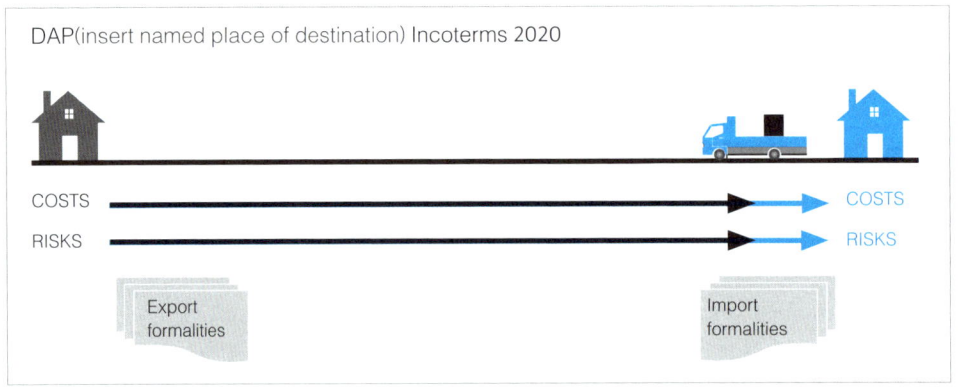

① 운송계약 및 운송비 부담 = 매도인(freight Prepaid)

② 수출통관/수입통관 의무 = 매도인/매수인

③ 보험부보의무 = 보험 부보의무가 모두 없음. 필요에 따라 주 운송구간 중 위험을 부담하는 매도인(Seller)이 부보함.

6) DPU - Delivered at Place Unloaded(도착지 양하 인도 조건)

(1) 매도인의 위험과 비용

DAP + 인도물품 양하

지정목적지까지 매도인의 위험과 비용으로 운송하여 지정목적지에서 운송수단으로부터 양하하여 매수인에게 인도하는 조건이다. 인코텀즈 2020에서 신설되었으며, 기존 DAT(Delivered at Terminal)은 터미널이라는 제한적인 인도 장소, 터미널의 복잡성 등을 이유로 지정목적지로 인도 장소를 변경하였고, 양하의무는 그대로 유지하여 DPU로 조건을 변경하였다.

[인코텀즈 2020 신설 - DPU 조건] 인코텀즈 규칙 중 유일한 양하인도조건]

> The seller bears all risks involved in bringing the goods to and unloading them at the named place of destination. In the incoterms rule, therefore, the delivery and arrival at destination are the same, DPU is the only Incoterms rule that requires the seller to unload the goods at the destination.
>
> 매도인은 물품을 지정 목적지까지 가져가서 그 곳에서 물품을 양하하는데 수반되는 모든 위험을 부담한다. 따라서, 본 인코텀즈 규칙에서 인도와 목적지의 도착은 같은 것이다. DPU조건은 매도인이 목적지에서 물품을 양하하도록 하는 유일한 인코텀즈 규칙이다.

① 운송계약 및 운송비 부담 = 매도인(운임선불 - Freight Prepaid)
② 수출통관/수입통관 의무 = 매도인/매수인
③ 보험부보의무 = 보험 부보의무가 모두 없음. 필요에 따라 주 운송구간 중 위험을 부담하는 매도인(Seller)이 부보함.

7) DDP - Delivered Duty Paid(관세지급 인도 조건)

(1) 매도인의 위험과 비용

DAP + 수입관세 및 어떠한 부가가치세나 기타 세금 등의 지급

매도인은 지정목적지에서 수입통관 및 관세 등을 모두 부담해야 하는 조건이다. DAP와 동일하게 양하 의무는 없다. 매도인의 최대의무 조건(매도인이 부담하는 위험과 비용의 분기점이 매수인의 창고(목적지, 최종인도장소)에서 끝남).

매도인이 물품 운송(필요하다면) 보험, 수출통관, 수입통관까지 부담하는 매도인의 최대 의무 조건(Mamimum obligation)이다.

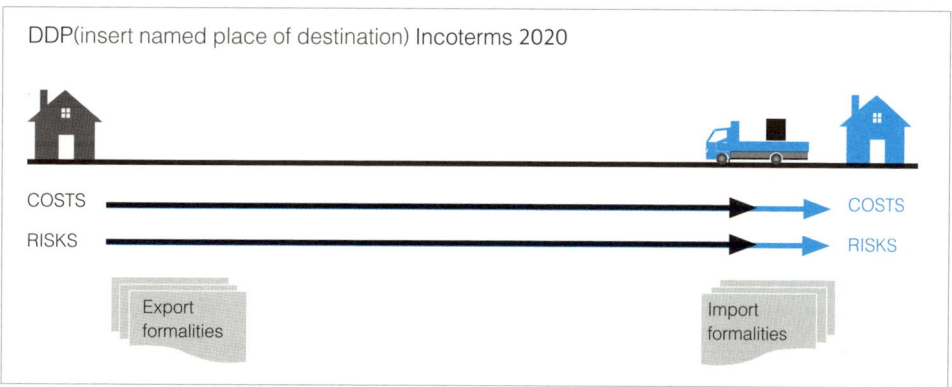

① 운송계약 및 운송비 부담 = 매도인(운임선불 - Freight Prepaid)
② 수출통관/수입통관 의무 = 모두 매도인
③ 보험부보의무 = 보험 부보의무가 모두 없음. 필요에 따라 주 운송구간 중 위험을 부담하는 매도인(Seller)이 부보함.

[DDP조건은 목적지에서 양하 의무가 없음]

> The seller is not required to unload goods from the arriving means of transportation. However, if the seller incurs costs under its contract of carriage related to unloading at the place of delivery/destination, the seller is not entitled to recover such costs separately from the buyer unless otherwise agreed between the parties.

매도인은 도착운송수단으로부터 물품을 양하해야 할 필요가 없다. 그러나 매도인이 자신의 운송계약상 인도 장소/목적지에서 양하에 관하여 비용이 발생한 경우에 매도인은 당사자 간에 달리 합의되지 않은 한 그러한 비용을 매수인으로부터 별도로 상환받을 권리가 없다.

2. RULES FOR SEA AND INLAND WATERWAY TRANSPORT

: 해상운송과 내수로 운송에 사용 가능한 규칙

1) FAS - Free Alongside Ship(선측인도조건)

(1) 매도인의 비용

항구까지의 내륙운임 + 선측까지의 부두운임

선측에서 본선으로 적재되는 선적비용은 매수인이 부담한다. 즉, 물건을 매수인이 지정한 선박 옆에 갖다놓기만 하면 매도인의 위험과 비용의 분기점은 종료된다. 산적화물[bulk cargo, ex) 곡물, 석탄, 원목 등]에 주로 이용되며, 물품이 컨테이너에 들어있는 경우에는 FAS보다 FCA를 사용하는 것이 낫다.

선측(along side)의 개념은 부두(port) 혹은 선박 옆에 정박한 바지(barge)선에 놓인 때를 모두 포함하며, 이미 그렇게 인도된 물품을 조달한 때에도 매도인은 선측에 인도한 것으로, 그 시점부터 위험과 비용은 매수인에게 이전된다.

① 운송계약 및 운송비 부담 = 매수인(운임후불 - Freight Collect)
② 수출통관/수입통관 의무 = 매도인/매수인
③ 보험부보의무 = 보험 부보의무가 모두 없음. 필요에 따라 주 운송구간 중 위험을 부담하는 매수인(Buyer)이 부보함.

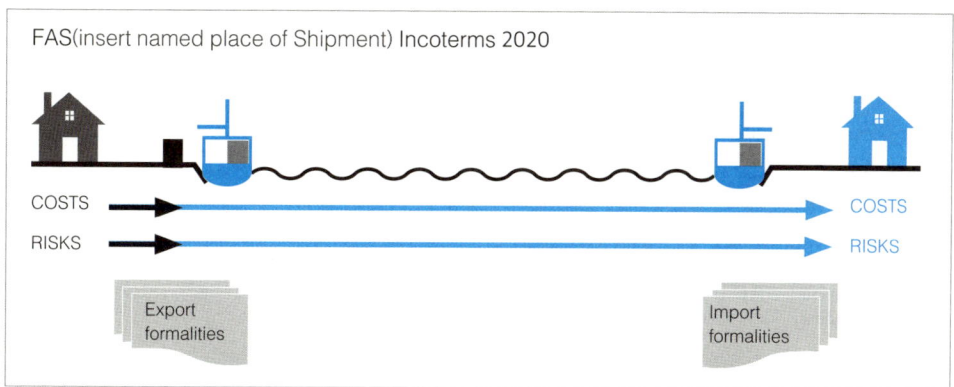

2) FOB - Free On Board(본선 인도 조건)

(1) 매도인의 비용

매도인은 매수인이 지정한 선박의 갑판에 물건을 올려둘 때(on board) 위험과 비용의 분기점이 종료(free)된다. FOB조건은 CFR, CIF 조건과 위험의 이전 장소가 동일하다.

매수인은 선박의 지정(nomination of vessel)과 운송계약 체결권을 갖고 있으며, 동시에 목적지(항)까지의 운임과 보험 등의 비용을 모두 부담해야 한다.

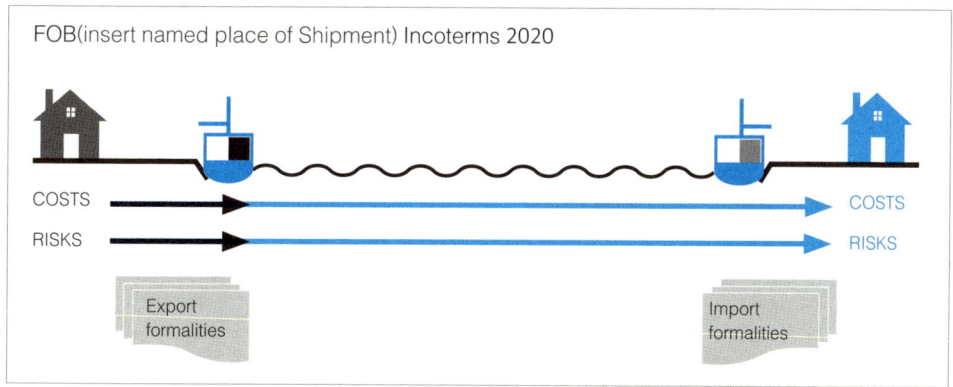

① 운송계약 및 운송비 부담 = 매수인(운임후불 - Freight Collect)
② 수출통관/수입통관 의무 = 매도인/매수인
③ 보험부보의무 = 보험 부보의무가 모두 없음. 필요에 따라 주 운송구간 중 위험을 부담하는 매수인(Buyer)이 부보함.

3) CFR - Cost and Freight(운임 포함 인도 조건)

(1) 매도인의 비용
FOB + 지정 목적항까지의 운임을 매도인이 부담

선박의 갑판에 물건을 올려둘 때 매도인의 위험 분기점은 종료가 되지만, 매도인은 수출통관과 목적항까지의 운송비용(운임)을 부담.

즉, 위험과 비용의 분기점의 종료 시점이 다름.

① 운송계약 및 운송비 부담 = 매도인(운임 선불 - freight Prepaid)
② 수출통관/수입통관 의무 = 매도인/매수인

> In CFR, the seller owes no obligation to the buyer to purchase insurance cover : the buyer would be well-advised therefore to purchase some cover for itself.
>
> CFR 조건에서 매도인은 매수인에 대하여 보험을 부보 할 의무가 없다. 따라서 매수인은 스스로 부보하는 것이 좋다.

4) CIF - Cost, Insurance and Freight(운임, 보험료 포함 인도 조건)

(1) 매도인의 비용

CFR + 해상보험료(보험금액은 매매계약에서 약정된 금액의 110%)

인코텀즈 2020부터는 매도인은 CIF일 경우 ICC(C)조건으로 보험을 부보해야 한다.

보험계약을 체결할 때는 보험계약자와 피보험자가 매도인이지만, 거래가 시작되고 물건이 선적되고 나면 피보험자는 매수인이 된다.

매도인은 FOB와 동일하게 선적(on board)시까지 위험을 부담한다. 하지만, 비용은 목적지에 도착할 때까지의 해상운임을 부담한다.

위험과 비용의 분기점의 종료시점이 다른 것에 주의한다.

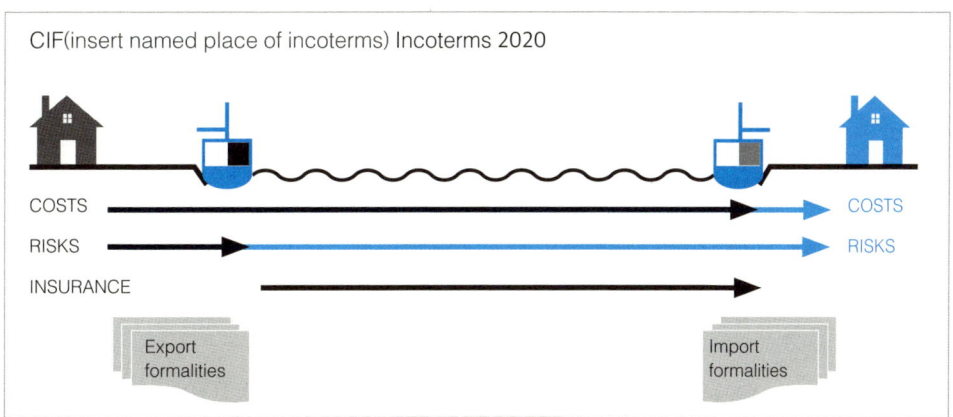

① 운송계약 및 운송비 부담 = 매도인(운임선불 - Freight Prepaid)
② 수출통관/수입통관 의무 = 매도인/매수인

③ 보험부보의무 = 매도인의 보험 부보의무. 매도인(Seller)은 최소부보조건으로 보험부보의 의무가 있음.

[Incorems 2020 CIF 조건에서 매도인의 보험 부보 의무]

The seller must also contract for insurance cover against the buyer's risk of loss of or damage to the goods from the port of shipment to at least the port of destination.

매도인은 또한 선적항부터 적어도 목적항까지 매수인의 물품의 멸실 또는 손상위험에 대해 보험계약을 체결하여야 한다.

3. Incoterms® 2020 - 매도인과 매수인의 위험과 비용 일람표 (Seller & Buyer Costs & Risks)

Incoterms 2020	Any Transit Mode		Sea/Inland Waterway				Transport Mode				
	EXW	FCA	FAS	FOB	CFR	CIF	CPT	CIP	DAP	DPU	DDP
	Ex Works	Free Carrier	Free Alongside Ship	Free On Board	Cost & Freight	Cost Insurance & Freight	Carriage Paid TO	Carriage Insurance Paid TO	Deliverde at Place	Deliverde at Unloaded	Delivered Duty Paid
Trancfer of Risk	At Buyers Disposal	On Buyer's Transport	Alongside Ship	On Board Vessl	On Board Vessl	On Board Vessl	At Carrier	At Carrier	At Named Place	At Named Place Unloaded	At Named Place
Charge/Fees											
Packaging	Seller	Seller	Seller	Seller	Seller	Seller	Seller	Seller	Seller	Seller	Seller
Loading Charges	Buyer	Seller	Seller	Seller	Seller	Seller	Seller	Seller	Seller	Seller	Seller
Delivery to Port/Place	Buyer	Seller	Seller	Seller	Seller	Seller	Seller	Seller	Seller	Seller	Seller
Export Duty, Taxes & Security Clearance	Buyer	Seller	Seller	Seller	Seller	Seller	Seller	Seller	Seller	Seller	Seller
Orgin Terminal Charge	Buyer	Buyer	Seller	Seller	Seller	Seller	Seller	Seller	Seller	Seller	Seller
Loadin on Carrige	Buyer	Buyer	Buyer	Seller	Seller	Seller	Seller	Seller	Seller	Seller	Seller
Carrigage Changes	Buyer	Buyer	Buyer	Buyer	Seller	Seller	Seller	Seller	Seller	Seller	Seller
Insurance						Seller		Seller			
Destination Terminal Charges	Buyer	Buyer	Buyer	Buyer	Buyer	Buyer	Seller	Seller	Seller	Seller	Seller
Delivery to Destination	Buyer	Buyer	Buyer	Buyer	Buyer	Buyer	Buyer	Buyer	Seller	Seller	Seller
Import Duty, Taxes & Security Clearance	Buyer	Buyer	Buyer	Buyer	Buyer	Buyer	Buyer	Buyer	Buyer	Buyer	Seller

제 4 부

무역결제

제1장 송금, 추심 결제 방식

[무역거래에 사용되는 결제 방식]

종류	시기		방식	
송금	사전송금(선지급)		CWO(Cash With Order), T/T Advanced	
	사후송금	동시지급	COD(Cash On Delivery) 상품 인도	
			CAD(Cash Against Document) 서류 인도	
			European D/P	
		후지급	O/A(Open Account) - 선적통지조건 기한부 사후송금 결제 방식	
추심	동시지급 (대금 결제와 서류인수가 동시)		D/P(Document against Payment)	
			D/P Usance	
	후지급 (서류 먼저 받고 대금결제)		D/A(Document against Acceptance)	
신용장 (L/C)	동시지급 (일람출급, At Sight)		지급 신용장	
			매입 신용장	
	후지급 (기한부, Usance)		인수신용장	Banker's Usance
				Shipper's Usance
			연지급 신용장	
기타	국제팩토링(사후송금 방식), 포페이팅(신용장 방식)			

1. 송금 방식

1) 송금 방식의 의의

수출상과 수입상이 무역계약을 체결하고 수출상이 물품을 선적하기 전에 수입상이 물품의 대금을 송금하거나, 수출상이 약정 물품이나 서류를 인도할 때 수입상이 대금을 송금하는 방식을 의미한다. 송금방식은 소액거래에 주로 많이 사용되며 신용이 쌓인 수출상과 거래시에 적합하다.

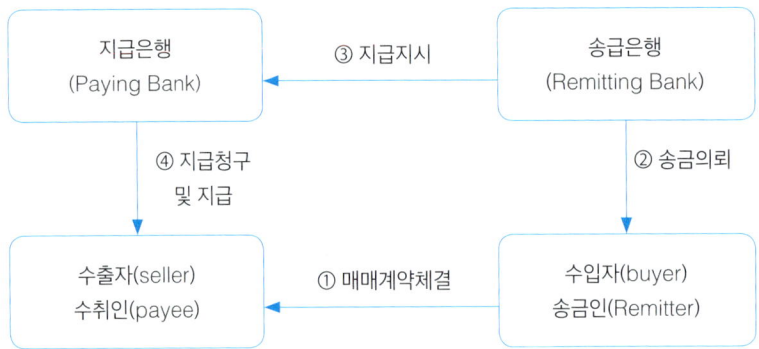

2) 송금 방식의 시기

(1) 사전송금방식
계약 물품의 선적 전에 수입상이 수출상에게 약정한 무역대금을 미리 송금하는 것을 말한다. 물품이 선적되거나 송부되기 전에 이미 결제가 마무리 된다.

(2) 동시송금방식

수출상이 상품이나 서류를 인도해주고 이를 확인하거나 수령함과 동시에 결제하는 것을 말한다. 사실상 후지급 방식의 개념으로 이해될 수 있지만, 물품이나 서류의 교환과 동시에 대금의 결제가 결정되고 이뤄진다는 의미에서 동시 송금방식이라고 한다.

[동시송금방식의 종류]

> **① COD(Cash On Delivery) 현물상환 방식**
> 수출상이 계약물품을 선적하고, 선적서류를 수입지에 있는 지사 및 대리점 혹은 은행에 서류를 송부하여 물품이 도착하면 수입상이 물품을 검사한 후에 거래 물품을 수령하면서 거래 대금을 결제하는 방식이다.
> 수입상 입장에서는, 대금을 지급하기 전에 물품을 먼저 검사하거나 확인한 후에 대금을 결제할 수 있기 때문에 실질적으로 물품수령의 안정성을 가질 수 있다. 또한 물품의 인수 여부 또한 물품을 확인 한 후에 결정하기 때문에 수입상에게 유리한 면이 있다.
> 반면 수출상 입장에서는, 물품을 선적하여 수입지에 발송했음에도 수입상이 물품의 인수를 거부할 수 있기 때문에 거래 실패 시에는 상당한 손해를 감수해야 한다. 또한 수입국에서 대금결제가 일어나기 때문에 수출국에서 거래 대금을 회수하는 시간이 길다.
>
> **② CAD(Cash Against Document) 서류상환 방식**
> 수출상이 계약물품을 선적하고 선적서류를 수출국에 있는 수입상의 지사, 대리인, 거래은행 등에게 선적서류를 제시하여 서류와 상환하여 대금을 지급받는 방식이다.
> 수입상 입장에서는 대금을 지급하고 물품을 확인하게 되기 때문에 물품이 계약과 다르거나 하자가 있을 경우 손해를 입을 수가 있다.
> 반면에 수출상 입장에서는 서류를 통해 대금을 지급받을 수 있기 때문에 대금 회수시간이 짧고, 수입상이 통상 선적 전 검사(PSI;Pre-Shipping Inspection)를 직접 실시하기 때문에 해당 비용이 들지 않는다.

(3) 사후송금방식

수출상이 대금을 받기 전에 계약물품을 수입상에게 발송하고, 수입상은 상품을 수령한 후 계약서 상에 약정된 기일 내에 대금을 지급하는 방식을 말한다.

> **청산결제 방식(O/A : Open Account)**
>
> 장부결제 혹은 상호계산 방식이라고도 부르며, 수출입자 간에 빈번하게 수출입 거래가 이루어지는 경우 각 거래 건마다 대금을 수수하지 않고 일정한 기간 동안 발생한 거래당사자 간의 채권 및 채무를 서로 상계하고 차액만 결제하는 방식이다.
>
> 주로 본사와 지사 거래 혹은 모회사와 자회사 간 거래에 사용되며, 수출자는 수출 대금 회수의 위험이 존재한다. 다만, 대금 결제 방식 중에서 은행수수료가 가장 저렴한 것이 특징이다.

3) 송금 방식에 따른 분류

(1) 전신환(T/T : Telegraphic Transfer)

수입국에 있는 송금은행이 수입자의 송금의뢰를 받고, 전신을 통해서 수출국에 있는 지급은행에게 지급지시서를 송부하여 수출자에게 대금을 지급하도록 하는 방식을 말한다.

일정 금액의 송금수수료를 지불하여 거래를 하게 되며, 송금거래를 하는 도중 발생하는 위험에 대해서는 은행이 부담을 하게 되고, 속도가 신속하고 송금을 하게 되는 송금환이 분실되거나 도난 당할 위험이 없다. 또한 사실상 입금시점과 지급시점의 시차가 거의 없기 때문에 거래 도중 발생하는 환율 변동에 따른 환위험의 거래가 거의 존재하지 않는다.

(2) 수표 송금(D/D : Demand Draft)

수입상이 물품대금을 은행에 입금하여 송금수표를 발급받아서 수출상에게 우편으로 직접 송부하는 방식이다.

(3) 우편환 송금(M/T : Mail Transfer)

수입지의 송금은행이 수입자상의 요청에 따라 수출지의 지급은행에게 송금은행 대신 거래 대금을 지급할 것을 위탁하는 우편환을 발행하고 지급은행은 수출상에게 대금을 지급한다.

2. 추심결제 방식

1) 추심거래의 당사자

(1) 추심의뢰인(Principal=환어음 발행인, drawer)
거래은행에 추심 업무를 의뢰하는 고객으로 수출상이 해당된다.

(2) 추심의뢰은행(Remitting Bank)
추심의뢰인으로부터 추심업무를 의뢰받은 은행(수출지 은행)

(3) 추심은행(Collecting Bank)
추심 과정에 참여하는 추심의뢰은행 이외의 일체의 은행(통상 수입국 은행)

(4) 지급인(Drawee)
추심지시서에 따라 추심서류를 추심은행으로부터 받고 최종 대금지급의 의무를 가진 수입상 혹은 수입상의 대리인.

2) 추심의 종류와 대상

(1) 추심의 종류

화환추심	상업서류가 첨부된 금융서류의 추심 또는 금융서류가 첨부되지 않은 상업서류의 추심.
무화환추심	상업서류가 첨부되지 않은 금융서류의 추심.

(2) 추심의 대상

금융서류	환어음, 약속어음, 수표 또는 기타 금전의 지급을 취득하기 위하여 사용되는 이와 유사한 증권.
상업서류	송장, 권리증권, 운송서류, 검사증명서 등 기타 이와 유사한 서류, 또는 금융서류가 아닌 모든 서류.

3) 추심결제 방식의 종류

(1) D/P(Document Against Payment : 지급도조건)

수출상(환어음발행인=Drawer, 의뢰인:Principal)이 수입상(지급인=drawee)과 매매계약을 체결하고 물품을 선적한 후에 구비된 서류에 "일람출급 환어음"을 발행하여 첨부한다. 수출상은 추심의뢰은행(Remitting Bank)을 통하여 수입지의 추심은행(Collecting Bank)으로 거래금액(어음금액)의 추심을 의뢰하고 추심은행은 수입상(지급인, Drawee)에게 제시하여 제시된 어음금액을 지급받고, 서류를 인도하는 결제방식이다.

D/P 방식은 "Payment term : under D/A at sight in U.S dollars."와 같이 일람출급환어음에 대한 기일이 제시된다.

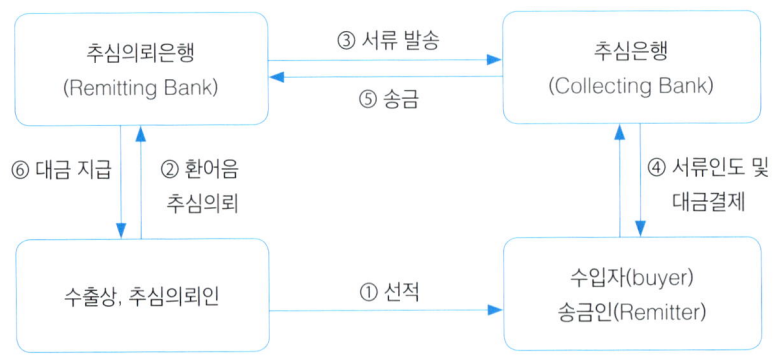

[추심거래 D/P 방식 대금 결제 과정]

(2) D/A(Document Against Acceptance : 인수도조건)

수출상(환어음발행인=Drawer, 의뢰인:Principal)이 수입상(지급인=drawee)과 매매계약을 체결하고 물품을 선적한 후에 구비된 서류에 "기한부 환어음"을 발행하여 첨부한다. 수출상은 추심의뢰은행(Remitting Bank)을 통하여 수입지의 추심은행(Collecting Bank)으로 거래금액(어음금액)의 추심을 의뢰하고 추심은행은 수입상(지급인, Drawee)에게 제시하여 제시된 어음을 인수받고, 서류를 인도한 후에 만기일에 대금을 결제받는 방식이다.

D/A 방식은 "Payment term : under D/A at 90 days after sight in U.S dollars."와 같이 기한부 환어음에 대한 기일이 제시된다.

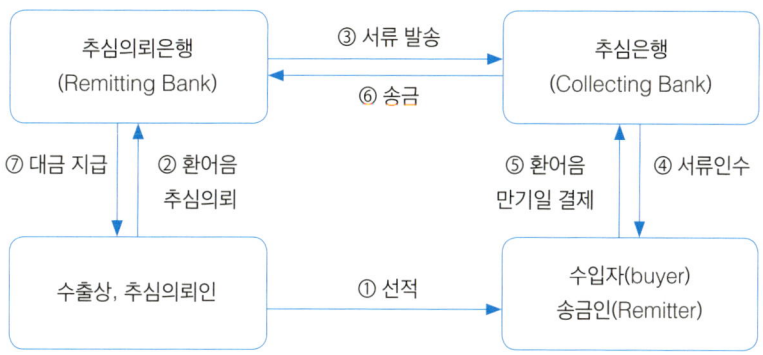

[추심거래 D/A 방식 대금 결제 과정]

제2장 환어음과 대금결제

1. 환어음의 의의

환어음(B/E, bill of exchange)은 어음발행인(drawer)이 지급인(drawee)인 제3자로 하여금 증권상에 기재된 금액을 증권상의 채권자(수령인 또는 그의 지시인)에게 지급할 것을 요구하는 무조건적인 지급위탁서이다. 환어음은 요식유가증권(formal instrument)이면서, 유통증권(negotiable instrument)이다.

환어음발행인(drawer)은 매도인인 수출상이 되며, 지급인인 제3자는 발행은행이 되며, 수취인은 보통 매입은행이 된다. 환어음이 요식유가증권이라는 것은 돈과 같이 지급수단으로 사용되기 때문에 엄격히 일정한 형식에 맞추어 작성되어야 하는 증권이며, 유통증권이라고 하는 것은 제3자에게 양도 가능한 물권적 효력을 가지는 증권이라는 의미이다.

2. 환어음의 종류

1) 기명식 환어음과 지시식 환어음

환어음의 대금을 지급받는 수취인을 지정하는 방식에 따라 기명식과 지시식으로 나누어진다. 기명식 환어음은 환어음의 수취인란에 특정인을 이름을 기재하는 방식이며, 지시식 환어음은 환어음의 수취인란에 특정인을 이름을 기록하지 않고 미래에 수취인을 특정할 지시인을 기재하여 지시인이 수취인을 정하도록 하는 방식이다. 후자의 지시식 환어음방식이 일반 무역거래에서 자주 사용된다.

2) 만기일에 의한 환어음의 구분

(1) 일람출급 환어음(sight or demand draft): 환어음이 지급인에게 제시되면 즉시 수취인에게 지급하여야 하는 어음.

(2) 일람후 정기출급 환어음(xx days or month after sight draft, d/s draft): 어음의 지급을 위하여 지급인에게 환어음이 제시된 날로부터 일정기간(예로 60days)이 지난 날짜에 어음이 지급되는 환어음.

(3) 일부후 정기출급 환어음(xx days or month after B/L date or bill of date draft, d/d draft): 선하증권 또는 환어음이 발행된 날로부터 일정기일이 지난 날짜에 어음이 지급되는 환어음.

(4) 확정일 출급 환어음(fixed date draft): 환어음상에 확정된 미래의 특정일자에 지급되는 환어음을 말한다.

3. 환어음의 기재사항

1) 환어음의 필수 기재사항

(1) 환어음의 표시
(2) 무조건지급위탁의 문언
(3) 금액
(4) 지급인의 표시/지급기일의 표시
(5) 지급지의 표시/수취인의 표시
(6) 발행일 및 발행지의 표시
(7) 발행인의 기명날인 또는 서명

2) 임의기재사항

(1) 환어음의 번호
(2) 신용장 및 계약서 번호
(3) 환어음 금액의 숫자 표시
(4) 신용장 발행 은행명
(5) 신용장 번호 및 발행일

4. 환어음의 예시

BILL OF EXCHANGE

No. 13213 ① MAY, 15, 2021 ② SEOUL KOREA
FOR US$ 125,750.20-③
AT XXXX SIGHT ④ OF FIRST BILL OF EXCHANGE (⑤SECOND OF THE SAME TENOR AND DATE BEING UNPAID)
PAY TO ⑥ABC BANK BUSAN BRANCH OR ORDER
⑦THE SUM OF SAY US DOLLARS ONE HUNDRED TWENTY FIVE SEVEN HUNDRED FIFTY AND TWENTY ONLY VALUE RECEIVED AND CHARGE THE SAME TO ACCOUNT OF ⑧POWER ELECTRONIC TOOL CORP. DALLAS, USA
DRAWN UNDER ⑨BANK OF AMERICA, DALLAS, USA
L/C NO. ⑩LC99A80445 ⑪DATED APR 10, 2021
TO ⑫ BANK OF AMERICA, DALLAS ⑬KOREA NICE TOOL CO LTD
DALLAS TX 99999

* **환어음의 예시**

① 환어음 번호 : 큰 의미를 갖는 숫자는 아니며, 후일에 참고할 경우 필요성을 위해 기재하는 것이다.

② 발행일 및 발행지 : 어음의 발행일은 외국환은행이 어음과 함께 제시된 운송서류를 매입한 날짜이며 이는 신용장 유효기일 이내이어야 한다. 또한 환어음의 효력은 행위지 법률에 의해 처리되므로 발행지를 반드시 표시해야 한다.

③ 환어음 금액(아라비아 숫자) : 환어음의 금액 = 상업송장금액

④ 환어음 지급기일 : 어음상 문언 중 at ~ sight of의 at~ 다음에 기재되는 것이 만기일(tenor of the draft)의 표시가 된다.

일람출급일 경우 "at xx sight of"로 표시되고, 기한부일 경우 "at xx days after sight" 또는 at xx days after B/L date", "at xx days after date" 등의 형식으로 기재하면 된다.

⑤ 환어음 SECOND BILL : 환어음은 동일한 내용으로 2통(2권)으로 발행되며 둘 중 하나가 먼저 지급되면 먼저 지급되는 것으로 환어음의 지급이 인정되며, 다른 한 통이 추후에 지급되더라도 인정되지 않는다.

⑥ 수취인(NEGOTIATING BANK) : 환어음 금액의 지급을 받는 자로 환어음의 발행인이 되거나 발행인이 지정하는 제3자가 될 수도 있다. 어음상 "pay to" 문구 뒤에 기재가 되며 통상 매입은행을 기재한다.

⑦ 환어음 문자금액 : 어음의 아라비아 숫자를 문자로 표시한다. 아라비아 숫자와 문자금액이 다른 경우 문자금액에 우선한다.

⑧ 발행의뢰인 : 발행인이 지급인에게 지시하는 내용으로, 당해 환어음이 지급인에 의하여 결제되면 그 자금은 "Account of ~" 이하에 기재되는 자로부터 지급 받으라는 의미이다. 따라서 "Account of ~" 이하는 신용장상의 Accountee가 기재된다.

⑨ 발행은행 : Drawn under 이하에는 신용장 발행은행을 기재한다.

⑩ 신용장 번호 : 신용장 번호를 기재하는 곳. 추심방식인 D/P, D/A인 경우에는 계약서 번호를 기재한다.

⑪ 신용장 발행일자 : 신용장의 발행일자를 기재하는 곳으로 신용장 발행은행이 신용장을 발행한 일자를 기재하면 된다.

⑫ 지급인과 지급지 : 지급인은 신용장의 발행은행 또는 제3의 은행인 결제은행이 된다. 지급지는 도시를 표시해주면 충분하다.

⑬ 발행인 및 발행인의 기명날인 : 환어음의 발행인에 대한 정보를 적고, 기명-날인까지 해야한다. 발행인의 서명-날인은 화환어음 약정시 은행에 제출된 서명-날인과 동일해야 한다.

제3장 신용장 결제방식

1. 신용장 결제방식의 의의

결제에 대한 신용 위험은 신용불량으로 인한 수출자의 대금회수불능의 위험과 수입자의 상품 입수불능의 위험 등을 현존하는 가장 신용 있는 기관인 은행의 신용을 통해 커버하고자 하는 것이 신용장이다.

신용장의 의의를 정리하면, 수입상의 거래은행(발행은행)이 동 수입업자(개설의뢰인)의 요청으로 수출상으로 하여금 일정기간 내에(신용장 유효기간) 일정조건(신용장에 기재된 조건) 아래 선적서류를 담보로 하여 수입업자, 신용장 발행은행, 또는 발행은행이 지정하는 환거래 취결 은행을 지급인으로 하는 화환어음을 발행하도록 하여(지급신용장 제외) 이 선적서류와 어음과 선적서류 등이 제시될 때에는 지급, 매입 또는 인수할 것을 어음발행인(수출상) 및 어음 수취인(어음매입은행)에 대하여 보증하는 '은행의 조건부 지급확약서'라고 볼 수 있다.

한마디로 정리하자면, 발행은행의 조건부 대금지급 확약서이다.

협의의 신용장은 발행은행이 수출상에게 보내는 신용의 편지(Letter of credit)로서 신용장의 요구 조건(선적서류 등)이 구비될 경우 반드시 대금을 지급하겠다고 발행은행이 수입자를 대신하여 보내는 수출자에 대한 약속서신이다.

수출자는 은행으로부터 대금지급을 약속받은 만큼, 거래의 안정성을 담보받을 수 있고, 적법한 절차에 따른 서류발행 및 제출과 선적을 통해서 대금을 지급받을 수 있게 된다. 수입상의 입장에서도 신용장에 물품명세와 유효기일, 선적기일 등 각종 조건을 명기하여 수출상이 계약과 일치하는 물품을 적시에 공급해 줄 것을 보장받을 수 있기 때문에 매도인과 매수인 모두에게 안정적으로 거래가 가능하다.

2. 신용장 당사자

신용장이 개설되면 신용장을 발행한 수입지의 발행은행은 통상 수출국의 환거래 은행인 통지은행을 통해 수출자에게 신용장이 도착한 것을 통보해 주게 된다. 신용장을 받은 수출자는 신용장 조건에 따라 물품을 선적한 후 요구되는 각종 서류들을 구비하여 발행은행에게 신용장 조건에 따라 지급, 인수, 매입해 줄 것을 요구한다.

하지만 통상, 신용장 도래의 통보가 그랬듯이 수입국의 발행은행은 업무의 효율을 위하여 수출국의 환거래은행에 이 업무를 하도록 권한을 부여한다. 하지만 이들 지정은행은 일을 대신해 주는 것에 불과하므로 최종적인 지급책임은 역시 발행은행에게 있다. 지정은행을 통하여 서류를 받은 발행은행은 수입상에게 대금지급을 받거나 환어음 인수를 받고 이 서류들을 건네준다. 서류(특히 선적서류) 없이는 물품을 인도받을 수 없는 수입자는 당연히 신용장 조건에 따라 대금지급, 환어음을 인수하고 서류를 받고자 할 것이다.

1) 개설의뢰인(Applicant)

수출상(Beneficiary)과의 매매계약에 따라 자기거래은행(Opening bank)에 신용장을 개설해 줄 것을 요청하는 '수입상'을 말한다.

> **[UCP 600 Article 2 Definitions]**
> Applicant means the party on whose request the credit is issued.
> 개설의뢰인이라 함은 신용장이 발행되도록 요청하는 당사자를 말한다.

2) 개설은행(Issuing Bank)

(1) 보통 수입자의 거래은행으로서 수입업자의 요청과 지시에 의하여, 수출업자가 약정된 물품

을 선적하고 신용장에서 요구되는 선적서류, 상업송장, 보험서류 등을 갖추어 환어음을 발행하면 이를 직접, 또는 수권은행(수출지의 거래은행)을 통하여 신용장 조건에 따라 지급·인수·매입할 것을 확약하는 신용장을 발행하는 은행을 말함.

(2) 수익자에 대해서 지급을 확약하기 때문에 환어음 지급에 있어서 최종적인 책임을 부담한다.

> **[UCP 600 Article 2 Definitions]**
> Issuing bank means the bank the issues a credit at the request of an applicant of on its own behalf.
> 발행은행이라 함은 발행의뢰인의 요청에 따르거나 또는 그 자신을 위하여 신용장을 발행하는 은행을 말한다.

3) 통지은행(Advising Bank, Notifying Bank)

(1) 어떠한 책임이나 약정없이(without engagement) 발행된 신용장을 단순히 수익자에게 통지해 주는 은행이다. 즉 통지은행이 통지요청을 받았다고 해서 반드시 통지해야 하는 것이 아니고, 통지를 했다고 해서 반드시 수권은행의 역할을 할 필요는 없다.

(2) 지급, 인수, 매입을 해야 할 의무는 없으나 신용장의 외관상 진정성(apparent authenticity)의 확인을 위해 합리적인 주의(reasonable care)를 할 의무를 가지고 있다.

(3) 보통 수출국에 위치한 신용장 개설은행의 본지점이나 환거래은행(Corres bank)이 지정된다.

> **[UCP 600 Article 2 Definitions]**
> For the purpose of these rules:
> Advising bank means the bank that advises the credit at the request of the issuing bank.
> 통지은행이라 함은 발행은행의 요청에 따라 신용장을 통지하는 은행을 말한다.

4) 수익자(Beneficiary)

(1) 신용장 발행의 결과로 수익을 얻는 수출상(매도인)을 의미한다.

(2) 수출자는 신용장 조건과 일치하는 서류(선적서류, 상업송장, 보험서류 등)들을 갖춘 후 통상 환어음을 발행하여 지급, 인수, 매입을 의뢰하므로 Drawer(환어음 발행인)으로 불리기도 하고, '물품을 발송하는 자'라는 의미에서 Consignor(송하인)가 된다.

> **[UCP 600 Article 2 Definitions]**
> *Beneficiary means the party in whose favour a credit is issued.*
> 수익자라 함은 그 자신을 수익자로 하여 신용장을 발행받는 당사자를 말한다.

5) 확인은행(Confirming Bank)

(1) 발행은행과 독립적으로 발행은행이 대금지급을 하지 못하는 경우, 발행은행에 추가하여 신용장 조건에 의거, 발행된 환어음을 지급·인수·매입하겠다는 독립적인 확약을 부가하는 은행이다.

(2) 국제적으로 알려지지 않은 후진국의 은행이나 재무상태가 취약한 은행이 발행한 신용장으로 대금지급의 확약을 받았다고 믿기는 어려운 경우 발행은행의 요청에 의하여 공신력 있는 은행이 신용장을 확인하여 독립적인 지급확약을 약속하는 은행이다.

> **[UCP 600 Article 2 Definitions]**
> *Confirming bank means the bank that adds its confirmation to a credit upon the issuing bank's authorization or request.*
> 확인은행이라 함은 발행은행의 수권 또는 요청에 따라 신용장에 확인을 추가하는 은행을 말한다.

6) 수권은행(Authorized Bank)

수권은행은 지정은행(Nominated bank = 지급, 인수, 매입은행)이라고도 한다.

UCP600에서는 모든 신용장은 그것이 일람지급, 연지급, 인수 또는 매입 중 '어느 방식'으로 사용될 것인지 명확히 표시해야 하고, 자유매입신용장을 제외하고 '어느 은행'에서 사용되어야 할지도 명시하도록 규정하고 있다. 이 때 지급·인수·매입을 하도록 수권받은 은행이나 발행은행 자신이 지급·인수·매입 은행이 된다.

> **[UCP 600 Article 2 Definitions]**
> Nominated bank means the bank with which the credit is available or any bank in the case of a credit available with any bank.
> 지정은행이라 함은 신용장이 사용될 수 있는 은행 또는 모든 은행에서 사용될 수 있는 신용장의 경우에는 모든 은행을 말한다.

(1) 일람지급은행(Paying Bank)

대금결제를 위하여 발행은행이 전액을 위탁해둔 은행으로 통상 발행은행의 지점이 된다. 발행은행의 대리인 자격을 직접 채무를 상환하므로 대금청구권의 양도문제가 개입될 여지가 없고, 자연히 어음발행도 필요하지 않다. 따리사 지급의 경우에는 환어음이 발행되지 않는다. 지급행위는 수출상에 대한 최종 지급에 해당하므로 수출상에 대한 소구권* 행사가 불가하다.

(2) 연지급은행(Deferred Payment Bank)

통상 개설은행의 지점으로 서류와 상환으로 일정기간 후 전액을 지급할 의무를 지고 있다. 지연하여 지급한다는 개념으로 발행은행의 대리인 자격으로 연지급하므로 어음발행이 필요치 않고 대신 연지급 약정서가 발행된다.

---

* 어음을 가지고 있는 당사자가 해당 금액의 결제가 이뤄지지 않거나 이뤄지지 않을 것이 예상되는 경우, 이전의 어음 소지인에게 결제금액의 상환을 청구할 수 있는 권리.

(3) 인수은행(Accepting Bank)

발행은행의 예치환거래은행으로 신용장에 의거하여 수익자가 발행한 기한부 환어음을 인수하고 만기일에 대금지급의무를 지는 은행을 말한다. 어음을 일단 인수하게 되면 만기일에 무조건 대금지급의무를 지게 된다. 인수은행은 발행은행의 수권(지정)은행이므로 인수은행을 통해 결제가 이뤄지지 않는 경우 최종적으로 발행은행이 책임을 진다.

(4) 매입* 은행(Negotiating Bank)

발행은행으로부터 지정받은 은행이나 수출지의 어떤 은행(Any bank)이든 매입은행이 될 수 있고 수출상(수익자)의 주거래은행이나 외국환거래은행을 주로 지정한다. 매입이란 어음을 할인하여, 즉 이자와 수수료를 받고 은행이 사들이는 행위를 말한다.

수출상은 거래 후 선적 후 서류 송달, 발행은행의 확인과 대금결제 등 대금을 결제받기 위한 상당시간이 소요가 되는데, 이 전에 신용장 필요 서류와 환어음 등을 준비하여 미리 매입은행을 통해 이자와 수수료를 제외하고 대금을 지급받을 수 있다.

매입은행은 발행은행에 신용장, 환어음과 필요서류를 제시하여 대금을 결제받는다.

곧 매입은행은 제3자가 지급인인 어음, 수표에 대하여 권리를 취득한 은행으로 환어음 매입으로 선의의 소지자(bona fide holder)가 되어 개설은행에 어음대금청구권을 행사할 수 있게 된다. 발행은행의 최종 지급이 거절되어도 상환청구권(recourse)** 을 행사할 수 있어 수출상에 대한 최종지급이라 볼 수 없다.

---

* 매입은 매입은행이 본인의 이자, 수수료 수익을 위해 환어음과 신용장 필요서류 등을 할인하여 사들이는 행위이다.
** 매입은행은 발행은행의 대금 미지급에 대해서 상환청구권을 행사할 수 있지만, 발행은행은 개설의뢰인의 대금지급에 대해서 매입은행에게 상환청구권을 행사할 수는 없다. 발행은행은 항상 최종 지급확약을 담보하고 있다.

3. 신용장 거래의 흐름

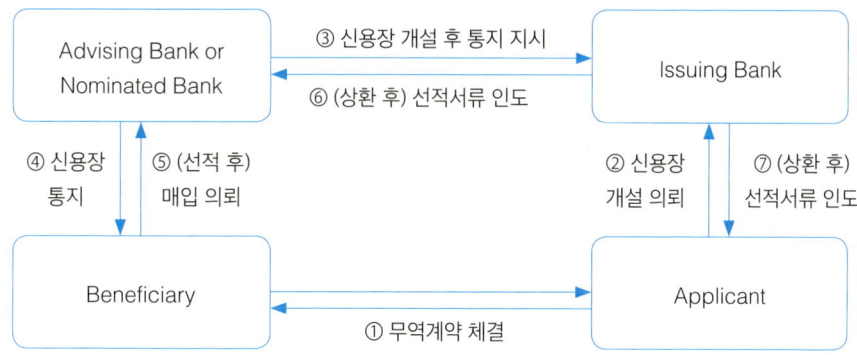

① 거래 당사자는 서로 거래조건을 협의하여 무역계약을 체결하게 된다. 이 때 결제방식을 신용장 방식으로 협의하게 된다.

② 무역계약에 따라 개설의뢰인(applicant)은 발행은행(Issuing Bank)에 신용장 발행*을 의뢰를 한다.

③ 신용장이 발행되면 발행은행은 수출지에 있는 통지은행(Advising Bank)으로 신용장을 발송한다.

④ 신용장 통지를 지시받은 통지은행은 수익자에게 신용장이 도착했음을 통지한다.

⑤ 신용장 통지를 받은 수익자는 신용장의 내용이 계약내용과 동일한지를 확인**하고, 물품 선적을 위한 준비와 신용장에서 요구하는 서류를 준비한다.

⑥ - ⑦ 선적을 하고, 운송서류와 필요서류(송장, 보험서류, 환어음 등)의 신용장에서 요구하는 서류를 준비하여 신용장 유효기일 안에 수출국의 매입은행에 서류를 제시하고 대금을 결제 받는다.*

---

* 신용장의 발행신청서에 무역계약의 내용을 명시하여 구체적으로 작성해야 하며, 신용장의 발행은 개설의뢰인의 신용에 따라 거부될 수도 있다.

** 신용장을 통지받은 수익자는 신용장의 내용이 계약내용과 다른 경우 신용장 조건 변경을 요청할 수 있으며, 이 때 수익자, 발행은행,(있는 경우) 확인은행은 조건변경에 대해 협의할 수 있다.

* 매입은행은 발행은행의 외국환거래 은행으로, 수익자의 서류를 사들이는 은행을 말한다.

⑥ - ⓒ 매입은행은 수익자로부터 이자 및 수수료 이익을 얻게 되고, 이후 발행은행에게 서류를 제시하여 대금을 결제 받는다.

⑦ 신용장과 요구서류 등을 제시받은 발행은행은 신용장의 조건과 일치하는 서류가 제시된 경우 매입은행에게 대금을 결제한다. 이 후 발행은행은 운송서류 선하증권과 같은 운송서류는 물품에 대한 권리증권이므로 개설의뢰인은 대금을 상환하고 운송서류**를 개설의뢰인에게 제시하여 대금을 상환 받고 신용장 거래가 종료되게 된다.

이 후, 개설의뢰인은 운송서류를 통해 물품을 수령하고, 신용장 거래를 종료하게 된다.

4. 신용장의 종류

1) 취소 가능 여부에 따라

(1) 취소가능 신용장(Revocable L/C) : 발행은행이 수익자에게 사전통지 없이(without prior notice) 언제라도(at any moment) 취소(cancel)하거나 조건변경(amend)할 수 있는 신용장. "revocable" 표시가 있으면 취소 가능하다.

(2) 취소 불능 신용장(Irrevocable L/C) : 신용장이 수익자에게 통지된 후 유효기간 내에 관계당사자 전원(개설은행/확인은행, 수익자, 통지은행)의 합의 없이는 신용장을 취소·변경할 수 없는 신용장, 취소 불능의 표시가 없더라도, 일반적으로 발행된 신용장은 취소 불능 신용장이다.

** 선하증권과 같은 운송서류는 물품에 대한 권리증권이므로 개설의뢰인은 대금을 상환하고 운송서류를 수령해야 물품을 인수할 수 있다.

> **UCP 600 Article 3 Interpretations**
> **UCP 600 제 3조 해석**
>
> A credit is irrevocable even if there is no indication to that effect.
> 신용장은 취소 불능의 표시가 없는 경우에도 취소불능이다.

2) 관계서류 첨부 여부에 따라

(1) 화환 신용장(Documentary L/C) : 수익자가 발행한 환어음에 선하증권(船荷證券. Bill of Lading ; B/L) 등의 운송서류를 첨부하여, 개설은행이 지급, 인수 또는 매입할 것을 확약하는 신용장.

(2) 무담보 신용장(Clean L/C) : 환어음에 운송서류가 첨부되지 않고 어음 하나만으로 지급, 인수, 매입을 확약하는 신용장을 말한다. 주로 무역거래에서 수반되는 용역(service) 등 부대비용의 대가지급수단으로 활용됨.

3) 양도 가능 여부에 따라

(1) 양도 가능 신용장(Transferable L/C) : 원(原)수익자가 신용장 금액의 전부 또는 일부를 '1회'에 한하여 국내외의 제3자에게 양도할 수 있는 권한을 부여한 신용장을 말한다. 원(原)신용장 조건하에서만 양도 가능하나 금액, 단가, 선적기일, 유효기일에 한해 단축·감액이 가능하고 보험 부보율에 한해 증액이 가능함. 'Transferable'의 표시가 있어야 함.

(2) 양도 불능 신용장(Non-transferable L/C) : 제3자에게 양도할 수 없는 신용장. 지정된 수익자만이 해당 신용장을 사용할 권리를 가짐. 신용장에 양도 가능(transferable)의 표시가 없으면 양도할 수 없는 것으로 간주됨.

UCP 600 Article 38 Transferable Credits
UCP 600 제38조 양도가능신용장

a. A bank is under no obligation to transfer a credit except to the extent and in the manner expressly consented to by that bank.

a. 은행은 자신이 명시적으로 승낙하는 범위와 방법에 의한 경우를 제외하고는 신용장을 양도할 의무가 없다.

b. For the purpose of this article:
Transferable credit means a credit that specifically states it is "transferable". A transferable credit may be made available in whole or in part to another beneficiary ("second beneficiary") at the request of the beneficiary ("first beneficiary"). Transferring bank means a nominated bank that transfers the credit or, in a credit available with any bank, a bank that is specifically authorized by the issuing bank to transfer and that transfers the credit. An issuing bank may be a transferring bank. Transferred credit means a credit that has been made available by the transferring bank to a second beneficiary.

b. 이 조항에서는 다음과 같이 해석한다.
양도가능신용장이란 신용장 자체가 "양도가능"이라고 특정하여 기재하고 있는 신용장을 말한다. 양도가능신용장은 수익자(이하 "제1 수익자"라 한다)의 요청에 의하여 전부 또는 부분적으로 다른 수익자(이하 "제2 수익자"라 한다)에게 이용하게 할 수 있다. 양도은행이라 함은 신용장을 양도하는 지정은행, 또는 어느 은행에서나 이용할 수 있는 신용장의 경우에는 발행은행으로부터 양도할 수 있는 권한을 특정하여 받아 신용장을 양도하는 은행을 말한다. 발행은행은 양도은행이 될 수 있다. 양도된 신용장이라 함은 양도은행이 제2 수익자가 이용할 수 있도록 한 신용장을 말한다.

c. Unless otherwise agreed at the time of transfer, all charges (such as commissions, fees, costs or expenses) incurred in respect of a transfer must be paid by the first beneficiary.

c. 양도시에 달리 합의된 경우를 제외하고, 양도와 관련하여 발생한 모든 수수료(요금, 보수, 경비 또는 비용 등)는 제1 수익자가 지급해야 한다.

d. A credit may be transferred in part to more than one second beneficiary provided partial drawings or shipments are allowed. A transferred credit cannot be transferred at the request of a second beneficiary to any subsequent beneficiary. The first beneficiary is not considered to be a subsequent beneficiary.

d. 분할청구 또는 분할선적이 허용되는 경우에 신용장은 두 사람 이상의 제2 수익자에게 분할양도될 수 있다. 양도된 신용장은 제2 수익자의 요청에 의하여 그 다음 수익자에게 양도될 수 없다. 제1 수익자는 그 다음 수익자로 간주되지 않는다.

> e. Any request for transfer must indicate if and under what conditions amendments may be advised to the second beneficiary. The transferred credit must clearly indicate those conditions.
> e. 모든 양도 요청은 제2 수익자에게 조건변경을 통지하여야 하는지 여부와 그리고 어떠한 조건 하에서 조건변경을 통지하여야 하는지 여부를 표시하여야 한다. 양도된 신용장은 그러한 조건을 명확하게 표시하여야 한다.
>
> f. If a credit is transferred to more than one second beneficiary, rejection of an amendment by one or more second beneficiary does not invalidate the acceptance by any other second beneficiary, with respect to which the transferred credit will be amended accordingly. For any second beneficiary that rejected the amendment, the transferred credit will remain unamended.
> f. 신용장이 두 사람 이상의 제2 수익자에게 양도되면, 하나 또는 둘 이상의 수익자가 조건변경을 거부하더라도 다른 제2 수익자의 수락은 무효가 되지 않으며, 양도된 신용장은 그에 따라 변경된다. 조건변경을 거부한 제2 수익자에 대하여는 양도된 신용장은 변경되지 않은 상태로 남는다.

4) 매입 허용 여부에 따라

(1) 매입 신용장(Negotiation L/C) : 발행은행이 환어음의 매입을 예상하고 환어음의 발행인(drawer), 배서인(endorser) 및 선의의 소지자(bona fide holder)에게도 정히 지급할 것을 확약하는 신용장.

(2) 지급 신용장(Straight L/C) : 신용장에 의한 환어음의 매입 여부는 언급하지 않고 발행은행, 또는 그의 지정은행에 환어음을 제시하면 지급(honor)하겠다고 확약하는 신용장.

5) 수출업자의 자금조달의 편의를 위한 신용장

(1) 전대 신용장(Packing L/C) : 수입업자가 발행은행을 통해 선적 이전에 수출업자에게 수출대금의 선불(advance)을 허용해 주는 신용장. 수출자가 수출을 위한 상품의 생산, 제조, 가공 등에

필요한 금액을 선적서류의 제시없이 미리 지급받는 신용장을 말한다. Red Clause L/C* 라고도 한다.

(2) 연장 신용장(Extended L/C) : 수출업자가 수출상품의 선적 전에 발행은행 앞으로 '무담보어음'을 발행하면 이것을 통지은행이 매입하고 일정기간 내에 당해 상품에 대한 모든 운송서류를 매입은행에 제공할 것을 조건으로 하는 신용장.

6) 국가간 수출입 균형유지를 위해 사용되는 신용장

(1) 구상무역 신용장(Back to Back L/C) : 한 나라에서 수입신용장을 개설할 경우, 그 신용장은 수출국에서 동액의 수입신용장을 개설시에만 '유효하다는 조건'이 붙은 조건부 L/C. 연계무역에 이용되며 동시개설신용장이라고도 한다.

(2) 기탁 신용장(Escrow L/C) : 환어음의 매입대금이 수익자에게 지급되지 않고 수출자 명의의 'Escrow 계정'에 기탁해 두고 그 수익자가 원 신용장 개설국으로부터 수입하는 상품의 대금결제에만 사용하도록 규정한 신용장.

(3) Thomas L/C : 양측이 동액의 신용장을 개설하는데 일방이 먼저 개설하고 그 신용장이 발효 조건을 상대방이 일정기간 후 신용장을 개설하겠다는 '보증서를 발행'하는 것을 조건으로 한다. 수출국의 수입물품은 확정되었지만 수입할 물품이 확정되지 않은 경우 이용되며 Thomas는 중국과의 거래에서 이 방식을 사용했던 일본회사의 전신약호이다.

7) 회전 신용장(Revolving L/C)

수출업자와 수입업자 사이에 동종의 상품거래가 상당기간 계속하여 이루어질 것으로 예상되는 경우 거래할 때마다 신용장을 개설하는 불편을 덜기 위하여 일정기간동안 일정금액의 범위 내에서 신용장 금액이 자동으로 갱신(automatically reinstated, restored)되어 재(再)사용할 수

---

* 선불에 대한 허용을 붉은색 문언으로 표시하고 있기 때문에 Red clause L/C라고 부른다.

있도록 하는 조건으로 개설된 신용장.

8) Baby L/C

외국에서 원/부자재를 수입하여 제조·가공 후 상품을 수출하고자 할 때 원래 받는 신용장(master L/C)에 대해서 원·부자재 수입용으로 새로이 개설되는 신용장. 국내에서 조달될 때는 Local L/C가 된다.

9) 내국 신용장(Local L/C)

수출업자(1st Beneficiary)의 요청으로 수출업자 앞으로 내도한 원신용장(Master L/C)을 근거로 하여 국내의 원료공급자, 하청업자 또는 생산업지(2nd Beneficiary)를 수익자로 하여 개설한 신용장을 말한다. 원 신용장의 대금회수를 근거로 발행되며 국내에서 물품 제조 시 부족한 수출 관련 원재료 조달 등에 주로 사용된다.

10) 보증 신용장(Stand-by L/C)

국내회사의 담보력이 부족한 해외지사의 현지 운영자금 또는 국제입찰 참가에 수반되는 입찰보증(bid bond), 계약이행보증(performance bond) 등에 필요한 자금을 해외 현지 은행에서 대출 받고자 할 때 이들 채무를 보증할 목적으로 국내 외국환은행이 해외의 은행 앞으로 발행하는 무담보신용장(clean L/C)의 일종이다.

11) 확인 여부에 따라

(1) 확인 신용장(Confirmed L/C) : 개설은행 이외의 제3의 은행이 개설은행의 요청에 따라 수익자가 발행한 환어음의 지급·인수·매입을 확약한 신용장, 이 때 확약은 개설은행과는 별개의 독

립된 확약이다.

(2) 불확인 신용장(Unconfirmed L/C) : 개설은행 이외의 제3의 은행에 의한 확약이 없는 신용장이다.

12) 지급 시기에 따라

(1) 일람출급 신용장(Sight L/C) : 신용장에 의거 발행되는 환어음이 일람출급인 경우를 말한다.

(2) 기한부 신용장(Usance L/C) : 신용장에 의거 발행되는 환어음의 기간(tenor)이 '기한부(期限附)'인 경우를 말한다.

13) 매입은행 허용 여부에 따라

(1) 일반, 오픈 신용장(General or Open L/C) : 어음매입을 특정은행으로 제한하지 않고 아무 은행에서나 매입할 수 있도록 되어 있는 신용장이다. 매입은행 지정표시가 없으면 자유매입 신용장(freely negotiable credit)으로 본다.

(2) 특정 신용장(Special or Restricted L/C) : 수익자가 발행하는 환어음의 매입은행이 특정은행으로 지정되어 있는 신용장을 말한다.

14) Transit L/C

화폐가 직접 태환(兌換)되지 않고 서로 상대국의 환거래은행(Corres bank)이 없는 국가 간에 무역을 할 경우 양 국가가 거래하고 있는 제3국의 통화로 표시된 신용장.

15) 상환청구 가능 여부에 따라

(1) 상환청구가능 신용장(With recourse L/C) : 환어음을 매입한 은행이나 선의의 소지자가 환어음발행인에게 상환청구를 할 수 있는 신용장이다.

(2) 상환청구불능 신용장(Without recourse L/C) : 매입은행이나 선의의 소지인이 환어음 발행인에게 상환청구를 할 수 없는 신용장, 신용장 상에 "without recourse to drawer"와 같이 기재한다.

제4장 신용장 통일규칙
(uniform customs and practice for documentary credits : UCP 600) 해설

무역거래의 당사자들 사이에서 신용장 문언의 해석에 관한 논쟁이 빈번하게 발생하여 각국에서 신용장에 대한 통일적 규칙의 필요성이 대두되었다. 이러한 결과로 국제상업회의소(ICC)에서 1933년 제7회 총회에서 신용장 통일규칙을 채택하였고, 이후 6차례 개정되어 왔다. 시행 초기에는 영국, 미국 등의 선진국들이 자국의 관행과 다른 점을 이유로 채택하지 않았지만, 미국은 1938년, 영국과 공산권국가들은 1962년부터 채택하여 사용되고 있다.

1951, 1962, 1974, 1983, 1993년, 2006년 개정되어 2007년 7월 1일부터 현재까지 6차 개정된 UCP600으로 사용되고 있다.

총 39개조로 구성되어 있으며, 당사자 간의 신용장 해석에 적용되는 규칙이므로 강제성은 없으며, 거래당사자가 사전에 합의해야 적용이 된다. 거래 당사자 간에는 일부 규정을 변경해서 적용하는 것도 가능하다.

Article 1 Application of UCP 600
제 1조 신용장통일규칙의 적용

The Uniform Customs and Practice for Documentary Credits, 2007 Revision, ICC Publication no. 600 ("UCP") are rules that apply to any documentary credit("credit") (including, to the extent to which they may be applicable, any standby letter of credit) when the text of the credit expressly indicates that it is subject to these rules. They are binding on all parties thereto unless expressly modified or excluded by the credit.

화환신용장에 관한 통일규칙 및 관례, 2007년 개정, ICC 출판물번호, 제600호("UCP")는 신용장의 본문이 이 규칙에 따른다고 명시적으로 표시하고 있는 경우 모든 화환신용장("신용장")(적용가능한 범위에서 모든 보증신용장을 포함한다)에 적용되는 규칙이다. 신용장에 명시적으로 수정되거나 또는 배제되지 아니하는 한, 이 규칙은 모든 관계당사자를 구속한다.

> **40E : LC Subject to**
> **UCP LATEST VERSION**
> 신용장의 문면상 UCP600이 적용된다는 것을 표시해줘야 함.
> 위와 같은 문구를 신용장에 삽입.
> 화환신용장은 B/L과 같은 운송서류에 환어음을 첨부한 신용장을 말함.
> 보증신용장을 포함한다는 것은 보증신용장은 무화환신용장의 종류이지만, 신용장 통일규칙의 해석을 따른다고 규정함.

Article 2 Definitions
제 2조 정의

For the purpose of these rules:

Advising bank means the bank that advises the credit at the request of the issuing bank.
통지은행이라 함은 발행은행의 요청에 따라 신용장을 통지하는 은행을 말한다.

Applicant means the party on whose request the credit is issued.
개설의뢰인이라 함은 신용장이 발행되도록 요청하는 당사자를 말한다.

Banking day means a day on which a bank is regularly open at the place at which an act subject to these rules is to be performed.
은행영업일이라 함은 이 규칙에 따라 업무가 이행되는 장소에서 은행이 정상적으로 영업을 하는 일자를 말한다.

Beneficiary means the party in whose favour a credit is issued.
수익자라 함은 그 자신을 수익자로 하여 신용장을 발행받는 당사자를 말한다.

Complying presentation means a presentation that is in accordance with the terms and conditions of the credit, the applicable provisions of these rules and international standard banking practice.
일치하는 제시라 함은 신용장의 제조건, 이 규칙 및 국제표준은행관행의 적용가능한 규정에 따른 제시를 말한다.

Confirmation means a definite undertaking of the confirming bank, in addition to that of the issuing bank, to honour or negotiate a complying presentation.
확인이라 함은 발행은행의 확약에 추가하여 일치하는 제시를 지급이행 또는 매입할 확인은행의 확약을 말한다.

Confirming bank means the bank that adds its confirmation to a credit upon the issuing bank's authorization or request.
확인은행이라 함은 발행은행의 수권 또는 요청에 따라 신용장에 확인을 추가하는 은행을 말한다.

> **49 : confirm instructions**
> **WITHOUT**
> 위와 같은 확인은행 관련 문구가 삽입됨.

Credit means any arrangement, however named or described, that is irrevocable and thereby constitutes a definite undertaking of the issuing bank to honour a complying presentation.
신용장이라 함은 그 명칭이나 기술에 관계없이 취소불능이며 일치하는 제시를 지급이행할 발행은행의 확약을 구성하는 모든 약정을 말한다.

Honour means:

a. to pay at sight if the credit is available by sight payment.

b. to incur a deferred payment undertaking and pay at maturity if the credit is available by deferred payment.

c. to accept a bill of exchange ("draft") drawn by the beneficiary and pay at maturity if the credit is available by acceptance.

지급이행이라 함은 다음을 말한다.

a. 신용장이 일람지급에 의하여 사용될 수 있는 경우 일람 후 지급하는 것.

b. 신용장이 연지급에 의하여 사용될 수 있는 경우 연지급확약의무를 부담하고 만기일에 지급하는 것.

c. 신용장이 인수에 의하여 사용될 수 있는 경우 수익자에 의하여 발행된 환어음("어음")을 인수하고 만기일에 지급하는 것.

Issuing bank means the bank the issues a credit at the request of an applicant of on its own behalf.

발행은행이라 함은 발행의뢰인의 요청에 따르거나 또는 그 자신을 위하여 신용장을 발행하는 은행을 말한다.

Negotiation means the purchase by the nominated bank of drafts (drawn on a bank other than the nominated bank) and/or documents under a complying presentation, by advancing or agreeing to advance funds to the beneficiary on or before the banking day on which reimbursement is due to the nominated bank.

매입이라 함은 상환이 지정은행에 행해져야 할 은행영업일에 또는 그 이전에 수익자에게 대금을 선지급하거나 또는 선지급하기로 약정함으로써, 일치하는 제시에 따른 환어음(지정은행이 아닌 은행을 지급인으로 하여 발행된) 및 또는 서류의 지정은행에 의한 구매를 말한다.

Nominated bank means the bank with which the credit is available or any bank in the case of a credit available with any bank.
지정은행이라 함은 신용장이 사용될 수 있는 은행 또는 모든 은행에서 사용될 수 있는 신용장의 경우에는 모든 은행을 말한다.

Presentation means either the delivery of documents under a credit to the issuing bank or nominated bank or the documents so delivered.
제시라 함은 발행은행 또는 지정은행에게 신용장에 의한 서류를 인도하는 행위 또는 그렇게 인도된 서류를 말한다.

Presenter means a beneficiary, bank or other party that makes a presentation.
제시인이라 함은 제시를 행하는 수익자, 은행 또는 기타 당사자를 말한다.

Article 3 Interpretations

제 3조 해석

For the purpose of these rules:
Where applicable, words in the singular include the plural and in the plural include the singular.
이 규칙에서:
적용할 수 있는 경우에는, 단수형의 단어는 복수형을 포함하고 복수형의 단어는 단수형을 포함한다.

A credit is irrevocable even if there is no indication to that effect.
신용장은 취소 불능의 표시가 없는 경우에도 취소 불능이다.

A document may be signed by handwriting, facsimile signature, perforated signature, stamp, symbol or any other mechanical or electronic method of authentication.
서류는 수기, 모사서명, 천공서명, 스탬프, 상징 또는 기타 모든 기계적 또는 전자적 인증방법에 의하여 서명될 수 있다.

A requirement for a document to be legalized, visaed, certified or similar will be satisfied by any signature, mark, stamp or label on the document which appears to satisfy that requirement.
공인, 사증, 증명된 또는 이와 유사한 서류의 요건은 그러한 요건을 충족하는 것으로 보이는 서류상의 모든 서명, 표시, 스탬프 또는 부전에 의하여 충족된다.

> 통상 유럽이나 서구권에서는 서명에 대한 중요성이 큼. 현대사회에서는 전자문서 형태나 팩스 형태로 서류를 통한 계약이 체결되다보니, 서명의 형태는 어느 정도의 자율성을 취하고 있음.

Branches of a bank in different countries are considered to be separate banks.
다른 국가에 있는 어떤 은행의 지점은 독립된 은행으로 본다.

Terms such as "first class", "well known", "qualified", "independent", "official", "competent" or "local" used to describe the issuer of a document allow any issuer except the beneficiary to issue that document.
서류의 발행인을 기술하기 위하여 사용되는 "일류의(first class)", "저명한(well known)", "자격있는(qualified)", "독립적인(independent)", "공인된(official)", "유능한(competent)" 또는 "국내의(local)"와 같은 용어는 수익자 이외의 모든 서류발행인이 서류를 발행하는 것을 허용한다.

Unless required to be used in a document, words such as "prompt", "immediately" or "as soon as possible" will be disregarded.

서류에 사용될 것이 요구되지 아니하는 한, "신속한(prompt)", "즉시(immediately)" 또는 "가능한 한 빨리(as soon as possible)"와 같은 단어는 무시된다.

The expression "on or about" or similar will be interpreted as a stipulation that an event is to occur during a period of five calendar days before until five calendar days after the specified date, both start and end dates included.

"~경에(on or about)" 또는 이와 유사한 표현은 사건이 명시된 일자 이전의 5일부터 그 이후의 5일까지의 기간 동안에 발행하는 약정으로서 초일 및 종료일을 포함하는 것으로 해석된다.

The words "to", "until", "till", "from" and "between" when used to determine a period of shipment include the date or dates mentioned, and the words "before" and "after" exclude the date mentioned.

"까지(to)", "까지(until)", "까지(till)", "부터(from)" 및 "사이(between)"라는 단어는 선적 기간을 결정하기 위하여 사용되는 경우에는 언급된 당해 일자를 포함하며, "이전(before)" 및 "이후(after)"라는 단어는 언급된 당해 일자를 제외한다.

The words "from" and "after" when used to determine a maturity date exclude the date mentioned.

"부터(from)" 및 "이후(after)"라는 단어는 만기일을 결정하기 위하여 사용된 경우에는 언급된 당해 일자를 제외한다.

> 선적기간을 정하기 위해 사용하는 From은 해당 일자를 포함하지만, 만기를 정하기 위한 From은 해당 일자를 제외한다는 차이점에 주의.

The terms "first half" and "second half" of a month shall be construed respectively as the 1st to the 15th and the 16th to the last day of the month, all dates inclusive.

어느 개월의 "전반(first half)", "후반(second half)"이라는 용어는 각각 해당 개월의 1일부터 15일까지, 그리고 16일부터 말일까지로 하고, 양끝의 일자를 포함하는 것으로 해석된다.

The terms "beginning", "middle" and "end" of a month shall be construed respectively as the 1st to the 10th, the 11th to the 20th and the 21st to the last day of the month, all dates inclusive.

어느 개월의 "상순(beginning)", "중순(middle)" 및 "하순(end)"이라는 용어는 각각 해당 개월의 1일부터 10일까지, 11일부터 20일까지, 그리고 21일부터 말일까지로 하고, 양끝의 일자를 포함하는 것으로 해석된다.

Article 4 Credits v. Contracts
제 4조 신용장과 계약

a. A credit by its nature is a separate transaction from the sale or other contract on which it may be based. Banks are in no way concerned with or bound by such contract, even if any reference whatsoever to it is included in the credit.

Consequently, the undertaking of a bank to honour, to negotiate or to fulfil any other obligation under the credit is not subject to claims or defences by the applicant resulting from its relationships with the issuing bank or the beneficiary.

A beneficiary can in no case avail itself of the contractual relationships existing between banks or between the applicant and the issuing bank.

a. 신용장은 그 성질상 그것이 근거될 수 있는 매매계약 또는 기타 계약과는 독립된 거래이다. 은행은 그러한 계약에 관한 어떠한 참조사항이 신용장에 포함되어 있다 하더라도 그러한 계약과는 아무런 관계가 없으며 또한 이에 구속되지 아니한다. 결과적으로 신용장에 의하여 지급이행하거나, 매입하거나 또는 기타 모든 의무를 이행한다는 은행의 확약은 발행은행 또는 수익자와 발행의뢰인과의 관계로부터 생긴 발행의뢰인에 의한 클레임 또는 항변에 지배받지 아니한다.

수익자는 어떠한 경우에도 은행상호간 또는 발행의뢰인과 발행은행간에 존재하는 계약관계를 원용할 수 없다.

> " A credit by its nature is a separate transaction from the sale or other contract on which it may be based."
>
> 신용장의 독립성과 관련된 언급으로, 신용장 상의 은행은 신용장의 내용만 보고 거래를 할 뿐이며, 그 실제 계약의 내용 및 기타 계약관계는 영향을 미칠 수 없다는 의미이다.

b. An issuing bank should discourage any attempt by the applicant to include, as an integral part of the credit, copies of the underlying contract, proforma invoice and the like.

  b. 발행은행은 신용장의 필수적인 부분으로서, 근거계약의 사본, 견적송장 등을 포함시키고자 하는 어떠한 시도도 저지하여야 한다.

> 서류를 제시할 때는 통상적으로 신용장 상의 내용을 제외한 기타 계약서나 서류들을 애초에 첨부하지 말라고 지시하고 있음. 신용장의 독립성을 강조하는 문구로 해설됨

Article 5 Documents v. Goods, Services or Performance
제5조 서류와 물품/용역/이행

Banks deal with documents and not with goods, services or performance to which the documents may relate.

은행은 서류를 취급하는 것이며 그 서류와 관련될 수 있는 물품, 용역 또는 이행을 취급하는 것은 아니다.

> **Principle of Abstraction[신용장의 추상성]**
>
> 신용장상의 물품이나, 용역, 의무이행 등의 사항은 은행은 모르며, 이에 대한 모든 내용은 서류만으로 판단을 하는 것.
> 따라서 은행의 서류 심사가 상당히 까다로우며, 은행은 물품에 의심이 드는 경우, 증명서, 확인서 등과 같은 서류의 요구를 할 수 있음.

Article 6 Availability, Expiry Date and Place for Presentation
제 6조 사용가능성, 유효기일 및 장소

a. A credit must state the bank with which it is available or whether it is available with any bank. A credit available with a nominated bank is also availble with the issuing bank.

a. 신용장에는 그 신용장이 사용될 수 있는 은행을 또는 그 신용장이 모든 은행에서 사용될수 있는지를 명기하여야 한다. 지정은행에서 사용될 수 있는 신용장은 발행은행에서도 사용될 수 있다.

> 일람지급, 연지급, 인수, 매입 등을 할 때 발행은행이 은행을 지정한 경우에는 해당 은행을 선택하여 일람지급, 연지급, 인수 매입 등을 해야한다.
>
> 41D : (AVAILABLE WITH..BY...)
> ANY BANK BY NEGOTIATION
>
> 신용장상에 위와 같은 문구 삽입.

b. A credit must state whether it is available by sight payment, deferred payment, acceptance or negotiation.

b. 신용장은 그것이 일람지급, 연지급, 인수 또는 매입 중 어느 것에 의하여 사용될 수 있는지를 명기하여야 한다.

c. A credit must not be issued available by a draft drawn on the applicant.

c. 발행의뢰인을 지급인으로 하여 발행된 환어음에 의하여 사용될 수 있는 신용장은 발행되어서는 안된다.

> 신용장은 발행은행을 지급인으로 하는 환어음에 의하여 이용이 가능하도록 개설되어야 함. 신용장은 발행은행이 최종지급 확약을 하는 서류임.

d. I. A credit must state an expiry date for presentation. An expiry date stated for honour or negotiation will be deemed to be an expiry date for presentation.

ii. The place of the bank with which the credit is available is the place for presentation. The place for presentation under a credit available with any bank is that of any bank. A place for presentation other than that of the issuing bank is in addition to the place of the issuing bank.

d. i. 신용장은 제시를 위한 유효기일을 명기하여야 한다. 지급이행 또는 매입을 위하여 명기된 유효기일은 제시를 위한 유효기일로 본다.

ii. 신용장이 사용될 수 있는 은행의 장소는 제시장소이다. 모든 은행에서 사용될 수 있는 신용장에 의한 제시장소는 모든 은행의 장소이다. 발행은행의 장소가 아닌 제시장소는 발행은행의 장소에 추가된다.

> 신용장의 만료(유효기일)는 반드시 표시되어야 함.
> - 신용장 제시의 유효기일은 수출지의 지정은행에 제출하는 기일을 의미함.
> - 예를 들어, 12월 31일까지 신용장 서류의 제시기일이 지정되었다면,
> 수익자는 수입지에 있는 발행은행에 12월 31일까지 제시하는 것이 아닌,
> 수출자의 매입은행에 제시가 된다면 적법하게 제시된 것으로 본다.
> - 다만, 실무상에서 12월 31일을 서류 제시기일로 지정한 경우,
> 가능한 발행은행에 12월 31일까지 서류가 들어가도록 일정을 조정하는 것이 좋다.

e. Except as provided in sub-article 29 (a), a presentation by or on behalf of the beneficiary must be made on or before the expiry date.
e. 제29조 a항에서 규정된 경우를 제외하고는, 수익자에 의하거나 또는 대리하는 제시는 유효기일에 또는 그 이전에 행하여져야 한다.

Article 7 Issuing Bank Undertaking
제 7조 발행은행의 확약

a. Provided that the stipulated documents are presented to the nominated bank or to the issuing bank and that they constitute a complying presentation, the issuing bank must honour if the credit is avaiable by:
a. 명시된 서류가 지정은행 또는 발행은행에 제시되고, 그 서류가 일치하는 제시를 구성하는 한, 신용장이 다음 중의 어느 것에 의하여 사용될 수 있는 경우에는, 발행은행은 지급이 행하여야 한다:

ⅰ. sight payment, deferred payment or acceptance with the issuing bank;
ⅰ. 발행은행에서 일람지급, 연지급 또는 인수 중의 어느것에 의하여 사용될 수 있는 경우;

ⅱ. sight payment with a nominate bank and that nominated bank does not pay;
ⅱ. 지정은행에서 일람지급에 의하여 사용될 수 있고 그 지정은행이 지급하지 아니한 경우;

ⅲ. deferred payment with a nominated bank and that nominated bank does not incur its deferred payment undertaking or, having incurred its deferred payment undertaking, does not pay at maturity;
ⅲ. 지정은행에서 연지급에 의하여 사용될 수 있고 그 지정은행이 연지급확약을 부담하지 아니한 경우 또는, 그 지정은행이 연지급확약을 부담하였지만 만기일에 지급하지 아니한 경우;

ⅳ. acceptance with a nominated bank and that nominated bank does not accept a draft drawn on it or, having accepted a draft drawn on it, does not pay at maturity;

ⅳ. 지정은행에서 인수에 의하여 사용될 수 있고 그 지정은행이 자행을 지급인으로 하여 발행된 환어음을 인수하지 아니한 경우 또는, 그 지정은행이 자행을 지급인으로 하여 발행된 환어음을 인수하였지만 만기일에 지급하지 아니한 경우;

ⅴ. negotiation with a nominated bank and that nominated bank does not negotiate.

ⅴ. 지정은행에서 매입에 의하여 사용될 수 있고 그 지정은행이 매입하지 아니한 경우.

b. An issuing bank is irrevocably bound to honour as of the time it issues the credit.

b. 발행은행은 신용장을 발행하는 시점부터 지급이행할 취소 불능의 의무를 부담한다.

c. An issuing bank undertaking to reimburse a nominated bank that has honoured or negotiated a complying presentation and forwarded the documents to the issuing bank. Reimbursement for the amount of a complying presentation under a credit available by acceptance or deferred payment is due at maturity, whether or not the nominated bank prepaid or purchased before maturity. An issuing bank's undertaking to reimburse a nominated bank is independent of the issuing bank's undertaking to the beneficiary.

c. 발행은행은 일치하는 제시를 지급이행 또는 매입하고 그 서류를 발행은행에 발송하는 지정은행에게 상환할 것을 약정한다. 인수 또는 연지급에 의하여 사용될 수 있는 신용장에 따른 일치하는 제시금액에 대한 상환은 지정은행이 만기일 전에 선지급 또는 구매하였는지의 여부와 관계없이 만기일에 이행되어야 한다. 지정은행에 상환할 발행은행의 확약은 수익자에 대한 발행은행의 확약으로부터 독립한다.

Article 8 Confirming Bank Undertaking

제 8조 확인은행의 확약

a. Provided that the stipulated documents are presented to the confirming bank or to any other nominated bank and that they constitute a complying presentation, the confirming bank must:

a. 명시된 서류가 확인은행 또는 기타 모든 지정은행에 제시되고, 그 서류가 일치하는 제시를 구성하는 한, 확인은행은:

I. honour, if the credit is available by

i. 신용장이 다음 중의 어느 것에 의하여 사용될 수 있는 경우에는, 지급이행하여야 한다:

a. sight payment, deferred payment or acceptance with the confirming bank;

a. 확인은행에서 일람지급, 연지급 또는 인수 중의 어느 것에 의하여 사용될 수 있는 경우;

b. sight payment, deferred payment or acceptance with the confirming bank;

b. 다른 지정은행에서 일람지급에 의하여 사용될 수 있고 그 지정은행이 지급하지 아니한 경우;

c. deferred payment with another nominated bank and that nominated bank does not incur its deferred payment undertaking or, having incurred its deferred payment undertaking, does not pay at maturity;

c. 다른 지정은행에서 연지급에 의하여 사용될 수 있고 그 지정은행이 연지급확약을 부담하지 아니한 경우 또는, 그 지정은행이 연지급확약을 부담하였지만 만기일에 지급하지 아니한 경우;

d. acceptance with another nominated bank and that nominated bank does not accept a draft drawn on it or, having accepted a draft drawn on it, does not pay at maturity;
d. 다른 지정은행에서 인수에 의하여 사용될 수 있고 그 지정은행이 자행을 지급인으로 하여 발행된 환어음을 인수하지 아니한 경우 또는, 그 지정은행이 자행을 지급인으로 하여 발행된 환어음을 인수하였지만 만기일에 지급하지 아니한 경우;

e. negotiation with another nominated bank and that nominated bank does not negotiate.
e. 다른 지정은행에서 매입에 의하여 사용될 수 있고 그 지정은행이 매입하지 아니한 경우.

ii. negotiate, without recourse, if the credit is available by negotiation with the confirming bank.
ii. 신용장이 확인은행에서 매입에 의하여 사용될 수 있는 경우에는, 상환청구 없이 매입하여야 한다.

b. A confirming bank is irrevocably bound to honour or negotiate as of the time it adds its confirmation to the credit.
b. 확인은행은 신용장에 자행의 확인을 추가하는 시점부터 지급이행 또는 매입할 취소 불능의 의무를 부담한다.

c. A confirming bank undertakes to reimburse another nominated bank that has honoured or negotiated a complying presentation and forwarded the documents to the confirming bank. Reimbursement for the amount of a complying presentation under a credit available by acceptance or deferred payment is due at maturity, whether or not another nominated bank prepaid or purchased before maturity. A confirming bank's undertaking to reimburse another nominated bank is independent of the confirming bank's undertaking to the beneficiary.

c. 확인은행은 일치하는 제시를 지급이행 또는 매입하고 그 서류를 확인은행에 발송하는 다른 지정은행에게 상환할 것을 약정한다. 인수 또는 연지급에 의하여 사용될 수 있는 신용장에 따른 일치하는 제시금액에 대한 상환은 다른 지정은행이 만기일 전에 선지급 또는 구매하였는지의 여부와 관계없이 만기일에 이행되어야 한다. 다른 지정은행에 상환할 확인은행의 확약은 수익자에 대한 발행은행의 확약으로부터 독립한다.

d. If a bank is authorized or requested by the issuing bank to confirm a credit but is not prepared to do so, it must inform the issuing bank without delay and may advise the credit without confirmation.

d. 어떤 은행이 발행은행에 의하여 신용장을 확인하도록 수권 또는 요청받았으나 이를 행할 용의가 없는 경우, 그 은행은 지체없이 발행은해에게 통고하여야 하고 확인 없이 신용장을 통지할 수 있다.

> 확인은행은 발행은행의 '보험'과 같은 역할로서, 최종적인 지급의무를 지니고 있음.
> 확인은행은 확인의 사실을 요청 받으면 확인의 권한에 대한 답을 바로 고지해야 함.
> 지급방법과 상관없이 확인은행은 최종 지급은행으로서의 역할을 임의적으로 포기하지 못함.

Article 9 Advising of Credits and Amendments
제 9조 신용장 및 조건변경의 통지

a. A credit and any amendment may be advised to a beneficiary through an advising bank. An advising bank that is not a confirming bank advises the credit and any amendment without any undertaking to honour or negotiate.

a. 신용장 및 모든 조건변경은 통지은행을 통하여 수익자에게 통지될 수 있다. 확인은행이 아닌 통지은행은 지급이행 또는 매입할 어떠한 확약 없이 신용장 및 모든 조건변경을 통지한다.

> 신용장의 통지를 담당하는 통지은행은 신용장을 통지하는 역할을 담당하는 것이지, 기타 다른 은행들의 역할이나 다른 의무를 지지 않는다는 의미이다.

b. By advising the credit or amendment, the advising bank signifies that it has satisfied itself as to the apparent authenticity of the credit or amendment and that the advice accurately reflects the terms and conditions of the credit or amendment received.

b. 신용장 또는 조건변경을 통지함으로써, 통지은행은 그 자신이 신용장 또는 조건변경의 외관상의 진정성에 관하여 스스로 충족하였다는 것과 그 통지가 수령된 신용장 또는 조건변경의 조건을 정확히 반영하고 있다는 것을 의미한다.

> 신용장을 전달하는 통지은행은 서류에 대한 어떠한 의무도 지지 않지만, 발행은행으로부터 받은 서류에 대해서 외견상의 진정성은 살펴야 한다. 외견상 진정성은 서류에 적혀 있는 신용장의 문구, 조건변경 등의 문구 등이 포함된 조건에 대한 내용을 살펴야 하고 실제 신용장을 발행한 발행은행에 의해 작성된 것인지 확인해야 한다.

c. An advising bank may utilize the services of another bank ("second advising bank") to advise the credit and any amendment to the beneficiary. By advising the credit or amendment, the second advising bank signifies that it has satisfied itself as to the apparent authenticity of the advice it has received and that the advice accurately reflects the terms and conditions of the credit or amendment received.

c. 통지은행은 수익자에게 신용장 및 모든 조건변경을 통지하기 위하여 타은행("제2통지은행")의 서비스를 이용할 수 있다. 신용장 또는 조건변경을 통지함으로써 제2통지은행은 자신이 수령한 그 통지의 외관상의 진정성에 관하여 스스로 충족하였다는 것과 그 통지가 수령된 신용장 또는 조건변경의 조건을 정확히 반영하고 있다는 것을 의미한다.

> 발행은행과 수출지의 통지은행이 서로 모르거나, 은행 간 연결점이 없는 경우에는, 원 통지은행은 제2통지은행을 지정하여 신용장의 조건변경을 통지할 수 있다.

d. A bank utilizing the services of an advising bank or second advising bank to advise a credit must use the same bank to advise any amendment thereto.

d. 신용장을 통지하기 위하여 통지은행 또는 제2통지은행의 서비스를 이용하는 은행은 이에 대한 모든 조건변경을 통지하기 위하여 동일한 은행을 이용하여야 한다.

e. If a bank is requested to advise a credit or amendment but elects not to do so, it must so inform, without delay, the bank from which the credit, amendment or advice has been received.

e. 어떤 은행이 신용장 또는 조건변경을 통지하도록 요청되었지만 그렇게 하지 아니하기로 결정하는 경우에는, 그 은행은 신용장, 조건변경 또는 통지를 송부해온 은행에게 이를 지체없이 통고하여야 한다.

f. If a bank is requested to advise a credit or amendment but cannot satisfy itself as to the apparent authenticity of the credit, the amendment or the advice, it must so inform, without delay, the bank from which the instructions appear to have been received. If the advising bank or second advising bank elects nonetheless to advise the credit or amendment, it must inform the beneficiary or second advising bank that it has not been able to satisfy itself as to the apparent authenticity of the credit, the amendment or the advice.

f. 어떤 은행이 신용장 또는 조건변경을 통지하도록 요청되었지만 신용장, 조건변경 또는 통지의 외관상의 진정성에 관하여 스스로 충족할 수 없는 경우에는 그 은행은 그 지시를 송부해온 것으로 보이는 은행에게 이를 지체없이 통고하여야 한다. 그럼에도 불구하고 통지은행 또는 제2통지

은행이 그 신용장 또는 조건변경을 통지하기로 결정한 경우에는 그 은행은 수익자 또는 제2통지 은행에게 신용장, 조건변경 또는 통지의 외관상의 진정성에 관하여 스스로 충족할 수 없다는 것을 통고하여야 한다.

Article 10 Amendment
제 10조 조건변경

a. Except as otherwise provided by article 38, a credit can neither be amended nor cancelled without the agreement of the issuing bank, the confirming bank, if any, and the beneficiary.

a. 제38조에 의하여 별도로 규정된 경우를 제외하고는, 신용장은 발행은행, 확인은행(있는 경우) 및 수익자의 합의 없이는 변경 또는 취소될 수 없다.

> 신용장의 조건변경의 당사자는 발행은행, (있는 경우) 확인은행, 수익자이다.
> 이러한 당사자 모두의 조건변경에 대한 동의가 있어야만 조건변경이 가능하다.

b. An issuing bank is irrevocably bound by an amendment as of the time it issues the amendment. A confirming bank may extend its confirmation to an amendment and will be irrevocably bound as of the time it advises the amendment. A confirming bank may, however, choose to advise an amendment without extending its confirmation and, if so, it must inform the issuing bank without delay and inform the beneficiary in its advice.

b. 발행은행은 그 자신이 조건변경서를 발행한 시점부터 그 조건변경서에 의하여 취소불능의 의무를 부담한다. 확인은행은 그 자신의 확인을 조건변경에까지 확장할 수 있으며 그 변경을 통지한 시점부터 취소불능의 의무를 부담한다. 그러나, 확인은행은 그 자신의 확인을 확장함이 없이 조건변경을 통지하기로 결정할 수 있으며 이러한 경우에는 발행은행에게 지체없이 통고하고 그 자신의 통지서로 수익자에게 통고하여야 한다.

c. The terms and conditions of the original credit (or a credit incorporating previously accepted amendments) will remain in force for the beneficiary until the beneficiary communicates its acceptance of the amendment to the bank that advised such amendment. The beneficiary should give notification of acceptance or rejection of an amendment. If the beneficiary fails to give such notification, a presentation that complies with the credit and to any not yet accepted amendment will be deemed to be notification of acceptance by the beneficiary of such amendment. As of that moment the credit will be amended.

c. 원신용장(또는 이전에 승낙된 조건변경을 포함하고 있는 신용장)의 조건은 수익자가 조건변경에 대한 그 자신의 승낙을 그러한 조건변경을 통지해 온 은행에게 통보할 때까지는 수익자에게는 여전히 유효하다. 수익자는 조건변경에 대하여 승낙 또는 거절의 통고(notification)를 행하여야 한다. 수익자가 그러한 통고(notification)를 행하지 아니한 경우, 신용장 및 아직 승낙되지 않은 조건변경에 일치하는 제시는 수익자가 그러한 조건변경에 대하여 승낙의 통고(notification)를 행하는 것으로 본다. 그 순간부터 신용장은 조건변경된다.

d. A bank that advises an amendment should inform the bank from which it received the amendment of any notification of acceptance or rejection.

d. 조건변경을 통지하는 은행은 조건변경을 송부해온 은행에게 승낙 또는 거절의 모든 통고를 통지하여야 한다.

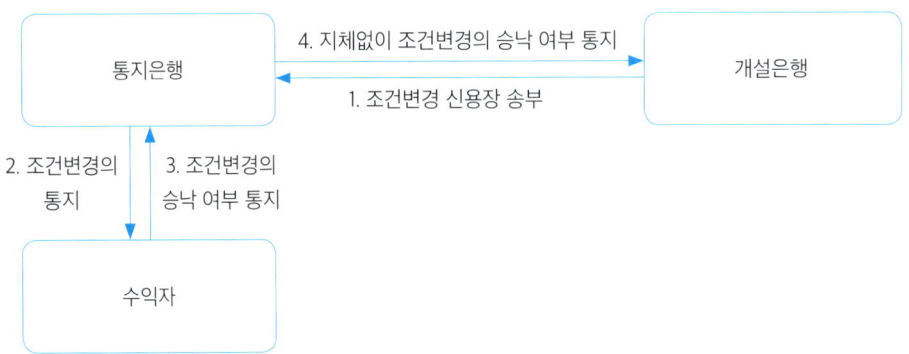

e. Partial acceptance of an amendment is not allowed and will be deemed to be notification of rejection of the amendment.

e. 조건변경의 부분승낙은 허용되지 아니하며 그 조건변경의 거절의 통지로 본다.

f. A provision in an amendment to the effect that the amendment shall enter into force unless rejected by the beneficiary within a certain time shall be disregarded.

f. 조건변경이 특정기한 내에 수익자에 의하여 거절되지 아니하는 한 유효하게 된다는 취지의 조건변경서상의 규정은 무시된다.

Article 11 Teletransmitted and Pre-Advised Credits and Amendments
제 11조 전송 및 사전통지신용장과 조건변경

a. An authenticated teletransmission of a credit or amendment will be deemed to be the operative credit or amendment, and any subsequent mail confirmation shall be disregarded.

If a teletransmission states "full details to follow" (or words of similar effect), or states that the mail confirmation is to be the operative credit or amendment, then the teletransmission will not be deemed to be the operative credit or amendment.

The issuing bank must then issue the operative credit or amendment without delay in terms not inconsistent with the teletransmission.

a. 신용장 또는 조건변경의 인증된 전송은 유효한 신용장 또는 조건변경으로 보며, 추후의 모든 우편확인서는 무시된다.

전송이 "완전한 명세는 추후 통지함(full details to follow)"(또는 이와 유사한 표현)이라고 명기하고 있거나 또는 우편확인서를 유효한 신용장 또는 조건변경으로 한다는 것을 명기하고 있는 경우에는, 그 전송을 유효한 신용장 또는 조건변경으로 보지 아니한다. 발행은행은 전송과 모순되지 아니한 조건으로 지체없이 유효한 신용장 또는 조건변경을 발행하여야 한다.

> SWIFT(Society for Worldwide Interbank Financial Telecommunications)의 은행간 통신을 통해 사실상 신용장의 전문이 송수신 되기 때문에 현재는 SWIFT로 전해지지 않는 전신은 거의 없거나, 이외의 방식에 대해서는 진정성이 없다고 보고 있음.
> - SWIFT를 통해 송수신 되는 전문은 진정성이 있다고 인정되기 때문에, 본 조항은 큰 의미를 갖지 않음.

b. A preliminary advice of the issuance of a credit or amendment ("pre-advice") shall only be sent if the issuing bank is prepared to issue the operative credit or amendment. An issuing bank that sends a pre-advice is irrevocably committed to issue the operative credit or amendment, without delay, in terms not inconsistent with the pre-advice.

b. 신용장의 발행 또는 조건변경의 예비통지("사전통지")는 발행은행이 유효한 신용장 또는 조건변경을 발행할 용의가 있는 경우에만 송부된다. 사전통지를 송부하는 발행은행은 지체 없이 사전통지와 모순되지 아니한 조건으로 유효한 신용장 또는 조건변경을 발행할 것을 취소불능적으로 약속한다.

Article 12 Nomination
제 12조 지정

a. Unless a nominated bank is the confirming bank, an authorization to honour or negotiate does not impose any obligation on that nominated bank to honour or negotiate, except when expressly agreed to by that nominated bank and so communicated to the beneficiary.

a. 지정은행이 확인은행이 아닌 한, 지급이행 또는 매입할 수권은 그 지정은행이 명시적으로 합의하고 이를 수익자에게 통보하는 경우를 제외하고는, 그 지정은행에게 어떠한 의무도 부과되지 아니한다.

> 지정은행이 최종지급확약을 하는 확인은행이 아닌 경우, 지정은행은 결제 또는 매입의 의무가 없음. 다만 결제 또는 매입을 하겠다고 통보한 경우에는 수익자에게 결제 또는 매입할 의무를 지님.

b. By nominating a bank to accept a draft or incur a deferred payment undertaking, an issuing bank authorizes that nominated bank to prepay or purchase a draft accepted or a deferred payment undertaking incurred by that nominated bank.

b. 환어음을 인수하거나 또는 연지급확약을 부담할 은행을 지정함으로써, 발행은행은 지정 은행이 인수한 환어음 또는 부담한 연지급확약을 선지급 또는 구매하도록 그 지정은행에게 권한을 부여한다.

c. Receipt or examination and forwarding of documents by a nominated bank that is not a confirming bank does not make that nominated bank liable to honour or negotiate, nor does it constitute honour or negotiation.

c. 확인은행이 아닌 지정은행에 의한 서류의 수령 또는 심사 및 발송은 지급이행 또는 매입할 의무를 그 지정은행에게 부담시키는 것은 아니며, 그것은 지급이행 또는 매입을 구성하지 아니한다.

Article 13 Bank-to-Bank Reimbursement Arrangements
제 13조 은행 간 상환약정

a. If a credit states that reimbursement is to be obtained by a nominated bank ("claiming bank") claiming on another party ("reimbursing bank"), the credit must state if the reimbursement is subject to the ICC rules for bank-to-bank reimbursements in effect on the date of issuance of the credit.

a. 신용장에서 지정은행("청구은행")이 상환을 다른 당사자("상환은행")에게 청구하여 받는 것으로 명기하고 있는 경우에는, 그 신용장은 상환이 신용장의 발행일에 유효한 은행간 대금상환

에 관한 ICC 규칙에 따르는지를 명기하여야 한다.

```
┌─────────────────────────────────────────────────────────┐
│ 신용장에서 지정은행은 발행은행을 대신하여 신용장의 업무를 수행하는 중요한 역할 │
└─────────────────────────────────────────────────────────┘
                            ↓
┌─────────────────────────────────────────────────────────┐
│ 하지만, 지정은행에게 발행은행의 책임을 부여하면, 지정은행의 활동 축소 │
└─────────────────────────────────────────────────────────┘
                            ↓
┌─────────────────────────────────────────────────────────┐
│ 따라서, 지정은행은 책임없이 서류의 확인을 하고 발행은행을 대리하는 역할임을 강조 │
└─────────────────────────────────────────────────────────┘
                            ↓
┌─────────────────────────────────────────────────────────┐
│ 대신 지정은행은 수수료를 얻도록 하여, 발행은행의 일을 돕도록 함 │
└─────────────────────────────────────────────────────────┘
```

[UCP600-제12조-지정은행의 역할과 책임]

b. If a credit does not state that reimbursement is subject to the ICC rules for bank-to-bank reimbursements, the following apply:

b. 신용장에서 상환이 은행간 대금상환에 관한 ICC 규칙에 따른다고 명기하고 있지 아니한 경우에는 다음과 같이 적용된다:

ⅰ. An issuing bank must provide a reimbursing bank with a reimbursement authorization that conforms with the availability stated in the credit. The reimbursement authorization should not be subject to an expiry date.

ⅰ. 발행은행은 신용장에 명기된 유효성을 따르는 상환수권을 상환은행에 부여하여야 한다. 상환수권은 유효기일에 지배받지 아니하여야 한다.

ⅱ. A claiming bank shall not be required to supply a reimbursing bank with a certificate of compliance with the terms and conditions of the credit.

ⅱ. 청구은행은 상환은행에게 신용장의 조건과의 일치증명서를 제공하도록 요구되지 아니 한다.

iii. An issuing bank will be responsible for any loss of interest, together with any expenses incurred, if reimbursement is not provided on first demand by a reimbursing bank in accordance with the terms and conditions of the credit.

iii. 상환이 최초의 청구시에 신용장의 조건에 따라 상환은행에 의하여 이행되지 아니한 경우 발행은행은 부담된 모든 경비와 함께 이자손실의 책임을 부담하여야 한다.

iv. A reimbursing bank's charges are for the account of the issuing bank. However, if the charges are for the account of the beneficiary, it is the responsibility of ann issuing bank to so indicate in the credit and in the reimbursement authorization. If a reimbursing bank's charges are for the account of the beneficiary, they shall be deducted from the amount due to a claiming bank when reimbursement is made. If no reimbursement is made, the reimbursing bank's charges remain the obligation of the issuing bank.

iv. 상환은행의 비용은 발행은행의 부담으로 하여야 한다. 그러나 그 비용이 수익자의 부담으로 되는 경우에는 발행은행은 신용장은 및 상환수권서에 이를 지시할 책임이 있다. 상환 은행의 비용이 수익자의 부담으로 되는 경우에는 그 비용은 상환이 행해질 때 청구은행에 기인하는 금액으로부터 공제되어야 한다. 상환이 행해지지 아니한 경우에는, 상환은행의 비용은 발행은행의 의무로 남는다.

c. An issuing bank is not relieved of any of its obligations to provide reimbursement if reimbursement is not made by a reimbursing bank on first demand.

c. 발행은행은 상환이 최초의 청구시에 상환은행에 의하여 행해지지 아니하는 경우에는 상환을 이행해야 할 자신의 의무로부터 면제되지 아니한다.

Article 14 Standard for Examination of Documents

제 14조 서류심사의 기준

a. A nominated bank acting on its nomination, a confirming bank, if any, and the issuing bank must examine a presentation to determine, on the basis of the documents alone, whether or not the documents appear on their face to constitute a complying presentation.

a. 지정에 따라 행동하는 지정은행, 확인은행(있는 경우) 및 발행은행은 서류가 문면상 일치하는 제시를 구성하는지 여부("일치성")를 결정하기 위하여 서류만을 기초로 하여 그 제시를 심사하여야 한다.

b. A nominated bank acting on its nomination, a confirming bank, if any, and the issuing bank shall each have a maximum of five banking days following the day of presentation to determine if a presentation is complying. This period is not curtailed or otherwise affected by the occurrence on or after the date of presentation of any expiry date of last day for presentation.

b. 지정에 따라 행동하는 지정은행, 확인은행(있는 경우) 및 발행은행은 제시가 일치하는지 여부를 결정하기 위하여 지시일의 다음날부터 최대 제5은행영업일을 각각 가진다. 이 기간은 제시를 위한 모든 유효기일 또는 최종일의 제시일에 또는 그 이후의 사건에 의하여 단축되거나 또는 별도로 영향을 받지 아니한다.

c. A presentation including one or more original transport documents subject to articles 19, 20, 21, 22, 23, 24 or 25 must be made by or on behalf of the beneficiary not later than 21 calendar days after the date of shipment as described in these rules, but in any event not later than the expiry date of the credit.

c. 제19조, 제20조, 제21조, 제22조, 제23조, 제24조 또는 제25조에 따른 하나 또는 그 이상의 운송서류의 원본을 포함하는 제시는 이 규칙에 기술된 대로 선적일 이후 21보다 늦지 않게 수익자에

의하여 또는 대리하여 이행되어야 한다. 그러나 어떠한 경우에도, 신용장의 유효기일보다 늦지 않아야 한다.

> 신용장 상 은행제출 서류의 종류
> [제19조] 적어도 두 개 이상의 다른 운송방법을 포괄하는 운송서류
> [제20조] 선하증권
> [제21조] 비유통 해상화물운송장
> [제22조] 용선계약부 선하증권
> [제23조] 항공운송서류
> [제24조] 도로, 철도 또는 내수로 운송서류
> [제25조] 특송배달영수증, 우편영수증 또는 우편증명서

d. Date in a document, when read in context with the credit, the document itself and international standard banking practice, need not be identical to, but must not conflict with, date in that document, any other stipulated document or the credit.

d. 서류상의 자료는 신용장, 그 서류자체 및 국제표준은행관행의 관점에서 검토하는 경우, 그 서류, 기타 모든 명시된 서류 또는 신용장상의 자료와 동일할 필요는 없지만 이와 상충되어서는 안 된다:

> 신용장 상 서류의 정보는 신용장에서 정한 내용과 엄밀일치가 원칙.
> 하지만, 반드시 일치하지 않는 경우 해당 내용과 저촉되진 않아야 한다.
>
> Ex) 특정물질의 상품 내부 함량 최소 30%을 기준으로 하는 증명서를 요구하는 물품의 경우 34%라는 검사증명서의 결과는 인정됨.

e. In documents other than the commercial invoice, the description of the goods, services or performance, if stated, may be in general terms not conflicting with their description in the credit.

e. 상업송장 이외의 서류에 있어서, 물품, 용역 또는 이행의 명세는 명기된 경우 신용장상의 이들

명세와 상충되지 아니하는 일반용어로 기재될 수 있다.

> 송장 이외의 서류의 Description란에 신용장 상의 문구와 동일하게 적혀 있어야 함.
> B/L, P/L 등의 서류를 통상 말하며, 신용장 상의 명세와 일치하는 것이 가장 좋음.
> 실무적으로 반대되거나, 다른 의미를 나타내지 않고 유사한 의미로 통용된다면 작성 가능.

f. If a credit requires presentation of a document other than a transport document, insurance document or commercial invoice, without stipulating by whom the document is to be issued or its date content, banks will accept the document as presented if its content appears to fulfil the function of the required document and otherwise complies with sub-article 14 (d).

f. 신용장에서 서류가 누구에 의하여 발행되는 것인가를 또는 서류의 자료내용을 명시하지 않고, 운송서류, 보험서류 또는 상업송장 이외의 서류의 제시를 요구하는 경우에는, 그 서류의 내용이 요구된 서류의 기능을 충족하는 것으로 보이고 기타의 방법으로 제14조 d항과 일치한다면, 은행은 그 서류를 제시된 대로 수리한다.

> 운송서류, 보험서류, 상업송장은 신용장 상 필수서류로 통용(엄밀일치, 신용장 상 요구조건에 정확히 맞춰서 작성되어야 함)
> 이외의 서류는 해당 서류의 기능을 충족하는 것으로 보이면 은행은 서류를 수리함.

g. A document presented but not required by the credit will be disregarded and may be returned to the presenter.

g. 제시되었지만 신용장에 의하여 요구되지 않은 서류는 무시되고 제시인에게 반송될 수 있다.

h. If a credit contains a condition without stipulating the document to indicate compliance with the condition, banks bill deem such condition as not stated and will disregard it.

h. 신용장이 어떤 조건(condition)과 의 일치성을 표시하기 위하여 서류를 명시하지 않고 그 조

건을 포함하고 있는 경우에는, 은행은 그러한 조건을 명기되지 아니한 것으로 보고 이를 무시하여야 한다.

I. A document may be dated prior to the issuance date of the credit, but must not be dated later than its date of presentation.

I. 서류는 신용장의 일자보다 이전의 일자가 기재될 수 있으나 그 서류의 제시일보다 늦은 일자가 기재되어서는 안 된다.

> 신용장 상에 적힌 국가 내에 있다면 주소지는 다르게 표시될 수 있음.
> 팩스, 전화번호, 이메일 등은 무시할 수 있음.
> 운송서류의 경우에는 신용장 상의 내용과 동일하게 작성되어야 함.
> 실무적으로는 신용장 상의 내용과 매우 동일하게 작성하는 것이 좋음.
> 신용장 상에서는 매우 동일한 작성을 요구하지는 않지만, 사실상 작은 표시까지 맞추는 것이 좋음.

j. When the addresses of the beneficiary and the applicant appear in any stipulated document, they need not be the same as those stated in the credit or in any other stipulated, but must be within the same country as the respective addresses mentioned in the credit. Contact details (telefax, telephone, email and the like) stated as part of the beneficiary's and the applicant's address will be disregarded.

However, when the address and contact details of the applicant appear as part of the consignee or notify party details on a transport document subject to articles 19, 20, 21, 22, 23, 24, or 25, they must be as stated in the credit.

j. 수익자 및 발행의뢰인의 주소가 모든 명시된 서류상에 보이는 경우에는, 이들 주소는 신용장 또는 기타 모든 명시된 서류에 명기된 것과 동일할 필요는 없으나, 신용장에 언급된 각각의 주소와 동일한 국가 내에 있어야 한다. 수익자 및 발행의뢰인의 주소의 일부로서 명기된 연락처 명세 (모사전송, 전화, 전자우편 등)는 무시된다. 그러나, 발행의뢰인의 모든 주소및 연락처 명세가 제19조, 제20조, 제21조, 제22조, 제23조, 제24조 또는 제25조에 따라 운송서류상의 수화인 또는

착화통지처 명세의 일부로서 보이는 경우에는, 이러한 주소 및 연락처명세는 신용장에 명기된 대로 이어야 한다.

k. The shipper or consignor of the goods indicated on any document need not be the beneficiary of the credit.

k. 모든 서류상에 표시된 물품의 송화인 또는 탁송인은 신용장의 수익자일 필요는 없다.

l. A transport document may be issued by any party other than a carrier, owner, master or charterer provided that the transport document meets the requirements of articles 19, 20, 21, 22, 23, or 24 of these rules.

l. 운송서류가 이 규칙의 제19조, 제20조, 제21조, 제22조, 제23조 또는 제24조의 요건을 충족하는 한, 그 운송서류는 운송인, 선주 또는 용선자 이외의 모든 당사자에 의하여 발행될 수 있다.

Article 15 Complying Presentation
제 15조 일치하는 제시

a. When an issuing bank determines that a presentation is complying, it must honour.

a. 발행은행이 제시가 일치한다고 결정하는 경우에는, 그 발행은행은 지급이행하여야 한다.

b. When a confirming bank determines that a presentation is complying, it must honour or negotiate and forward the documents to the issuing bank.

b. 확인은행이 제시가 일치한다고 결정하는 경우에는, 그 확인은행은 지급이행 또는 매입하고 발행은행에게 서류를 발송하여야 한다.

> 발행은행과 더불어 (있는 경우) 확인은행은 최종지급을 확약하고 있으므로, 확인은행은 발행은행과 동일하게 제시가 일치할 경우 결제 또는 매입을 해야한다.

c. When a nominated bank determines that a presentation is complying and honours or negotiates, it must forward the documents to the confirming bank or issuing bank.

c. 지정은행이 제시가 일치한다고 결정하고 지급이행 또는 매입하는 경우에는, 그 지정은행은 확인은행 또는 발행은행에게 서류를 발송하여야 한다.

Article 16 Discrepant Documents, Waiver and Notice
제 16조 불일치서류, 권리포기 및 통지

a. When a nominated bank acting on its nomination, a confirming bank, if any, or the issuing bank determines that a presentation does not comply, it may refuse to honour or negotiate.

a. 지정에 따라 행동하는 지정은행, 확인은행(있는 경우) 또는 발행은행은 제시가 일치하지 아니한 것으로 결정하는 경우에는, 지급이행 또는 매입을 거절할 수 있다.

b. When an issuing bank determines that a presentation does not comply, it may in its sole judgement approach the applicant for a waiver of the discrepancies. This does not, however, extend the period mentioned in sub-article 14 (b).

b. 발행은행은 제시가 일치하지 아니하다고 결정하는 경우에는, 독자적인 판단으로 발행의뢰인과 불일치에 관한 권리포기의 여부를 교섭할 수 있다. 그러나 이것은 제14조 b항에서 언급된 기간을 연장하지 아니한다.

c. When a nominated bank acting on its nomination, a confirming bank, if any, or the issuing bank decides to refuse to honour or negotiate, it must give a single notice to the effect to the presenter.

c. 지정에 따라 행동하는 지정은행, 확인은행(있는 경우)또는 발행은행은 지급이행 또는 매입을 거절하기로 결정한 경우에는, 제시인에게 그러한 취지를 1회만 통지하여야 한다.

The notice must state:

그 통지는 다음을 명기하여야 한다:

ⅰ. that the bank is refusing to honour or negotiate; and

ⅰ. 은행이 지급이행 또는 매입을 거절하고 있다는 것; 그리고

ⅱ. each discrepancy in respect of which the bank refuses to honour or negotiate; and

ⅱ. 은행이 지급이행 또는 매입을 거절하게 되는 각각의 불일치사항; 그리고

ⅲ. a) that the bank is holding the documents pending further instructions from the presenter; or b) that the issuing bank is holding the documents until it receives a waiver from the applicant and agrees to accept it, or receives further instructions from the presenter prior to agreeing to accept a waiver; or c) that the bank is returning the documents; or d) that the bank is acting in accordance with instructions previously received from the presenter.

ⅲ. a) 은행이 제시인으로부터 추가지시를 받을 때까지 서류를 보관하고 있다는 것; 또는 b) 발행은행이 발행의뢰인으로부터 권리포기를 수령하고 서류를 수리하기로 합의할때 까지, 또는 권리포기를 승낙하기로 합의하기 전에 제시인으로부터 추가지시를 수령할 때까지 발행은행이 서류를 보관하고 있다는 것; 또는 c) 은행이 서류를 반송하고 있다는 것; 또는 d) 은행이 제시인으로부터 이전에 수령한 지시에 따라 행동하고 있다는 것.

d. The notice required in sub-article 16 (c) must be given by telecommunication or, if that is not possible, by other expeditious means no later than the close of the fifth banking day following the day of presentation.

d. 제 16조 c항에서 요구된 통지는 전기통신(telecommunication)으로 또는 그 이용이 불가능한 때에는 기타 신속한 수단으로 제시일의 다음 제5은행영업일의 마감시간까지 행해져야 한다.

e. A nominated bank acting on its nomination, a confirming bank, if any, or the issuing bank may, after providing notice required by sub-article 16 (c) (iii) (a) or (b), return the documents to the presenter at any time.

e. 지정에 따라 행동하는 지정은행, 확인은행(있는 경우) 또는 발행은행은, 제16조 c항 iii호 (a) 또는 (b)에 의하여 요구된 통지를 행한 후에, 언제든지 제시인에게 서류를 반송할 수 있다.

f. If an issuing bank or a confirming bank fails to act in accordance with the provisions of this article, it shall be precluded from claiming that the documents do not constitute a complying presentation.

f. 발행은행 또는 확인은행이 이 조의 규정에 따라 행동하지 아니한 경우에는, 그 은행은 서류가 일치하는 제시를 구성하지 아니한다고 주장할 수 없다.

> 발행은행은 서류의 하자가 있는 경우 거절의 통지 및 하자의 내용을 통지하고 해당 의무를 다해야만 결제 또는 매입을 거절할 수 있으며, 일치하는 제시가 아니라는 주장을 할 수 있다.

g. When an issuing bank refuses to honour or a confirming bank refuses to honour or negotiate and has given notice to that effect in accordance with this article, it shall then be entitled to claim a refund, with interest, of any reimbursement made.

g. 발행은행이 지급이행을 거절하거나 또는 확인은행이 지급이행 또는 매입을 거절하고 이조에 따라 그러한 취지를 통지한 경우에는, 그 은행은 이미 행해진 상환금에 이자를 추가하여 그 상환금의 반환을 청구할 권리가 있다.

Article 17 Original Documents and Copies
제 17조 원본 서류 및 사본

a. At least on original of each document stipulated in the credit must be presented.

a. 적어도 신용장에 명시된 각 서류의 1통의 원본은 제시되어야 한다.

> 송장, 선하증권 등은 반드시 원본으로 제출되는 것이 원칙이며, 기본적으로 서류의 한통은 원본으로 제출되어야 함.
> 실무상, 경우에 따라 사본이 제출되어도 무방한 것이 있지만, 중요서류(송장, 운송서류, 포장명세서 등)는 반드시 원본으로 제출되어야 함.

b. A bank shall treat as an original any document bearing an apparently original signature, mark, stamp, or label of the issuer of the document, unless the document itself indicates that it is not an original.

b. 서류 그 자체가 원본이 아니라고 표시하고 있지 아니하는 한 명백히 서류발행인의 원본 서명, 표기, 스탬프, 또는 부전을 기재하고 있는 서류를 원본으로서 취급한다.

> ORIGINAL을 요구하는 경우에 ORIGINAL의 표시가 없더라도 COPY의 표시가 없다면 원본으로 인정됨.
> ORIGINAL을 요구하는 경우 COPY라고 적힌 서류는 원본으로 인정되지 않음.
> COPY PHOTOCOPY(복사, 스캔 후 전자송수신)의 의미는 다름.

c. Unless a document indicates otherwise, a bank will also accept a document as original if it:

c. 서류가 별도로 표시하지 아니하는 한 서류가 다음과 같은 경우에는, 은행은 서류를 원본으로서 수리한다:

ⅰ. appears to be written, typed, perforated or stamped by the document issuer's hand; or

ⅰ. 서류발행인에 의하여 수기, 타자, 천공 또는 스탬프된 것으로 보이는 경우; 또는

ⅱ. appears to be on the document issuer's original stationery; or

ⅱ. 서류발행인의 원본용지상에 기재된 것으로 보이는 경우; 또는

iii. states that it is original, unless the statement appears not to apply to the document presented.

iii. 제시된 서류에 적용되지 아니하는 것으로 보이지 아니하는 한 원본이라는 명기가 있는 경우.

d. If a credit requires presentation of copies of documents, presentation of either originals or copies is permitted.

d. 신용장이 서류의 사본의 제시를 요구하는 경우에는 원본 또는 사본의 제시는 허용된다.

e. If a credit requires presentation of multiple documents by using terms such as "in duplicate", "in two fold" or "in two copies", this will be satisfied by the presentation of at least one original and the remaining number in copies, except when the document itself indicates otherwise.

e. 신용장 "2통(in duplicate)", "2부(in two fold)", "2통(in two copies)"과 같은 용어를 사용함으로써 수통의 서류의 제시를 요구하는 경우에는 이것은 서류자체에 별도의 표시가 있는 경우를 제외하고는 적어도 원본 1통과 사본으로 된 나머지 통수의 제시에 의하여 충족된다.

Article 18 Commercial Invoice
제 18조 상업송장

a. A commercial invoice:
a. 상업송장은:

i. must appear to have been issued by the beneficiary (except as provided in article 38);
i. 수익자에 의하여 발행된 것으로 보여야 하며(제38조에 규정된 경우를 제외한다);

ii. must be made out in the name of the applicant (except as provided in sub-article 38 (g));

ii. 발행의뢰인 앞으로 작성되어야 하며(제38조 g항에 규정된 경우를 제외한다);

iii. must be made out in the same currency as the credit; and

iii. 신용장과 동일한 통화로 작성되어야 하며; 그리고

iv. need not be signed.

iv. 서명될 필요가 없다.

b. A nominated bank acting on its nomination, a confirming bank, if any, or the issuing bank may accept a commercial invoice issued for an amount in excess or the amount permitted by the credit, and its decision will be binding upon all parties, provided the bank in question has not honoured or negotiated for an amount in excess of that permitted by the credit.

b. 지정에 따라 행동하는 지정은행, 확인은행(있는 경우) 또는 발행은행은 신용장에 의하여 허용된 금액을 초과한 금액으로 발행된 상업송장을 수리할 수 있으며, 그러한 결정은 모든 당사자를 구속한다. 다만 문제의 은행은 신용장에 의하여 허용된 금액을 초과한 금액으로 지급이행 또는 매입하지 아니하여야 한다.

c. The description of the goods, service or performance in a commercial invoice must correspond with that appearing in the credit.

c. 상업송장상의 물품, 용역 또는 이행의 명세는 신용장에 보이는 것과 일치하여야 한다.

Article 19 Transport Document Covering at Least Two Different Modes of Transport

제 19조 적어도 두 가지 다른 운송방식을 표시하는 운송서류

a. A transport document covering at least two different modes of transport (multimodal or combined transport document), however named, must appear to:
a. 적어도 두 가지의 다른 운송방식을 표시하는 운송서류(복합운송서류)는 그 명칭에 관계 없이 다음과 같이 보여야 한다:

ⅰ. indicate the name of the carrier and be signed by:
ⅰ. 운송인의 명칭을 표시하고 다음의 자에 의하여 서명되어 있는 것:

· the carrier or a named agent for or on behalf of the carrier, or
· the master or a named agent for or on behalf of the master.
· 운송인 또는 운송인을 대리하는 지정대리인, 또는
· 선장 또는 선장을 대리하는 지정대리인.

Any signature by the carrier, master or agent must be identified as that of the carrier, master or agent.
운송인, 선장 또는 대리인에 의한 모든 서명은 운송인, 선장 또는 대리인의 것이라는 것을 확인하고 있어야 한다.

Any signature by an agent must indicate whether the agent has signed for or on behalf of the carrier or for or on behalf of the master.
대리인에 의한 모든 서명을 그 대리인이 운송인을 대리하여 서명하였는지, 또는 선장을 대리하여 서명하였는지를 표시하여야 한다.

ⅱ. indicate that the goods have been dispatched, taken in charge or shipped on board at the place stated in the credit, by:
ⅱ. 다음에 의하여, 물품이 신용장에 명기된 장소에서 발송, 수탁 또는 본선선적되었음을 표시하

고 있는 것:

· pre-printed wording, or
· a stamp or notation indicating the date on which the goods have been dispatched, taken in charge or shipped on board.
The date of issuance of the transport document will be deemed to be the date of dispatch, taking in charge or shipped on board, and the date of shipment.
However, if the transport document indicates, by stamp or notation, a date of dispatch, taking in charge of shipped on board, this date will be deemed to be the date of shipment.

· 사전인쇄된 문언, 또는
· 물품이 발송, 수탁 또는 본선선적된 일자를 표시하고 있는 스탬프 또는 표기 운송서류의 발행일은 발송, 수탁 또는 본선선적일, 및 선적일로 본다. 그러나, 운송서류가 스탬프 또는 표기에 의하여 발송, 수탁 또는 본선선적일을 표시하고 있는 경우에는 이러한 일자를 선적일로 본다.

iii. indicate the place of dispatch, taking in charge or shipment and the place of final destination stated in the credit, even if:

iii. 비록 다음과 같더라도 신용장에 명기된 발송, 수탁 또는 선적지 및 최종목적지를 표시하고 있는 것:

a. the transport document states, in addition, a different place of dispatch, taking in charge or shipment or place of final destination,

a. 운송서류가 추가적으로 다른 발송, 수탁 또는 선적지 또는 최종목적지를 명기하고 있더라도,

or

또는

b. the transport document contains the indication "intended" or similar qualification in relation to the vessel, port of loading or port of discharge.

b. 운송서류가 선박, 적재항 또는 양륙항에 관하여 "예정된" 또는 이와 유사한 제한의 표시를 포함하고 있더라도,

ⅳ. be the sole original transport document or, if issued in more than one original, be the full set as indicated on the transport document.

ⅳ. 단일의 운송서류 원본 또는, 2통 이상의 원본으로 발행된 경우에는 운송서류상에 표시된 대로 전통인 것.

ⅴ. contain terms and conditions of carriage or make reference to another source containing the terms and conditions of carriage (short form or blank back transport document). Contents of terms and conditions of carriage will not be examined.

ⅴ. 운송의 조건을 포함하고 있거나, 또는 운송의 조건을 포함하는 다른 자료를 참조하고 있는 것(약식/배면백지식 운송서류). 운송의 조건의 내용은 심사되지 아니한다.

ⅵ. contain no indication that it is subject to a charter party.

ⅵ. 용선계약에 따른다는 어떠한 표시도 포함하고 있지 아니한 것

b. For the purpose of this article, transhipment means unloading from one means of conveyance and reloading to another means of conveyance (whether or not in different modes of transport) during the carriage from the place of dispatch, taking in charge or shipment to the place of final destination stated in the credit.

b. 이 조에서, 환적이란 신용장에 명기된 발송, 수탁 또는 선적지로부터 최종목적지까지의 운송 과정 중에 한 운송수단으로부터의 양화 및 다른 운송수단으로의 재적재를 말한다.

c. ⅰ. A transport document may indicate that the goods will or may be transhipped provided that the entire carriage is covered by one and the same transport document.

c. ⅰ. 운송서류는 물품이 환적될 것이라거나 또는 될 수 있다고 표시할 수 있다. 다만, 전운송은 동일한 운송서류에 의하여 커버되어야 한다.

ⅱ. A transport document indicating that transhipment will or may take place is acceptable, even if the credit prohibits transhipment.

ⅱ. 신용장이 환적을 금지하고 있는 경우에도, 환적이 행해질 것이라거나 또는 행해질수 있다고 표시하고 있는 운송서류는 수리될 수 있다.

Article 20 Bill of Lading
제 20조 선하증권

a. A bill of lading, however named, must appear to:
a. 선하증권은 그 명칭에 관계없이 다음과 같이 보여야 한다.

ⅰ. indicate the name of the carrier and be signed by:
ⅰ. 운송인의 명칭을 표시하고 다음의 자에 의하여 서명되어 있는 것:

· the carrier or a named agent for or on behalf of the carrier, or
· the master or a named agent for or on behalf of the master.
· 운송인 또는 운송인을 대리하는 지정대리인, 또는
· 선장 또는 선장을 대리하는 지정대리인.

Any signature by the carrier, master or agent must be identified as that of the carrier, master or agent.

운송인, 선장 또는 대리인에 의한 모든 서명은 운송인, 선장 또는 대리인의 것이라는 것을 확인하고 있어야 한다.

Any signature by the agent must indicate whether the agent has signed for or on behalf of the carrier or for or on behalf of the master.

대리인에 의한 모든 서명은 그 대리인이 운송인을 대리하여 서명하였는지, 또는 선장을 대리하여 서명하였는지를 표시하여야 한다.

ii. indicate that the goods have been shipped on board a named vessel at the port of loading sated in the credit by:

ii. 다음에 의하여 물품이 신용장에 명기된 저재항에서 지정선박에 본선선적되었음을 표시하고 있는 것:

· pre-printed wording, or

· an on board notation indicating the date on which the goods have been shipped on board.

The date of issuance of the bill of lading will be deemed to be the date of shipment unless the bill of lading contains an on board notation indicating the date of shipment, in which case the date stated in the on board notation will be deemed to be the date of shipment.

· 사전인쇄된 문언, 또는

· 물품이 본선선적된 일자를 표시하고 있는 본선적재표기

선하증권의 발행일은 선적일로 본다. 다만, 선하증권이 선적일을 표시하고 있는 본선적재표기를 포함하고 있는 경우에는 그러하지 아니하며, 이 경우, 본선적재표기상에 명기된 일자는 선적일로 본다.

If the bill of lading contains the indication "intended vessel" or similar qualification in relation to the name of the vessel, an on board notation indicating the date of shipment and the name of the actual vessel is required.

선하증권이 선박의 명칭에 관하여 "예정된 선박" 또는 이와 유사한 제한의 표시를 포함하고 있는 경우에는, 선적일 및 실제 선박의 명칭을 표시하고 있는 본선적재표기는 요구된다.

iii. indicate shipment from port of loading to the port of discharge stated in the credit.

If the bill of lading does not indicate the port of loading stated in the credit as the port of loading, or if it contains the indication "intended" or similar qualification in relation to the port of loading, an on board notation indicating the port of loading as stated in the credit, the date of shipment and the name of the vessel is required. This provision applies even when loading on board or shipment on a named vessel is indicated by pre-printed wording on the bill of lading.

iii. 신용장에 명기된 적재항으로부터 양륙항까지의 선적을 표시하고 있는 것.

선하증권이 적재항으로서 신용장에 명기된 적재항을 표시하고 있지 아니한 경우에 는, 또는 적재항에 관하여 "예정된" 또는 이와 유사한 제한의 표시를 포함하고 있는 경우에 는, 신용장에 명기된 대로 적재항, 선적일 및 선박의 명칭을 표시하고 있는 본선적재표기가 요구된다. 이 규정은 비록 지정된 선박에의 본선적재 또는 선적이 선하증권상에 사전에 인쇄된 문언에 의하여 표시되어 있더라도 적용된다.

iv. be the sole original bill of lading or, if issued in more than one original, be the full set as indicated on the bill of lading.

iv. 단일의 선하증권 원본 또는, 2통 이상의 원본으로 발행된 경우에는, 선하증권상에 표시된 대로 전통인 것.

v. contain terms and conditions of carriage or make reference to another source containing the terms and conditions of carriage (short form or blank bill of lading).

Contents of terms and conditions of carriage will not be examined.

ⅴ. 운송의 조건을 포함하고 있거나, 또는 운송의 조건을 포함하는 다른 자료를 참조하고 있는 것 (약식/배면백지식 선하증권). 운송의 조건의 내용은 심사되지 아니한다.

ⅵ. contain no indication that it is subject to a charter party.

ⅵ. 용선계약에 따른다는 어떠한 표시도 포함하고 있지 아니한 것

b. For the purpose of this article, transhipment means unloading from one vessel and reloading to another vessel during the carriage from the port of loading to the port of discharge stated in the credit.

b. 이 조에서, 환적이란 신용장에 명기된 적재항으로부터 양륙항까지의 운송과정 중에 한 선박으로부터의 양화 및 다른 선박으로의 재적재를 말한다.

c. ⅰ. A bill of lading may indicate that the goods will or may be transhipped provided that the entire carriage is covered by one and the same bill of lading.

c. ⅰ. 선하증권은 물품이 환적될 것이라거나 또는 될 수 있다고 표시할 수 있다. 다만, 전운송이 동일한 선하증권에 의하여 커버되어야 한다.

ⅱ. A bill of lading indicating that transhipment will or may take place is acceptable, even if the credit prohibits transhipment, if the goods have been shipped in a container, trailer or LASH barge as evidenced by the bill of lading.

ⅱ. 신용장이 환적을 금지하고 있는 경우에도, 물품이 선하증권에 의하여 입증된 대로 컨테이너, 트레일러 또는 래쉬선에 선적된 경우에는, 환적이 행해질 것이라거나 또는 행해질수 있다고 표시하고 있는 선하증권은 수리될 수 있다.

d. Clauses in a bill of lading stating that the carrier reserves the right to tranship will be disregarded.

d. 운송인이 환적할 권리를 유보한다고 명기하고 있는 선하증권상의 조항은 무시된다.

> 운송인은 스스로 환적의 선택을 할 수 없음. 운송계약의 주체나 발행은행 등이 환적에 대한 선택 권리를 지님.

Article 21 Non-Negotiable Sea Waybill
제 21조 비유통성 해상화물운송장

a. A non-negotiable sea waybill, however named, must appear to:

a. 비유통성 해상화물운송장은 그 명칭에 관계없이 다음과 같이 보여야 한다.

ⅰ. indicate the name of the carrier and be signed by:

· the carrier or a named agent for or on behalf of the carrier, or

· the master or a named agent for or on behalf of the master.

ⅰ. 운송인의 명칭을 표시하고 다음의 자에 의하여 서명되어 있는 것:

· 운송인 또는 운송인을 대리하는 지정대리인, 또는

· 선장 또는 선장을 대리하는 지정대리인.

Any signature by the carrier, master or agent must be identified as that of the carrier, master of agent.

운송인, 선장 또는 대리인에 의한 모든 서명은 운송인, 선장 또는 대리인의 것이라는 것을 확인하고 있어야 한다.

Any signature by an agent must indicate whether the agent has signed for or on behalf of the carrier or for or on behalf of the master.

대리인에 의한 모든 서명은 그 대리인이 운송인을 대리하여 서명하였는지, 또는 선장을 대리하여 서명하였는지를 표시하여야 한다.

ii. indicate that the goods have been shipped on board a named vessel at the port of loading stated in the credit by:

· pre-printed wording, or

· an on board notation indicating the date on which the goods have been shipped on board.

The date of issuance of the non-negotiable sea waybill will be deemed to be the date of shipment unless the non-negotiable sea waybill an on board notation indicating the date of shipment, in which case the date stated in the on board notation will be deemed to be the date of shipment.

If the non-negotiable sea waybill contains the indication "intended vessel" or similar qualification in relation to the name of the vessel, an on board notation indicating the date of shipment and the name of the actual vessel is required.

ii. 다음에 의하여 물품이 신용장에 명기된 적재항에서 지정선박에 본선선적되었음을 표시하고 있는 것:

· 사전인쇄된 문언, 또는

· 물품이 본선선적된 일자를 표시하고 있는 본선적재표기

비유통성 해상화물운송장의 발행일은 선적일로 본다. 다만, 비유통성 해상화물 운송장이 선적일을 표시하고 있는 본선적재표기를 포함하고 있는 경우에는 그러하지 아니하며, 이 경우, 본선적재표기상에 명기된 일자는 선적일로 본다.

    비유통성 해상화물운송장이 선박의 명칭에 관하여 "예정된 선박" 또는 이와 유사한 제한의 표시를 포함하고 있는 경우에는, 선적일 및 실제 선박의 명칭을 표시하고 있는 본선적재표기는 요구된다.

iii. indicate shipment from the port of loading to the port of discharge stated in the credit.

If the non-negotiable sea waybill does not indicate the port of loading stated in the credit as the port of loading, or if it contains the indication "intended" or similar qualification in relation to the port of loading, an on board notation indicating the port of loading as stated in the credit, the date of shipment and the name of the vessel is required. This provision applies even when loading on board or shipment on a named vessel is indicated by pre-printed wording on the non-negotiable sea waybill.

ⅲ. 신용장에 명기된 적재항으로부터 양륙항까지의 선적을 표시하고 있는 것.

비유통성 해상화물운송장이 적재항으로서 신용장에 명기된 적재항을 표시하고 있지 아니한 경우에는, 또는 적재항에 관하여 "예정된" 또는 이와 유사한 제한의 표시를 포함하고 있는 경우에는, 신용장에 명기된 대로 적재항, 선적일 및 선박의 명칭을 표시하고 있는 본선적재 표기가 요구된다. 이 규정은 비록 지정된 선박에의 본선적재 또는 선적이 비유통성 해상화물운송장에 사전에 인쇄된 문언에 의하여 표시되어 있더라도 적용된다.

ⅳ. be the sole original non-negotiable sea waybill or, if issued in more than one original, be the full set as indicated on the non-negotiable sea waybill.

ⅳ. 단일의 비유통성 해상화물운송장 원본 또는, 2통 이상의 원본으로 발행된 경우에는, 비유통성 해상화물운송장상에 표시된 대로 전통인 것.

ⅴ. contain terms and conditions of carriage or make reference to another source containing the terms and conditions of carriage (short form or blank back non-negotiable sea waybill). Contents of terms and conditions of carriage will not be examined.

ⅴ. 운송의 조건을 포함하고 있거나, 또는 운송의 조건을 포함하는 다른 자료를 참조하고 있는 것 (약식/배면백지식 비유통성 해상화물운송장). 운송의 조건의 내용은 심사되지 아니한다.

ⅵ. contain no indication that it is subject to a charter party.

ⅵ. 용선계약에 따른다는 어떠한 표시도 포함하고 있지 아니한 것

b. For the purpose of this article, transhipment means unloading from one vessel and reloading to another vessel during the carriage from the port of loading to the port of discharge stated in the credit.

b. 이 조에서, 환적이란 신용장에 명기된 적재항으로부터 양륙항까지의 운송과정 중에 한 선박으로부터의 양화 및 다른 선박으로의 재적재를 말한다.

c. ⅰ. A non-negotiable sea waybill may indicate that the goods will or may be transhipped provided that the entire carriage is covered by one and the same non-negotiable sea waybill.

c. ⅰ. 비유통성 해상화물운송장은 물품이 환적될 것이라거나 또는 될 수 있다고 표시할 수있다. 다만, 전운송이 동일한 비유통성 해상화물운송장에 의하여 커버되어야 한다.

ⅱ. A non-negotiable sea waybill indicating that transhipment will or may take place is acceptable, even if the credit prohibits transhipment, if the goods have been shipped in a container, trailer or LASH barge as evidenced by the non-negotiable sea waybill.

ⅱ. 신용장이 환적을 금지하고 있는 경우에도 물품이 비유통성 해상화물운송장에 의하여 입증된 대로 컨테이너, 트레일러 또는 래쉬선에 선적된 경우에는 환적이 행해질 것이라거나 또는 행해질 수 있다고 표시하고 있는 비유통성 해상화물운송장은 수리될 수 있다.

d. Clauses in a non-negotiable sea waybill stating that the carrier reserves the right to tranship will be disregarded.

d. 운송인이 환적할 권리를 유보한다고 명기하고 있는 비유통성 해상화물운송장상의 조항은 무시된다.

> 제20조 선하증권의 내용과 조문이 유사함.
> 기본 개념은 동일하지만,
> 선하증권은 ORIGINAL, COPY라는 스탬프(부기),
> 해상화물운송장은 NON-NEGOTIABLE 스탬프(부기) 표시의 차이점.
> 발행은행은 두 가지 서류를 모두 활용 가능. 다만, 유통성에서의 차이를 가짐.

Article 22 Charter Party Bill of Lading
제 22조 용선계약선하증권

a. A bill of lading, however named, containing an indication that it is subject to a charter party (charter party bill of lading), must appear to:

a. 용선계약에 따른다는 표시를 포함하고 있는 선하증권(용선계약선하증권)은 그 명칭에 관계없이 다음과 같이 보여야 한다.

ⅰ. be signed by:

ⅰ. 다음의 자에 의하여 서명되어 있는 것:

- the master or a named agent for or on behalf of the master, or
- the owner or a named agent for or on behalf of the owner, or
- the charterer or a named agent for or on behalf of the charterer.
- 선장 또는 선장을 대리하는 지정대리인, 또는
- 선주 또는 선주를 대리하는 지정대리인, 또는
- 용선자 또는 용선자를 대리하는 지정대리인

Any signature by the master, owner, charter or agent must be identified as that of the master, owner, charterer or agent.

선장, 선주, 용선자 또는 대리인에 의한 모든 서명은 선장, 선주, 용선자 또는 대리인의 것이라는 것을 확인하고 있어야 한다.

Any signature by an agent must indicate whether the agent has signed for or on behalf of the master, owner or charterer.

대리인에 의한 모든 서명은 그 대리인이 선장, 선주 또는 용선자 중 누구를 대리하여 서명하였는지를 표시하여야 한다.

An agent signing for or on behalf of the owner or charterer must indicate the name of the owner or charterer.

선주 또는 용선자를 대리하여 서명하는 대리인은 선주 또는 용선자의 명칭을 표시하여야 한다.

ii. indicate that the goods have been shipped on board a named vessel at the port of loading stated in the credit by:
· pre-printed wording, or
· an on board notation indicating the date on which the goods have been shipped on board.

The date of issuance of the charter party bill of lading will be deemed to be the date of shipment unless the charter party bill of lading contains an on board notation indicating the date of shipment, in which case the date stated in the on board notation will be deemed to be the date of shipment.

ii. 다음에 의하여 물품이 신용장에 명기된 적재항에서 지정선박에 본선선적되었음을 표시하고 있는 것:
· 사전인쇄된 문언, 또는
· 물품이 본선적된 일자를 표시하고 있는 본선적재표기

용선계약선하증권의 발행일은 선적일로 본다. 다만, 용선계약선하증권이 선적일을 표시하고 있는 본선적재표기를 포함하고 있는 경우에는 그러하지 아니하며, 이 경우, 본선적재표 기상에 명기된 일자는 선적일로 본다.

iii. indicate shipment from the port of loading to the port of discharge stated in the credit. The port of discharge may also be shown as a range of ports or a geographical area, as stated in the credit.

iii. 신용장에 명기된 적재항으로부터 양륙항까지의 선적을 표시하고 있는 것. 또한 양륙항은 신용장에 명기된 대로 항구의 구역 또는 지리적 지역으로 표시될 수 있다.

iv. be the sole original charter party bill of lading or, if issued in more than one original, be the full set as indicated on the charter party bill of lading.

iv. 단일의 용선계약선하증권 원본 또는, 2통 이상의 원본으로 발행된 경우에는, 용선계약 선하증권상에 표시된 대로 전통인 것.

b. A bank will not examine charter party contracts, even if they are required to be presented by the terms of the credit.

b. 용선계약서가 신용장의 조건(terms)에 따라 제시되도록 요구되더라도, 은행은 그 용선계약서를 심사하지 아니한다.

Article 23 Air Transport Document
제 23조 항공운송서류

a. An air transport document, however named, must appear to:

a. 항공운송서류는 그 명칭에 관계없이 다음과 같이 보여야 한다.

i. indicate the name of the carrier and be signed by:

· the carrier, or

· a named agent for or on behalf of the carrier.

Any signature by the carrier or agent must be identified as that of the carrier or agent.

Any signature by an agent must indicate that the agent has signed for or on behalf of the carrier.

ⅰ. 운송인의 명칭을 표시하고 다음의 자에 의하여 서명되어 있는 것:

· 운송인, 또는

· 운송인을 대리하는 지정대리인.

운송인 또는 대리인에 의한 모든 서명은 운송인 또는 대리인의 것이라는 것을 확인하고 있어야 한다.

대리인에 의한 모든 서명은 그 대리인이 운송인을 대리하여 서명하였음을 표시하여야 한다.

ⅱ. indicate that the goods have been accepted for carriage.

ⅱ. 물품이 운송을 위하여 수취되었음을 표시하고 있는 것.

ⅲ. indicate the date of issuance. This date will be deemed to be the date of shipment unless the air transport document contains a specific notation of the actual date of shipment, in which case the date stated in the notation will be deemed to be the date of shipment.

Any other information appearing on the air transport document relative to the flight number and date will not be considered in determining the date of shipment.

ⅲ. 발행일을 표시하고 있는 것. 이 일자는 선적일로 본다. 다만, 항공운송서류가 실제의 선적일에 관한 특정표기를 포함하고 있는 경우에는 그러하지 아니하며, 이 경우, 그 표기에 명기된 일자는 선적일로 본다.

운항번호 및 일자에 관하여 항공운송서류상에 보이는 기타 모든 정보는 선적일을 결정하는데 고려되지 아니한다.

ⅳ. indicate the airport of departure and the airport of destination stated in the credit.

ⅳ. 신용장에 명기된 출발공항과 목적공항을 표시하고 있는 것.

ⅴ. be the original for consignor or shipper, even if the credit stipulates a full set of originals.

ⅴ. 신용장이 원본의 전통을 명시하고 있는 경우에도, 탁송인 또는 송화인용 원본인 것.

ⅵ. contain terms and conditions of carriage or make reference to another source containing the terms and conditions of carriage. Contents of terms and conditions of carriage will not be examined.

ⅵ. 운송의 조건을 포함하고 있거나, 또는 운송의 조건을 포함하는 다른 자료를 참조하고 있는 것. 운송의 조건의 내용은 심사되지 않는다.

> 항공화물 운송장은 총 12통(FULL SET)으로 발행됨.
> 원본 3통 + 사본 9통
> 원본 1 = 운송인용(For Carrier)
> 원본 2 = 수하인용(For Consignee)
> 원본 3 = 송하인용(For Shipper)
>
> FULL SET이 요구되더라도, 실제 거래에서는 운송인용은 운송인이 보관하고, 수하인용은 통상 송하인이 화물과 함께 보내기도 하지만, 신용장 지정 시 네고에 사용하기 때문에 송하인용 또는 선적인용 원본만 제출하여도 된다고 서술하고 있음.

b. For the purpose of this article, transhipment means unloading from one aircraft and reloading to another aircraft during the carriage from the airport of departure to the airport of destination stated in the credit.

b. 이 조에서, 환적이란 신용장에 명기된 출발공항으로부터 목적공항까지의 운송과정 중에 한 항공기로부터의 양화 및 다른 항공기로의 재적재를 말한다.

c. ⅰ. An air transport document may indicate that the goods will or may be transhipped, provided that the entire carriage is covered by one and the same air transport document.

ⅰ. 항공운송서류는 물품이 환적될 것이라거나 또는 될 수 있다고 표시할 수 있다. 다만, 전운송은 동일한 항공운송서류에 의하여 커버되어야 한다.

> 항공화물은 경제적, 운송과정 등의 사유에서 환적이 빈번하게 발생함.
> 미국의 경우 FEDE*을 이용하게 되면 미국의 물건들이 멤피스의 허브 공항으로 모이고 환적을 통해 다른 지역으로 이동하는 경우가 많음.
> 항공화물의 환적은 비교적 안전하게 이뤄지기 때문에, 특이사항이 아니면 환적을 허용함.

ⅱ. An air transport document indicating that transhipment will or may take place is acceptable, even if the credit prohibits transhipment.

ⅱ. 신용장이 환적을 금지하고 있는 경우에도, 은행은 환적이 행해질 것이라거나 또는 행해질 수 있다고 표시하고 있는 항공운송서류는 수리될 수 있다.

Article 24 Road, Rail or Inland Waterway Transport Documents
제 24조 도로, 철도 또는 내륙수로운송서류

a. A road, rail or inland waterway transport document, however named, must appear to:
a. 도로, 철도 또는 내륙수로운송서류는 그 명칭에 관계없이 다음과 같이 보여야 한다.

ⅰ. indicate the name of the carrier and:
· be signed by the carrier or a named agent for or on behalf of the carrier, or
· indicate receipt of the goods by signature, stamp or notation by the carrier or a named agent for or on behalf of the carrier.
Any signature, stamp or notation of receipt of the goods by the carrier or agent must be

identified as that of the carrier or agent.

Any signature, stamp or notation of receipt of the goods by the agent must indicate that the agent has signed or acted for or on behalf of the carrier. If a rail transport document does not identify the carrier, any signature or stamp of the railway company will be accepted as evidence of the document being signed by the carrier.

ⅰ. 운송인의 명칭을 표시하고 있는 것 그리고:

· 운송인 또는 운송인을 대리하는 지정대리인에 의하여 서명되어 있는 것, 또는

· 운송인 또는 운송인을 대리하는 지정대리인에 의하여 행해진 서명, 스탬프 또는 표기에 의하여 물품의 수령을 표시하고 있는 것.

물품의 수령에 관한 운송인 또는 대리인에 의한 모든 서명, 스탬프 또는 표기는 운송인 또는 대리인의 것이라는 것을 확인하고 있어야 한다.

물품의 수령에 관한 대리인에 의한 모든 서명, 스탬프 또는 표기는 그 대리인이 운송인을 대리하여 서명 또는 행동하였음을 표시하여야 한다.

철도운송서류가 운송인을 확인하지 아니한 경우에는 철도회사의 모든 서명 또는 스탬프는 운송인에 의하여 서명되어 있는 서류의 증거로서 수리되어야 한다.

ⅱ. indicate the date of shipment or the date the goods have been received for shipment, dispatch or carriage at the place stated in the credit. Unless the transport document contains a dated reception stamp, an indication of the date of receipt or a date of shipment, the date of issuance of the transport document will be deemed to be the date of shipment.

ⅱ. 선적일 또는 물품이 신용장에 명기된 장소에서 선적, 발송 또는 운송을 위하여 수령된 일자를 표시하고 있는 것. 운송서류가 일자기재의 수령스탬프, 수령일의 표시 또는 선적일을 포함하고 있지 아니하는 한, 운송서류의 발행일은 선적일로 본다.

ⅲ. indicate the place of shipment and the place of destination stated in the credit.

ⅲ. 신용장에 명기된 선적지 및 목적지를 표시하고 있는 것.

b. ⅰ. A road transport document must appear to be the original for consignor or shipper or bear no marking indicating for whom the document has been prepared.
ⅰ. 도로운송서류는 탁송인 또는 송화인용 원본인 것으로 보여야 하거나 또는 그 서류가 누구를 위하여 작성되었는지를 표시하는 어떠한 표시도 기재하지 아니한 것으로 보여야 한다.

ⅱ. A rail transport document marked "duplicate" will be accepted as an original.
ⅱ. "부본(duplicate)"이 표시된 철도운송서류는 원본으로서 수리된다.

ⅲ. A rail or inland waterway transport document will be accepted as an original whether marked as an original or not.
ⅲ. 철도 또는 내륙수로운송서류는 원본이라는 표시의 유무에 관계없이 원본으로서 수리된다.

c. In the absence of an indication on the transport document as to the number of originals issued, the number presented will be deemed to constitute a full set.
c. 발행된 원본의 통수에 관하여 운송서류상에 표시가 없는 경우에는, 제시된 통수는 전통을 구성하는 것으로 본다.

d. For the purpose of this article, transhipment means unloading from one means of conveyance and reloading to another means of conveyance, within the same mode of transport, during the carriage from the place of shipment, dispatch or carriage to the place of destination stated in the credit.
d. 이 조에서, 환적이란 신용장에 명기된 선적, 발송 또는 운송지로부터 목적지까지의 운송 과정 중에, 동일한 운송방식내에서, 한 운송수단으로부터의 양화 및 다른 운송수단으로의 재적재를 말한다.

e. ⅰ. A road, rail or inland waterway transport document may indicate that the goods will or may be transhipped provided that the entire carriage is covered by one and the same transport document.

ⅰ. 도로, 철도 또는 내륙수로운송서류는 물품이 환적될 것이라거나 또는 될 수 있다고 표시할 수 있다. 다만, 전운송은 동일한 운송서류에 의하여 커버되어야 한다.

ⅱ. A road, rail or inland waterway transport document indicating that transhipment will or may take place is acceptable, even if the credit prohibits transhipment.

ⅱ. 신용장이 환적을 금지하고 있는 경우에도, 환적이 행해질 것이라거나 또는 행해질 수있다고 표시하고 있는 도로, 철도 또는 내륙수로운송서류는 수리될 수 있다.

Article 25 Courier Receipt, Post Receipt of Certificate of Posting
제 25조 특송화물수령증, 우편수령증 또는 우송증명서

a. A courier receipt, however named, evidencing receipt of goods for transport, must appear to:

a. 운송물품의 수령을 입증하는 특송화물수령증은 그 명칭에 관계없이 다음과 같이 보여야 한다:

ⅰ. indicate the name of the courier service and be stamped or signed by the named courier service at the place from which the credit states the goods are to be shipped; and

ⅰ. 특송업자의 명칭을 표시하고, 신용장에서 물품이 선적되어야 한다고 명기하고 있는 장소에서 지정된 특송업자에 의하여 스탬프 또는 서명된 것; 그리고

ⅱ. indicate a date of pick-up or of receipt or wording to this effect. This date will be deemed to be the date of shipment.

ⅱ. 접수일 또는 수령일 또는 이러한 취지의 문언을 표시하고 있는 것. 이 일자는 선적일로 본다.

b. A requirement that courier charges are to be paid or prepaid may be satisfied by a transport document issued by a courier service evidencing that courier charges are for the account of a party other than the consignee.

b. 특송요금이 지급 또는 선지급되어야 한다는 요건은 특송요금이 수화인 이외의 당사자의 부담이라는 것을 입증하는 특송업자에 의하여 발행된 운송서류에 의하여 충족될 수 있다.

c. A post receipt or certificate of posting, however named, evidencing receipt of goods for transport, must appear to be stamped or signed and dated at the place from which the credit states the goods are to be shipped. This date will be deemed to be the date of shipment.

c. 운송물품의 수령을 입증하는 우편수령증 또는 우송증명서는 그 명칭에 관계없이 신용장에서 물품이 선적되어야 한다고 명기하고 있는 장소에서 스탬프 또는 서명되고 일자가 기재된 것으로 보여야 한다. 이 일자는 선적일로 본다.

Article 26 "On Deck", "Shipper's Load and Count", "Said by Shipper to Contain" and Charges Additional to Freight
제 26조 "갑판적", "송화인의 적재 및 수량 확인" 및 운임의 추가비용

a. A transport document must not indicate that the goods are or will be loaded on deck. A clause on a transport document stating that the goods may be loaded on deck is acceptable.

a. 운송서류는 물품이 갑판에 적재되었거나 또는 될 것이라고 표시해서는 안 된다. 물품이 갑판에 적재될 수 있다고 명기하고 있는 운송서류상의 조항은 수리될 수 있다.

b. A transport document bearing a clause such as "shipper's load and count" and "said by shipper to contain" is acceptable.

b. "송화인의 적재 및 수량확인(shipper's load and count)" 및 "송화인의 신고내용에 따름(said by shipper to contain)"과 같은 조항을 기재하고 있는 운송서류는 수리될 수 있다.

> 컨테이너 운송인 경우 송하인이 직접 컨테이너를 수배하여 화물을 적입하여 FCL로 만드는 경우가 많기 때문에 위의 문언은 은행이 수리를 해주는 것이 맞음.
> 벌크 화물의 경우에는 벌크화물의 용적, 중량 등의 변동이 크기 때문에 선적인이 검수하고 내용을 신고한다고 하여 그것이 정확하지 않을 수 있기 때문에 위 문언이 적용 안됨.

c. A transport document may bear a reference, by stamp or otherwise, to charges additional to the freight.

c. 운송서류는 스탬프 또는 기타의 방법으로 운임에 추가된 비용에 대한 참조를 기재할 수있다.

Article 27 Clean Transport Document
제 27조 무고장 운송서류

A bank will only accept a clean transport document. A clean transport document is one bearing no clause or notation expressly declaring a defective condition of the goods or their packaging. The word "clean" need not appear on a transport document, even if a credit has a requirement for that transport document to be "clean on board".

은행은 무고장 운송서류만을 수리한다. 무고장 운송서류는 물품 또는 그 포장에 하자 있는 상태를 명시적으로 표시하는 조항 또는 단서를 기재하고 있지 아니한 것을 말한다. 신용장 에서 그 운송서류가 "무고장본선적재(clean on board)"이어야 한다는 요건을 가지는 경우에도 "무고장(clean)"이라는 단어는 운송서류상에 보일 필요가 없다.

Article 28 Insurance Document and Coverage
제28조 보험서류 및 담보

a. An insurance document, such as an insurance policy, an insurance certificate or a declaration under an open cover, must appear to be issued and signed by an insurance company, an underwriter or their agents or their proxies.

Any signature by an agent or proxy must indicate whether the agent or proxy has signed for or on behalf of the insurance company or underwriter.

a. 보험증권, 포괄예정보험에 의한 보험증명서 또는 통지서와 같은 보험서류는 보험회사, 보험업자 또는 이들 대리인 또는 이들 대리업자에 의하여 발행되고 서명된 것으로 보여야 한다.

대리인 또는 대리업자에 의한 모든 서명은 그 대리인 또는 대리업자가 보험회사를 대리하여 서명하였는지 또는 보험업자를 대리하여 서명하였는지를 표시하여야 한다.

■ **보험증권(Insurance Policy)**
보험증권이란 보험가입자가 보험목적물 매 건별로 보험회사(insu- rance company) 및 보험업자와 보험계약을 체결할 경우, 보험회사나 보험업자가 발급하는 보험계약증명서류이다. 보험계약 성립의 증거로서 보험자가 피보험자의 청구에 의하여 교부하는 것으로 계약서는 아니지만 유가증권의 성격을 가지며 통상 배서나 인도에 의하여 양도된다.

■ **보험증명서(Insurance Certificate)**
수출업체가 매 수출 시마다 보험계약을 체결해야 하는 번거로움을 피하고 보험비용도 절감하기 위하여 그 업체의 일정 기간 동안(6개월, 1년)의 보험가입 예상물동량을 추출하여 보험회사와 포괄계약을 체결한 후, 실제로 보험가입의 필요가 발생할 때마다 보험회사로부터 그에 합당하는 보험서류를 받는다. 보험증권과 같이 유효한 보험서류로 인정된다.

■ **포괄보험증권 Open Policy**
예정보험(open cover) 중의 하나로, 화물을 선적할 때마다 매건별로 개별적인 보험계약을 체결하지 않고 일정 화물에 대해서 포괄적으로 보험계약을 체결하는 데 발행되는 증권을 말하며, "open contract"라고도 한다. 한편, 포괄보험증권에 의해 개개의 화물에 부보되어 있음을 증명하는 약식서류를 보험증명서(insurance certificate)라고 한다.

b. When the insurance document indicates that it has been issued in more than one original, all originals must be presented.

b. 보험서류가 2통 이상의 원본으로 발행되었다고 표시하고 있는 경우에는 모든 원본은 제시되어야 한다.

c. Cover notes will not be accepted.

c. 보험승인서(보험영수증)는 수리되지 아니한다.

> Cover Notes는 보험중개업자를 통해 보험을 부보한 경우 보험중개업자가 증명하는 보험부보각서를 의미함.

d. An insurance policy is acceptable in lieu of an insurance certificate or a declaration under an open cover.

d. 보험증권은 포괄예정보험에 의한 보험증명서 또는 통지서를 대신하여 수리될 수 있다.

e. The date of the insurance document must be no later than the date of shipment, unless it appears from the insurance document that the cover is effective from a date not later than the date of shipment.

e. 보험서류에서 담보가 선적일보다 늦지 않은 일자로부터 유효하다고 보이지 아니하는 한, 보험서류의 일자는 선적일보다 늦어서는 안 된다.

f. ⅰ. The insurance document must indicate the amount of insurance coverage and be in the same currency as the credit.

ⅰ. 보험서류는 보험담보의 금액을 표시하여야 하고 신용장과 동일한 통화이어야 한다.

ⅱ. A requirement in the credit for insurance coverage to be for a percentage of the value of the goods, of the invoice value or similar is deemed to be the minimum amount of coverage required.

If there is no indication in the credit of the insurance coverage required, the amount of insurance coverage must be at least 110% of the CIF or CIP value of the goods.

When the CIF or CIP value cannot be determined from the documents, the amount of insurance coverage must be calculated on the basis of the amount for which honour or negotiation is requested or the gross value of the goods as shown on the invoice, whichever is greater.

ii. 보험담보가 물품가액 또는 송장가액 등의 비율이어야 한다는 신용장상의 요건은 최소 담보금액이 요구된 것으로 본다.

요구된 보험담보에 관하여 신용장에 아무런 표시가 없는 경우에는, 보험담보의 금액은 적어도 물품의 CIF 또는 CIP 가격의 110%이어야 한다.

CIF 또는 CIP 가격이 서류로부터 결정될 수 없는 경우에는, 보험담보금액은 지급이행 또는 매입이 요청되는 금액 또는 송장에 표시된 물품총가액 중에서 보다 큰 금액을 기초로 하여 산정되어야 한다.

iii. The insurance document must indicate that risks are covered at least between the place of taking in charge or shipment and the place of discharge or final destination as stated in the credit.

iii. 보험서류는 위험이 적어도 신용장에 명기된 대로 수탁 또는 선적지와 양륙 또는 최종 목적지 간에 담보되었음을 표시하여야 한다.

g. A credit should state the type of insurance required and, if any, the additional risks to be covered. An insurance document will be accepted without regard to any risks that are not covered if the credit uses imprecise terms such as "usual risks" or "customary risks".

g. 신용장은 요구된 보험의 종류를 명기하여야 하고 만일 부보되어야 하는 부가위험이 있다면 이것도 명기하여야 한다. 신용장이 "통상적 위험(usual risks)" 또는 "관습적 위험(customary risks)"과 같은 부정확한 용어를 사용하는 경우에는, 보험서류는 부보되지 아니한 어떠한 위험에 관계없이 수리되어야 한다.

h. When a credit requires insurance against "all risks" and an insurance document is presented containing any "all risks" notation or clause, whether or not bearing the heading "all risks", the insurance document will be accepted without regard to any risks stated to be excluded.

h. 신용장이 "전위험"에 대한 보험을 요구하고 있는 경우, "전위험"이라는 표제를 기재하고 있는지의 여부와 관계없이 "전위험"의 표기 또는 조항을 포함하고 있는 보험서류가 제시된 경우에는 그 보험서류는 제외되어야 한다고 명기된 어떠한 위험에 관계없이 수리되어야 한다.

> 매수인이 매도인에게 A/R 보험담보를 요청한 경우, 매도인은 서류의 제목이나 본문 등 위치에 관계없이 전위험담보(all risk)를 나타내는 문구가 서류상에 있다면 매도인은 올바른 서류를 제출한 것이다.

I. An insurance document may contain reference to any exclusion clause.

I. 보험서류는 모든 면책조항(exclusion clause)의 참조를 포함할 수 있다.

j. An insurance document may indicate that the cover is subject to a franchise or excess (deductible).

j. 보험서류는 담보가 소손해면책율 또는 초과(공제)면책율을 조건으로 한다는 것을 표시할수 있다.

Article 29 Extension of Expiry Date or Last Day for Presentation

제 29조 유효기일의 연장 또는 제시를 위한 최종일

a. If the expiry date of a credit or the last day for presentation falls on a day when the bank to which presentation is to be made is closed for reasons other than those referred to in article 36, the expiry date or the last day for presentation, as the case may be, will be extended to the first following banking day.

a. 신용장의 유효기일 또는 제시를 위한 최종일이 제36조에 언급된 사유 이외의 사유로 제시를 받아야 하는 은행의 휴업일에 해당하는 경우에는 그 유효기일 또는 제시를 위한 최종일은 경우에 따라 최초의 다음 은행영업일까지 연장된다.

b. If presentation is made on the first following banking day, a nominated bank must provide the issuing bank or confirming bank with a statement on its covering schedule that the presentation was made within the time limits extended in accordance with sub-article 29 (a).

b. 제시가 최초의 다음 은행영업일에 행해지는 경우에는 지정은행은 발행은행 또는 확인은행에게 제시가 제29조 a항에 따라 연장된 기간 내에 제시되었다는 설명을 서류송부장(covering schedule)으로 제공하여야 한다.

· c. The latest date for shipment will not be extended as a result of sub-article 29 (a).

c. 선적을 위한 최종일은 제29조 a항의 결과로서 연장되지 아니한다.

Article 30 Tolerance in Credit Amount, Quantity and Unit Pricesv
제 30조 신용장금액/수량/단가의 과부족

a. The words "about" or "approximately" used in connection with the amount of the credit or the quantity or the unit price stated in the credit are to be construed as allowing a tolerance not to exceed 10% more or 10% less than the amount, the quantity or the unit price to which they refer.

a. 신용장에 명기된 신용장의 금액 또는 수량 또는 단가와 관련하여 사용된 "약(about)" 또는 "대

략(approximately)"이라는 단어는 이에 언급된 금액, 수량 또는 단가의 10%를 초과하지 아니하는 과부족을 허용하는 것으로 해석된다.

b. A tolerance not to exceed 5% more or 5% less than the quantity of the goods is allowed, provided the credit does not state the quantity in terms of a stipulated number of packing units or individual items and the total amount of the drawings does not exceed the amount of the credit.

b. 신용장이 명시된 포장단위 또는 개개의 품목의 개수로 수량을 명기하지 아니하고 어음발행의 총액이 신용장의 금액을 초과하지 아니하는 경우에는, 물품수량이 5%를 초과하지 아니하는 과부족은 허용된다.

c. Even when partial shipments are not allowed, a tolerance not to exceed 5% less than the amount of the credit is allowed, provided that the quantity of the goods, if stated in the credit, is shipped in full and a unit price, if stated in the credit, is not reduced or that sub-article 30 (b) is not applicable. This tolerance does not apply when the credit stipulates a specific tolerance or uses the expressions referred to in sub-article 30 (a).

c. 분할선적이 허용되지 아니하는 경우에도, 신용장금액의 5%를 초과하지 아니하는 부족은 허용된다. 다만, 물품의 수량은 신용장에 명기된 경우 전부 선적되고 단가는 신용장에 명기된 경우 감액되어서는 아니되거나 또는 제30조 b항이 적용될 수 없어야 한다. 이 부족은 신용장이 특정 과부족을 명시하거나 또는 제30조 a항에 언급된 표현을 사용하는 경우에는 적용되지 아니한다.

Article 31 Partial Drawings or Shipments

제 31조 분할어음발행 또는 선적

a. Partial drawings or shipments are allowed.

a. 분할어음발행 또는 분할선적은 허용된다.

b. A presentation consisting of more than one set of transport documents evidencing shipment commencing on the same means of conveyance and for the same journey, provided they indicate the same destination, will not be regarded as covering a partial shipment, even if they indicate different dates of shipment or different ports of loading, places of taking in charge or dispatch. If the presentation consists of more than one set of transport documents, the latest date of shipment as evidenced on any of the sets of transport documents will be regarded as the date of shipment.

A presentation consisting of one or more sets of transport documents evidencing shipment on more than one means of conveyance within the same mode of transport will be regarded as covering a partial shipment, even if the means of conveyance leave on the same day for the same destination.

b. 동일한 운송수단에 그리고 동일한 운송을 위하여 출발하는 선적을 증명하는 2조 이상의 운송서류를 구성하는 제시는, 이들 서류가 동일한 목적지를 표시하고 있는 한, 이들 서류가 상이한 선적일 또는 상이한 적재항, 수탁지 또는 발송지를 표시하고 있더라도, 분할선적이 행해진 것으로 보지 아니한다. 그 제시가 2조 이상의 운송서류를 구성하는 경우에는, 운송 서류의 어느 한 조에 증명된 대로 최종선적일은 선적일로 본다.

  동일한 운송방식에서 2 이상의 운송수단상의 선적을 증명하는 2조 이상의 운송서류를 구성하는 제시는 그 운송수단이 동일한 일자에 동일한 목적지를 향하여 출발하는 경우에도 분할선적이 행해진 것으로 본다.

> 목적물(화물)을 각각 다른 포장으로 다른 박스에 넣어서 발송하더라도, 같은 업체, 같은 장소, 같은 날짜, 같은 목적지로 표기된 경우에는 영수증이 따로 발행되어도 분할선적으로 보지 않는다.

동일한 운송방식에서 2 이상의 운송수단상의 선적을 증명하는 2조 이상의 운송서류를 구성하는 제시는 그 운송수단이 동일한 일자에 동일한 목적지를 향하여 출발하는 경우에도 분할선적이 행해진 것으로 본다.

c. A presentation consisting of more than one courier receipt, post receipt or certificate of posting will not be regarded as a partial shipment if the courier receipts, post receipts or certificates of posting appear to have been stamped or signed by the same courier or postal service at the same place and date and for the same destination.

c. 2 이상의 특송화물수령증, 우편수령증 또는 우송증명서를 구성하는 제시는 그 특송화물 수령증, 우편수령증 또는 우송증명서가 동일한 장소 및 일자 그리고 동일한 목적지를 위하여 동일한 특송업자 또는 우편서비스에 의하여 스탬프 또는 서명된 것으로 보이는 경우에는 분할선적으로 보지 아니한다.

Article 32 Instalment Drawings or Shipments
제 32조 할부어음발행 또는 선적

If a drawing or shipment by instalments within given periods is stipulated in the credit and any instalment is not drawn or shipped within the period allowed for that instalment, the credit ceases to be available for that and any subsequent instalment.

신용장에서 할부청구 또는 할부선적이 일정한 기간 내에 이루어지도록 명시된 경우 동 할부 거래를 위하여 배정된 기간 내에 할부청구나 할부선적이 이루어지지 않으면 동 신용장은 해당 할부분과 향후 할부분에 대하여 더 이상 이용될 수 없다.

Article 33 Hours of Presentation
제 33조 제시시간

A bank has no obligation to accept a presentation outside of its banking hours.

은행은 그 은행영업시간 이외의 제시를 수리할 의무가 없다.

Article 34 Disclaimer on Effectiveness of Documents
제 34조 서류효력에 관한 면책

A bank assumes no liability or responsibility for the form, sufficiency, accuracy, genuineness, falsification or legal effect of any document, or for the general or particular conditions stipulated in a document or superimposed thereon; nor does it assume any liability or responsibility for the description, quantity, weight, quality, condition, packing, delivery, value or existence of the goods, services or other performance represented by any document, or for the goods faith or acts or omissions, solvency, performance or standing of the consignor, the carrier, the forwarder, the consignee or the insurer of the goods or any other person.

은행은 어떤 서류의 방식, 충분성, 정확성, 진정성, 위조 여부 또는 법적 효력 또는 서류에 명시되거나 위에 추가된 일반 또는 특정조건에 대하여 어떠한 책임(liability or responsibility)도 지지 않는다. 또한 은행은 어떤 서류에 나타난 물품, 용역 또는 다른 이행의 기술, 수량, 무게, 품질, 상태, 포장, 인도, 가치 또는 존재 여부 또는 물품의 송하인, 운송인, 운송중개인, 수하인 또는 보험자 또는 다른 사람의 선의 또는 작위 또는 부작위, 지불능력, 이행 또는 지위(standing)에 대하여 어떠한 책임도 지지 않는다.

Article 35 Disclaimer on Transmission and Translation
제 35조 송달 및 번역에 관한 면책

A bank assumes no liability or responsibility for the consequences arising out of delay, loss in transit, mutilation or other errors arising in the transmission of any messages or delivery of letters or documents, when such messages, letters or documents are transmitted or sent according to the requirements stated in the credit, or when the bank may have taken the initiative in the choice of the delivery service in the absence of such instructions in the credit.

신용장에 기재된 방법에 따라서 알림 말, 서신 또는 서류가 전송 또는 송부되는 때, 또는 신용장에 송달 서비스의 선택에 대한 지시 사항이 없어서 은행이 자체적인 판단하에 선정하였을 때, 알림 말의 전송 또는 서신이나 서류의 송부 과정에서 일어나는 지연, 전달 도중의 분실, 훼손 또는 다른 실수로 발생하는 결과에 대하여 은행은 어떠한 책임도 지지 않는다.

If a nominated bank determines that a presentation is complying and forwards the documents to the issuing bank or confirming bank, whether or not the nominated bank has honoured or negotiated, and issuing bank or confirming bank must honour or negotiate, or reimburse that nominated bank, even when the documents have been lost in transit between the nominated bank and the issuing bank or confirming bank, or between the confirming bank and the issuing bank.

지정은행이 제시가 신용장 조건에 일치한다고 판단한 후 서류를 개설은행 또는 확인은행에 송부한 경우, 지정은행의 결제(honour) 또는 매입 여부와 무관하게 비록 서류가 지정은행과 개설은행 또는 확인은행 사이 또는 확인은행과 개설은행 사이의 송부 도중 분실된 경우에도 개설은행 또는 확인은행은 결제(honour) 또는 매입을 하거나, 그 지정은행에게 상환하여야 한다.

> 지정은행이 서류를 확인하여 서류의 하자가 없다고 인정된 상태에서, 발행은행으로 서류를 송부 과정에서 발생한 분실되더라도 발행은행이나, 확인은행, 그 지정은행에 의해서 대금의 지급은 이뤄진다.

A bank assumes no liability or responsibility for errors in translation or interpretation of technical terms and may transmit credit terms without translating them.

은행은 기술적인 용어의 번역 또는 해석에서의 잘못에 대하여 어떠한 책임(liability or responsibility)도 지지 않고 그러한 용어를 번역하지 않고 신용장의 조건을 전송할 수 있다.

> 은행은 기술적인 전문용어의 번역 또는 그러한 해석이 잘못된 것을 알 수 없으며, 책임을 지지 않는다. 또한 그러한 용어를 적절히 번역하지 못하더라도 신용장의 조건을 전송할 수 있다. 은행은 그러한 용어의 번역이나 해석에 대해서는 책임지지 않는다.

Article 36 Force Majeure
제36조 불가항력

A bank assumes no liability or responsibility for the consequences arising out of the interruption of its business by Acts of God, riots, civil commotions, insurrections, wars, acts of terrorism, or by any strikes or lockouts or any other causes beyond its control. A bank will not, upon resumption of its business, honour or negotiate under a credit that expired during such interruption of its business.

은행은 천재지변, 폭동, 소요, 반란, 전쟁, 테러행위 또는 어떤 파업 또는 직장폐쇄 또는 자신의 통제 밖에 있는 원인에 의한 영업의 중단으로부터 발생하는 결과에 대하여 어떠한 책임도 지지 않는다. 은행은 자신의 영업이 중단된 동안에 만료된 신용장 하에서는 결제(honour) 또는 매입을 하지 않는다.

> 은행은 불가항력의 상황이 발생하면 해당 천재지변을 원인으로 영업이 중단된다면 어떠한 책임도 지지 않음. 심지어, 천재지변으로 인해 영업이 중단된 동안 만료된 신용장의 결제 또는 매입에 대해서도 책임지지 않음.

Article 37 Disclaimer for Acts of an Instructed Party
제37조 지시받은 당사자의 행위에 대한 면책

a. A bank utilizing the services of another bank for the purpose of giving effect to the instructions of the applicant does so for the account and at the risk of the applicant.

a. 개설의뢰인의 지시를 이행하기 위하여 다른 은행의 용역을 이용하는 은행은 개설 의뢰인의 비

용과 위험 하에 하는 것이다.

b. An issuing bank or advising bank assumes no liability or responsibility should the instructions it transmits to another bank not be carried out, even if it has taken the initiative in the choice of that other bank.

b. 발행은행이나 통지은행은 비록 자신의 판단 하에 다른 은행을 선정하였더라도 그가 다른 은행에 전달한 지시가 이행되지 않은 데 대하여 어떤 책임도 지지 않는다.

c. A bank instructing another bank to perform services is liable for any commissions, fees, costs or expenses ("charges") incurred by that bank in connection with its instructions. If a credit states that charges are for the account of the beneficiary and charges cannot be collected or deducted from proceeds, the issuing bank remains liable for payment of charges. A credit or amendment should not stipulate that the advising to a beneficiary is conditional upon the receipt by the advising bank or second advising bank of its charges.

c. 다른 은행에게 용역의 이행을 요청하는 은행은 그러한 지시와 관련하여 발생하는 다른 은행의 요금, 보수, 경비 또는 비용(이하 "수수료"라 한다)에 대하여 책임이 있다. 신용장이 수수료가 수익자의 부담이라고 기재하고 있고 그 수수료가 신용장대금에서 징수되거나 공제될 수 없는 경우 발행은행은 그 수수료에 대하여 여전히 책임이 있다. 신용장 또는 조건변경은 수익자에 대한 통지가 통지은행 또는 둘째 통지은행이 자신의 수수료를 수령하는 것을 조건으로 하여서는 안 된다.

d. The applicant shall be bound by and liable to indemnify a bank against all obligations and responsibilities imposed by foreign laws and usages.

d. 개설의뢰인은 외국의 법과 관행이 부과하는 모든 의무와 책임에 대하여 은행에 보상할 의무와 책임이 있다.

Article 38 Transferable Credits
제38조 양도가능신용장

a. A bank is under no obligation to transfer a credit except to the extent and in the manner expressly consented to by that bank.

a. 은행은 자신이 명시적으로 승낙하는 범위와 방법에 의한 경우를 제외하고는 신용장을 양도할 의무가 없다.

b. For the purpose of this article:

Transferable credit means a credit that specifically states it is "transferable". A transferable credit may be made available in whole or in part to another beneficiary ("second beneficiary") at the request of the beneficiary ("first beneficiary"). Transferring bank means a nominated bank that transfers the credit or, in a credit available with any bank, a bank that is specifically authorized by the issuing bank to transfer and that transfers the credit. An issuing bank may be a transferring bank. Transferred credit means a credit that has been made available by the transferring bank to a second beneficiary.

b. 이 조항에서는 다음과 같이 해석한다.

양도가능신용장이란 신용장 자체가 "양도가능"이라고 특정하여 기재하고 있는 신용장을 말한다. 양도가능신용장은 수익자(이하 "제1 수익자"라 한다)의 요청에 의하여 전부 또는 부분적으로 다른 수익자(이하 "제2 수익자"라 한다)에게 이용하게 할 수 있다. 양도은행이라 함은 신용장을 양도하는 지정은행, 또는 어느 은행에서나 이용할 수 있는 신용장의 경우에는 발행은행으로부터 양도할 수 있는 권한을 특정하여 받아 신용장을 양도하는 은행을 말한다. 발행은행은 양도은행이 될 수 있다. 양도된 신용장이라 함은 양도은행이 제2 수익자가 이용할 수 있도록 한 신용장을 말한다.

c. Unless otherwise agreed at the time of transfer, all charges (such as commissions, fees, costs or expenses) incurred in respect of a transfer must be paid by the first beneficiary.

c. 양도시에 달리 합의된 경우를 제외하고, 양도와 관련하여 발생한 모든 수수료(요금, 보수, 경비 또는 비용 등)는 제1 수익자가 지급해야 한다.

d. A credit may be transferred in part to more than one second beneficiary provided partial drawings or shipments are allowed. A transferred credit cannot be transferred at the request of a second beneficiary to any subsequent beneficiary. The first beneficiary is not considered to be a subsequent beneficiary.

d. 분할청구 또는 분할선적이 허용되는 경우에 신용장은 두 사람 이상의 제2 수익자에게 분할양도될 수 있다. 양도된 신용장은 제2 수익자의 요청에 의하여 그 다음 수익자에게 양도될 수 없다. 제1 수익자는 그 다음 수익자로 간주되지 않는다.

e. Any request for transfer must indicate if and under what conditions amendments may be advised to the second beneficiary. The transferred credit must clearly indicate those conditions.

e. 모든 양도 요청은 제2 수익자에게 조건변경을 통지하여야 하는지 여부와 그리고 어떠한 조건 하에서 조건변경을 통지하여야 하는지 여부를 표시하여야 한다. 양도된 신용장은 그러한 조건을 명확하게 표시하여야 한다.

f. If a credit is transferred to more than one second beneficiary, rejection of an amendment by one or more second beneficiary does not invalidate the acceptance by any other second beneficiary, with respect to which the transferred credit will be amended accordingly. For any second beneficiary that rejected the amendment, the transferred credit will remain unamended.

f. 신용장이 두 사람 이상의 제2 수익자에게 양도되면, 하나 또는 둘 이상의 수익자가 조건변경을

거부하더라도 다른 제2 수익자의 수락은 무효가 되지 않으며, 양도된 신용장은 그에 따라 변경된다. 조건변경을 거부한 제2 수익자에 대하여는 양도된 신용장은 변경되지 않은 상태로 남는다.

> 분할 양도를 하는 경우 각각의 제2수익자에 대한 거래는 서로 분리됨

g. The transferred credit must accurately reflect the terms and conditions of the credit, including confirmation, if any, with the exception of: - the amount of the credit, - any unit price stated therein, - the expiry date, - the period for presentation, or - the latest shipment date or given period for shipment, any or all of which may be reduced or curtailed. The percentage for which insurance cover must be effected may be increased to provide the amount of cover stipulated in the credit or these articles. The name of the first beneficiary may be substituted for that of the applicant in the credit. If the name of the applicant is specifically required by the credit to appear in any document other than the invoice, such requirement must be reflected in the transferred credit.

g. 양도된 신용장은 만일 있는 경우 확인을 포함하여 신용장의 조건을 정확히 반영하여야 한다. 다만 다음은 예외로 한다. -신용장의 금액 -그곳에 기재된 단가 -유효기일 -제시기간 또는 -최종선적일 또는 주어진 선적기간 위의 내용은 일부 또는 전부 감액되거나 단축될 수 있다. 부보되어야 하는 백분율은 신용장 또는 이 규칙에서 명시된 부보금액을 규정하기 위하여 높일 수 있다. 신용장의 개설의뢰인의 이름을 제1 수익자의 이름으로 대체할 수 있다. 만일 신용장이 송장을 제외한 다른 서류에 개설의뢰인의 이름이 보일 것을 특정하여 요구하는 경우, 그러한 요건은 양도된 신용장에도 반영되어야 한다.

h. The first beneficiary has the right to substitute its own invoice and draft, if any, for those of a second beneficiary for an amount not in excess of that stipulated in the credit, and upon such substitution the first beneficiary can draw under the credit for the difference, if any, between its invoice and the invoice of a second beneficiary

h. 제1 수익자는 신용장에서 명시된 금액을 초과하지 않는 한 만일 있다면 자신의 송장과 환어음을 제2 수익자의 그것과 대체할 권리를 가지고, 그러한 대체를 하는 경우 제1 수익자는 만일 있다면 자신의 송장과 제2 수익자의 송장과의 차액에 대하여 신용장 하에서 청구할 수 있다.

i. If the first beneficiary is to present its own invoice and draft, if any, but fails to do so on first demand, or if the invoices presented by the first beneficiary create discrepancies that did not exist in the presentation made by the second beneficiary and the first beneficiary fails to correct them on first demand, the transferring bank has the right to present the documents as received from the second beneficiary to the issuing bank, without further responsibility to the first beneficiary.

i. 제1 수익자가 만일 있다면 자신의 송장과 환어음을 제시하려고 하였으나 첫번째 요구에서 그렇게 하지 못한 경우 또는 제1 수익자가 제시한 송장이 제2 수익자가 제시한 서류에서는 없었던 하자를 발생시키고 제1 수익자가 첫번째 요구에서 이를 정정하지 못한 경우, 양도은행은 제1 수익자에 대하여 더 이상의 책임이 없이 제2 수익자로부터 받은 그대로 서류를 발행은행에게 제시할 권리를 갖는다.

> 제1수익자의 서류 하자로 인해서 제 2수익자가 대금을 못 받는 경우 양도은행이 제 2수익자로부터 받은 서류를 통해서 발행은행에게 제시하여 제2수익자는 대금을 수령할 수 있음.

j. The first beneficiary may, in its request for transfer, indicate that honour or negotiation is to be effected to a second beneficiary at the place to which the credit has been transferred, up to and including the expiry date of the credit. This is without prejudice to the right of the first beneficiary in accordance with sub-article 38 (h).

j. 제1 수익자는 양도 요청에서, 신용장이 양도된 장소에서 신용장의 유효기일 이전에 제2 수익자에게 결제 또는 매입이 이루어져야 한다는 것을 표시할 수 있다. 이는 제38조 (h)항에 따른 제1

수익자의 권리에 영향을 미치지 않는다.

k. Presentation of documents by or on behalf of a second beneficiary must be made to the transferring bank.
k. 제2 수익자에 의한 또는 그를 위한 제시는 양도은행에 대하여 이루어져야 한다.

Article 39 Assignment of Proceeds
제39조 대금의 양도

The fact that a credit is not stated to be transferable shall not affect the right of the beneficiary to assign any proceeds to which it may be or may become entitled under the credit, in accordance with the provisions of applicable law. This article relates only to the assignment of proceeds and not to the assignment of the right to perform under the credit.

신용장이 양도 가능하다고 기재되어 있지 않다는 사실은, 수익자가 신용장 하에서 받거나 받을 수 있는 어떤 대금을 준거법의 규정에 따라 양도할 수 있는 권리에 영향을 미치지 않는다. 이 조항은 오직 대금의 양도에 관한 것이고 신용장 하에서 이행할 수 있는 권리를 양도하는 것에 관한 것은 아니다.

> 신용장이 양도 가능하다고 기재되어 있지 않아도, 대금 자체만을 떼서 양도가 가능함.
> 채권자가 해당 신용장의 대금에 대한 대금 압류나 청구는 가능함.
> 하지만 대금 이외의 수익자의 권리를 양도하는 것은 아니고, 신용장 상의 수익자의 지위를 양도 받는 것은 아님.

제 5 부

국제물품운송 및 운송계약

제1장 해상운송의 형태와 운송계약

1. 해상화물운송

해상운송은 화물운송선에 의하여 운송하는 방식이며 상대적으로 저렴한 비용으로 장거리 운송을 하는 경우 주로 이용된다. 주로 컨테이너화(containerization)되어 컨테이너로 운송하며, 운송경로와 운임이 정해져 있는 정기선 운송(Liner)과 운송과 운송수요에 따라 부정기적으로 운행되는 부정기선 운송(tramper)이 있다.

2. 해상운송의 형태

1) 정기선(Liner)

일정한 운송계획에 따라 특정 항로만을 규칙적으로 왕복 운항하는 선박을 말하며, 일반화물(general cargo)을 운송하고, 주로 다수화주의 소량화물(LCL 화물)이 대상이 된다. 해운동맹(Conference system)이 정한 공통운임률(tariff rate)에 의해 운영되는 것이 보통이고, 지정항로 유지를 위한 고정비용으로 인해 운임은 대체로 높은 편이다. 주로 개품운송계약(contract of affreightment)에 의하고 해운동맹에 의해 운영된다.

(1) 개품운송계약(Contract of affreightment)

개품 운송계약은 다수 화주(貨主)의 개별화물에 대한 운송을 개별적으로 계약 체결하는 방식을 말한다. 수많은 화물을 여러 화주로부터 인수, 혼적(混積. consolidation)하므로 정기선(Liner) 운송이 많다. 화주가 S/R(Shipping request)을 제출하면 선사가 접수함으로써 계약성립이 되고, 운송계약의 증거로 B/L(Bill of Lading)이 발행된다.

■ 개품운송 계약의 체결 순서
㉠ 화주는 배선표(Shipping schedule)를 통해 항로별 선박명, 입항예정일(ETA), 출항예정일(ETD) 등을 확인한다.
㉡ 해당 선박에 선복요청서(S/R; Shipping Request)를 제출하여 선복신청을 하고, 상업송장, 포장명세서, 신용장 사본 등을 첨부한다.
㉢ 선박회사가 선적지시서(S/O; Shipping Order)를 발행한다.
㉣ 화주는 선적지시서를 본선 1등 항해사에게 제시하고 선적한다.
㉤ 본선 수취증(M/R; Mate Receipt)를 취득 후 선박회사에 제시하고 선하증권(B/L; Bill of Lading)을 발급받는다.

(2) 정기선 운임의 종류

① 기본운임(Basic Rate)

정기선 운임 산정의 가장 기본적 방법이며, 중량(Weight), 가격(Price), 용적(Measurement)을 기준으로 산출한 운임을 말한다. 무게중량과 용적중량 중 높은 쪽을 기준으로 실제 운임을 산출하는 기준으로 삼게 되는데, 이것을 운임톤*(R/T; Revenue Ton)이라고 한다.

② 운임의 계산 및 종류

㉠ 화물의 중량기준(weight Basis)

중량단위(Weight) 기준으로 계산하는 방법으로

(a) 1,000kg(2,204 lbs) = 1 METRIC TON(M/T) = 1 Kilo TON

(b) 1,016kg(2,240 lbs) = 1 LONG TON(L/T)

(c) 907kg(2,000 lbs) = 1 SHORT TON(S/T)

㉡ 화물의 용적 기준(Measurement basis)

일반화물의 용적계량 단위는 Cubic Meter(CBM)으로 1㎥(1m × 1m × 1m)를 1 TON으

---

* 기본 운임요율 × 운임톤.

로 적용하는 방식, 용적에 적용되는 운임을 용적운임이라고 하고 중량톤 또는 용적톤 중 운임수입이 많은 쪽을 운임징수의 기준으로 하는 선택권을 갖고 운임징수 기준으로 사용하는 Ton을 Freight Ton 또는 Revenue Ton(R/T)이라고 한다.

화물의 포장명세서, 선적요청서(S/R; Shipping Request) 등에 중량과 용적 중 높은 쪽의 톤수가 운임 산정의 기준이 된다.

ⓒ 지급시기에 따른 운임의 분류

종류	내용
선불운임 (Freight prepaid)	양 당사자가 INCOTERMS 상에서 CIF 또는 CFR 조건을 사용하는 경우 수출상(매도인)은 선적지에서 선불로 B/L의 발급 시 운임을 지불하는 것을 말한다.
후불운임 (Freight collect)	FOB 조건의 경우 수입상이 화물의 도착지에서 운임을 지불하는 것으로 운임이 완납되지 않으면 선사는 화물을 찾을 수 있는 D/O를 발행해 주지 않는다.

ⓔ 부과방법에 따른 분류

종류	내용
종가운임 (Ad Valorem Freight)	종가운임은 '가격을 기준으로 한다'라는 의미로, 보석, 예술품, 희귀품 등에 대해서 2~5% 정도의 일정비율을 할증, 추가하여 운임으로 결정하는 운임 산정 방식
무차별 운임 (F.A.K; Freight All Kinds Rate)	화물의 종류나 내용과 상관없이 중량과 용적을 기준으로 산출하고, 운송거리를 기준으로 일률적으로 부과하는 운임 산정 방식
차별운임 (Discrimination rate)	화주, 화물의 종류 및 내용, 운송 장소 등의 기준에 따라 차별적으로 부과하는 운임 산정 방식

⑫ 기타 운임

종류	내용
품목별 운임 (Commodity rate)	품목별로 정해진 운임비율에 따라 운임을 부과하는 운임 산정 방식
최저 운임 (Minimum Freight)	화물의 중량과 용적이 최저 기준 이하일 경우에 부과하는 운임 산정 방식

종류	내용	
Berth Term (Liner Term)	화주가 화물을 선측까지 운송하여 선주에게 인도하면 선주가 화물을 선적하면서부터 적재(in) 하역비와 양하(out) 하역비를 모두 부담하며, 그 사이의 화물 손상비를 부담하는 조건이다. 화주의 하역비 부담이 적은 조건이다. 선적지에서 적재 작업을 할 때 Tackle에 걸어서 화물을 올리고, 양하를 위해 화물을 내릴 때 Tackle에 걸어서 내리기 때문에 Tackle to Tackle, Hook to Hook 이라고도 부른다.	
	cost of loading(적재비용)	Shipowner(선주)
	cost of Unloading(양하비용)	
Free In	선주는 본선 적재(in) 하역비와 그 사이의 손해비용을 부담하지 않는(free) 조건. 양하 하역비는 화주 부담.	
	cost of loading(적재비용)	shipper(화주)
	cost of Unloading(양하비용)	Shipowner(선주)
Free In & Out	선주가 적재, 양하 하역비 모두를 부담하지 않는 조건. 부정기선의 용선계약은 대부분 이 방법을 따른다.	
	cost of loading(적재비용)	shipper(화주)
	cost of Unloading(양하비용)	

[정기선 운임의 종류]

③ 할증료(Surcharge)

종류	내용
장척할증료 (Lenghy Surcharge)	30피트 이상의 장척물에 부과
중량할증운임 (Heavy Lift Surcharge)	한 개의 중량이 3톤 이상의 초중량 화물에 부과
용적할증운임 (Measurement Surcharge)	화물의 부피가 일정 용적을 초과된 화물에 대해 부과
유가할증료 (Bunker Adjustment Factor:BAF)	유가 인상으로 인한 운임수입의 손실을 보전하기 위해 부과
체선(화)할증료 (Port Congestion Surcharge)	입출항 선박의 수에 비해 항구의 하역능력이 부족. 대기시간이 길어질수록 선사측에서 추가적인 비용 발생. 선사가 화주에게 부과
통화할증료 (Currency Adjustment Factor)	환율변동으로 인한 운임수입의 결손을 보전하기 위해 기본운임 외에 화주에게 부과

[정기선 할증료 종류]

④ 기타 부대비용

종류	부대비용 내용
터미널 화물처리비 (THC; Terminal Handling Charge)	화물이 CY GATE를 지나서 CY에 반입된 순간부터 본선의 선측까지, 본선 선측에서 CY GATE를 통과하기 까지의 화물의 이동과 관리 등에 소요되는 비용
부두사용료 (Wahrfage)	항만을 관리하는 항만당국이 부두를 사용하는 화주나 사용자들에게 부과하는 비용

컨테이너화물적입비 (CFS Charge)	FCL화물이 아닌 LCL화물을 운송하는 경우 선적항이나 도착항의 CFS(Container Freight Station)에서 화물의 혼재(Consolidation) 작업 시 발생하는 비용.
서류발급비 (Document Fee)	선사가 선하증권과 화물인도지시서(D/O) 발급 시 소요되는 비용을 보전하기 위해 부과하는 비용
체선료 (Demmurage)	CY 내에 컨테이너를 반입하고 무료 장치기간이 지나도록 반출하지 않는 경우 발생하는 부대 비용
지체료 (Detention Charge)	CY에 반입된 컨테이너를 화주가 반출해간 후 빈 컨테이너를 무료 장치 기간 내에 반납을 해야 하는데, 이 기간을 경과하여 반환할 경우 선주가 화주에게 부과하는 비용.

[정기선 부대비용 종류]

2) 부정기선(Tramper)

고정된 항로 없이 수요에 따라 어느 곳이든 운항하는 선박을 말한다. 주로 곡물, 광물 등 Bulk cargo(산적하물)나 운송수요가 급증하는 화물이 대상이 된다. 수요, 공급에 따라 운임률이 결정되고, 운임률은 상대적으로 낮으며, 주로 용선계약(Charter party)*에 의해 운영된다.

---

* 용선계약(Charter party)
① 송하인이 선사로부터 선복의 전부, 또는 일부를 빌려서 화물을 운송하는 경우 체결.
② 개품운송계약과는 달리 계약 체결 시 표준화된 용선계약서(Charter party)가 작성됨.
③ 운송수요가 급증하는 화물이나 광석, 곡물 등 Bulk cargo(산적하물)가 주 대상이 됨.
④ 부정기선(Tramper)이 주로 이용됨.

(1) 용선계약의 종류

① 정기(기간) 용선계약(Time charter)

'용선 기간'을 기준으로 대가를 산정하는 방식. 선박에 필요한 모든 용구를 비치하고 선원까지 승선시킨 내항성(耐航性, seaworthiness)을 갖춘 선박을 일정기간 용선하는 방식이다. 선주는 선용품, 수리비 등 직접비와 보험료, 금리 등 간접비를 부담하고 용선자는 용선료 외에 연료비, 항구세 등 운항비를 부담. 선장에 대한 지휘권은 용선자가 보유한다. 주로 운임과 용선비의 차액을 노리는 전문해운업자가 이용한다.

② 항해 용선계약(Voyage or Trip charter)

항구 대 항구의 운송으로 대가를 산정하는 방식으로 출발항에서 목적항까지 1항해(편도)를 약정하는 경우를 Voyage charter, 왕복운항을 약정하는 경우를 Trip charter라고 구분하기도 한다. 운송보수의 결정은 적재 화물의 톤당 얼마로 정해지는 것이 보통이다. 항해 용선계약의 변형으로 Lump-sum charter(선복용선계약)와 Daily charter(일대용선계약)가 있다.

③ 나용선계약(bareboat charter)

선박에 포함된 일체의 선원, 장비, 소요품 등을 제외하고 선박만을 빌려주는 계약을 말한다. 용선자는 선박만을 빌리고, 나머지 선원·장비·소요품 일체를 스스로 책임지고 준비해야 한다.

구분	Voyage Charter 항해용선계약	Time Charter 정기용선계약	Bareboat Charter 나용선계약
운임결정	• 예상 항해 기간과 화물량, 선복에 따라 결정 • 항차 편도 1회 기준으로 단위 계약 (출발항 ↔ 도착항)	기간에 따라 결정	기간에 따라 결정
선장 임명 권한	선주	선주	용선자
선주 부담 비용	직접선비*, 간접선비**, 운항비***	직접선비, 간접선비	감가 상각비
용선자 부담 비용	용선료	용선료 및 운항비	상각비 외 모든 비용

(2) 부정기선 운임 및 기타 비용

종류	내용
선복운임 (Lump-sum Freight)	화물의 수량, 중량은 상관없이 항해 또는 선복을 단위로 부과되는 운임 산정 방식
부적운임 (Dead Freight)	공적운임이라고도 하며, 선적하기로 계약한 양보다 실제 선적량이 적은 경우 용선자가 계약한 양과 실제선적량의 차이만큼을 보전해줘야 하는 운임 산정 방식
체선료(Demurrage)	정박기간을 정해두고, 해당 정박기간 동안 선적과 양륙작업이 완료되지 않은 경우 초과 일수에 대해서 용선자가 선주에게 지급하는 금액
조출료(Dispatch Money)	허용된 정박기간 이전에 하역작업이 완료된 경우 절약기간 만큼의 금액을 선주가 용선자에게 지급하는 것 하루 단위를 기준으로 하며, 조출료는 체선료의 1/2, 1/3 수준.

[부정기선 운임 및 기타비용]

---

* 직접선비(Management Cost) : 선박의 가동에 필요한 선원비, 수선비, 선용품비, 윤활유비, 일반관리비 등을 말함.
** 간접선비(fixed cost) : 선박을 보유하는데 필요한 비용으로, 감가상각비, 선박 보험료, 선박세 등을 말함.
*** 운항비(operation cost) ; 항로나 항만 사정에 따라 달라지는 선박의 운항과 화물의 운송에 필요한 비용으로, 연료비, 화물비, 도선료, 항비(port charges) 등을 말함.

3. 컨테이너 운송

컨테이너(Container)는 수출입물품의 수송을 위한 용기로 화물을 경제적이고 안전하게 수송하기 위해 사용되는 규격화된 수송도구(tool)이다. Cargo Container, Freight Container라고도 불리며 20feet[*], 40feet[**], 40 feet High Cubic High Cubic[***], Jumbo Cubic 등의 종류가 있다.

1) 컨테이너 터미널의 구조

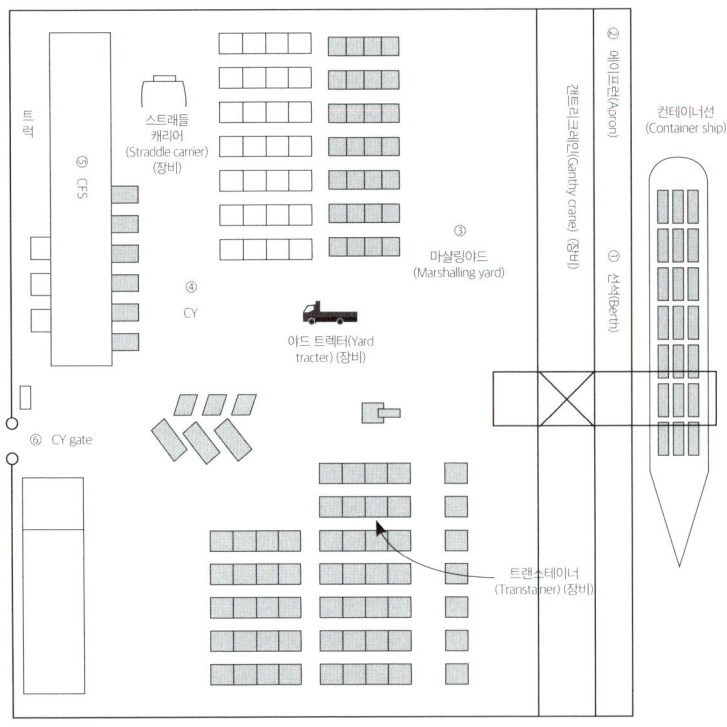

[컨테이너 터미널 구조(출처:울산항만공사 공식 블로그)]

---

[*] Twenty-foot Equivalent Unit(TEU) : 길이 5,896~5,905mm, 폭 2,348~2,352mm, 높이 2,372~2,393mm

[*] Forty-foot Equivalent Unit(FEU) : 길이 12,023~12,057mm, 폭 2,234~2,352mm, 높이 2,359~2,395mm,

[*] High Cubic : 길이 12,033mm, 폭 2,348~2,352mm, 높이 2,695mm

(1) 안벽, 선석(Berth)
컨테이너선이 안전하게 접안, 하역할 수 있도록 구축된 시설. 선석 내에는 선박의 동요를 막기 위해 정박로프를 고정시킬 수 있는 계선주(bit)가 설치되어 있다.

(2) 에이프런(Apron)
안벽에 접한 야드부분으로 겐트리크레인용 철로가 가설되어 컨테이너 하역작업을 하는 공간.

(3) 마샬링야드(Marshalling Yard)
컨테이너선에서 하역을 마친 컨테이너나 선적 예정인 컨테이너를 미리 정렬해 두는 공간. 바둑판처럼 바닥에 흰색, 황색의 구획선이 그여져 있으며 그 한 칸을 슬롯(Slot)이라고 부른다.

(4) 컨테이너 야적장(CY:Container Yard)
컨테이너를 인수·인도 및 수출과 수입을 위한 임시 보관 장소로서 통상 보세장치장을 이르는 말이다.

(5) 컨테이너 화물 집화소(CFS : Container Freight Station)
한 컨테이너를 다 채울 수 없는 소량화물을 여러 송하인에게 인수하여 하나의 컨테이너에 적입하거나, 반대로 혼재*화물을 해체하여 여러 화주에게 분산, 인도하는 창고형 작업장을 말한다.

(6) CY gate
컨테이너의 이상 유무, 통관봉인(Seal)의 유무, 컨테이너 중량, 화물의 인수에 필요한 서류 등의 확인이 이루어지는 장소이다. CY gate는 컨테이너 및 컨테이너 화물을 인수, 인도하는 장소로서 해상운송 대리인 및 화주, 수화인 또는 육상운송인과의 운송확인 또는 관리 책임이 변경되는 중요한 기능을 가진다.

---

* 혼재(Consolidation) : LCL화물을 FCL화물로 만들기 위해 동일한 목적지 화물들을 함께 적재하는 과정.

2) 컨테이너 화물의 운송형태

(1) CFS/CFS (pier to pier 운송, LCL/LCL 운송)

선적항에서 소량화물을 인수하여 혼재한 후 목적국까지 운송하여 해체작업을 진행하여 여러 수하인에게 화물을 인도하는 방식으로 선적항 CFS에서 목적항 CFS까지 운송하는 방식.

실무적으로 선사는 포워더가 LCL화물을 혼재하고, FCL화물로 만들어서 선사에 인도할 때 Master B/L인 Gropage B/L을 발행하면, 포워더는 이를 근거로 LCL화주에게 House B/L을 발행한다.

(2) CFS/CY (Pier to Door 운송)

다수의 송하인과 한 명의 수하인 관계에서 사용하는 방식으로 지정된 선적항의 CFS에서 물품을 집화하여 컨테이너에 적입한 후 최종목적지의 수하인공장 또는 창고까지 운송하는 방식.

(3) CY/CFS (Door to Pier 운송)

한 명의 송하인과 다수의 수하인 관계에서 사용하는 방식으로 선적지에서 FCL(Full Container Load) 화물을 컨테이너로 운송하여 수입항의 CFS에서 여러 수하인에게 화물을 인도하는 방식. 사용빈도가 높진 않으며, 화주는 선적지 창고부터 수입항의 CFS까지 운임을 지불하게 되고 운송인의 책임도 동 구간에 한한다.

(4) CY/CY (Door to Door 운송)

한 명의 송하인과 한 명의 수하인 관계에서 사용하는 방식으로 컨테이너 선박에 의한 일괄수송형태로 운송하는 방식

4. 선하증권

1) 선하증권의 의의

선하증권(B/L : Bill of Lading)은 운송인이 하주로부터 화물을 수령 또는 선적했음을 나타내며 도착항까지 운송하여 증권의 정당한 소지인에게 화물의 인도를 약속하는 유가증권(valuable instrument)이자 권리증권(document of title)이다.

현대무역에서 '인도'라고 할 때, 매도인으로부터 매수인에게 현실적 인도(actual delivery)가 이루어지는 경우는 거의 없고, 대부분의 경우 선하증권을 포함한 선적서류에 의한 상징적 인도(symbolic delivery)로 이행된다.

사실상 선박회사가 인쇄해 놓은 계약조건에 선적을 신청하는 화주가 포괄적으로 수용하며 서명하여 체결되는 형태로 선하증권의 계약이 체결되며, 선사가 통상 3통을 발행하여 화주에게 준다. 1~3통 모두 효력은 동일하다.

법적으로 화물 자체의 권리를 나타내는 유가증권이면서, 권리증권이며, 선적서류 중 가장 중요한 서류이다.

2) 선하증권의 기능

(1) 물품수령증(Receiot of Goods)
B/L이 발행되면 해당 B/L에는 물품의 수량, 중량, 물품을 운송인이 송하인으로부터 수령했다는 것을 나타내는 추정적 증거로서 작용한다. 선하증권은 선장 또는 선주의 대리인으로서 정당한 권한을 부여받은 자가 서명한 선박회사의 화물수취증이다.

(2) 권리증권(Entitled document)

B/L의 기능 중 가장 중요한 기능으로, B/L은 서류 그 자체가 화물의 권리를 나타내는 증권이기 때문이다. 선하증권을 소지한 자는 화물을 청구할 수 있는 청구권과 처분할 수 있는 처분권을 갖게 된다. 운송인은 선하증권의 제시가 정확한 당사자에게만 화물을 인도하여야 한다.

(3) 계약의 증빙(evidence of contract)

선주와 화주간 운송계약이 체결된 것을 증명하는 역할을 하는 협정된 운송계약을 나타내는 증거서류이다.

3) 선하증권의 종류

(1) 선적선하증권(shipped or on board B/L)과 수취선하증권(received B/L)

① 선적선하증권이란 선박회사가 하주로부터 수령한 운송화물을 선적한 후에 발행하는 선하증권으로 증권면에 선적완료 사실이 Shipped 또는 Shipped on board로 표시된다. 오늘날 가장 많이 이용되고 있는 FOB 또는 CIF 같은 무역조건은 본선인도를 전제로 하는 조건이기 때문에 이 경우 당연히 Shipped B/L이 발행되어야 한다.

② 수취선하증권은 화물을 선적할 선박이 화물을 적재하기 위해 항내에 정박 중이거나 아직 입항되지는 않았으나 선박이 지정된 경우에 선박회사가 화물을 수령하고 선적 전에 발행하는 선하증권이다.
이는 실제 선적 후 선적일을 기재하고 선박회사가 서명하면, 즉 "on board notation"이 있으면 선적선하증권과 동일한 효력을 가지게 되는데, 신용장통일규칙에 의하면 신용장이 특별한 선적운송서류를 요구하지 않는 한 Received B/L도 은행에서 수리하도록 하고 있다.

(2) 무사고선하증권(clean B/L)과 사고선하증권(dirty or foul B/L)

① 무고장선하증권 또는 무사고선하증권은 선하증권의 비고란에 기재사항이 없는 것을 말한다.

B/L에는 "외관상 양호한 상태로 적재되었음"(shipped on board in apparent good order and condition)과 같은 문언이 인쇄되어 있기 때문에 remarks가 없으면 자동적으로 무고장선하증권이 된다.

신용장통일규칙에도 "은행은 무고장 운송서류만을 수리한다. 무고장 운송서류는 물품 또는 포장에 하자가 있는 상태를 명시적으로 표시하는 조항이나 단서가 기재되어 있지 아니한 것을 말한다. 신용장에서 운송서류가 무고장본선적재(clean on board)라는 요건이 있는 경우에도 무고장(clean)이라는 단어는 운송서류상 보일 필요가 없다."고 규정하고 있다.

② 사고선하증권은 물품이나 포장상태의 하자에 관한 기록이 B/L상에 기재되어 있다. 통상 사고선하증권은 은행에서 수리되지 않으며 이에 따라 수출상은 수출대금을 수령할 수 없기 때문에 또한 파손화물의 대체나 교환이 시간적으로 가능하지 않을 경우 수출상은 선박회사에 파손화물보상장(L/I : letter of indemnity)을 제출하고 무사고선하증권을 발급받는다.

그렇지만 이러한 L/I는 송하인과 선박회사 사이에만 유효한 보상약속이므로 운송인은 선의의 제3자인 수하인이나 보험자에 대하여는 대항할 수 없다. 특히 보험회사도 L/I에 관해서는 보상약속이 없기 때문에 수출상은 이를 보험자에게 고지해야 한다. 그렇지 않으면 고지의무위반이 되어 보험계약이 취소된다.

(3) 기명식선하증권(straight B/L)과 지시식선하증권(order B/L)

① 기명식선하증권은 수하인(consignee)란에 특정인이 기명되는 경우이므로 기명된 자를 제외하고는 아무도 화물을 수령할 수가 없다. 따라서 기명식선하증권은 유통에 있어 제한을 받는다. 통상 유통기간이 짧아서 운송도중 유통의 실익이 없는 Air Waybill이나 해상운송도중 유통할 필요가 없는 Sea Waybill의 경우에 기명식으로 발행된다.

② 지시식선하증권은 수하인란에 특정인을 기명하지 않고 'order', 'order of shipper' 또는 'order of xxxbank' 등으로 기입된다. 지시식선하증권의 경우 지시에 의해 양도된 선하증권의 소지인은 화물청구권을 갖기 때문에 선하증권의 담보물권적 기능이 충분히 발휘된다. 지시식선

하증권은 화환신용장제도와 조화를 이룬다. 은행이 국제결제에 개입하려면 질권확보가 되어야 하는데, 정당하게 지시된 선하증권의 수하인란을 개설은행의 지시인 'to the order of A bank'로 기재할 것을 요구한다. 이것은 개설은행이 L/C 개설시 충분한 담보를 확보하지 않은 경우 자신의 지시 없이는 수하인이 물품수령을 할 수 없도록 함으로써 화물에 대한 권리를 결제 시까지 확보하기 위함이다.

(4) 집단선하증권(Groupage B/L, Master B/L)과 혼재화물선하증권(House B/L)

운송화물의 양이 한 컨테이너 분량이 안되어 LCL화물이거나 한 Lot가 안되는 적은 분량이면 화물운송회사가 이런 화물들을 목적지별로 모아서 하나의 Group으로 만든다. 이 때 선박회사가 포워더에게 혼재화물(Group화물)을 1건으로 하여 발행하는 선하증권을 집단선하증권이라고 한다. 이렇게 발행한 집단선하증권을 바탕으로 화주에게 개별적으로 포워더가 발행하는 B/L을 혼재화물선하증권이라 한다.

(5) 권리포기선하증권(surrender B/L)과 해상화물운송장(SWB : Sea Waybill)

① 권리포기선하증권(surrender B/L)

하주의 요청에 따라 선사가 B/L에 'Surrendered'라는 스탬프를 날인하여 발행하는 B/L로 수하인이 이를 FAX로 받아 선사에 제출하고 화물을 수령할 수 있다. 원칙적으로는 선사가 Original B/L을 발급하면 수입상이 발행은행을 통하여 대금을 결제하고 서류를 찾아야 물건을 찾을 수 있지만, 인접국가의 거래에서는 선박의 운항시간이 짧기 때문에 서류의 처리과정에 많은 시간이 소요되어 서류가 화물보다 늦게 도착하는 경우가 생긴다. 따라서 운송회사는 송하인에게 Surrended B/L을 발급해주고 송하인은 수입상에게 이것을 보내고 수입상은 수입지의 운송회사에 가서 B/L의 제출과 함께 D/O를 수령하고 수입물품을 바로 찾을 수 있다.

② 해상화물운송장(SWB: Sea Waybill)

해상화물운송장(SWB : Sea Waybill)은 B/L과 마찬가지로 해상운송인 앞으로 발행하는 운송서류이다. 즉, 그것이 운송계약의 증빙서류이며 화물의 영수증이라는 점에서는 B/L과 공통점이 있으나, 권리증권이 아니므로 제 3자에게 유통시킬 수 없으며 도착지에서 화물의 수령 시 이를 제출할 필요도 없다.

1970년대에 등장한 해상화물운송장은 전통적인 선하증권의 단점을 보완하는 기능을 한다. 즉, 해상운송의 고속화로 화물이 B/L보다 먼저 목적지에 도착한 경우, 만일 수입상이 B/L 도착 전에 화물을 수령하려면 화물선취보증장(L/G : Letter of Guarantee)을 은행으로부터 발급받아야 하는 바, L/G 발급에 따른 까다로운 절차 및 비용 그리고 L/G의 위조 문제 등 여러 가지 문제가 제기될 수 있다.

현재 한국이나 일본 및 태평양권에서는 SWB 사용이 그리 많지는 않으나, 대서양권에서는 선하증권보다 SWB를 많이 사용하고 있다. SWB에 관한 국제규칙으로는 "해상화물운송장에 관한 CMI 통일규칙"(CMI Uniform Rules for Sea Waybill)이 있다.

구분	Bill of Lading(선하증권)	Sea Waybill(해상화물운송장)
화물수령증거	있음	있음
운송계약증거	있음	있음
화물권리증권	있음	있음
요인증권성	있음	있음
인도와 원본 상환	화물인도 시 선하증권 원본의 상환 필요	화물인도 시 해상화물운송장 상환 불필요
수하인 기재 방식	지시식, 기명식	기명식
정당한 수하인	배서된 B/L의 소지인	SWB상 기명 수하인
화물권리 이전	B/L교부로 권리 획득 인도증권성, 물권적 효력 있음	운송계약에 지정된 자가 권리 획득 인도증권성, 물권적 효력 없음
적용 법규	상법(해상편) Hague/Visby Rules B/L act, COGSA 등	규율 법규 없음 해상화물운송장에 관한 CMI통일규칙 (CMI Uniform Rules for Sea Waybill) 만 있음.

(6) 복합운송선하증권(Combined Transport B/L)과 통과선하증권(Through B/L)

① 복합운송선하증권은 수출국의 화물인수 장소부터 수입국의 인도장소까지 문전 운송을 하고 해상, 육상, 항공 중 적어도 두 가지 이상의 운송수단을 사용하는 경우 발행되는 운송증권이다. 복합운송인이 발행한다.

② 통과선하증권은 최초의 운송업자가 전체 구간의 운송에 대해 발행하여 모든 책임을 지는 운송증권을 말한다.

(7) 기간경과선하증권(stale B/L)

기간경과선하증권이란 발급된 날로부터 너무 오랜 기간이 경과한 선하증권을 말한다. 신용장 통일규칙에는 선적 후 21일이 경과하면 Stale B/L로 간주하여 수리를 거절하도록 규정하고 있다.

보세창고도거래(BWT)에서는 물품을 수입지의 보세창고에 장치한 후에 매매계약이 체결되기 때문에 Stale B/L이 될 가능성이 높다. 이러한 경우에는 L/C상에 "Stale B/L Acceptable"이란 문언이 삽입되어야 한다.

(8) 제3자 명의 선하증권(third party B/L)과 Switch B/L

① 제3자 명의 선하증권은 주로 중계무역에서 활용되며, 선하증권 상 선적인이 통상 거래의 수익자이지만, 수출입거래의 매매당사자가 아닌 제3자(third party)가 선적인이 되는 경우가 있다. 이를 제3자 명의 선하증권이라 한다. 통상 신용장 양도 등에 의해 양도가능신용장 하에서 제2수익자의 명의로 선하증권이 발급되는 경우에 주로 사용되며 신용장 통일규칙에 의거하여 수리 가능하다.

② Switch B/L은 해외공급자(A)로부터 수하인(B)으로 물품을 공급받은 공급업자가 자신을 송하인(B)으로 하여 새로운 선하증권을 발급받아서 제3자(C)에게 해외에서 공급받은 사실을 숨기고 거래하게 될 때 주로 사용된다. 원 신용장(Master L/C) 네고를 위해서 해외 공급업자를 숨기고 자신을 선적인으로 하는 경우에 이용되고, 선하증권상에 Switch한다는 취지의 문구를 포함하고 있어서 Switch B/L이라고 한다.

(9) 용선계약선하증권(Charter Party B/L)

용선계약 선하증권은 용선계약 하에서 해상운송업을 영위하는 용선자가 운임을 지불하고 화물운송을 하기로 한 화주에게 발행해주는 선하증권이다.

통상 용선계약을 통한 임차선박인 경우 사용되며, 임차인(용선자)이 임차료를 체납하면 임대인(선주)은 용선계약에서 정한 바에 따라 항해중인 선박의 다음 기항지에 실린 화물도 동시에 압

류대상이 되기 때문에 이러한 위험으로 인해 은행은 Charter party B/L의 수리를 거절하게 된다. 하지만, 용선계약을 통해 운송하는 원유수송선과 육류, 어류, 채소 등 신선도를 중요시하는 경우 특수선박이므로 수송 관행상 용선계약이 불가피하다. 따라서 이러한 이용실태 및 운송환경을 고려하여 UCP600에서는 제22조에서 용선계약부 선하증권의 수리요건과 용선계약 심사의 내용을 제시하고 있다. 사실상 신용장 거래에서는 크게 사용되지 않는다.

5. 선박의 톤수

1) 용적톤수(Space Tonnage)

(1) 총톤수(Gross Ton)

선박의 밀폐된 내부 전체용적을 나타내며 $100ft^3$을 1톤으로 하되 기관실, 조타실 따위의 일부 시설물의 용적은 제외한다. 각국의 보유 선복량 표시, 관세, 등록세, 도선료 등의 부과 기준이 된다.

(2) 순톤수(N/T : net tonnage)

상행위에 직접적으로 사용되는 장소만을 계산한 용적으로 내부의 전체용적에서 선원실, 갑판 창고, 통신실, 기관실 따위를 제외한 부분을 톤수로 환산한 것이며, 톤세, 항세, 항만시설사용료, 운하통과료 등의 부과 기준이 된다.

(3) 배수톤수(displacement ton)

선박의 중량은 선체의 수면 아래 부분의 용적에 상당하는 물의 중량과 같다는 원리에서 나온 톤수를 말한다. 주로 군함의 크기를 표시하는 기준으로 사용된다. 화물의 적재상태에 따라 달라지기 때문에 만재중량톤이라고도 부른다.

(4) 재화중량톤수(DWT : dead weight ton)

선박이 적재할 수 있는 최대 중량으로서 선박의 매매, 용선료의 적용기준이 되는 톤수를 말한다. 한편 선박의 크기를 나타내는 용어로 Panamax, Post Panamax 등이 사용되기도 하는데 파나막스형 선박(Panamax type vessel)이라 하면 파나마 운하를 통과해서 운항할 수 있는 최대의 크기를 가진 선박을 말한다. 즉, 폭이 32.2m, 흘수가 12m 그리고 65,000DWT급의 선박이다. 포스트 파나막스형 선박(post Panamax type vessel)은 파나마 운하를 통행할 수 없는 초대형선을 말하는 것으로 선박 디자인 상의 제약이 없으므로 배의 폭을 넓혀 화물의 적재량을 늘릴 수 있으며 안정성과 하역효율이 높아지는 장점이 있다.

제2장 항공 및 철도운송

1. 항공운송의 의의

항공운송(Air Transportation)은 항공기를 이용하여 여객과 화물을 운송하고 국내외의 공항에서 공로(air rout)를 통해 다른 공항까지 운송하는 운송시스템을 말한다. 무역거래에서는 항공화물운송장(AWB)을 통해 수송이 되는 화물을 의미한다. 항공화물(air caego)은 항공기에 의해 수송되는 승객의 수하물과 우편물을 제외한 모든 물품을 뜻한다.

신속한 운송에 의한 교역이 증가하고, 항공산업과 비행기의 발전, 항공화물의 모듈화(컨테이너화), 지상조업의 자동화, 국제분업의 가속화 등이 항공운송의 점유를 점차 높여가고 있다.

2. 항공운송의 특성

과거에는 항공운송이 긴급화물, 특별화물에 사용된다는 경향이 있었지만, 항공화물운송은 대형 화물전용기가 출현하면서 정시성을 지닌 운송수단인 동시에 대량수송이 가능해지고, 단위당 운항원가의 절감 및 운임의 저렴화가 실현되었다.

항공운송의 장점과 단점은 아래와 같다.

항공운송의 장점	항공운송의 단점
운송시간이 짧음	해상운송에 비해 운임이 높음
해상운송에 비해 안전도가 높음	항공기 항복의 한계로 인해 대량의 물품수송이 어려움
화물의 손상, 분실, 조난 사고가 적어 보험료와 포장비 절감 가능	고중량 물품의 운송이 어려움
수요변화에 빠르게 대응할 수 있음	위험물 관련 제한이 많음
농수산물 등의 신선도를 유지할 수 있음	공항을 갖춰야 하므로 운송지역이 제한됨

[항공운송의 장-단점]

3. 항공운송의 운임결정

1) 일반화물요율(GCR : General Cargo Rate)

(1) 최저운임(M: Minimum Charge) : 화물운송에 적용할 수 있는 가장 적은 운임.
(2) 기본요율(N: Normal Rate) : 45kg 미만 화물에 적용되는 요율로 모든 화물 요율의 기본이 된다.
(3) 정량요율(Q: Quantity) : 항공화물의 요율은 일정 중량단계에 따라 다른 요율이 설정되며 중량이 높아짐에 따라 kg당 단위요율은 낮게 책정된다. 예를 들어 일반품목화물이 45kg 이상인 경우 45kg 이하의 요율보다 단위당 약 25%가 낮게 책정되어 있다. 중량단계별 할인요율이라고도 한다.

2) 특정 품목 할인요율(SCR: Specific Commodity Rate)

(1) 특정품목할인요율은 특정구간에서 특정품목에 대해 적용하는 요율로, 일반품목보다 낮게 적용하는 요율이다.
(2) 동일 물품이 반복적으로 운송되는 경우, 항공운송을 촉진하기 위해 일반품목보다 요율을 낮게 한다.
(3) SCR은 GCR(일반화물요율), CCR(품목분류요율)보다 우선 적용하고, GCR이나 CCR을 적용했을 때 더 낮은 요율이 산출되면 그 낮은 요율로 적용한다.

3) 품목분류요율(CCR: Commodity Classification Rate)

(1) 화물의 특성, 가격 등을 고려하여 몇 가지 특정 품목, 특정 지역 간에만 적용되는 요율.
(2) 대개 일반화물요율의 백분율에 의한 할증·할인으로 표시된다.

[품목분류요율에 따른 할인, 할증 요금 적용 물품]

할인요금 적용	신문, 잡지, 정기간행물, 서적, 카탈로그, 개인용품 등
할증요금 적용	금괴, 화폐, 산동물, 시체 등

4) 혼합요율

(1) 운임률이 다른 수종의 서로 다른 화물이 한 장의 항공화물운송장으로 운송될 때 적용되는 요율을 말한다.

(2) 혼합화물이 운송되는 경우 가장 높은 화물에 적용되는 운임요율을 적용하며 중량에 의한 할인 적용이 가능하다.

(3) 귀중품, 생동물, 시체, 외교행낭, 별송 수하물 등은 혼합 금지 품목이다.

5) 부대비용

(1) 취급수수료(Handling Charge) : 항공화물운송대리점이 화주를 위해 스케줄을 알려주고, AWB COPY를 전송해 주는 등 명목으로 화주에게 청구하는 비용

(2) 운송장 작성 수수료(Documentation Fee) : 항공사나 대리점이 화주를 대신하여 운송장을 작성할 때 수수하는 비용

(3) 항공화물취급수수료(Terminal Handling Charge) : 화물이 보세장치장에 반입되었을 때 창고에서 화주에게 부담시키는 화물조작료

(4) 착지불수수료(Collect Charge Free) : 항공화물 운임을 후불로 항공운송대리점에 지불할 경우 항공운송대리점이 환전 및 송금에 필요한 경비를 보전하기 위해 징구하는 요금.

(5) 위험물 취급수수료(Dangerous Goods Handling Fee) : 위험화물 운송에 대하여 항공사에서 부과하는 수수료

4. 항공화물 운송장(AWB)

1) 항공운송장의 의의

항공화물운송에서 해상운송의 선하증권에 해당하는 서류는 항공화물운송장(AWB : Airway Bill)과 항공화물탁송장(ACN : Air Consignment Note)이다. 전자는 헤이그의정서(1955)에서 인정하는 운송서류이고 후자는 바르샤바협약(1929)에서 인정하는 서류이다. 통상 항공화물운송장을 거론할 때, 양자를 통칭하는 개념으로 설명한다.

선하증권은 화물의 수령을 증명하는 영수증, 운송계약의 체결을 나타내는 운송계약의 증빙서류, 그리고 화물의 권리를 나타내는 권리증권의 기능을 동시에 갖고 있으나 항공화물운송장은 화물의 수령을 나타내는 영수증과 운송계약의 증빙서류의 기능만 갖는다.

즉, 항공화물운송장은,
(1) 운송 위탁된 화물을 접수했다는 영수증
(2) 운송계약 체결에 대한 문서상의 증명
(3) 요금계산서(Freight Bill)
(4) 송하인이 하주보험(AWB에 보험금액과 보험료가 기재됨)에 부보한 경우 보험가입증명서
(5) 세관신고서 및 화물운송의 지침서(취급, 중계, 배달 등)의 기능을 수행한다.

선하증권과 항공화물운송장을 비교하면 아래와 같다.

선하증권	항공화물운송장
유가증권, 권리증권	유가증권이 아닌 단순한 화물운송장
유통성(Negotiable)	비유통성(non-negotiable)

지시식	기명식
선적식(본선 선적 후 발행)	수취식(창고에서 수령하고 발행)
운송인이 작성	송하인이 작성하는 것이 원칙 (대부분 항공사 혹은 항공사의 권한 위임을 받은 대리점이 발행)

2) 항공화물운송장의 법적 성질

(1) 비유통성 : 신속한 운송을 통해 수입자(수하인)이 바로 받게 되며, 운송 중 전매의 필요성이 없기 때문에 양도성, 유통성이 없다.

(2) 지시증권 : AWB는 송하인이 운송인에게 운송계약의 이행에 필요한 지시를 하는 지시증권이다.

(3) 비권리증권(불완전 처분증권) : AWB는 비유통증권이므로, 수하인에게 완전한 처분권이 인정되지 않는다.

(3) 증거증권 : AWB는 유통성이 없으므로 유가증권이 아니며, 단순한 증거증권 또는 화물수령증에 해당한다.

3) 항공화물 운송장의 발행

항공화물운송장은 하주가 작성, 제출해야 함이 원칙이나 항공사나 항공사의 권한을 위임 받은 대리점에 의해 이행되는 것이 통상적이다. 대리점은 하주가 가져온 상업송장 등 선적서류와 화물운송 화주지시서에 의해 운송장을 발행하며 화물 전량을 인수한 후에 발행하는 것이 원칙이다.

바르샤바협약에 의하면 항공화물운송장은 송하인이 원본 3통을 작성하여 화물과 함께 항공운송인에게 교부하도록 규정하고 있다. 항공화물운송장은 원본 3장, 부본 6장으로 구성되는 것을 원칙으로 하나, 항공사에 따라서 부본을 5장까지 추가할 수도 있다.

[항공화물운송장 원본 3장]

제1원본은 운송인용(Carrier) - 녹색
제2원본은 수화인용(Consignee) - 적색
제3원본은 송화인용(Consignor) - 청색

5. 항공화물 운송장(AWB) 수리 기준 - UCP600 제23조

(1) 운송인의 명칭을 표시해야 하고, 운송인 또는 기명대리인의 서명이 있어야 한다.
(2) 물품이 운송을 위하여 인수되었다는 것을 표시해야 한다.
(3) 발행일을 표시해야 한다.
(4) 신용장에 기재된 출발공항과 도착공항을 표시해야 한다.
(5) 신용장이 원본 전통을 요구하더라도 송하인 또는 선적인용 원본을 제시하면 된다.
(6) 항공운송서류는 전 운송이 하나의 동일한 항공운송서류로 포괄된다면 물품이 환적될 예정이라거나 환적될 수 있다고 표시할 수 있다. 그렇게 표시된 항공운송서류는 비록 신용장이 환적을 금지하더라도 수리될 수 있다.

memo

제3장 국제복합운송

1. 국제복합운송의 의의

국제복합운송(multimodal transport or combined trasnport)은 화물이 인수된 한 국가 내에 있는 일정한 장소에서 다른 국가 내에 위치한 장소까지 복합운송인(MTO; multimodal transport operator)에 의해 적어도 두 개의 다른 운송 방식(항공기, 선박, 기차, 트럭 등)으로 운송되는 것을 말한다.

컨테이너 등의 포장용기 개발 및 발달과 수송기술과 장비의 혁신으로 인해 과거 Tackle to Tackle 운송개념이 CY to CY 개념에서 나아가 Door to Door라는 운송형태로 발달되어 복합운송은 전 수송을 신속하고 효율적으로 수송할 수 있게끔 해주는 매우 중요한 운송방식이다.

명칭	운송연결형태
Piggy-back	철도-트럭
Fishy-back	해상-트럭
Birdy-back	항공-트럭
Truck-air	트럭-항공
Rail-Water	철도-수로
Ship-barge	선박-부선
Sea-air	해상-항공
Sky-rail	항공-철도

[국제복합운송의 연결형태]

2. 국제복합운송의 특징

1) 비용 절감 : 환적작업검사, 사무수속 등 운송과정에서 발행하는 관련 작업 비용들을 절약할 수 있으며, 작업흐름의 원활화 및 하역생산성 향상 역할을 한다.

2) 서류단순화 : 수송수속이 간소화되므로 관련 화물서류의 취급과 처리가 단순화된다.

3) 화물추적 용이 : 복합운송업자가 일괄운송을 하기 때문에 여러 운송수단이 사용되는 복합운송 중에도 화물의 추적이 용이하다.

4) 운송책임 일원화 : 복합운송업자에 의한 일괄 운송업무 수행으로 운송책임의 일원화가 가능케 된다. 운송관련 클레임의 처리도 일원화 되어 관리된다.

3. 운송주선인 & 무선박운송인

1) 운송주선인(Freight Forwarder)

(1) 의미 : 운송을 위탁한 고객을 대신하여 화물을 인수하여 화주가 요구하는 목적지까지 운송해 주는 복합운송인.

(2) 기능
㉠ 일괄운송책임 : 운송주선인이 상대방 국가의 운송주선인과 파트너십을 체결하여 전 운송구간에 걸쳐 일괄운송 서비스를 제공.
㉡ 소량화물의 혼재 : LCL Cargo를 집화하여 컨테이너에 혼재하거나 운송인에게 운송의뢰하는 기능을 수행한다.

(3) 주요업무 : 화물인수도, 운송수배, 운송서류 작성, 창고 보관, 보험수배, 화물의 통합·혼재, 화물관리, 배송 등의 업무를 수행한다.

2) 무선박운송인(NVOCC:Non Vessel Operation Common Carrier)

스스로 운송수단을 보유하지 않거나 직접 선박을 운항하지 않는 운송주선인이 복합운송인이 되어 여러 실제 운송인을 하청운송인으로서 이용하는 방식을 말한다.

4. 국제복합운송의 주요경로 *

1) ALB(American Land Bridge)

해상과 육상을 연계하여 운송하는 복합운송의 형태로, 미국 대륙을 육로로 다리(혹은 육교)처럼 이용하는 Land Bridge의 일종이다.

극동의 항구에서 미국 서안의 항구(LA, 시애틀, 오클랜드 등)까지 해상운송하고, 거기서 미국 동부의 대서양 연안 항구(뉴욕, 보스턴, 필라델피아 등)까지 대륙횡단철도로 육상운송을 한 후, 다시 선박을 통하여 유럽까지 해상운송을 하는 형태이다.

2) MLB(Mini Land Bridge)

ALB의 개설과 병행하여 개시되었지만, ALB와의 차이점은 해상-육상-해상이 아닌 해상-육상의 과정만으로 목적지에 도달한다는 점이다. 동아시아에서 해상운송을 통해 미국의 서부 연안(LA, 시애틀, 오클랜드, 롱비치 등)에 도착하고 미국 대륙횡단철도를 통해 미국 동부에 도착, 목적지가 대서양을 건너는 것이 아니라는 점이 아메리카 랜드브릿지와 차이점을 가진다. 북미동안

* 관련 그림은 강의시 별도 제공.

의 대서양만 혹은 걸프지역 항만(미 동안 지역 최종지의 철도회사)까지 수송한다.

3) IPI(Interior Point Intermodal: MCB; Micro Land Bridge)

동아시아에서 미국 서부 연안까지 해상운송하고 철도나 트럭으로 미국 내륙지역을 운송한다. MLB(Mini Land Bridge)와는 대조되는 개념이다. MLB는 항구에서 항구로(PORT TP PORT) 운송인 반면에 IPI는 항구에서 도시로(PORT TO POINT) 운송이며, 트럭을 이용해 내륙 곳곳을 운송한다.

4) SLB(Siberian Land Bridge)

SLB운송은 극동지역에서 유럽과 중동의 화물을 러시아의 극동항구인 보스토치니 항으로 수송하고, 이후에 시베리아 서부국경에서 유럽지역이나 반대 루트로 운송하는 해상-육상 또는 해상-육상-해상의 형태로 연결하는 복합운송시스템이다.

5. 복합운송서류

복합운송서류(Multimodal Transport Document)는 복합운송계약에 따라 복합운송인이 화물을 자신의 관리하에 수취하였다는 것 및 그 계약조건에 따라 이를 인도할 의무를 부담함을 증명하는 서류이다(UN국제물품복합운송협약 제1조 4항).

또는 복합운송계약을 증빙하는 서류이며 유통성 또는 비유통성 서식으로 발행할 수 있다. (UNCTAD/ICC 규칙 제 2조 6항) 결론컨대, 복합운송서류란 선박, 철도, 항공기 또는 자동차에 의한 운송방식 중 적어도 두 가지 이상의 운송방식의 결합에 의해 물품의 수탁지와 인도지 간에 이루어지는 복합운송에 관한 계약을 증명하는 서류이다.

복합운송서류는 유통성 복합운송서류(negotiable)이지만 비유통성(non-negotiable)으로도 발행될 수 있다. 유통성 복합운송서류는 지시식(to order)과 소지인식(bearer)으로 구분된다.

복합운송서류가 국제법규에 따라 유통성을 갖도록 발행될 수 있지만 이것이 전통적인 선하증권과 같이 유가증권적 기능을 갖는지는 불투명하다. 따라서 "Multimodal Transport Document"를 번역함에 있어, '복합운송증권'보다는 '복합운송서류'라고 표현하는 경우가 많다.

복합운송서류가 유통성을 지닐 경우,
1) 지시식 또는 소지인식으로 되어야 하며,
2) 지시식으로 발행된 경우 배서에 의해 양도가 가능하며,
3) 무기명식으로 발행된 경우는 배서 없이 양도할 수 있다.

복합운송서류가 비유통성으로 발행된 경우, 1) 지정된 수하인이 기명되어야 하며, 2) 복합운송인은 증권에 지정된 수하인 또는 수하인으로부터 정당하게 지시받은 당사자가 아닌 그 밖의 사람에게 인도할 의무가 없다.

신용장통일규칙에는 복합운송서류의 수리요건을 규정하고 있지만 운송주선인이 발행한 운송서류는 freight forwarder가 운송인이나 복합운송인 또는 그들의 대리인 자격으로 발행한 경우에 한하여 은행에서 수리하도록 규정하므로 freight forwarder가 발행한 모든 운송서류가 수리가능한 복합운송서류가 아님을 유의해야 한다.

제6부

해상보험

제1장 해상보험의 의의

1. 보험의 의의

보험(insurance)이란 동일한 사고 발생의 위험 하에 놓여 있는 다수인이 그 사고로 인한 손해를 보상받기 위하여 통계적 기초에서 산출된 금액을 미리 갹출(醵出)하여 자금을 만들어 두고, 사고가 실제로 발생했을 때 이 자금으로부터 소정의 보상을 받는 제도를 말한다.

2. 해상보험의 의의

해상보험(marine insurance)이란 해상위험(maritime perils)으로 인한 선박과 화물의 손해를 대비하여 선박과 화물에 이해관계를 갖는 다수인이 분담금을 갹출하여 공통준비재산을 형성하고, 다수인 중에 해상위험으로 인하여 경제적 손해를 입은 자가 있다면 공통준비재산으로 이를 보상할 것을 정한 경제제도라고 정의할 수 있다.

또한, 해상보험이란 해상사업에 관한 사고(해상위험)로 인하여 생길 손해를 보상할 것을 목적으로 하는 보험으로, 해상사업과 관련되는 사고로 인한 선박이나 화물의 손해를 부담하기 위하여 이용되는 것이다.

1) 위험(peril, risk, hazards)과 손해(loss, damage)

위험은 손해를 초래할 사고 발생의 가능성을 말하고, 해상에서의 위험은 해상위험(maritime perils)이라 하고 보험자가 담보하는 위험은 담보위험(risk coved), 보험자가 담보하지 않는 위험은 부(비)담보위험 혹은 면책위험(exclusions)이라고 한다.

손해는 위험의 발생으로부터 시작되어 피보험목적물의 전부 또는 일부가 멸실·손상을 입는 것을 말하며, 보험자가 보상하는 보상손해와 보험자가 보상하지 않는 면책손해가 있으며, 담보위험과 인과관계에 따라 직접손해와 간접손해로 구분된다.

2) 담보(to cover)와 부보(insure, effect, cover)

담보는 보험자가 피보험자의 재산상의 손해 발생 시, 그 손해를 보상한다는 약속이다. 즉, 보험자가 손해발생의 가능성인 위험에 대하여 계약에 따른 책임을 약속한다는 의미이다. 이러한 책임은 보상 혹은 전보(to pay)라고도 부른다.

부보는 어떤 상품을 보험에 붙인다는 의미로, 통상 보험계약을 체결한다는 것을 '부보'라고 지칭한다.

3. 해상보험의 종류

해상보험은 크게 적하보험, 선박보험, 배상책임보험, 운임보험 등 네 가지로 구분된다.

1) 적하보험

적하보험(Cargo Insurance)은 국제운송(해상, 항공, 육상) 중 수반되는 각종 위험으로 인한 화물의 물적 손해, 비용 손해, 책임손해를 보상한다. 특히 국제운송 중 화물사고 발생시 화주는 운송인에게 손해배상을 청구할 수 있으나, 운송계약서인 선하증권(B/L)에서 각종 면책사유를 규정하고 있고, 운송인의 귀책사유로 인한 손해라고 하더라도 일정 금액으로 책임이 제한된다. 따라서 화주가 화물손해의 전액을 보상받기 위해서는 적하보험의 가입이 필수적이다.

2) 선박보험

선박보험 또는 선체보험(Hull & Machinery Insurance)은 해상운송 중 발생된 선박의 물적 손해와 비용 손해를 보상한다.

3) 배상책임보험

해상보험에 의해 인수되는 배상책임보험(Liability Insurance)은 선박보험의 일부인 충돌배상책임보험과 P&I 보험으로 다시 구분된다.

(1) 충돌배상책임보험(Collision Liability Insurance)

선박보험에 포함되는 충돌배상책임보험은 선박충돌사고로 인하여 상대선박에게 지급해야 하는 손해배상금을 특정 한도(선박보험상 협정보험가액)까지 보상한다.

즉 선박보험증권상 '3/4 충돌배상책임약관'(3/4 Collision Liability Clause)에 의하여 피보험선박이 상대선박 또는 그 선박에 적재된 화물에 손상을 야기한 경우에 선주의 법률상 배상책임의 3/4 까지 보상된다.

그러나 이 약관은 상대선박과 그 화물에 대한 충돌 손해만을 보상하며, 상대선박및 그 선박에 적재된 화물의 제거 비용, 선원 및 여객의 상해와 사망, 유류오염 등으로 발생하는 법률상 배상책임은 보상하지 않는다.

(2) 선주책임상호보험(P&I Insurance)

통상 P&I 보험이란 불리는 선주책임상호보험은 선박보험이 보상하지 않는 비용손해 및 제 3자에 대한 배상책임을 담보 받기 위하여 선주들이 운영하는 비영리의 상호보험을 말한다. 따라서 P&I 보험은 선주들의 상호보험조합인 P&I Club에 의해 인수된다.

P&I 보험에서 Protection(보호)이란 선박보험증권상 3/4 충돌배상책임약관에서 보상되지 않는 손해를 보상하는 것을 말하며, Indemnity(배상)이란 화물손해 발생시 화주에 대한 운송인으로서 해상운송계약상 손해배상책임을 보상하는 것을 말한다.

4) 운임보험

운임보험(fright insurance)이란 해상운임을 보험목적물로 하는 보험으로서 선박이 해난사고로 인하여 항해를 중단하거나 포기하는 경우에 그 사고가 발생하지 않았더라면 취득하였을 선주의 운임을 보상해 주는 보험이다.

운임은 다음과 같이 선지급운임과 후지급운임으로 대별된다. 첫째, 선지급운임인 경우 선하증권에 최종목적지까지 화물을 운송하지 못하였다고 하더라도 선지급된 운임은 반환되지 않는다는 조항을 명시하고 있으므로 화주가 운임보험에 가입할 필요가 있다. 그러나 통상 화주는 적하보험 부보시 보험금액을 CIF 가격의 110%로 가입하기 때문에 화주의 운임손실위험은 적하보험에서 담보된다. 둘째, 후지급운임인 경우 항해중단으로 인한 운임손실위험을 선주가 부담하므로 선주가 운임보험에 가입하게 된다. 운임보험은 별개의 운임약관이 포함된 해상보험증권으로 인수되기도 하지만, 통상 선박보험약관에 포함되어 있다.

4. 해상보험의 국제성

해상보험은 바다를 통하여 국제적으로 활동하는 해운업자 또는 무역업자 등이 이용하는 보험이므로 자연히 국제성을 갖는다. 따라서 해상보험실무에서는 세계적으로 영국의 런던보험자협회(Institute of London Underwriters : ILU)가 제정한 보험증권과 협회약관이 사용되고 있다. 한편 런던보험자협회는 1998년부터 런던국제보험인수협회(International Underwriting Association of London :IUA)라는 명칭으로 변경되었다.

이러한 보험증권 및 협회약관에는 영국법을 준거법으로 한다는 영국법준거약관이 삽입되어 있다. 우리나라 대법원은 이러한 영국법준거약관이 유효한 것으로 보고 있다(대법원 1991.5.14 선고 90 다카 25314 판결). 따라서 해상보험에 있어서는 우리나라 상법보다 영국해상보험법(Marine Insurance Act, 1906 ; 이하 MIA)과 판례법인 보통법이 더 중요한 법원(法源)이 된다.

그러나 선박보험에서 사용되는 준거법약관과 적하보험에서 사용되는 준거법약관이 그 내용상 차이가 있다는 점에 주의해야 한다.

선박보험의 준거법약관은 '이 보험은 영국의 법률 및 관습에 따른다(This insurance is subject to English law and practice)'라고 되어 있어 영국법이 당해 보험에 관한 모든 법률문제의 준거법이 된다.

적하보험의 준거법약관은 이 보험증권에 포함되어 있거나 또는 이 보험증권에 첨부되는 어떠한 반대되는 규정이 있음에도 불구하고, 이 보험은 일체의 보상청구에 대한 책임 및 정산에 관하여 영국의 법률과 관습에 따른다(Notwithstanding anything contained herein or attached hereto to the contrary, this insurance is understood and agreed to be subject to English law and practice only as to liability for and settlement of any and all claims)고 되어 있어 영국법이 적용되는 범위가 보험금청구에 대한 보상책임의 유무와 지급방법에 관한 사항으로 제한되어 있다.

> ※ **영국 해상보험법**(Marine Insurance Act, 1906)
> 영국은 불문법 내지 판례법 국가이다. 따라서 영국에서는 별도의 성문법이 없고 법원에서 내려진 판례나 관습이 곧 법이 된다. 영국의 판례법을 흔히 보통법(common law)이라 하고, 상인들간의 관습법을 상관습법(law merchant)이라고 한다.
> 그런데 영국은 해상보험에 관해서는 예외적으로 성문법을 규정하고 있는 바, 이것이 MIA라고 하는 1906년 해상보험법이다. MIA는 영국에서 근대 해상보험이 발달하기 시작한 17세기 말부터 축적된 약 20000여 개의 해상보험 관련 판례들과 관습을 정리하여 성문법화한 것이다.
> MIA는 총 94개조의 본문을 두고, 제 1 부칙(First Schedule)으로서 로이즈보험증권(Lloyd's S.G.Policy) 표준양식과 보험증권해석에 관한 규칙(Rules for Construction of Policy : R.C.P.) 17개조를 첨부하고, 제 2 부칙(Second Schedule)으로서 폐지되는 법률들을 열거하는 체제를 갖추고 있다.
> 그러나 MIA라는 성문법이 있다고 하더라도 법규가 흠결된 부분에 대해서는 여전히 보통법과 상관습법이 적용된다. 즉 MIA 제 91조 제 2항에서 상관습법을 포함하여 보통법상 원칙들은 이 법의 명시적 규정에 저촉되지 않는 한, 계속 해상보험계약에 적용된다.

제2장 해상적하보험

1. 해상적하보험계약의 개념

해상적하보험계약이란 보험자(the insurer, the assurer, the underwriter)가 피보험자(the insured, the assured)에게 해상위험(maritime perils)으로 인한 보험목적물(the subject matter insured)인 화물의 해상손해(marine loss)를 보상할 것을 약속하고, 피보험자는 보험자에게 보험료(premium)를 지급할 것을 약속함으로써 성립하는 계약이다.

해상적하보험계약은 해상운송위험에 대비하기 위하여 매매계약 당사자 중 그 위험을 부담하는 자가 가입한다. 그런데 해상적하보험계약은 문자 그대로 해상운송위험만을 담보하는 것이 아니라 해상항해에 수반되는 육상운송위험까지 담보한다. 또한 항공운송 위험도 별도의 약관이 존재하기는 하지만, 해상적하보험증권에 의하여 인수된다. 따라서 무역화물보험이라 하면 해상적하보험을 가리킨다고 이해하면 된다.

2. 해상보험계약의 법적 성격

1) 낙성계약(Consensual Contract)
- 보험계약은 당사자 간 의사표시의 합치만으로 성립

2) 쌍무계약(Bilateral Contract)
- 보험계약자(보험료 지급의무를 부담), 보험자(보험금 지급의무)

3) 유상계약(Remunerative Contract)
- 보험자(피보험자의 손해를 금전적 보상 확약), 보험계약자(보험금의 대가로 보험료 지급)

4) 불요식계약(Informal Contract)
- 보험계약의 성립은 당사자 간 합의 외에는 별도의 형식을 필요로 하지 않음.

- 보험계약이 체결되면 보험증권이 작성되어 교부되지만 이는 계약 성립의 결과로 보험자가 이행할 의무이므로 요식계약으로 보지 않는다.

5) 부합계약(Contract of adhesion)
- 보험자는 다수의 계약자와 별도의 개별 계약을 체결하기 어려움
- 보험자가 작성한 증권상 인쇄된 약관을 제시하고 보험계약자가 이를 승인함으로써 계약 성립.

6) 사행계약(Aleatory Contract)
- 피보험자는 불확실한 사고의 발생 여부에 따라 보상을 받거나 보험료 상실

7) 독립계약
- 보험계약은 민법상 일반적인 계약범주에 속하지 않는 무명계약이며 독립계약.

8) 계속계약(Continuing Contract)
- 보험자의 보험금 지급은 보험 기간 이내에 발생한 보험사고에 대해 이루어짐.
- 보험기간 동안 계속하여 존재, 보험계약 관계가 지속.

9) 선의계약(Contract of Utmost Good Faith)
- 보험계약은 최대 선의에 기초를 둔 계약.
- 보험계약 체결 시 보험계약자는 보험목적물의 위험이나 성질에 영향을 주는 중요한 사실을 보험자에게 고지해야 하는 의무를 부담.

10) 유한책임계약
- 해상사고 발생 시 보험자는 보험계약에서 제시된 보험금액을 한도로 피보험자에게 보험금을 지급.

3. 해상적하보험계약의 성질과 해상적하보험증권

해상적하보험계약은 보험자와 피보험자의 합의에 의하여 성립하는 낙성계약이다. 또한 피보험자의 보험료 지급과 보험자의 보험금 지급이 서로 대가관계에 있으므로 유상계약이고, 계약 당사자가 서로 보험료 지급채무와 보험금 지급채무를 진다는 점에서 쌍무계약이다. 한편 실무상 보험계약이 체결되면, 보험계약의 내용이라 할 수 있는 적하보험약관이 첨부된 해상보험증권(Marine Insurance policy)에 보험자가 일방적으로 서명하여 피보험자에게 교부하게 되므로 해상적하보험계약은 부합계약이다.

1) 해상보험증권

(1) 보험증권(Insurance Policy)이란, 그 기재사항이 법정되어 있는 요식증권으로서 보험계약이 성립한 후 그 계약의 내용을 증명하기 위해 보험자가 기명날인 또는 서명하여 보험계약자에게 발행하는 증서를 말한다.

(2) 해상적하보험증권은 지시식으로 발행되는 경우에 유가증권성을 인정하는 것이 일반적이며, 또한 배서에 의하여 양도할 수 있는 유통증권으로 인정된다.

(3) 우리나라에서 사용되고 있는 적하보험증권은 런던보험자협회가 제정하고 런던의 해상보험 회사들이 사용하는 양식으로 회사용 합동보험증권을 모방해서 작성한 것이다.

(4) 영국에서 1982년 이전까지 사용되었던 구적하보험증권(S.G.Policy)은 문장과 용어가 난해하고 고어체로 되어 있으며, 약관 구성이 복잡하게 되어 있어 실무적으로 이용하는데 크게 불편하였다. 따라서 1928년 신적하보험증권이 제정되었고, 동시에 신적하보험증권과 함께 사용할 것을 전제로 하여 적하보험약관도 개정되었다.

(5) 현재 우리나라에서는 두 가지 적하보험증권이 함께 사용되고 있으며, 최근에는 사무비 절감을 위하여 하나의 보험증권에 신구 적하보험증권의 내용을 통합하여 사용하는 경우가 많다.

2) 기재사항

(1) 피보험자의 성명(Name of assured)
(2) 선적항과 도착항(Port of Shipment & Destination)
(3) 선박명(Name of Vessel)
(4) 출항예정일(Sailing Date)
(5) 보험금액(Insured amount)
(6) 보험의 목적물(Subject-Matter Insured)

3) 본문약관

과거 Lioyd's 해상보험증권에서는 해상보험의 기본원리가 본문약관에 거의 구현되었다. 그러나 신 양식에서는 협회약관 중심으로 해상보험계약이 체결되고 본문에는 몇 가지 약관만 인쇄되었다.

(1) 준거법약관

모든 해상보험의 클레임에 대한 보험자의 책임유무와 클레임의 정산에 관한 사항은 영국의 법률과 관습에 따르도록 규정한 약관

(2) 타보험약관(Other Insurance Clause)

다른 보험과 중복관계에 있는 경우 다른 보험증권에 의하여 보상될 금액을 공제한 나머지 손해부분만 보상한다는 내용이다.

(3) 약인약관(Consideration Clause)

보험료(Premium)를 지급하여야만 보험금(claim)을 지급받을 수 있음을 규정한 약관.

(4) 선서약관(Attestation Clause)

보험증권 제일 끝에 보험자, 즉 해상보험의 이름, 보험증권의 발행 연월일, 작성지 등이 기재되고 계약체결의 증거로서 보험회사 책임자가 보험증권에 서명하였음을 나타내는 약관.

(5) 중요약관(Important Clause)

클레임 발생시 피보험자가 취해야 할 각종 조치 및 절차 등을 일괄규정한 약관(Red line clause)

4. 협회적하약관

1) 협회적하약관의 배경과 의의

(1) 구협회적하약관의 배경

해상보험은 1779년 런던보험시장에서 채택된 Lioyd's S.G Policy(로이드 보험증권양식)이 사용되었으나, 어려운 구용어로 되어 있고, 담보위험체계가 다소 복합하게 구성되어 있었으며, 현실과 맞지 않는 부분들이 많았기 때문에 1912년 Lioyd's S.G policy에 첨부하여 특별약관을 제정하였는데 그것이 현재의 협회적하약관이다.

1982년 협회적하약관의 도입 이후 보험시장의 복잡성과 무역운송관행의 변화, 테러의 위협, 해상 사기(maritime fraud)의 증가 등을 반영하여 새로운 협회적하약관의 필요성이 대두되어 국제언더라이팅협회(IUA)와 로이즈시장협회(LMA)가 공동으로 개정작업을 진행하여 2009년 1월 1일자로 새로운 신협회적하약관을 공표하였다.

(2) 신협회적하약관의 배경

개정된 ICC(A);구약관 A/R(All Risks clause)과 유사, ICC(B);구약관 WA(With Average clause)와 유사, ICC(C);구약관 FPA(Free from Particular Average clause)와 유사 조건은 8개의 그룹약관, 19개의 개별약관으로 구성되어 있으며, 제1조(위험약관), 제4조(일반면책약관), 제6조(전쟁면책약관)만 다르고 기타조항은 내용이 동일하다.

제1조(위험약관)에서는 포괄위험담보주의(ICC A), 열거책임주의(ICC B,C)의 개념에 차이가 있다.

제4조(일반면책약관)에서는 ICC(A)에서는 면책위험으로 규정하지 않은 "일체의 사람들에 의한 악의적손해(malicious damages)"가 ICC(B)와 ICC(C)에서는 면책위험으로 규정되어 있다는 점의 차이가 있다.

제6조(전쟁면책약관)은 구보험증권에서 전쟁위험으로 취급하던 해적위험을 해상위험으로 취급하면서 ICC(A)에서는 "piracy except(해적행위 제외)"라고 규정되어 담보위험으로 처리된다. 하지만 ICC(B)와 ICC(C)에서는 이러한 문구가 없기 때문에 여전히 면책위험으로 처리된다는 점에 차이가 있다.

전체적으로, 2009년 협회적하약관은 1982년 협회적하약관과 비교하여 제7조의 동맹파업약관상 테러리즘 면책의 신설을 제외하고는 포장불충분면책과 선사도산위험 면책 등 면책범위가 피보험자에게 유리하도록 축소·개선되었고 불감항 및 부적합면책약관, 운송약관, 항해변경약관 등도 피보험자에게 유리하게 개정되었다.

2) 주요 개정 사항

(1) 일반면책약관(제4조)의 개정
① 포장의 불충분·부적합 면책(제4조 3항) 개정

㉠ 컨테이너와 같이 사용되던 리프트밴(liftvan)이 삭제되었다.
㉡ 컨테이너에의 적부 당사자 중에서 사용인이라는 의미의 'servants'라는 고어체를 'employees'로 대체하고, 여기에는 '독립계약자(independent contractors)'는 포함되지 않는 것으로 변경되었다.
㉢ 포장의 충분성이나 적합도의 판단기준을 명확히 하기 위하여 'to withstand the ordinary incidents of the insured transit(피보험운송의 통상적인 우발사고를 견딜수 있는)'이라는 문구가 추가되었다.

② 선사도산위험 면책(제4조 6항) 개정

㉠ 1982년 협회적하약관 하에서 보험자는 선주도산 등으로 발생하는(arising from) 손해에 대하여 면책이었으나, 2009년 협회적하약관 하에서는 선주도산 등에 기인하는(caused by) 손해에 대해서만 면책되었다.
㉡ 1982년 협회적하약관 하에서는 어느 경우이든 선사도산 등의 결과로서 발생하는 손해는 면책이었다. 그러나 2009년 협회적하약관 하에서는 보험목적물의 적재시점에서 선사도산이나 재정상의 궁핍이 정상적인 항해수행을 중단시킬 수 있다는 사실을 피보험자가 알고 있거나 또는 통상적인 업무과정에서 당연히 알고 있어야 할 경우에만 면책되었다.

③ 동맹파업면책약관(제7조)의 개정

㉠ 모든 테러리스트를 '테러리즘의 모든 행위(any act of terrorism)'에 의한 화물손해에 대하여 면책되는 것으로 변경하였고, 테러리즘의 행위에 대한 정의도 추가되었다.
㉡ 치적 동기로 행동하는 모든 자를 '정치적·이념적·종교적 동기에 의해 행동하는 모든 자(any person acting from a political, ideological or religious motive)'로 확대·변경되었다.

④ 운송약관(제8조)의 개정

㉠ 보험기간의 시기는 '보험목적물이 운송차량 또는 기타운송용구에 지체없는 적재를 위해 처음 이동될 때(the time the subject-matter insured is first moved for the purpose of the immediate loading into or onto the carrying vehicle or other conveyance)'로 변경되었다.
㉡ 보험기간의 종기는 '최종창고에서 또는 창고 안에서 운송차량 또는 기타 운송용구로부터 양하가 완료될 때(on completion of unloading from the carrying vehicle or other conveyance in or at any other warehouse)'로 변경되었다.
㉢ 보험기간의 종기사유(제 8조 1항 3호)가 추가 - 피보험자 또는 그 사용인들이 통상 운송과정이 아닌 보관을 위하여 운송차량, 기타 운송용구, 여하한 컨테이너를 이용하기로 선택한 때(when the assured or their employees elect to use any carrying vehicle or other conveyance or any container for storage other than in the ordinary course of transit)에 보험은 종료된다.

3) 구협회적하약관의 구성

SQ	I.C.C. (ALL RISKS)	I.C.C. (WA)	I.C.C. (FPA)
1	[운송약관] Transit Clause		
2	[운송종료약관] Termination of Adventure Clause		
3	[부선약관] Craft & C. Clause		
4	[항해변경약관] Change of Voyage Clause		
5	All Risks Clause 전위험약관	With Average Clause 분손담보약관	F.P.A. Clause 분손부담보약관
6	[추정전손약관] Constructive Total Loss Clause		
7	[공동해손약관] G.A. Clause		
8	[감항성 승인 약관] Seaworthiness Admitted Clause		
9	[수탁자 약관] Bailee Clause		
10	[보험이익불공여약관] Not to Inure Clause		
11	[쌍방과실충돌약관] Both to Blame Collision Clause		
12	[포획나포부담보약관] F.C.& S. Clause		
13	[동맹파업폭동소요부담보약관] F.S.R.& C.C. Clause		
14	[신속조치약관] Reasonable Despatch Clause		
15	[유의사항]Note		

구협회적하약관에서는 운송 중 발생한 포획·나포로 인한 손해를 보험자가 보상하지 않는 제12조 포획·나포·부담보 약관과 동맹파업, 폭동·소요 등과 관련된 손해를 보험자가 담보하지 않는

제13조 동맹파업 소요폭동 부담보 약관에 의해 해당 위험은 보험자의 면책으로 인정하고 있다.

이 외에도 구협회적하약관에서는 아래와 같은 손해는 보상하지 않는다.

㉠ 피보험자의 고의적인 불법 행위에 의한 손해
㉡ 화물 고유의 하자 또는 성질에 의한 손해
㉢ 자연 감량, 통상의 누손 등 위험요건을 구비하지 않은 사유에 의한 손해
㉣ 항해 지연으로 인한 손해
㉤ 화물의 포장 불량으로 인한 손해

4) 신협회적하약관의 구성과 특징

(1) 보험증권의 단순화
구 증권에서 사용하던 어려운 용어들을 이해하기 쉽게 변경하였고, 위험의 구분과 구성을 간결하게 변경하였다.

(2) 담보기준의 변경
ICC(A)는 포괄책임주의로 ICC(B), ICC(C)는 열거책임주의로 단순화되었다.

(3) 약관수의 증가
구 약관은 총 15개(Note; 유의사항 포함)가 총 19개의 조항으로 증가하였다.

(4) 소손해 면책조항(Franchise Clause)의 삭제

(5) 담보위험을 제1조에 열거하고 면책위험을 제4조~제7조로 열거하면서 담보위험과 면책위험의 구분을 명확하게 하였다.

[신협회적하약관의 구성]

구 분	약 관 명
담보위험 (Risks Covered)	1조 : 위험약관(Risks Clause) 2조 : 공동해손조항(General Average Clause) 3조 : 쌍방과실충돌조항(Both to Blame Clause)
면책조항 (Exclusions)	4조 : 일반면책약관(General Exclusion Clause) 5조 : 불내항성, 부적합성 면책약관(Unseaworthiness and Unfitness Exclusion Clause) 6조 : 전쟁면책약관(War Exclusion Clause) 7조 : 동맹파업 면책약관(Strikes Exclusion Clause)
보험기간 (Duration)	8조 : 운송약관(Transit Clause) 9조 : 운송계약종료약관(Termination of Contract of Carriage Clause) 10조 : 항해변경약관(Change of Voyage Clause)
보험금청구 (Claims)	11조 : 피보험이익약관(Insurable Interest Clause) 12조 : 계반비용약관(Forwarding Charges Clause) 13조 : 추정전손약관(Constructive Clause) 14조 : 증액약관 (Increased Value Clause)
보험이익 (Benefit of Insurance)	15조 : 보험이익불공여약관(Not to Insure Clause)
손해경감 (Minimizing Loses)	16조 : 피보험자의무약관(Duty of Assured Clause) 17조 : 포기약관(Waiver Clause)
지연의 방지 (Avoidance of Delay)	18조 : 신속조치약관(Reasonable Despatch Clause)
법률 및 관례 (Law and Practice)	영국법률 및 관례약관(English Law and Practice Clause)

5) 신협회적하약관의 내용

시험의 출제내용을 고려하여 ICC(A)와 ICC(B), ICC(C)에서 내용의 차이가 있는 제1조 위험약관, 제4조 면책약관, 제6조 전쟁면책약관과 제7조 동맹파업면책약관 내용을 기준으로 살펴보기로 한다.

(1) 제1조 위험약관과 제4조 면책약관

제1조 위험약관 - ICC(A)

> **제1조 위험약관 - ICC(A)**
>
> 제1조 이 보험은 다음의 제4조, 제5조, 제6조 및 제7조에 규정된 사유를 제외하고 보험의 목적의 멸실 또는 손상에 관한 일체의 위험을 담보한다.
>
> **제1조 위험약관 - ICC(B)**
>
> 제1조 이 보험은 다음의 제4조, 제5조, 제6조 및 제7조에 규정된 사유를 제외하고 다음의 멸실 또는 손상에 관한 위험을 담보한다.
> 1.1 다음의 사유에 합리적으로 기인하는 보험의 목적의 멸실 또는 손상.
> 1.1.1 화재 또는 폭발.
> 1.1.2 본선 또는 부선의 좌초, 膠沙, 침몰 또는 전복.
> 1.1.3 육상운송용구의 전복 또는 탈선.
> 1.1.4 본선, 부선 또는 운송용구와 물 이외의 他物과의 충돌 또는 접촉.
> 1.1.5 조난항에서의 양하.
> 1.1.6 지진, 화산의 분화 또는 낙뢰.
> 1.2 다음의 사유에 기인하는 보험의 목적의 멸실 또는 손상.
> 1.2.1 공동해손희생.
> 1.2.2 투하 또는 갑판 유실.
> 1.2.3 본선, 부선, 선창, 운송용구, 컨테이너, 지게차 또는 보관장소에 해수, 호수 또는 하천수의 침입.
> 1.3 본선 또는 부선으로의 선적 또는 하역작업 중에 바다로의 낙하 또는 갑판상에 추락한 포장단위 전손.
>
> **제1조 위험약관 - ICC(C)**
>
> 제1조 이 보험은 다음의 제4조, 제5조, 제6조 및 제7조에 규정된 사유를 제외하고 다음의 멸실 또는 손상에 관한 위험을 담보한다.
> 1.1 다음의 사유에 합리적으로 기인하는 보험의 목적의 멸실 또는 손상.
> 1.1.1 화재 또는 폭발.
> 1.1.2 본선 또는 부선의 좌초, 膠沙, 침몰 또는 전복.
> 1.1.3 육상운송용구의 전복 또는 탈선.
> 1.1.4 본선, 부선 또는 운송용구와 물 이외의 他物과의 충돌 또는 접촉.
> 1.1.5 조난항에서의 양하.
> 1.2 다음의 사유에 기인하는 보험의 목적의 멸실 또는 손상.
> 1.2.1 공동해손희생.
> 1.2.2 투하

✅ ICC(A) clause는 아래의 면책조항(4, 5, 6, 7조)의 위험을 제외한 모든 위험을 담보한다. 면책조항을 제외한 나머지 모든 위험(All Risks)을 담보하기 때문에 ICC(A)를 포괄책임주의라고 한다.

> **4조(일반면책약관) : 여하한 경우에도 이 보험은 다음의 손해를 담보하지 않음.**
>
> 4.1 피보험자의 고의적 비행에 기인한 멸실, 손상 또는 비용
> 4.2 보험목적물의 통상의 누손, 중량, 용적상의 통상의 손실 및 통상의 자연 소모
> 4.3 보험목적의 포장 또는 준비의 불완전 또는 부적합으로 인하여 발생한 멸실, 손상 또는 비용
> 4.4 보험목적의 고유의 하자 또는 성질로 인하여 발생한 멸실, 손상 또는 비용
> 4.5 지연이 피보험위험으로 인하여 발생된 경우일지라도 지연을 근인으로 하여 발생한 멸실, 손상 또는 비용(상기 제2조에서 지급할 비용은 제외함)
> 4.6 본선의 소유자, 관리자, 용선자 또는 운항자의 지불불능 또는 재정상의 채무 불이행으로부터 생긴 멸실, 손상 또는 비용
> (4.7) 보험의 목적 또는 그 일부에 대해 발생된 여하한 자의 불법행위에 의한 고의적인 손상 또는 고의적인 파괴
> 4.7(4.8) 원자력 또는 핵의 분열 및/또는 융합 또는 기타 이와 유사한 반응 또는 방사능이나 방사성물질을 응용한 무기의 사용으로 인하여 발생한 멸실, 손상 또는 비용

✅ ICC(B), (C) clause는 제1조 위험약관에 열거된 위험만을 담보한다. 약관에 열거한 위험만을 담보하기 때문에 열거책임주의라고 한다.

 - 4, 5, 6, 7조 면책약관은 ICC(A)와 동일하게 보험자는 면책된다.

✅ ICC(B)에서는 담보하지만 ICC(C)에서는 담보하지 않는 위험
① 지진, 화산의 분화 또는 낙뢰.
② 투하 또는 갑판 유실.
③ 본선, 부선, 선창, 운송용구, 컨테이너, 지게차 또는 보관장소에 해수, 호수 또는 하천수의 침입.
④ 본선 또는 부선으로의 선적 또는 하역작업 중에 바다로의 낙하 또는 갑판상에 추락한 포장단위 전손.

(2) 제6조 전쟁면책약관과 제7조 동맹파업면책약관

> **제 6 조 : War Exclusion Clause(전쟁면책약관)**
>
> 어떠한 경우에도 이 보험은 다음의 사유로 인하여 발생한 멸실, 손상 또는 비용을 담보하지 아니한다.
> 6.1. 전쟁, 내란, 혁명, 모반, 반란 또는 이로 인하여 발생한 국내투쟁, 교전국에 의하여 또는 교전국에 대하여 행해진 적대 행위
> 6.2. 포획, 나포, 강류, 억지 또는 억류(해적행위제외) 및 그러한 행위의 결과 또는 그러한 행위의 기도.
> 6.3. 유기된 기뢰, 어뢰, 폭탄 또는 기타의 유기된 전쟁무기

✔ 이들 위험을 담보받기 위해서는 전쟁위험 담보특약인 협회전쟁약관(IWC; Institute War Clause)에 별도로 가입하여야 한다.

✔ 위 ICC(A) 제 6조 제 2항의 괄호 안에 "해적행위 제외"라는 문구가 삽입되어 있으나, ICC(B)와 ICC(C)에는 이러한 문구가 없는 차이점을 기억해야 한다.

여기서 해적행위란 해적의 강탈, 파괴, 방화 등을 말한다. 종래 이러한 해적행위는 전쟁위험으로 취급해 왔으나, ICC(A)에서는 이를 담보위험으로 취급하고 있다. 따라서 ICC(A)에서는 해적행위를 보험자가 당연히 담보하고, ICC(B)와 ICC(C)에서는 특약이 없는 한 담보하지 않는다.

> **제 7 조 : Strikes Exclusion Clause(동맹파업면책약관)**
>
> 어떠한 경우에도 이 보험은 다음의 멸실, 손상 또는 비용을 담보하지 아니한다.
> 7.1. 동맹파업자, 직장폐쇄를 당한 노동자 또는 노동 분쟁, 소요 또는 폭동에 가담한 자에 의하여 발생한 것.
> 7.2. 동맹파업, 직장폐쇄, 노동 분쟁, 소요 또는 폭동의 결과로 생긴 것.
> 7.3. 테러리스트 또는 정치적 동기로 행동하는 자에 의하여 발생한 것.

✔ 최근 테러리스트들의 행위에 의한 손해가 증가함에 따라 이러한 위험을 담보받기 위해서는 전쟁위험과 같이 특약에 가입해야 한다. 본 위험에 대해서는 동맹파업위험 담보특약인 협회동맹파업약관(ISC; Institute Strikes Clause)에 별도로 가입해야 한다.

(3) 부가약관

① TPND(Theft, Pilferage, and Non-delivery) : 도난, 발화, 불착

> Pilferage란 비밀리에, 전부가 아닌 포장내용물의 일부만을 빼내는 것(loss by petty stealing)을 말한다. 즉 겉으로 보아서는 확인할 수 없는 반면, Theft는 포장된 통째로 훔치는 것으로 외관상 명백히 확인된다.

② RFWD(Rain and/or Fresh Water Damage) : 빗물 및 담수에 의한 손해

③ COOC(Contract with Oil and/or Other Cargo) : 유류 및 타 화물과의 접촉

④ WOB(Washing Overboard) : 갑판유실

⑤ Hook & Hole : 갈고리에 의한 손해

⑥ Breakage : 파손

⑦ Leakage and/or Shortage : 누손, 부족손

⑧ SH(Sweat and/or Heating) : 땀과 열의 위험

⑨ Denting and/or Bending : 곡손(曲損) (Denting은 우그러짐, Bending은 구부러짐의 차이)

⑩ Contamination : 오염

⑪ Spontaneous combustion : 자연발화

⑫ Mould & Mildew : 곰팡이

⑬ Rust : 녹

⑭ Rats & Vermin : 쥐 및 벌레에 의한 손해

6) 협회적하약관 상의 보험기간의 시작과 종료(제8조 운송약관)

> **제 8 조 : Transit Clause(운송약관)**
>
> 8.1. 이 보험은 화물이 운송개시를 위하여 이 보험증권에 기재된 지역의 창고 또는 보관장소를 떠날 때에 개시되고 통상의 운송과정 중에 계속되며,
> 8.1.1. 보험증권에 기재된 목적지에서의 수하인의 창고 또는 보관장소 혹은 기타의 최종장소 또는 보관장소에 인도될 때,
> 8.1.2. 보험증권에 기재된 목적지로 가는 도중이든 목적지든 불문하고,
> 8.1.2.1. 통상의 운송과정상의 보관 이외의 보관을 위해 또는
> 8.1.2.2. 할당 또는 분배를 위하여 사용하고자 선택한 기타의 창고 또는 보관장소에 인도될 때 또는,
> 8.1.3. 최종 양륙항에서 외항선으로부터 피보험화물의 양륙을 완료한 후 60일이 경과할 때 중에서 어느 것이든 먼저 발생할 때에 종료된다.
> 8.2. 최종 양륙항에서 외항선으로부터 양륙 후, 그러나 이 보험이 종료되기 전에 화물이이 보험증권에 의해 부보된 목적지 이외의 장소로 운송되는 경우에는 이 보험은 상기 보험종료규정에 따라 계속되나, 그러한 목적지로 향하여 운송이 개시될 때 종료된다.
> 8.3. 이 보험은 피보험자가 좌우할 수 없는 지연, 일체의 이로, 부득이한 양륙, 재선적, 환적 및 해상운송계약상 선주 또는 용선자에게 부여된 자유재량권의 행사로부터 생기는 위험의 변경기간 중에(상기 보험종료의 규정 및 하기 제 9 조의 규정에 따라) 유효하게 계속된다.

✅ 보험기간의 개시
- 화물이 운송개시를 위하여 이 보험증권에 기재된 지역의 창고 또는 보관장소를 떠날 때에 개시

✅ 보험기간의 종료
- 아래 보험기간의 종료 사유 중 가장 먼저 발생한 시점에 보험기간이 종료된다.

㉠ 보험증권에 기재된 목적지에서의 수하인의 창고 또는 보관장소 혹은 기타의 최종장소 또는 보관장소에 인도될 때

㉡ 보험증권에 기재된 목적지로 가는 도중이든 목적지든 불문하고 통상의 운송과정상의 보관 이외의 보관을 위해 또는 할당 또는 분배를 위하여 사용하고자 선택한 기타의 창고 또는 보관장소에 인도될 때

㉢ 최종 양륙항에서 외항선으로부터 피보험화물의 양륙을 완료한 후 60일이 경과할 때

5. 해상적하보험의 관련 당사자와 주요 용어

1) 보험자와 피보험자(Insurer; Assurer; Underwriter & Insured; Assured)

보험자는 해상손해 발생시 손해보상의무를 지는 자이고, 피보험자는 실제 화물손해 발생시 손해를 보는 자 또는 보험계약상 보험금청구권을 가지는 자를 말한다. 한편 피보험자와 구별해야 하는 것은 보험자에게 보험료를 지급하고, 보험계약을 체결하는 자를 의미하는 보험계약자이다. 해상적하보험계약의 경우 FOB 조건에서는 매수인이 자신의 이익을 위하여 보험계약을 체결하므로 보험계약자임과 동시에 피보험자가 되지만, CIF 조건에서는 매도인이 매수인을 위하여 보험계약을 체결하므로 매도인은 보험계약자, 매수인은 피보험자가 된다.

2) 보험계약자(Insurance policy holder, Party insuring)

보험계약자는 보험계약의 당사자이며 보험자와 보험계약을 체결하고 계약에 따른 보험료(insurance premium)를 지급하기로 약속한 자이다. 보험계약자는 여러 명이 존재할 수도 있고, 보험계약 당사자가 대리인으로 하여금 보험계약을 체결하도록 할 수도 있다.

3) 보험의 목적(subject matter-insured;보험목적물)과 보험계약의 목적(피보험이익; Insurable Interest)

보험의 목적은 위험발생의 객체, 즉 화물과 같이 보험사고의 대상이 되는 객체를 의미하며, 이것을 보험목적물이라 한다. 그런데 보험의 보호대상은 보험목적물 그 자체가 아니고, 그러한 보험의 목적에 대하여 특정인이 가지고 있는 이해관계이다. 즉 보험사고로 인하여 보험목적물에 손해가 발생됨으로써 경제적 손실을 입게 되는 피보험자와 보험목적물의 이해관계가 보험계약의 목적이며, 이것을 피보험이익이라 한다. 보험계약이 유효하게 성립되기 위해서 피보험이익은 적법성·경제성·확정성이라는 세 가지 요건을 충족해야 한다.

> **□ 피보험이익의 요건**
>
> ⓐ 적법성 : 피보험이익은 법적으로 인정되고 합법적인 것이어야 함.
> -밀수품, 절도품, 위조품, 마약 등은 피보험이익이 아님.
>
> ⓑ 경제성 : 피보험이익은 경제적 이익이 될 수 있어야 함.
> -감정적, 도덕적 이익은 금전으로 평가할 수 없는 비경제적 이익이므로 피보험이익이 아님.
>
> ⓒ 확정성 : 피보험이익이 보험계약의 요소로 확정되지 않으면 보험사고가 발생하여도 보험금과 보험금을 지급받을 피보험자가 확실해지지 않기 때문에 보험사고가 발생할 때까지 금전적으로 확정되어야 함.

4) 보험가액(insurable value)과 보험금액(insured amount)

보험가액은 보험계약의 목적, 즉 피보험이익의 경제적 가치를 말한다. 즉 피보험자가 입을 수 있는 손해액의 최고한도를 의미한다. 그런데 보험가액은 보험기간 중에 일정한 것이 아니라 시간과 장소에 따라 수시로 변동할 수 있기 때문에 평가가 문제된다. 통상 해상보험에서는 보험가액이 보험기간 중에 변하지 않는다고 하는 "보험가액불변경주의"를 채택하여 보험계약이 체결되는 시점과 장소에서의 가액을 보험가액으로 협정하는 것이 일반적이다. 이와 같이 보험계약 체결시 계약당사자가 협정한 보험가액을 "기평가보험가액"이라 하고, 이에 따라 체결된 보험계약을 "기평가보험(valued policy)"이라 한다.

보험금액은 손해발생시 보험자가 부담하는 보상책임의 최고한도를 의미한다. 그런데 보험가액과 보험금액이 일치하는 경우도 있고, 일치하지 않는 경우도 있다. 양자가 동일한 경우를 전부보험(full insurance)이라 하고, 보험금액이 보험가액을 초과하는 경우를 초과보험(over insurance), 보험금액이 보험가액에 미달하는 경우를 일부보험(under insurance)이라 한다. 전부보험과 일부보험은 문제가 되지 않으나, 초과보험의 경우에는 보험이 도박화 될 우려가 있기 때문에 우리 상법에서는 고의에 의한 초과보험은 보험계약 자체가 무효가 되고, 선의에 의한 초과보험은 초과 부분만 무효라고 규정하고 있다.

5) 보험대리점(insurance agent)

보험대리점은 특정 보험자와 계속적인 보험계약 체결의 대리 또는 중개를 업으로 하는 독립된 주체를 말한다. 특정 보험자로부터 위임을 받아 그를 위해서만 계속적으로 보험과 관련된 보조 업무를 수행한다.

6) 보험중개인(insurance broker)

보험중개인은 불특정보험자를 위해 보험중개의 성립을 중재하는 것을 업으로 하는 자를 말한다. 보험대리인이 특정한 보험자를 위해서 일하는 반면, 보험중개인은 불특정 다수의 보험자나 피보험자로부터 위임을 받아서 계약의 성립을 중개하는 역할을 한다.

7) 보험료(insurance premium)

보험자의 손해보상에 대한 약속의 반대급부로서 보험계약자가 보험계약의 유지를 위해 보험자에게 지불하는 금액이다. 보험계약 체결 시 확정되며, 보험요율은 보험금액에 대하여 백분율(%)로 표시된다. 보험료는 보험금액에 보험요율을 곱해서 산출한다.

8) 보험기간(duration of insurance)

보험기간은 피보험목적물에 대해 보험자의 책임이 유지되는 기간을 말한다. 즉 피보험자가 해상보험에 가입하여 보험자에게 부보할 수 있는 시간적-공간적 한계를 말한다.

보험기간은 일정한 기간을 표준으로 하는 기간보험(time policy)과 일정한 항해를 기준으로 하는 항해보험(voyage policy)이 있다.

제3장 해상손해

제1절 해상손해의 개요

1. 해상손해의 의의

해상보험에서 손해란 해상위험으로 인하여 위험발생의 객체인 보험목적물(선박, 화물 또는 이에 준하는 유체물)이 멸실되거나 손상되는 것을 말하는 것이 아니라, 보험목적물의 멸실 또는 손상으로 피보험이익이 소멸 또는 감소하는 것을 말한다. 따라서 해상손해라 함은 피보험자가 입은 경제적 불이익을 의미한다고 할 수 있다 한편 해상보험에서 멸실(loss)은 수량적인 개념으로서 포장단위의 화물이 없어지는 것이고, 손상(damage)은 질적인 개념으로서 보험목적물 자체는 존재하지만 파손에 의해 보험목 적물의 가치가 감소되는 것을 의미한다.

2. 해상손해의 구분

해상손해란 해상위험의 발생으로 인하여 피보험자가 입은 경제적 불이익을 말한다. 따라서 통상 해상손해는 물적손해(physical damage), 비용손해(expenses), 배상책임손해(liabilities)로 구분된다.

첫째, 물적손해는 보험목적물 자체에 직접적으로 발생된 손해로서 보험목적물의 전부가 멸실되는 전손과 보험목적물의 일부가 손상되는 분손으로 구분된다.

전손은 실질적으로 전손이 발생한 현실전손과 실질적으로 전손은 아니지만 전손이나 다름 없는 상태에 있는 경우에 전손으로 해석하는 추정전손으로 구분된다. 분손은 손해발생원인에 따라 그 손해를 피보험자가 단독으로 부담하는가 아니면 이해관계자가 공동으로 부담하는가를 기준으로 단독해손과 공동해손으로 구분된다.

둘째, 비용손해는 보험목적물의 멸실 또는 손상과는 관계가 없고, 보험목적물이 보험증권 에서 규정하고 있는 담보위험에 처해 있을 때 그로 인한 손해를 경감 혹은 방지하기 위하여 부득이하게 지출되는 비용을 의미한다. 여기에는 구조료, 손해방지비용, 특별비용이 있다.

셋째, 배상책임손해는 해상위험으로 인하여 피보험자가 타인에 대하여 손해배상책임을 지게 되는 경우의 손해를 말한다. 선박충돌의 경우 선주는 상대선박의 선주 및 화주에 대하여 손해배상책임을 지게 되는 것이 그 예이다.

한편 해상손해는 직접손해와 간접손해로도 구분된다. 직접손해는 보험사고로 인하여 피보험이익 자체에 발생한 손해를 말하고, 간접손해는 피보험이익 자체에 발생하지 않은 손해를 말한다.

적하보험의 경우 직접손해는 물적손해 즉, 부보된 화물의 멸실 또는 손상으로 인한 소유자이익의 손실을 말하고 간접손해는 비용손해, 책임손해, 희망이익의 손해, 항해지연으로 인한 화물의 성질손해 또는 시장상실손해 등을 말한다.

보험자는 원칙적으로 직접손해만을 보상하고, 간접손해는 보상하지 않는데, 이를 "직접 손해보상의 원칙"이라고 한다. 그러나 간접손해라 하여도 MIA와 협회적하약관에 의하여 구조료, 손해방지비용, 특별비용, 충돌손해배상책임, 공동해손분담금 등은 제한적으로 보상된다.

제2절 해상손해의 세부 내용

해상손해의 종류			
해상손해 (Maritime Loss)	물적손해 (Physical Loss)	전손 (Total Loss)	현실전손(Actual Total Loss)
			추정전손(Constructive Total Loss)
		분손 (Partial Loss)	단독해손(Particular Average)
			공동해손(General Average)
	비용손해 (Expenses)		손해방지비용(Sue and Labour Charges)
			구조비(Salvage fee)
			특별비용(particular charges)
	배상책임손해 (Liability Loss)		선박충돌 손해배상책임(Collision Liability)

[해상손해의 종류]

1. 전손(Total Loss)

1) 현실전손(Actual Total Loss)

MIA 제 57조에서 "보험목적물이 파괴되거나 부보된 종류의 물품으로서 존재할 수 없을 정도로 심한 손상을 입은 경우 또는 피보험자가 보험목적물을 박탈당하고 회복할 수 없는 경우 현실전손이 있다"라고 규정하고 있다. 따라서 현실전손의 형태는 다음과 같이 정리할수 있다.

첫째, 실질적인 멸실이 있는 경우이다. 선박이나 화물이 충돌·침몰·화재 등으로 완전히 파괴되어 복구의 가능성이 전혀 없는 상태를 말한다.

둘째, 보험목적물이 본래의 성질을 상실한 경우이다. 곡물이 해수의 침입으로 인하여 부패되어 식용으로 사용이 불가능한 경우를 말한다.

셋째, 회복이 불가능한 점유권(possession)의 박탈이 있는 경우이다. 선박이나 화물이 적대국에 나포되어 전리품으로 처리되는 경우, 해적에 의하여 약탈되는 경우, 선장 또는 선원의 악행에 의하여 화물이 타인에게 매각되는 경우 등이다.

넷째, 선박이 행방불명된 경우이다. MIA 제 58조에서는 "항해사업에 관련된 선박이 행방불명 되고, 상당기간 소식을 알 수 없을 때에는 현실전손으로 추정될 수 있다"라고 규정하고 있어 선박의 행방불명을 현실전손으로 처리하고 있다. 우리나라 상법(제 711조)도 선박의 존부가 2개월간 분명하지 않은 경우에는 선박이 행방불명된 것으로 보아 전손으로 추정하고 있다.

한편 현실전손의 경우 피보험이익의 전멸이므로 피보험자의 손해액은 보험가액의 전부가 되고, 보험자의 손해보상책임은 보험금액의 전부가 된다.

2) 추정전손(Constructive Total Loss)

추정전손이란 보험목적물이 실질적으로는 현실전손되지는 않았으나 전손이 발생한 것으로 추정할 수 밖에 없는 경우를 말한다. MIA 제 60조에서 "피보험자가 부보위험으로 인하여 자기의 선박이나 화물의 점유를 박탈당한 경우 피보험자가 선박 또는 화물을 회복할수 있는 가능성이 없거나 선박 또는 화물의 회복비용이 회복한 후의 가액을 초과할 것으로 예상될 때 또는 선박의 수리비가 수리 후의 선박가액을 초과하는 경우 또는 화물의 수리비와 목적지까지 운반지가 도착후의 화물가액을 초과하는 경우, 보험목적물이 합리적으로 위부(abandonment)된 경우에, 추정전손이 된다"고 규정하고 있다.

따라서 추정전손은 현실전손이 확실시되지만 그 증명을 할 수 없는 때 또는 물리적으로는 보험목적물을 회수하거나 수복할 수 있어도 그 비용이 지나치게 많이 소요되어 채산성이 없는 때에 법에 의해 전손으로 간주되는 것으로 해상보험의 특수한 원리의 하나이다.

(1) 위부(abandonment)

추정전손이 발생한 경우 피보험자가 보험자에게 보험목적물에 대한 손해를 전손으로 추정하도록 하기 위하여 잔존물의 소유권과 제 3자에 대한 구상권을 포기하고, 이를 보험자에게 양도하는 것을 말한다. 위부는 주로 추정전손의 경우에 이루어지나, 현실전손의 경우에도 신속한 보험금정산을 위하여 피보험자는 위부의 절차를 취하는 경우도 있다.

영국법상으로 위부는 하나의 계약이므로 위부가 성립되기 위해서는 피보험자가 손해사실을 안 날로부터 합리적인 기간 내에 보험자에게 위부의 통지(notice of abandonment)를 해야 하고, 이에 대한 보험자의 승낙이 있어야 한다.

위부의 통지는 서면 또는 구두로 할 수 있으며, 보험자는 위부의 통지 요구권을 포기할수 있다. 한편 위부의 승낙은 명시적 또는 묵시적으로 할 수 있고, 일단 위부의 승낙이 있으면 철회할 수 없다.

한편 신협회적하약관 제 17조에서 피보험자가 위부의 통지를 하고 보험자가 승낙하지 않은 상태에서 피보험자가 화물을 구조하기 위한 조치를 하는 경우 이를 위부포기(waiver of abandonment)로 간주하지 않으며, 보험자가 그러한 조치를 하였다고 하여도 위부승낙으로 간주하지 않는다고 규정하고 있다.

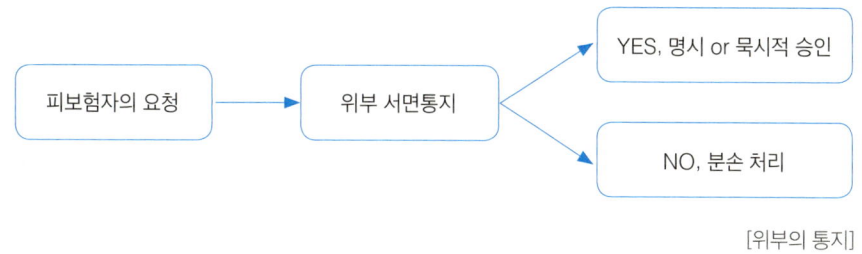

[위부의 통지]

(2) 대위(subrogation)

보험자가 피보험자에게 보험금을 지급한 경우, 보험목적물에 대한 일체의 권리와 제 3자에 대한 구상권을 승계하는 것을 말한다.

해상보험계약은 실손보상의 원칙에 근거하여 피보험자는 실제로 입은 손해만을 보험자로부터 보상받을 수 있다. 피보험자가 보험자로부터 보험금을 지급받고도 보험목적물에 잔존하는 권리 또는 제 3자에 대한 손해배상청구권을 그대로 갖고 있다면 피보험자는 이중이득을 보게 되므로 "이득금지의 원칙"에 의거하여 대위가 인정되는 것이다.

한편 보험자가 취득하는 대위권도 피보험자에게 지급한 보험금을 한도로 한다. 만약 대위권의 행사로 자신이 지급한 보험금 이상으로 회수하였다면 그 차액을 피보험자에게 반환하여야 한다.

대위를 통하여 보험자가 취득하는 권리는 다음의 두 가지로 구분된다.

첫째, "잔존물대위권"이다. 이것은 보험목적물에 대한 피보험자의 소유권을 말한다.

둘째, "구상대위권"이다. 이것은 보험목적물의 손해발생에 과실이 있는 제 3자에 대한 피보험자의 손해배상청구권 등을 말한다. 구상대위권의 예는 적하보험의 경우 피보험자의 운송인에 대한 손해배상청구권과 공동해손이해관계자에 대한 공동해손분담청구권이다.

(3) 위부와 대위의 차이

위부는 전손에만 적용되지만, 대위는 전손과 분손 모두에 적용된다. 또한 위부는 전손에 대한 정지조건으로서 피보험자의 위부통지에 대한 보험자의 승낙이 있어야만 인정되지만, 대위는 통지와 승낙이라는 절차 없이 보험자가 피보험자에게 보험금을 지급하면 당연히 인정된다.

위부	대위
1. 추정전손이 통용되는 해상보험에서만 인정 2. 추정전손을 성립시키기 위한 형식적 요건으로 전손의 경우에만 해당됨 3. 위부가 성립되면 보험자는 잔존물에 대한 일체의 권리를 승계	1. 해상보험을 포함 모든 손해보험에 적용되는 원칙 청구권 대위는 손해유형에 관계없이 보험금을 지급하면 자동으로 승계됨. 2. 대위권은 보험금을 지급한 범위 내에서 행사할 수 있음.

위부가 성립되면 보험목적물에 대한 일체의 권리가 보험자에게 이전되므로 대위권도 자동으로 승계된다.

[위부와 대위의 차이점]

2. 분손(Partial Loss)

분손은 보험목적물의 일부손해 또는 일부멸실을 말한다. 분손은 피보험자가 단독으로 부담하는 손해인 단독해손과 이해관계자가 공동으로 부담하는 손해인 공동해손으로 분류된다.

1) 단독해손

단독해손이라 함은 담보위험으로 인한 보험목적물의 분손으로서 공동해손이 아닌 것을 말한다. 예를 들어 선박화재로 인한 화물의 일부멸실, 해수의 유입으로 화물의 일부누손 등은 화물의 단독해손이고, 선박화재로 인한 기관의 멸실, 선박충돌로 인한 선체의 일부손상 등이 선박의 단독해손이다.

적하보험의 경우, 구보험증권 하에서는 일단 본문약관에서 규정하고 있는 담보위험으로 인한 손해가 발생한 경우라도 그 손해의 형태가 전손이냐 분손이냐, 그리고 단독해손이냐 공동해손이냐에 따라 보험자의 보상 여부가 결정된다.

구협회적하보험약관 중에서 FPA(Free from Particular Average Clause) 조건은 "단독해손부담보조건"으로 원칙적으로 전손 및 분손 중 공동해손만 보상되고, 단독해손은 보상되지 않는다. 다만 "SSBC 위험(침몰, 좌초, 화재, 충돌)"에 의한 단독해손은 보상된다. 또한 구협회적하보험약관 중에서 WA(With Average) 조건은 분손담보조건으로 원칙적으로 전손 및 분손(공동해손 및 단독해손)이 모두 보상된다. 다만 보험증권에 기재된 일정비율 미만의 소손해는 보상되지 않는다.*

---

* 보험자는 일체의 손해를 보상하는 것을 원칙으로 하지만, 경미한 단독해손에 대하여는 책임이 면제된다고 하는 소손해면책약관을 보험증권 또는 보험약관에 규정하게 된다. 이것은 소손해를 청구하고 보상하는데 따른 번거로움을 피하기 위하여 사용되는 것으로, 여기에는 두 가지 종류가 있다.
첫째, 단독해손손해가 일정한 비율이나 금액 미만일 경우에 이를 보상하지 않지만, 그한도 이상일 때에는 단독해손 전액을 보상하는 경우이다.
둘째, 단독해손손해가 일정한 비율이나 금액 미만일 경우에 이를 보상하지 아니하는 것은 첫째의 경우와 동일하지만, 그 한도 이상인 때에도 단독해손 전액이 아니라 초과 부분만을 보상하기로 하는 경우이다. 전자를 "무공제소손해면책약관(franchise clause)"이라고 하고, 후자를 "공제소손해면책약관(excess clause 또는 deductible clause)"이라고 한다. 통상 전자는 적하보험에서, 후자는 선박보험에서 이용된다.

한편 신협회적하보험약관 (B) 조건과 (C) 조건은 전손과 분손을 구분하지 않고, 담보위험으로 인한 손해이기만 하면 보험자가 보상책임을 진다.

2) 공동해손

공동해손에 관하여 MIA 제 66조에서 "공동의 해상사업의 수행과정에서 위험에 처한 재산을 보존할 목적으로 자발적으로 그리고 합리적으로 이례적인 희생을 치르거나, 이례적인 비용을 지출하는 경우에 공동해손행위(general average act)가 있고, 이 행위로 인하여 발생한 손해 또는 이 행위의 직접적 결과로 인하여 생긴 손해를 공동해손손해(general average loss)라고 하며, 공동해손손해는 다시 공동해손희생(general average sacrifice)과 공동해손비용(general average expenditure)으로 구성된다"고 규정하고 있다.

이 정의에 따르면, 공동해손이 성립하기 위해서는 다음의 요건이 충족되어야 한다.

첫째, 공동해손행위는 이례적(extraordinary)인 것이어야 한다(이례성). 둘째, 공동해손행위는 공동의 안전을 위해 행해진 것이어야 한다(공동안전성). 셋째, 공동해손행위는 우연한 것이 아닌 의도적(intentional)이고 자발적(voluntary)인 것이어야 한다(고의성 또는 임의성). 넷째, 공동해손행위는 합리적인 수준에서 발생된 것이어야 한다(합리성).

공동해손희생은 선체·장비·화물 등의 전부 또는 일부를 희생시킴으로써 발생하는 손실을 뜻한다. 여기에는 투하(jettison)로 인한 화물 손해, 이초하기 위한 선박 손해, 화재진압을 위한 선박 및 화물의 손해 등이 있다.

공동해손비용은 선박·화물·운임 등이 공동의 위험에 직면했을 때 이 위험을 면하기 위해 선장이 이례적으로 지출한 비용을 말하며, 여기에는 구조비, 피난항 비용, 임시수리비 등이 있다.

첫째, 구조비는 좌초·표류·화재 등이 발생했을 때 전문구조업자와의 구조계약에 의하여 구조된 경우에 지출되는 비용을 말한다.

둘째, 피난항 비용은 공동의 안전을 위하여 불가피하게 피난항에 입항하는데 따르는 제반 비용을 의미하는데, 실무적으로 피난항 비용에는 피난항까지의 운항비, 피난항 입항비, 화물양륙비, 선박수리비, 화물보관비, 화물재선적비, 원래 항로로 복귀하는데 소요되는 운항비 등이다.

셋째, 임시수리비는 공동의 안전을 위하여 희생된 선박의 손상을 선적항, 기항지, 피난항 등에서 임시로 수리할 경우에 소요되는 비용을 말한다.

3. 비용손해

1) 구조료

해난구조에는 구조자가 임의로 구조행위를 하는 임의구조(voluntary salvage)와 구조자와 피구조자 사이에 구조계약에 의하여 행해지는 계약구조(contract salvage)가 있다.

임의구조의 경우에 구조자는 국제해사법상 구조에 대하여 합리적인 보수를 청구할 수 있는데, 이 때 지급되는 것을 임의구조료(salvage charge)라고 하고, 여기서 말하는 구조료는 이것을 의미한다. 한편 계약구조의 경우에 구조자에게 지급되는 것은 구조비 또는 구조보수(salvage award)라고 하는데, 이것이 보험목적물 단독의 이익을 보호하기 위한 것이라면 다음에서 살펴볼 손해방지비용이 되고, 선박과 화물의 공동의 이익에 대한 것이라면 공동해손비용으로 처리된다.

구조료는 보험증권상 보험자가 보상하는 손해를 방지하기 위해 발생된 경우에만 지급되고, 어떠한 경우에도 보험금액을 초과할 수 없다. 또한 구조행위에 불구하고 보험목적물이 전손된 경우에는 구조자에 대한 지급책임이 없게 되므로 보험자도 보상하지 않는다.

2) 손해방지비용

MIA 제 78조 4항에서 "손해를 방지 또는 경감할 목적으로 합리적 조치를 취하는 것은 어떠한 경우에도 피보험자 및 그 대리인의 의무이다"라고 규정하고 있다. 따라서 손해방지비용이란 보험자가 보상하게 될 손해를 회피하거나 경감시키기 위한 목적으로 피보험자 또는 대리인이 지출한 비용을 말하고, 피난항에서의 화물양륙비용, 창고보관비용, 목적항까지 계속운반비용 등이 포함된다.

손해방지비용은 손해방지의무에 기인하여 지출되는 비용이므로 특약이 없어도 보험자는 이를 보상해야 하고, 보험목적물의 물적손해에 대한 보상액과 손해방지비용의 합계액이 보험금액을 초과하는 경우에도 이를 보상한다.

3) 특별비용

특별비용이란 보험목적물의 안전(safety) 또는 보존(preservation)을 위하여 피보험자에 의해 또는 피보험자를 위해 지출된 비용으로서 공동해손비용 및 구조료(임의구조료) 이외의 비용을 말한다. 그런데 공동해손비용 및 구조료도 보험목적물의 안전 또는 보존을 위한 비용이라고 할 수 있음에도 특별비용에는 포함되지 않는다. 공동해손비용은 보험목적물의 단독이익을 위한 것이 아니라 공동이익을 위해 지출된 것이며, 구조료는 피보험자 또는 그 사용인이 아닌 제 3자에 의하여 임의로 제공된 노무에 대한 보수이기 때문이다.

한편 손해방지비용과 특별비용의 구분이 명확하지 않으나, 통상 손해방지비용은 최종 목적지 도착 이전에 피보험자, 그 대리인, 사용인 및 양수인에 의하여 지출된 비용인 반면, 특별비용은 목적지에서 피보험자에 의해 또는 피보험자를 위해 지출된 보험목적물의 안전 또는 보존의 비용이라 할 수 있다. 따라서 손해방지비용은 목적지 도착을 기준으로 할 때 사전적 비용이고, 특별비용은 사후적 비용이다.

특별비용에는 클레임 입증비용으로서 손해조사비용, 화물매각비용, 목적항에서 화물의 재조정비 및 재포장비 등이 있다. 이러한 특별비용은 보험금액을 한도로 보상되며, 보험증권상 소손해면책 범위를 초과시키기 위하여 손해액에 포함되지 않는다.

제3절 해상보험의 인과관계

1. 인과관계의 의의

　　인과관계(causation)란 원인과 결과와의 관계를 의미한다. 해상보험에서 보험자는 담보위험으로 인하여 발생된 보상손해만을 보상한다. 따라서 해상보험에서 피보험자가 보험자에게 보험금을 청구하기 위해서는 담보위험으로 인하여 보상손해가 발생되었다고 하는 인과관계를 밝혀야만 한다.

　　그러나 손해는 특정한 단독위험에 의하여 발생되는 것보다는 담보위험과 면책위험이 경합하는 중복위험에 의하여 발생될 수 있으므로 인과관계의 판단에 어려움이 따르게 된다.

　　이 경우에 손해발생의 원인이 담보위험으로 귀착되면 보험자는 보상책임을 지고, 반대로 면책위험으로 귀착되면 보상책임을 면한다.

2. 영국법상 인과관계

　　MIA 제55조 제1항에서는 "이 법과 보험증권에 별도의 규정이 있는 경우를 제외하고,
　　보험자는 담보위험에 근인하여(proximately caused by) 발생한 일체의 손해에 대하여 책임을 지지만, 담보위험에 근인하여 발생하지 아니한 일체의 손해에 대해서는 책임을 지지 아니한다"라고 규정하고 있다. 따라서 영국법은 인과관계의 해석에 관한 기본원칙으로 근인주의(近因主義 : principle of proximate cause)를 채택하고 있다.

　　그러나 구체적으로 무엇이 근인인가 하는 점에 대하여는 아무런 언급을 하고 있지 않아 보험계약 당사자 사이에 분쟁의 소지가 되어 왔다. 결국 판례를 통하여 근인 확정의 원칙을 판단할 수밖에 없다.

　　과거에는 시간적으로 손해에 가장 가까운 원인(the nearest cause), 즉 "최후의 원인"을 근인으로 보았다.

Pink v Fleming 사건(1890년)에서 화물이 타선박과의 충돌로 인한 손해가 아닌 한 분손은 담보하지 않는 조건으로 보험에 부보되었다. 이 사건 화물 오렌지를 적재한 선박이 항해 도중 다른 선박과 충돌하여 수리항에 입항하였다. 선박수리를 위해 오렌지는 양륙되었다가, 수리완료 후 재선적되었다. 선박이 목적항에 도착해 보니 오렌지의 일부가 손상되었음이 발견되었다. 이 사건의 쟁점은 오렌지의 손해가 보험증권에 규정된 담보위험인 선박충돌의 결과인가의 여부, 즉 충돌에 근인하여 발생한 것이냐의 여부였다. 법원은 "화물손해의 원인은 수리항에서 화물양륙으로 인한 화물취급상 부주의였고, 그러한 화물취급상 부주의의 원인은 선박수리였으며, 선박수리의 원인은 충돌이었다.

따라서 어떤 결과가 수 개의 원인에 의하여 발생된 경우 해상보험에서는 시간적으로 가장 가까운 원인(the nearest cause)을 근인으로 본다. 따라서 "오렌지의 분손은 충돌로 인한 것이 아니므로 보험자는 보상책임이 없다"라고 판결하였다.

그러나 현재는 손해를 발생시킨 효과면에서 근접한 원인(cause proximate in efficiency)을 근인으로 본다.

최유력조건설

Ikaria호 사건(1918년)에서 전쟁위험면책조건으로 부보된 선박 Ikaria호는 항해 중 독일 잠수함의 어뢰공격을 받았으나, 다행히 예인되어 프랑스의 르아브르(Re Havre)항에 입항, 계류되었다. 구조선이 이 선박의 배수작업에 착수하였으나, 태풍으로 배수작업을 계속할 수가 없었다. 이 선박이 안벽에 계류된 채로 침몰된 중대한 위기에 처함에 따라 항만당국은 외항의 묘지로 이동하라는 명령을 내렸다. 외항에서 정박 중이던 이 선박은 좌초되어 가라 앉았다가 다시 떠오르곤(refloating) 하였다.

그런데 이 선박이 세 번째로 가라 앉았을 때 선체 후미가 부러지면서 결국 침몰하여 전손되었다. 피보험자는 손해 원인을 좌초라고 주장하였고, 보험자는 면책위험인 어뢰공격이라고 하여 보상책임을 부인하였다. 이에 법원은 "근인을 시간적으로 손해에 가장 가까운 원인이라고 하는 주장은 일고의 가치도 없고, 진정한 의미에서의 근인은 손해를 일으킨 효과 면에서 가장 근접한 원인이라고 하면서 손해의 근인은 어뢰공격이었다"라고 판결하여 보험자의 면책을 인정하였다.

근인주의는 문자 그대로 시간 면에서 가장 가까운 원인을 근인으로 보는 "최후조건설"로부터 효과 면에서 손해의 발생에 미치는 영향이 가장 지배적인 원인을 근인으로 보는 "최유력조건설"로 그 내용이 바뀌게 되었다.

제 7 부

무역클레임과 상사중재

제1장 무역클레임의 개념과 발생원인

1. 클레임의 의의

매매계약의 한 당사자가 계약의 내용을 위반하여 계약의 다른 당사자가 그것으로 인하여 입는 손해에 대한 배상을 청구하는 것을 말한다. 국제무역거래에서 분쟁해결 및 손해구제를 위해 피해자가 가해자에게 클레임을 제기하게 된다.

무역클레임은 매도인과 매수인이 모두 청구할 수 있지만, 실제적으로는 매수인이 매도인에게 제기하는 경우가 더욱 많다. 그러므로 통상 무역클레임이라고 하면 매수인이 매도인에게 제기하는 손해배상청구를 의미한다.

2. 무역클레임의 종류

1) 물품에 대한 클레임 품질불량(Inferior Quality), 규격차이(Wrong Specification), 수량과부족(Over/Short Ship-ment), 내용의 상이함(Different Contents) 등.
2) 포장에 관한 클레임 불량포장(Inferior Packing), 부정포장(False Packing), 포장결함(Defective Packing) 등.
3) 선적에 관한 클레임 선적지연(Delayed Shipment), 선적불이행(Non-Delivery) 등
4) Market Claim 시황이 Bear Market(시세 하락이 예상되는 시장)으로 접어들 때 클레임을 제기하는 것을 말한다.
5) 운송에 관한 클레임 물품의 운송 중에 발생하는 하자에 대한 클레임이다.
6) 악의적 클레임 매매당사자의 악의에 의한 것으로 매수인이 처음부터 교묘한 계획으로 작위적으로 매도인의 계약수행에 지장을 초래한 것에서 기인한 클레임을 말한다.

3. 무역클레임의 발생원인

1) 직접적 원인

(1) 무역계약 상담 및 체결과정의 미흡
무역계약 과정에서의 충분한 상담이나 협의없이 계약이 진행되는 경우 계약을 이행할 때 다양한 무역클레임이 발생할 수 있다. 사실상 부주의나 오해·착오 등에 의해 생겨난다.

(2) 무역계약서 내용의 미비
계약서에 명시해야 할 내용들을 무역계약이나 상담·협의 과정에서 누락시키거나 합의된 사항을 잘 못 적는 경우에 발생한다.

(3) 무역계약의 불완전이행 및 계약불이행
무역계약에서는 일반적으로 거래 당사자 중 일방이 계약이행을 불완전하게 하거나 계약을 이행하지 않음으로써 발생한다. 무역거래의 당사자들은 계약서에 합의한 내용을 반드시 지켜야 하며, 사소한 계약조건의 이해 차이로 인해서도 불완전이행 및 계약불이행이 발생할 수 있으므로, 명확하지 않은 내용은 사전에 반드시 명확하게 확인할 필요가 있다.

2) 간접적 원인

(1) 사용언어의 상이
(2) 무역전문용어의 몰이해, 의견 차이
(3) 도량형의 차이
(4) 사전 신용조사의 미치
(5) 상대방 법규의 이해 부족
(6) 상관습 및 법률의 차이
(7) 무역실무 지식의 부족

memo

제2장 계약위반에 의한 클레임

1. 계약위반(breach)

무역계약이 체결되면 양 당사자는 각각 일정한 채무를 부담하게 된다. 계약위반이란 이행지체, 이행거절, 이행불능, 불완전 이행을 말한다. 일방의 계약위반이 중대한 경우에 타방은 계약을 해제할 수 있다.

계약이 해제되더라도 위반 당사자에게는 손해배상의 책임이 여전히 남아 있으며 분쟁 해결조항들에 영향을 미치지 아니한다.

1) 이행지체(delay in performance)

이행지체란 채무자가 채무를 이행해야 할 시기를 지나도 채무의 이행이 가능함에도 불구하고 채무를 이행하지 않는 것을 말한다. 선적의 불이행, 대금미지급 등이 대표적이며 계약위반의 가장 일반적인 형태이다.

이행지체가 성립되기 위해서는 채무의 이행시기가 도래해야 하고 이행이 가능해야하며 채무자의 귀책사유에 의해 채무가 이행되지 않아야 한다.

이행지체의 경우 채권자는 Vienna Convention 1980[*]에 의해 이행청구권, 계약해제권, 손해배상청구권을 갖게 된다.

2) 이행거절(rejection of performance)

이행거절이란 채무가자 계약에서 정해진 자신의 채무를 이행기의 도래 전에 미리 이행할 의사가 없음을 표명하는 것을 말하며, 이행거절은 사전적 계약위반인데 반하여 이행지체는 사후적 계약위반이기 때문에 시기적으로 이행지체와는 차이가 있다.

이행거절은 이행기간이 도래되지 않은 시기에 채무자가 이행의 거절의사가 상대방에게 통지

---

[*] 국제물품매매계약에 관한 유엔협약(UNCCISG(United Nation Convention on Contracts for the International Sale of Goods, 국제물품매매계약에 관한 UN협약)

되는 시점부터 계약위반이 된다. 이행거절의 의사는 명시, 묵시적 모두 가능하며 어떠한 표현이든 이행기간이 지나지 않아야 한다.

이행거절을 받은 상대방은 계약을 소멸처리하지 않고 이행기간까지 이행해 줄 것을 요구할 수도 있고, 이행기간이 도래되기 전에 계약을 해제하고 손해배상을 청구할 수도 있다. 즉, 이 점에서는 이행지체와 동일하게 비엔나협약에 따라 이행청구권, 계약해제권, 손해배상청구권을 갖는다.

3) 이행불능(impossibility of performance)

이행불능이란 계약 체결 후 계약당사자들이 감당할 수 없는 불가피한 사유로 계약을 이행하지 못하게 된 상황을 말한다. 계약을 체결할 당시에는 이행이 가능하다고 판단됐지만, 실제 계약이행 도중에 계약을 이행할 가치가 없어진 경우를 말한다.

이행불능은 원시적 이행불능과 후발적 이행불능으로 나뉘는데, 원시적 이행불능은 무역계약의 체결당시에 이미 계약달성이 불가능했거나 계약목적물이 소멸하여 계약 자체가 성립되지 않는 경우를 말한다.

후발적 이행불능은 계약체결 당시에는 계약이 유효하게 이뤄졌지만 계약을 이행하는 도중 불가항력에 의해 계약의 이행이 불가능해진 경우를 말한다. 대표적인 후발적 이행불능은 불가항력의 발생, 계약 체결 후 법률이나 규정 변동으로 인한 정부의 수출입금지 조치 등이 있다.

비엔나협약에 따라 이행불능의 피해 당사자는 계약을 해제하거나 손해배상을 청구할 수 있다.

불가항력(force majeure), 계약의 좌절(frustration) 또한 당사자가 계약 이행을 불가능하게 만든다는 점에서는 공통점이 있지만, 이행불능은 계약 자체의 유효성이 사라지며, 계약이 자동적 소멸이 되는데 반하여, 불가항력, 계약의 좌절은 계약전체가 소멸되는 것이 아닌, 계약당사자의 면책만을 인정한다는 점에서 차이가 있다.

4) 불완전이행(incomplete performance)

불완전이행은 어느 일방이 계약을 이행하였으나 이것이 계약의 내용에 따른 완전한 이행이 아니라 불완전한 이행이기 때문에 상대방에게 손해를 발생시키는 것을 말한다.

사실상 불완전이행은 이행행위가 있지만 그 이행이 불완전한 경우, 불완전이행을 한 당사자에게 고의나 과실 등의 귀책사유가 있어야 한다.

불완전이행은 주로 물품의 수량, 품질 등이 충족되지 못한 경우에 발생하며 제품의 인도방식, 채무의 이행방식 등이 불완전한 경우에도 발생하게 된다.

불완전이행의 경우 피해를 본 당사자는 비엔나협약에 따라 계약의 완전한 이행을 위한 대체품 인도 청구, 불완전이행에 대한 대금감액 청구, 경우에 따라 이행기간을 연장해 주는 추가 기간을 줄 수도 있으며, 손해배상을 청구할 수도 있다. 또한 불완전이행 자체가 보완이 불가능한 경우에는 계약해제를 할 수 있으며, 보완이 가능한 경우 하자보완청구를 요구할 수도 있다.

2. 본질적 위반

당사자의 일방이 범한 계약위반이 그 계약 하에서 상대방이 기대할 권리가 있는 것을 실질적으로 박탈할 정도의 손해를 상대방에게 주는 경우에는, 이는 본질적 위반으로 한다.

3. 클레임진술서(claim statement)

클레임을 제기하는 사람은 반드시 진술서를 작성하여야 한다. 클레임 진술서는 법률문서이므로 매수인과 매도인간에만 필요한 것이 아니기 때문에 단, 명료하되 구체적으로 기술되지 않으면 효과를 보기가 어렵다.

클레임이 당사자간에 해결되지 않는 경우 결국 중재나 소송으로 결말이 나게 되는데 이때 클레임진술서가 기본서류가 된다.

그러므로 클레임진술서에는 피제기자에 대한

1) 청구내용
2) 청구원인 및 이유
3) 청구를 뒷받침할 증거
4) 청구를 위한 세목 등 자세하게 기술하여 제3자가 보더라도 쉽게 주장을 이해할 수 있도록 하여야 한다.

4. 클레임의 배제

1) 불가항력조건

(1) 불가항력(Force Majeure)이 당사자의 통제를 넘어선 범위로 천재지변(Act of God), 소요, 전쟁, 내란, 정치적 몰수, 해적 등의 사유로 일방의 당사자가 계약을 이행할 수 없는 상태를 의미한다.

(2) 무역계약서에는 반드시 불가항력 조항을 삽입시켜야 하며, 이 경우 모든 불가항력 조항을 일일이 다 나열하여야 한다. 계약서상에 표시되지 않는 사항으로 인하여 발생된 계약 불이행에 대해서는 해당 당사자(매도인)가 책임을 져야 한다.

2) Frustration

(1) 개념

Frustration이란 계약 목적의 달성 불능 또는 계약의 좌절, 이행불능이라 할 수 있다. 즉, 당사자의 사망, 목적물의 멸실, 후발적 위험, 사정의 본질적 변화 등의 경우가 그 예라 할 수 있으며, Frustration에 의해 계약은 자동적으로 소멸된다.

적법하게 체결된 계약이 당사자의 고의나 과실없이 발생한 후발적 사정으로 인하여 계약이 해지됨으로써 당사자가 추구했던 계약목적이 좌절되는 법리로 이행의 불능 또는 계약목적의 달성 불능으로 정의할 수 있다. 즉, 계약이 체결된 후 계약이행이 완료되기 전에 매매당사자의 귀책사유 없이 목적물에 대한 물리적 파괴 또는 불가항력적 사건발생에 기인하여 계약목적 달성이 불가능한 경우에는 계약이 자동적으로 소멸되고 당사자는 이행의무로부터 면책된다고 할 수 있다.

(2) Frustration의 적용법리
① 당사자의 사망으로 특정 이행을 하지 못하는 경우에 계약이 소멸된다.
② 목적물의 멸실로 인하여 계약을 이행하지 못하는 경우이다.
③ 후발적 위법으로 계약성립 이후에 계약이행이 좌절되는 경우인데, 전쟁의 발발, 법률의 변경, 정부의 수출입 금지조치와 간섭, 수출입 허가제나 할당제 등의 제한조치가 실시되는 경우이다.
④ 사정의 본질적 변화가 있을 경우로 계약체결시에 당사자가 예견하지 못했던 돌발사태가 계약체결 후에 발생하여, 사정이 본질적으로 변화되었을 경우 이행 불능이 성립한다.
⑤ 당사자의 파산, 우발적인 상황이 발생한 경우에도 Frustration이 적용된다.
하지만, 스스로 이행불능을 자초한 경우, 계약서상에 명시된 규정이 있을 경우, 예측된 사건의 경우, 단기간의 이행불능, 이행상의 비용 증가, 일방 당사자에 의해 계약 목적 달성 불능, 다른 대안이 존재하는 경우 등은 Frustration이 배제된다.

3) 고난조항(Hard-Ship Clause)

(1) 국제 간 장기간 계약의 경우 정치/경제적인 사정의 변화로 계약이행이 곤란하게 되는 경우 계약소멸은 원하지 않고 계약이행은 하고 싶은 경우에 부응하기 위하여 Hard-Ship Clause을 설정한다.
(2) 불가항력적인 사태가 발생하였을 때 계약 당사자가 가격조정이나 기한의 연장 등의 계약 내용을 조정하기 위하여 상호 간에 성실하게 교섭한다는 것을 약속하는 약관을 말한다.
(3) 계약체결 당시에 예상지 못했던 사회적·정치적·행정적 여건의 변화가 초래되어 계약대로 이

행하는 것이 불가능해지는 경우 계약조항의 내용을 변경할 수 있다는 조항으로 Plant 수출입과 같이 계약의 이행에 장기간이 소요되는 거래 많이 사용된다.

memo

제3장 무역클레임의 해결과 상사중재

1. 무역클레임의 해결

1) 우선순위를 따르는 방법

무역클레임을 해결하는 방법을 말할 때, '중재는 소송보다 낫고, 타협이나 화해는 중재보다 낫다'라는 말이 있다. 무역클레임이 발생하면 당사자 간에 서로 우호적인 타협이나 화해로 마치는 것이 가장 추천되며, 이러한 방법에도 해결이 되지 않는 경우 제3자에 개입에 의한 해결방법을 찾을 수 밖에 없다.

타협이나 화해 > 알선 > 조정 > 중재 > 소송 순서로 무역클레임을 해결하는 방법이 추천되며, 비용면에서는 이와 반대로 생각하면 된다.

2) 당사자간의 해결방법

당사자간의 해결방법은 당사자가 직접 교섭하여 우호적으로 해결하는 방법으로 가장 이상적인 분쟁해결방법이다. 화해를 통한 방법이 대부분이며, 그 방법 외에도 청구권의 포기와 타협을 하는 방법이 있다.

(1) 청구권의 포기
청구권의 포기는 클레임을 제기하는 것을 포기하고 단순경고에 그치는 것을 말한다. 거래를 유지하는 대신 앞으로 주의를 함으로써 클레임을 해결하는 것으로 비교적 소액인 경우, 거래선과의 신용이 유지되고 있는 경우에 주로 사용된다. 같은 실수가 발생하지 않도록 상대방에게 주의를 주는 정도로 청구권을 포기하는 경우에 이용된다.

(2) 타협이나 화해

타협(compromise)이나 화해(reconcillation)는 쌍방의 타협으로 적당한 수준의 금전적 보상이나 대체상품의 송부 등 당사자 간에 합리적인 방법으로 클레임을 해결해 나가는 것을 말한다.

3) 제3자의 개입을 통한 해결방법

제3자의 개입을 통한 해결방법은 당사자 간에 해결할 수 없는 대립이 있는 경우 냉정하고 공정한 판단을 위해 사용하는 방법이다. 대표적으로 알선, 조정, 중재, 소송이 있다.

(1) 알선(recommendation)

알선은 상공회의소나 상사중재원 같은 공정한 제3의 기관을 통해 사건의 원만한 타협이 이루어지도록 분쟁을 해결하는 방법이다. 제3의 기관은 분쟁의 당사자들에게 조언을 하게 된다.

제3자의 조언은 그 자체로는 강제력을 갖지 않는다.

알선이나 조정과 중재는 모두 제3자의 개입을 통해 분쟁을 해결하는 방법이라는 공통점이 있지만, 조정이나 중재와 다른 점은 알선은 조정이나 중재에 비해 비형식적이며 당사자 일방의 의뢰에 의해서도 알선절차자 진행된다는 점이 차이를 가진다.

(2) 조정(mediation)

조정은 양당사자가 공정한 제3자를 조정인으로 선임하여 분쟁의 해결방안을 제시해 줄 것을 부탁하고, 그 조정인이 제시하는 해결안에 양 당사자가 모두 자주적으로 동의하여 합의함으로써 분쟁을 해결하는 방법이다.

조정은 당사자 중 어느 일방이 마음대로 조정을 신청할 수 없으며, 조정안을 수락해야하는 의무가 없다. 어느 일방 당사자가 조정안에 대해서 불만이 있는 경우 조정안을 거부할 수 있으며, 조정은 실패를 하게 된다. 또한 조정안은 그 자체로 법률적 구속력을 갖지 않으며 분쟁의 양 당사자가 모두 조정안을 수락하면 그 조정안은 중재판정과 동일한 구속력을 갖게 된다.

(3) 중재(arbitration)

① 중재인의 선정방법

중재계약에 의해 당사자 간의 약정으로 구하는 방법과 사무국이 중재인 명부 중에서 5인 또는 10인의 후보자를 선정 후에 당사자들에게 명단을 보내면 양 당사자가 희망순위를 기재하여 제출하는 방법이 있다.

② 심리

심리란, 증거나 방법 따위를 심사하는 행위를 말하며 심리는 중재인이 결정하는 것을 원칙으로 한다.

③ 임시적 처분

임시적 처분이란, 중재판정부가 중재 절차의 진행 도중 내리는 긴급조치를 말한다. 중재 절차 중 중재대상이 지정한 목적물의 처분이나 재산도피 기타 행위를 제한하고 중재판정의 결과가 있을 때까지 그 상태를 유지하는 것을 목적으로 하는 행위를 말한다.

④ 중재판정의 취소

중재판정에 대한 불복은 법원에 소를 제기하여 취소할 수 있다. 그 내용은 아래와 같다.

㉠ 중재합의의 당사자가 해당 준거법에 따라 중재합의 당시 무능력자였던 사실 또는 중재합의가 당사자들이 지정한 법에 따라 무효인 사실을 증명하는 경우
㉡ 당사자가 중재인의 선정 또는 중재절차에 관하여 적절한 통지를 받지 못한 것을 증명하는 경우
㉢ 중재판정이 중재합의의 범위를 벗어난 사항을 다룬 사실을 증명하는 경우
㉣ 중재판정부의 구성이나 절차가 당사자 간의 합의에 따르지 아니하였을 경우
㉤ 법원의 직권으로 중재판정을 취소할 수 있는 경우
㉥ 중재판정의 대상이 된 분쟁에 대한민국의 법에 따라 중재로 해결될 수 없는 경우
㉦ 중재판정의 승인 또는 집행이 대한민국의 선량한 풍속이나 그 밖의 사회질서에 위배되는 경우

위와 같은 경우에는 중재판정에 대한 불복의 소를 법원에 제기할 수 있다.

⑤ 중재의 내용과 장단점

중재는 당사자의 합의로 사법상의 법률관계를 법원의 소송절차에 의하지 않고, 사적인 제3자인 중재인을 선임하여 그 분쟁을 그에게 맡기고 중재인이 내린 판정에 양 당사자 모두가 절대적으로 복종해야 하는 강제력을 통해 분쟁을 해결하는 방법이다.

중재는 당사자간에 중재합의가 사전에 반드시 있어야 하며 중재인의 판정에 절대 복종해야 하는 특징을 갖는다. 중재판정은 법원의 확정판결과 동일한 성격을 가지며 외국중재판정의 승인 및 집행에 관한 유엔협약(New York Convention)에 가입한 외국에서는 그 집행이 보장되기 때문에 국제적인 효력이 인정된다.

알선과 조정, 중재는 모두 제3자의 개입을 통한 분쟁해결방법이며, 소송에 비해 비공식적이고 단심제로서 단 한번의 심리를 통해 법원의 확정판결과 동일한 효력을 가지게 된다. 또한 비밀유지가 되며, 비공개적인 절차를 통해 이뤄지며, 소송과 같은 상소 절차가 없다.

제3자를 통한 분쟁해결이라는 점, 당사자들의 합의가 반드시 이루어져야 한다는 점에서는 조정과 같지만, 조정은 조정안 자체를 양 당사자가 모두 수락함으로써 구속력을 갖는데 반해, 중재는 양당사자가 중재판정에 대해 구속이 된다는 차이가 있다.

알선은 당사자 일방의 요청이 있을 때에도 가능하지만, 조정과 중재는 당사자 간의 사전 합의가 반드시 있어야 한다는 차이가 있다.

(4) 소송(litigation)

소송은 국가기관인 법원의 판결에 따라 당사자간의 분쟁을 공권력을 이용하여 강제력으로 해결하는 최후의 분쟁해결방법이다. 이 해결방법은 무역클레임이 상호간의 대화로는 도저히 해결할 수 없는 경우에 이용된다.

소송은 중재와 다르게 3심제이며, 복잡한 소송절차, 과다 비용, 공개주의 원칙의 특징을 가진다. 또한 외국과의 사법협정이 체결되어 있지 않기 때문에 그 판결이 외국에서는 승인이나 집행되지 않는 차이가 있다.

(5) 중재와 소송의 차이점

① 대상
- 중재의 대상은 당사자가 처분할 수 있는 사법상 모든 분쟁
- 소송의 대상은 민사, 형사, 행정, 선거 등의 모든 분쟁

② 효력의 차이
- 중재판정은 법원의 확정판결과 동일
- 소송은 구속력, 형식적 확정력, 기판력, 집행력, 형성력이 필요

③ 단심제와 3심제도
- 중재판정은 단심제로써 시간적 효용이 좋음
- 소송은 3심제에 의해서 복잡한 절차와 시간, 비용이 많이 소요됨.

④ 비공개주의와 공개주의
- 중재판정은 비공개를 원칙으로 비밀이 보장됨.
- 소송은 공개주의 원칙으로 회사나 개인의 비밀이 공개됨.

제 8 부

무역관리

제1장 대외무역법

1. 대외무역법

1) 대외무역법의 목적

이 법은 대외 무역을 진흥하고 공정한 거래 질서를 확립하여 국제 수지의 균형과 통상의 확대를 도모함으로써 국민 경제를 발전시키는 데 이바지함을 목적으로 한다.

2) 용어의 정의

(1) 무역

물품, 대통령령으로 정하는 용역*, 대통령령으로 정하는 전자적형태의 무체물*의 수출과 수입을 말한다.

---

* 용역의 범위
1. 다음 각 목의 어느 하나에 해당하는 업종의 사업을 영위하는 자가 제공하는 용역
가. 경영 상담업
나. 법무 관련 서비스업
다. 회계 및 세무 관련 서비스업
라. 엔지니어링 서비스업
마. 디자인
바. 컴퓨터시스템 설계 및 자문업
사. 「문화산업진흥 기본법」제2조제1호에 따른 문화산업에 해당하는 업종
아. 운수업
자. 「관광진흥법」제3조제1항에 따른 관광사업(이하 "관광사업"이라 한다)에 해당하는 업종
차. 그 밖에 지식기반용역 등 수출유망산업으로서 산업통상자원부장관이 정하여 고시하는 업종

2. 국내의 법령 또는 대한민국이 당사자인 조약에 따라 보호되는 특허권·실용신안권·디자인권·상표권·저작권·저작인접권·프로그램저작권·반도체집적회로의 배치설계권의 양도(讓渡), 전용실시권(專用實施權)의 설정 또는 통상실시권(通常實施權)의 허락

* 전자적 형태의 무체물
1. 「소프트웨어산업 진흥법」제2조제1호에 따른 소프트웨어
2. 부호·문자·음성·음향·이미지·영상 등을 디지털 방식으로 제작하거나 처리한 자료 또는 정보 등으로서 산업통상자원부장관이 정하여 고시하는 것
3. 제1호와 제2호의 집합체와 그 밖에 이와 유사한 전자적 형태의 무체물로서 산업통상자원부장관이 정하여 고시하는 것

(2) 수출

"수출"이란 다음 각 목의 어느 하나에 해당하는 것을 말한다.

가. 매매, 교환, 임대차, 사용대차(使用貸借), 증여 등을 원인으로 국내에서 외국으로 물품이 이동하는 것[우리나라의 선박으로 외국에서 채취한 광물(鑛物) 또는 포획한 수산물을 외국에 매도(賣渡)하는 것을 포함한다]

나. 「관세법」 제196조에 따른 보세판매장에서 외국인에게 국내에서 생산(제조·가공·조립·수리·재생 또는 개조하는 것을 말한다. 이하 같다)된 물품을 매도하는 것

다. 유상(有償)으로 외국에서 외국으로 물품을 인도(引渡)하는 것으로서 산업통상자원부장관이 정하여 고시하는 기준에 해당하는 것

라. 「외국환거래법」 제3조제1항제14호에 따른 거주자(이하 "거주자"라 한다)가 같은 법 제3조제1항제15호에 따른 비거주자(이하 "비거주자"라 한다)에게 산업통상자원부장관이 정하여 고시하는 방법으로 제3조에 따른 용역을 제공하는 것

마. 거주자가 비거주자에게 정보통신망을 통한 전송과 그 밖에 산업통상자원부장관이 정하여 고시하는 방법으로 제4조에 따른 전자적 형태의 무체물(無體物)을 인도하는 것

(3) 수입

"수입"이란 다음 각 목의 어느 하나에 해당하는 것을 말한다.

가. 매매, 교환, 임대차, 사용대차, 증여 등을 원인으로 외국으로부터 국내로 물품이 이동하는 것

나. 유상으로 외국에서 외국으로 물품을 인수하는 것으로서 산업통상자원부장관이 정하여 고시하는 기준에 해당하는 것

다. 비거주자가 거주자에게 산업통상자원부장관이 정하여 고시하는 방법으로 제3조에 따른 용역을 제공하는 것

라. 비거주자가 거주자에게 정보통신망을 통한 전송과 그 밖에 산업통상자원부장관이 정하여 고시하는 방법으로 제4조에 따른 전자적 형태의 무체물을 인도하는 것

(4) 물품

외국환거래법에서 정하는 지급수단, 외국한거래법에서 정하는 증권, 외국환거래법에서 정하는 채권을 화체(化體)한 서류를 제외한 동산(動産)을 말한다.

(5) 무역거래자

수출 또는 수입을 하는 자, 외국의 수입자 또는 수출자에게서 위임을 받은 자 및 수출과 수입을 위임하는 자 등 물품등의 수출행위와 수입행위의 전부 또는 일부를 위임하거나 행하는 자를 말한다.

(6) 정부 간 수출계약

외국 정부의 요청이 있을 경우, 제32조의3제1항에 따른 정부 간 수출계약 전담기관[*]이 대통령령으로 정하는 절차에 따라 국내 기업을 대신하여 또는 국내 기업과 함께 계약의 당사자가 되어 외국 정부에 물품 등(방산물자 등은 제외)을 유상(有償)으로 수출하기 위하여 외국 정부와 체결하는 수출계약을 말한다.

3) 대외무역법 상 수출입거래

(1) 수출입의 원칙

① 물품 등의 수출입과 이에 따른 대금을 받거나 지급하는 것은 이 법의 목적의 범위에서 자유롭게 이루어져야 한다.
② 무역거래자는 대외신용도 확보 등 자유무역질서를 유지하기 위하여 자기 책임으로 그 거래를 성실히 이행하여야 한다.

---
[*] 대한무역투자진흥공사

(2) 수출입의 제한

산업통상자원부장관은 다음 각 호의 어느 하나에 해당하는 이행 등을 위하여 필요하다고 인정하여 지정·고시하는 물품 등의 수출 또는 수입을 제한하거나 금지할 수 있다.

① 헌법에 따라 체결·공포된 조약과 일반적으로 승인된 국제법규에 따른 의무의 이행
② 생물자원의 보호
③ 교역상대국과의 경제 협력 증진
④ 국방상 원활한 물자 수급
⑤ 과학기술의 발전
⑥ 그 밖에 통상·산업정책에 필요한 사항으로서 대통령령으로 정하는 사항

4) 수출입공고

대외무역법상 산업통상자원부장관이 수출입 물품에 대한 관리를 위한 제한품목과 수출입 요령에 대한 기본 공고를 말한다. 수출입의 제한·금지·승인·한정 및 그 절차에 관한 사항을 규정하고 있으며, 국내는 네거티브 방식(Negative List System)으로 수출입공고가 된 물품에 대해서는 수출입이 제한된다.

5) 통합공고

(1) 목적

대외무역법 제12조의 규정*에 의하여 동법 이외의 다른 법령(전기용품 및 생활용품 완전관리법, 전파법, 수입식품 안전관리 특별법 등)에서 해당 물품의 수출입의 요건 및 절차 등을 정하고 있는 경우에 수출입 요건확인 및 통관 업무의 간소화와 무역질서 유지를 위하여 다른 법령이 정한 물품의 수출입의 요건 및 절차에 관한 사항을 조정하고 이를 통합 규정함을 목적으로 한다.

(2) 특징

통합공고는 수출입공고와 달리, 수출입의 금지나 제한보다는 수출입의 절차적 요건을 위한 내용을 담고 있다.

6) 전략물자 수출입고시

(1) 전략물자 수출 허가

전략물자를 수출하려는 자는 대통령령으로 정하는 바에 따라 산업통상자원부장관이나 관계 행정기관의 장의 허가를 받아야 한다. 다만, 「방위사업법」에 따라 허가를 받은 방위산업물자 및 국방과학기술이 전략물자에 해당하는 경우에는 그러하지 아니하다.

(2) 전략물자 상황 허가
① 상황허가의 원칙

대량파괴무기와 그 운반수단인 미사일 및 재래식무기의 제조·개발·사용 또는 보관 등의 용도

---

* 대외무역법 제12조 통합 공고
①관계 행정기관의 장은 수출·수입 요령을 제정하거나 개정하는 경우에는 그 수출·수입 요령이 그 시행일 전에 제2항에 따라 공고될 수 있도록 이를 산업통상자원부장관에게 제출하여야 한다.
②산업통상자원부장관은 제1항에 따라 제출받은 수출·수입 요령을 통합하여 공고하여야 한다.

로 전용(轉用)될 가능성이 높은 물품 등을 수출하려는 자는 전략물자수출허가신청서나 상황허가신청서에 다음 각 호의 서류를 첨부하여 산업통상자원부장관이나 관계 행정기관의 장에게 제출해야 한다.

   1. 수출계약서, 수출가계약서(輸出假契約書) 또는 이에 준하는 서류
   2. 수입국의 정부가 발행하는 수입목적확인서 또는 이에 준하는 서류
   3. 수출하는 물품 등의 용도와 성능을 표시하는 서류
   4. 수출하는 물품 등의 기술적 특성에 관한 서류
   4의2. 수출하는 물품 등의 용도 등에 관한 최종 사용자의 서약서
   5. 그 밖에 수출허가나 상황허가에 필요한 서류로서 산업통상자원부장관이 정하여 고시하는 서류

② **상황허가를 받아야 하는 경우**

   1. 수입자가 해당 물품등의 최종 용도에 관하여 필요한 정보 제공을 기피하는 경우
   2. 수출하려는 물품 등이 최종 사용자의 사업 분야에 해당되지 아니하는 경우
   3. 수출하려는 물품 등이 수입국가의 기술 수준과 현저한 격차가 있는 경우
   4. 최종 사용자가 해당 물품 등이 활용될 분야의 사업경력이 없는 경우
   5. 최종 사용자가 해당 물품 등에 대한 전문적 지식이 없으면서도 그 물품 등의 수출을 요구하는 경우
   6. 최종 사용자가 해당 물품등에 대한 설치·보수 또는 교육훈련 서비스를 거부하는 경우
   7. 해당 물품등의 최종 수하인(受荷人)이 운송업자인 경우
   8. 해당 물품등에 대한 가격 조건이나 지불 조건이 통상적인 범위를 벗어나는 경우
   9. 특별한 이유 없이 해당 물품등의 납기일이 통상적인 기간을 벗어난 경우
   10. 해당 물품등의 수송경로가 통상적인 경로를 벗어난 경우
   11. 해당 물품등의 수입국 내 사용 또는 재수출 여부가 명백하지 아니한 경우

12. 해당 물품등에 대한 정보나 목적지 등에 대하여 통상적인 범위를 벗어나는 보안을 요구하는 경우

(3) 수출허가 및 상황허가의 기준
① 해당 물품등이 평화적 목적에 사용될 것
② 해당 물품등의 수출이 국제평화 및 안전유지와 국가안보에 영향을 미치지 아니할 것
③ 해당 물품등의 수입자와 최종 사용자 등이 거래에 적합한 자격을 가지고 있고 그 물품 등의 사용 용도를 신뢰할 수 있을 것
④ 그 밖에 국제수출통제체제의 원칙 중 산업통상자원부장관이 정하여 고시하는 사항을 지킬 것

(4) 전략물자의 수출허가 또는 상황허가의 면제
다음 각 호의 어느 하나에 해당하는 경우에는 전략물자의 수출허가 또는 상황허가를 면제하되, 수출자는 수출 후 7일 이내에 산업통상자원부장관 또는 관계 행정기관의 장에게 수출거래에 관한 보고서를 제출하여야 한다.

1. 재외공관, 해외에 파견된 우리나라 군대 또는 외교사절 등에 사용될 공용물품을 수출하는 경우
2. 선박 또는 항공기의 안전운항을 위하여 긴급 수리용으로 사용되는 기계, 기구 또는 부분품 등을 수출하는 경우
3. 그 밖에 수출허가 또는 상황허가의 면제가 필요하다고 인정하여 산업통상자원부장관이 관계 행정기관의 장과 협의하여 고시하는 경우

7) 통상의 진흥

(1) 무역의 진흥을 위한 조치

① 산업통상자원부장관은 무역의 진흥을 위하여 필요하다고 인정되면 대통령령으로 정하는 바에 따라 물품 등의 수출과 수입을 지속적으로 증대하기 위한 조치를 할 수 있다.

② 산업통상자원부장관은 제1항에 따른 무역의 진흥을 위하여 필요하다고 인정되면 대통령령으로 정하는 바에 따라 다음 각 호의 어느 하나에 해당하는 자에게 필요한 지원을 할 수 있다.

1. 무역의 진흥을 위한 자문, 지도, 대외 홍보, 전시, 연수, 상담 알선 등을 업(業)으로 하는 자
2. 무역전시장이나 무역연수원 등의 무역 관련 시설을 설치·운영하는 자
3. 과학적인 무역업무 처리기반을 구축·운영하는 자

(2) 통상진흥 시책의 수립

① 산업통상자원부장관은 무역과 통상을 진흥하기 위하여 매년 다음 연도의 통상진흥 시책을 세워야 한다.

② 통상진흥 시책에는 다음 각 호의 사항이 포함되어야 한다.

1. 통상진흥 시책의 기본 방향
2. 국제통상 여건의 분석과 전망
3. 무역·통상 협상 추진 방안과 기업의 해외 진출 지원 방안
4. 통상진흥을 위한 자문, 지도, 대외 홍보, 전시, 상담 알선, 전문인력 양성 등 해외시장 개척 지원 방안
5. 통상 관련 정보 수집·분석 및 활용 방안
6. 원자재의 원활한 수급을 위한 국내외 협력 추진 방안

8) 수입수량 제한조치

(1) 산업통상자원부장관은 특정 물품의 수입 증가로 인하여 같은 종류의 물품 또는 직접적인 경쟁 관계에 있는 물품을 생산하는 국내산업이 심각한 피해를 입고 있거나 입을 우려가 있음이 「불공정무역행위 조사 및 산업피해구제에 관한 법률」에 따른 무역위원회의 조사를 통하여 확인되고 심각한 피해 등을 구제하기 위한 조치가 건의된 경우로서 그 국내산업을 보호할 필요가 있다고 인정되면 그 물품의 국내산업에 대한 심각한 피해등을 방지하거나 치유하고 조정을 촉진하기 위하여 필요한 범위에서 물품의 수입수량을 제한하는 조치를 시행할 수 있다.

(2) 산업통상자원부장관은 무역위원회의 건의, 해당 국내산업 보호의 필요성, 국제통상 관계, 수입수량제한조치의 시행에 따른 보상수준 및 국민경제에 미치는 영향 등을 검토하여 수입수량제한조치의 시행 여부와 내용을 결정한다.

(3) 정부는 수입수량제한조치를 시행하려면 이해 당사국과 수입수량제한조치의 부정적 효과에 대한 적절한 무역보상에 관하여 협의할 수 있다.

(4) 수입수량제한조치는 조치 시행일 이후 수입되는 물품에만 적용한다.

(5) 수입수량제한조치의 적용 기간은 4년을 넘어서는 아니 된다.

(6) 산업통상자원부장관은 수입수량제한조치의 대상 물품, 수량, 적용기간 등을 공고하여야 한다.

(7) 산업통상자원부장관은 수입수량제한조치의 시행 여부를 결정하기 위하여 필요하다고 인정하면 관계 행정기관의 장 및 이해관계인 등에게 관련 자료의 제출 등 필요한 협조를 요청할 수 있다.

(8) 산업통상자원부장관은 수입수량제한조치의 대상이었거나 「관세법」에 따른 긴급관세 또는 잠정 긴급관세의 대상이었던 물품에 대하여는 그 수입수량제한조치의 적용기간, 긴급관세의 부과기간 또는 잠정긴급관세의 부과기간이 끝난 날부터 그 적용 기간 또는 부과기간에 해당하는 기간이 지나기 전까지는 다시 수입수량제한조치를 시행할 수 없다. 다만, 다음 각 호의 요건을 모두 충족하는 경우에는 180일 이내의 수입수량제한조치를 시행할 수 있다.

1. 해당 물품에 대한 수입수량제한조치가 시행되거나 긴급관세 또는 잠정긴급관세가 부과된 후 1년이 지날 것
2. 수입수량제한조치를 다시 시행하는 날부터 소급하여 5년 안에 그 물품에 대한 수입수량제한조치의 시행 또는 긴급관세의 부과가 2회 이내일 것

9) 외화획득용 원료-기재

(1) 외화획득의 범위
① 수출
② 주한 국제연합군이나 그 밖의 외국군 기관에 대한 물품 등의 매도
③ 관광
④ 용역 및 건설의 해외진출
⑤ 무역거래업자가 외국의 수입업자로부터 수수료를 받고 행한 수출 알선
⑥ 국내에서 물품 등을 매도하는 것으로서 산업통상자원부장관이 정하여 고시하는 기준에 해당하는 것

(2) 외화획득용 원료의 정의
"외화획득용 원료"란 외화획득에 제공되는 물품과 용역 및 전자적 형태의 무체물을 생산하는 데에 필요한 원자재·부자재·부품 및 구성품을 말한다.

(3) 외화획득용 기재의 정의

"외화획득용 원료 기재"란 외화획득용 원료, 외화획득용 시설기재, 외화획득용 제품, 외화획득용 용역 및 외화획득용 전자적 형태의 무체물을 말한다.

(4) 외화획득용 시설기재

"외화획득용 시설기재"란 외화획득에 제공되는 물품 등을 생산하는 데에 사용되는 시설·기계·장치·부품 및 구성품[물품등의 하자(瑕疵)를 보수하거나 물품 등을 유지·보수하는 데에 필요한 부품 및 구성품을 포함한다]을 말한다.

(5) 외화획득용 제품

"외화획득용 제품"이란 수입한 후 생산과정을 거치지 아니한 상태로 외화획득에 제공되는 물품 등을 말한다.

(6) 외화획득용 용역

"외화획득용 용역"이란 외화획득에 제공되는 물품 등을 생산하는 데에 필요한 용역을 말한다.

(7) 외화획득용 전자적 형태의 무체물

"외화획득용 전자적 형태의 무체물"이란 외화획득에 제공되는 물품등을 생산하는 데에 필요한 전자적 형태의 무체물을 말한다.

(8) 외화획득 이행 기간

① 외화획득의 이행 기간은 다음 각 호의 구분에 따른 기간의 범위에서 산업통상자원부장관이 정하여 고시하는 기간으로 한다.

1. 외화획득용 원료·기재를 수입한 자가 직접 외화획득의 이행을 하는 경우 : 수입통관일 또는 공급일부터 2년

2. 다른 사람으로부터 외화획득용 원료기재 또는 그 원료기재로 제조된 물품등을 양수한 자가 외화획득의 이행을 하는 경우 : 양수일부터 1년

3. 외화획득을 위한 물품등을 생산하거나 비축하는 데에 2년 이상의 기간이 걸리는 경우 : 생산하거나 비축하는 데에 걸리는 기간에 상당하는 기간

4. 수출이 완료된 기계류의 하자 및 유지 보수를 위한 외화획득용 원료·기재인 경우: 하자 및 유지 보수 완료일부터 2년

10) 원산지의 표시

(1) 원산지의 의의
당해 물품의 전부 또는 2개국 이상이 제조하는 경우, 당해 물품의 본질적인 특성을 최종적으로 부여한 국가를 의미한다.

(2) 수입물품의 원산지 표시 방법
① 한글·한문 또는 영문으로 표시할 것
② 최종 구매자가 쉽게 판독할 수 있는 활자체로 표시할 것
③ 식별하기 쉬운 위치에 표시할 것
④ 표시된 원산지가 쉽게 지워지거나 떨어지지 아니하는 방법으로 표시할 것
⑤ 해당 물품에 원산지를 표시하는 것이 곤란하거나 원산지를 표시할 필요가 없다고 인정하여 산업통상자원부장관이 정하여 고시하는 기준에 해당하는 경우에는 산업통상자원부장관이 정하여 고시하는 바에 따라 원산지를 표시하거나 원산지 표시를 생략할 수 있다.
⑥ 수입 물품의 원산지 표시방법에 관하여 필요한 사항은 산업통상자원부장관이 정하여 고시한다. 다만, 수입물품을 관장하는 중앙행정기관의 장은 소비자를 보호하기 위하여 필요한 경우에는 산업통상자원부장관과 협의하여 해당 물품의 원산지 표시에 관한 세부적인 사항을 따로 정하여 고시할 수 있다.
⑦ 수출 물품에 대하여 원산지를 표시하는 경우에는 원산지를 표시하되, 그 물품에 대한 수입국

의 원산지 표시규정이 이와 다르게 표시하도록 되어 있으면 그 규정에 따라 원산지를 표시할 수 있다. 다만, 수입한 물품에 대하여 국내에서 단순한 가공활동을 거쳐 수출하는 경우에는 우리나라를 원산지로 표시하여서는 아니 된다.

(3) 수입물품의 원산지 표시의 일반원칙

① 수입 물품의 원산지는 다음 각 호의 어느 하나에 해당되는 방식으로 한글, 한자 또는 영문으로 표시할 수 있다.

1. "원산지: 국명" 또는 "국명 산(産)"
2. "Made in 국명" 또는 "Product of 국명"
3. "Made by 물품 제조자의 회사명, 주소, 국명"
4. "Country of Origin : 국명"
5. 영 제61조의 원산지와 동일한 경우로서 국제상거래관행상 타당한 것으로 관세청장이 인정하는 방식

② 수입 물품의 원산지는 최종구매자가 해당 물품의 원산지를 용이하게 판독할 수 있는 크기의 활자체로 표시하여야 한다.
③ 수입물품의 원산지는 최종구매자가 정상적인 물품구매과정에서 원산지표시를 발견할 수 있도록 식별하기 용이한 곳에 표시하여야 한다.
④ 표시된 원산지는 쉽게 지워지지 않으며 물품(또는 포장·용기)에서 쉽게 떨어지지 않아야 한다.
⑤ 수입 물품의 원산지는 제조단계에서 인쇄(printing), 등사(stenciling), 낙인(branding), 주조(molding), 식각(etching), 박음질(stitching) 또는 이와 유사한 방식으로 원산지를 표시하는 것을 원칙으로 한다. 다만, 물품의 특성상 위와 같은 방식으로 표시하는 것이 부적합 또는 곤란하거나 물품을 훼손할 우려가 있는 경우에는 날인(stamping), 라벨(label), 스티커(sticker), 꼬리표(tag)를 사용하여 표시할 수 있다.

⑥ 최종구매자가 수입 물품의 원산지를 오인할 우려가 없는 경우에는 다음 각호와 같이 통상적으로 널리 사용되고 있는 국가명이나 지역명 등을 사용하여 원산지를 표시할 수 있다.

1. United States of America를 USA로
2. Switzerland를 Swiss로
3. Netherlands를 Holland로
4. United Kingdom of Great Britain and Northern Ireland를 UK 또는 GB로
5. UK의 England, Scotland, Wales, Northern Ireland
6. 특정국가의 식민지, 속령 또는 보호령 지역에서 생산된 경우 관세청 무역통계부호에 규정된 국가별 분류기준에 따른 국가명
7. 기타 관세청장이 산업통상자원부장관과 협의하여 타당하다고 인정하는 국가나 지역명

⑦ 「전기용품 및 생활용품 안전관리법」, 「식품위생법」 등 다른 법령에서 물품에 대한 표시방식 등을 정하고 있는 경우에는 이를 적용하여 원산지를 표시할 수 있다.

(4) 수입물품의 원산지 표시의 예외

① 수입 물품의 크기가 작아 해당 물품의 원산지를 표시할 수 없을 경우에는 국명만을 표시할 수 있다.
② 최종구매자가 수입물품의 원산지를 오인할 우려가 없도록 표시하는 전제하에 물품별 제조공정상의 다양한 특성을 반영할 수 있도록 다음 각호의 예시에 따라 보조표시를 할 수 있다.

1. "Designed in 국명", "Fashioned in 국명", "Moded in 국명", "stlyed in 국명", "Licensed by 국명", "Finished in 국명"....
2. 기타 관세청장이 제1호에 준하여 타당하다고 인정한 보조표시 방식

③ 수출국에서의 주요 부분품의 단순 결합물품 원재료의 단순 혼합물품, 중고물품으로 원산지를

특정하기 어려운 물품은 다음과 같이 원산지를 표시할 수 있다.

1. 단순 조립물품 : "Organized in 국명(부분품별 원산지 나열)"
2. 단순 혼합물품 : "Mixed in 국명(원재료별 원산지 나열)"
3. 중고물품 : "Imported from 국명"

(5) 수입물품의 원산지 표시의 면제
① 물품 또는 포장·용기에 원산지를 표시하여야 하는 수입 물품이 다음 각 호의 어느 하나에 해당되는 경우에는 원산지를 표시하지 아니할 수 있다.

1. 외화획득용 원료 및 시설기재로 수입되는 물품
2. 개인에게 무상 송부된 탁송품, 별송품 또는 여행자 휴대품
3. 수입 후 실질적 변형을 일으키는 제조공정에 투입되는 부품 및 원재료로서 실수요자가 직접 수입하는 경우(실수요자를 위하여 수입을 대행하는 경우를 포함한다)
4. 판매 또는 임대목적에 제공되지 않는 물품으로서 실수요자가 직접 수입하는 경우. 다만, 해당 물품 중 제조용 시설 및 기자재(부분품 및 예비용 부품을 포함한다)는 실수요자를 위하여 수입을 대행하는 경우까지도 인정할 수 있다.
5. 연구개발용품으로서 실수요자가 수입하는 경우(실수요자를 위하여 수입을 대행하는 경우를 포함한다)
6. 견본품(진열·판매용이 아닌 것에 한함) 및 수입된 물품의 하자보수용 물품(수입된 물품의 자체 결함에 따른 하자를 보수하기 위해 직접 수입하는 경우에 한함)
7. 보세운송, 환적 등에 의하여 우리나라를 단순히 경유하는 통과 화물
8. 재수출조건부 면세 대상 물품 등 일시 수입 물품
9. 우리나라에서 수출된 후 재수입되는 물품
10. 외교관 면세 대상 물품
11. 개인이 자가소비용으로 수입하는 물품으로서 세관장이 타당하다고 인정하는 물품

12. 그 밖에 관세청장이 산업통상자원부장관과 협의하여 타당하다고 인정하는 물품

② 세관장은 원산지 표시가 면제되는 물품에 대하여 외화획득 이행 여부, 목적 외 사용 등 원산지 표시 면제의 적합 여부를 사후 확인할 수 있다.

memo

제2장 관세법

1. 목적

이 법은 관세의 부과·징수 및 수출입물품의 통관을 적정하게 하고 관세수입을 확보함으로써 국민경제의 발전에 이바지함을 목적으로 한다.

2. 수출과 수입

"수출"이란 내국물품을 외국으로 반출하는 것을 말한다.

"수입"이란 외국물품을 우리나라에 반입(보세구역을 경유하는 것은 보세구역으로부터 반입하는 것을 말한다)하거나 우리나라에서 소비 또는 사용하는 것(우리나라의 운송수단 안에서의 소비 또는 사용을 포함하며, 제239조* 각 호의 어느 하나에 해당하는 소비 또는 사용은 제외한다)을 말한다.

3. 외국물품과 내국물품

"외국물품"이란 다음 각 목의 어느 하나에 해당하는 물품을 말한다.
1) 외국으로부터 우리나라에 도착한 물품[외국의 선박 등이 공해(公海, 외국의 영해가 아닌 경제수역을 포함한다. 이하 같다)에서 채집하거나 포획한 수산물 등을 포함한다]으로서 수입의 신고가 수리(受理)되기 전의 것
2) 수출의 신고가 수리된 물품
3) 보세작업의 결과 외국물품에 부가된 내국물품

---

* 외국물품의 소비나 사용이 다음 각 호의 어느 하나에 해당하는 경우에는 이를 수입으로 보지 아니한다.
  1. 선용품·기용품 또는 차량용품을 운송수단 안에서 그 용도에 따라 소비하거나 사용하는 경우
  2. 선용품·기용품 또는 차량용품을 세관장이 정하는 지정보세구역에서 「출입국관리법」에 따라 출국심사를 마치거나 우리나라에 입국하지 아니하고 우리나라를 경유하여 제3국으로 출발하려는 자에게 제공하여 그 용도에 따라 소비하거나 사용하는 경우
  3. 여행자가 휴대품을 운송수단 또는 관세통로에서 소비하거나 사용하는 경우
  4. 이 법에서 인정하는 바에 따라 소비하거나 사용하는 경우

4) 보세공장에서 내국물품과 외국물품을 원재료로 하여 만든 물품

"내국물품"이란 다음 각 목의 어느 하나에 해당하는 물품을 말한다.
1) 우리나라에 있는 물품으로서 외국물품이 아닌 것
2) 우리나라의 선박 등이 공해에서 채집하거나 포획한 수산물 등
3) 입항전수입신고가 수리된 물품
4) 수입신고 수리전 반출승인을 받아 반출된 물품
5) 수입신고전 즉시반출신고를 하고 반출된 물품

4. 선용품, 기용품, 차량용품

"선용품"(船用品)이란 음료, 식품, 연료, 소모품, 밧줄, 수리용 예비부분품 및 부속품, 집기, 그 밖에 이와 유사한 물품으로서 해당 선박에서만 사용되는 것을 말한다.

"기용품"(機用品)이란 선용품에 준하는 물품으로서 해당 항공기에서만 사용되는 것을 말한다.

"차량용품"이란 선용품에 준하는 물품으로서 해당 차량에서만 사용되는 것을 말한다.

5. 통관

"통관"(通關)이란 이 법에 따른 절차를 이행하여 물품을 수출·수입 또는 반송하는 것을 말한다.

6. 관세징수의 우선

1) 관세를 납부하여야 하는 물품에 대하여는 다른 조세, 그 밖의 공과금 및 채권에 우선하여 그 관세를 징수한다.

2) 체납처분의 대상이 해당 관세를 납부하여야 하는 물품이 아닌 재산인 경우에는 국세와 동일하게 한다.

7. 관세의 납부기한

1) 납세신고를 한 경우: 납세신고 수리일부터 15일 이내
2) 납세고지를 한 경우: 납세고지를 받은 날부터 15일 이내
3) 수입신고전 즉시반출신고를 한 경우: 수입신고일부터 15일 이내
4) 납세의무자는 수입신고가 수리되기 전에 해당 세액을 납부할 수 있다.
5) 세관장은 납세실적 등을 고려하여 관세청장이 정하는 요건을 갖춘 성실납세자가 대통령령으로 정하는 바에 따라 신청을 할 때에는 납부기한이 동일한 달에 속하는 세액에 대하여는 그 기한이 속하는 달의 말일까지 한꺼번에 납부하게 할 수 있다. 이 경우 세관장은 필요하다고 인정하는 경우에는 납부할 관세에 상당하는 담보를 제공하게 할 수 있다.

8. 과세물건

수입물품에는 관세를 부과한다.

1) 관세는 수입신고를 하는 때의 물품의 성질과 그 수량에 따라 부과한다.
2) 선용품 및 기용품의 하역, 물품의 하역 등에 따라 관세를 징수하는 물품: 하역을 허가받은 때
3) 보수작업에 따라 관세를 징수하는 물품: 보세구역 밖에서 하는 보수작업을 승인받은 때
4) 장치물품의 폐기에 따라 관세를 징수하는 물품: 해당 물품이 멸실되거나 폐기된 때
5) 보세공장 외 작업 허가, 보세건설장 외 작업 허가, 설비의 유지의무 등에 따라 관세를 징수하는 물품: 보세공장 외 작업, 보세건설장 외 작업 또는 종합보세구역 외 작업을 허가받거나 신고한 때
6) 보세운송기간 경과 시의 징수에 따라 관세를 징수하는 물품: 보세운송을 신고하거나 승인받은 때

7) 수입신고가 수리되기 전에 소비하거나 사용하는 물품: 해당 물품을 소비하거나 사용한 때

8) 수입신고전 즉시반출신고를 하고 반출한 물품: 수입신고전 즉시반출신고를 한 때

9) 우편으로 수입되는 물품: 통관우체국에 도착한 때

10) 도난물품 또는 분실물품: 해당 물품이 도난되거나 분실된 때

11) 이 법에 따라 매각되는 물품: 해당 물품이 매각된 때

12) 수입신고를 하지 아니하고 수입된 물품: 수입된 때

9. 과세가격

1) 과세가격의 결정

(1) 수입물품의 과세가격은 우리나라에 수출하기 위하여 판매되는 물품에 대하여 구매자가 실제로 지급하였거나 지급하여야 할 가격에 다음 각 호의 금액을 더하여 조정한 거래가격으로 한다. 다만, 다음 각 호의 금액을 더할 때에는 객관적이고 수량화할 수 있는 자료에 근거하여야 하며, 이러한 자료가 없는 경우에는 이 조에 규정된 방법으로 과세가격을 결정하지 아니하고 제31조부터 제35조까지에 규정된 방법으로 과세가격을 결정한다.

1. 구매자가 부담하는 수수료와 중개료. 다만, 구매수수료는 제외한다.
2. 해당 수입물품과 동일체로 취급되는 용기의 비용과 해당 수입물품의 포장에 드는 노무비와 자재비로서 구매자가 부담하는 비용
3. 구매자가 해당 수입물품의 생산 및 수출거래를 위하여 대통령령으로 정하는 물품 및 용역을 무료 또는 인하된 가격으로 직접 또는 간접으로 공급한 경우에는 그 물품 및 용역의 가격 또는 인하차액을 해당 수입물품의 총 생산량 등 대통령령으로 정하는 요소를 고려하여 적절히 배분한 금액
4. 특허권, 실용신안권, 디자인권, 상표권 및 이와 유사한 권리를 사용하는 대가로 지급하는 것으로서 대통령령으로 정하는 바에 따라 산출된 금액

5. 해당 수입물품을 수입한 후 전매·처분 또는 사용하여 생긴 수익금액 중 판매자에게 직접 또는 간접으로 귀속되는 금액

6. 수입항(輸入港)까지의 운임·보험료와 그 밖에 운송과 관련되는 비용으로서 대통령령으로 정하는 바에 따라 결정된 금액. 다만, 기획재정부령으로 정하는 수입물품의 경우에는 이의 전부 또는 일부를 제외할 수 있다.

2) 과세가격의 결정원칙

① 제1방법 : 당해 수입물품의 거래가격을 기초로 한 과세가격 결정
② 제2방법 : 동종·동질 물품의 거래가격을 기초로 한 과세가격의 결정
③ 제3방법 : 유사물품의 거래가격을 기초로 한 과세가격의 결정
④ 제4방법 : 국내판매가격을 기초로 한 과세가격의 결정
⑤ 제5방법 : 산정가격을 기초로 한 과세가격의 결정
⑥ 제6방법 : 합리적 기준에 따른 과세가격의 결정

10. 과세표준

관세의 과세표준은 수입물품의 가격 또는 수량으로 한다.

1) 종가세

물품 가격에 대해 부과하는 세액으로 관세의 부담이 종량세에 비해서 공평하다. 다만, 과세가격의 평가의 어려움으로 실제 산출이 어렵고 수출국에 따라 관세의 차이가 생긴다.

2) 종량세

수입물품의 수량을 기준으로 과세표준을 삼고, 과세방법이 간단하다. 다만, 중량·계량 단위의

통일이 어렵고, 가격상승이나 물가변동에 대한 세율의 적용이 불가능하다.

3) 혼합세

종가세와 종량세를 동시에 산출한 세액으로 우리나라에서는 사용하지 않는다.

4) 선택관세

종가세와 종량제의 기준을 정하고 둘 중 세액이 높은 쪽에 관세를 부과하는 방식이다. 수입가격에 따라 가격이 상승할때는 종가세를, 가격이 하락할때는 종량세를 사용하는 것이 효과적이다.

11. 관세율

1) 기본세율과 잠정세율

(1) 기본세율
관세법의 관세율표상의 기본세율을 말한다.

(2) 잠정세율
기본세율과 잠정세율은 별표 관세율표에 따르되, 잠정세율을 기본세율에 우선하여 적용한다. 기본세율을 적용하기 어려운 경우 기본세율에 우선하여 잠정세율을 적용한다.

2) 관세율 적용순서
(1) 덤핑방지관세(anti-dumping duties), 상계관세(compensation duties) [*], 보복관세

---

[*] 제57조(상계관세의 부과대상)
외국에서 제조·생산 또는 수출에 관하여 직접 또는 간접으로 보조금이나 장려금을 받은 물품의 수입으로 인하여 국내산업을 보호할 필요가 있다고 인정되는 경우에는 기획재정부령으로 그 물품과 수출자 또는 수출국을 지정하여 그 물품에 대하여 해당 보조금 등의 금액 이하의 관세를 추가하여 부과할 수 있다.

(retaliatory duties)**, 긴급관세(emergency tariff)***, 농림축산물에 대한 특별긴급관세(Special emergency duties on agricultural, forest and livestock products)

(2) 국제협력관세9*, 편익관세10** - 3,4,5,6,7보다 낮은 경우에 한하여 우선 적용
(3) 조정관세(adjustment duties)***, 할당관세(quota tariff), 계절관세(seasonal customs duties)
(4) 일반특혜관세(generalized system of preference) 제76조(일반특혜관세의 적용기준)****

** 제63조(보복관세의 부과대상)
  교역상대국이 우리나라의 수출물품 등에 대하여 다음 각 호의 어느 하나에 해당하는 행위를 하여 우리나라의 무역이익이 침해되는 경우에는 그 나라로부터 수입되는 물품에 대하여 피해상당액의 범위에서 관세(이하 "보복관세"라 한다)를 부과할 수 있다.

*** 제65조(긴급관세의 부과대상 등)
  특정물품의 수입증가로 인하여 동종물품 또는 직접적인 경쟁관계에 있는 물품을 생산하는 국내산업이 심각한 피해를 받거나 받을 우려가 있음이 조사를 통하여 확인되고 해당 국내산업을 보호할 필요가 있다고 인정되는 경우에는 해당 물품에 대하여 심각한 피해등을 방지하거나 치유하고 조정을 촉진하기 위하여 필요한 범위에서 관세를 추가하여 부과할 수 있다.

* 제73조(국제협력관세)
  ① 정부는 우리나라의 대외무역 증진을 위하여 필요하다고 인정될 때에는 특정 국가 또는 국제기구와 관세에 관한 협상을 할 수 있다.
  ② 제1항에 따른 협상을 수행할 때 필요하다고 인정되면 관세를 양허할 수 있다. 다만, 특정 국가와 협상할 때에는 기본 관세율의 100분의 50의 범위를 초과하여 관세를 양허할 수 없다.
  ③ 제2항에 따른 관세를 부과하여야 하는 대상 물품, 세율 및 적용기간 등은 대통령령으로 정한다.

** J제74조(편익관세의 적용기준 등)
  ① 관세에 관한 조약에 따른 편익을 받지 아니하는 나라의 생산물로서 우리나라에 수입되는 물품에 대하여 이미 체결된 외국과의 조약에 따른 편익의 한도에서 관세에 관한 편익(이하 "편익관세"라 한다)을 부여할 수 있다.
  ② 편익관세를 부여할 수 있는 대상 국가, 대상 물품, 적용 세율, 적용방법, 그 밖에 필요한 사항은 대통령령으로 정한다.

*** 산업구조의 변동 등으로 물품 간의 세율 불균형이 심하여 이를 시정할 필요가 있는 경우, 공중도덕 보호, 인간·동물·식물의 생명 및 건강 보호, 환경보전, 유한(有限) 천연자원 보존 및 국제평화와 안전보장 등을 위하여 필요한 경우, 국내에서 개발된 물품을 일정 기간 보호할 필요가 있는 경우, 농림축수산물 등 국제경쟁력이 취약한 물품의 수입증가로 인하여 국내시장이 교란되거나 산업기반이 붕괴될 우려가 있어 이를 시정하거나 방지할 필요가 있는 경우 부과하는 관세

*** 제76조(일반특혜관세의 적용기준)
  ① 대통령령으로 정하는 개발도상국가를 원산지로 하는 물품 중 대통령령으로 정하는 물품에 대하여는 기본세율보다 낮은 세율의 관세를 부과할 수 있다.
  ② 일반특혜관세를 부과할 때 해당 특혜대상물품의 수입이 국내산업에 미치는 영향 등을 고려하여 그 물품에 적용되는 세율에 차등을 두거나 특혜대상물품의 수입수량 등을 한정할 수 있다.
  ③ 국제연합총회의 결의에 따른 최빈(最貧) 개발도상국 중 대통령령으로 정하는 국가를 원산지로 하는 물품에 대하여는 다른 특혜대상국보다 우대하여 일반특혜관세를 부과할 수 있다.
  ④ 특혜대상물품에 적용되는 세율 및 적용기간과 그 밖에 필요한 사항은 대통령령으로 정한다.

① 대통령령으로 정하는 개발도상국가를 원산지로 하는 물품 중 대통령령으로 정하는 물품에 대하여는 기본세율보다 낮은 세율의 관세를 부과할 수 있다.

② 일반특혜관세를 부과할 때 해당 특혜대상물품의 수입이 국내산업에 미치는 영향 등을 고려하여 그 물품에 적용되는 세율에 차등을 두거나 특혜대상물품의 수입수량 등을 한정할 수 있다.

③ 국제연합총회의 결의에 따른 최빈(最貧) 개발도상국 중 대통령령으로 정하는 국가를 원산지로 하는 물품에 대하여는 다른 특혜대상국보다 우대하여 일반특혜관세를 부과할 수 있다.

④ 특혜대상물품에 적용되는 세율 및 적용기간과 그 밖에 필요한 사항은 대통령령으로 정한다.

(5) 농림축산물에 대한 양허관세
(6) 잠정세율(provisional tariff)
(7) 기본세율

12. 보세구역

보세구역은 지정보세구역·특허보세구역 및 종합보세구역으로 구분하고, 지정보세구역은 지정장치장 및 세관검사장으로 구분하며, 특허보세구역은 보세창고·보세공장·보세전시장·보세건설장 및 보세판매장으로 구분한다.

1) 물품의 장치

(1) 외국물품과 내국운송의 신고를 하려는 내국물품은 보세구역에 장치해야 한다.
① 수출신고가 수리된 물품
② 크기 또는 무게의 과다나 그 밖의 사유로 보세구역에 장치하기 곤란하거나 부적당한 물품
③ 재해나 그 밖의 부득이한 사유로 임시로 장치한 물품
④ 검역물품
⑤ 압수물품

⑥ 우편물품

2) 보세구역장치물품의 제한

(1) 인화질 또는 폭발성의 물품을 장치하지 못한다.
(2) 부패할 염려가 있는 물품 또는 살아있는 동물이나 식물을 장치하지 못한다.
(3) 당해 물품을 장치하기 위하여 특수한 설비를 한 보세구역에 관하여는 이를 적용하지 아니한다.

3) 물품의 반입과 반출

(1) 보세구역에 물품을 반입하거나 반출하려는 자는 대통령령으로 정하는 바에 따라 세관장에게 신고하여야 한다.
(2) 보세구역에 물품을 반입하거나 반출하려는 경우에는 세관장은 세관공무원을 참여시킬 수 있으며, 세관공무원은 해당 물품을 검사할 수 있다.
(3) 세관장은 보세구역에 반입할 수 있는 물품의 종류를 제한할 수 있다.

4) 수입신고수리물품의 반출

관세청장이 정하는 보세구역에 반입되어 수입신고가 수리된 물품의 화주 또는 반입자는 그 수입신고 수리일부터 15일 이내에 해당 물품을 보세구역으로부터 반출하여야 한다. 다만, 외국물품을 장치하는 데에 방해가 되지 아니하는 것으로 인정되어 세관장으로부터 해당 반출기간의 연장 승인을 받았을 때에는 그러하지 아니하다.

5) 보수작업

　보세구역에 장치된 물품은 그 현상을 유지하기 위하여 필요한 보수작업과 그 성질을 변하지 아니하게 하는 범위에서 포장을 바꾸거나 구분·분할·합병을 하거나 그 밖의 비슷한 보수작업을 할 수 있다. 이 경우 보세구역에서의 보수작업이 곤란하다고 세관장이 인정할 때에는 기간과 장소를 지정받아 보세구역 밖에서 보수작업을 할 수 있다.

(1) 보수작업을 하려는 자는 세관장의 승인을 받아야 한다. 이에 대해 세관장은 승인의 신청을 받은 날부터 10일 이내에 승인 여부를 신청인에게 통지하여야 한다.
(2) 보수작업으로 외국물품에 부가된 내국물품은 외국물품으로 본다.
(3) 외국물품은 수입될 물품의 보수작업의 재료로 사용할 수 없다.

6) 지정장치장

(1) 지정장치장의 개념
　지정장치장은 통관을 하려는 물품을 일시 장치하기 위한 장소로서 세관장이 지정하는 구역으로 한다.

(2) 지정장치장의 장치 기간
　지정장치장에 물품을 장치하는 기간은 6개월의 범위에서 관세청장이 정한다. 다만, 관세청장이 정하는 기준에 따라 세관장은 3개월의 범위에서 그 기간을 연장할 수 있다.

(3) 지정장치장의 물품에 대한 보관책임
① 지정장치장에 반입한 물품은 화주 또는 반입자가 그 보관의 책임을 진다.
② 세관장은 지정장치장의 질서유지와 화물의 안전관리를 위하여 필요하다고 인정할 때에는 화주를 갈음하여 보관의 책임을 지는 화물관리인을 지정할 수 있다. 다만, 세관장이 관리하는 시설

이 아닌 경우에는 세관장은 해당 시설의 소유자나 관리자와 협의하여 화물관리인을 지정하여야 한다.

③ 지정장치장의 화물관리인은 화물관리에 필요한 비용을 화주로부터 징수할 수 있다. 다만, 그 요율에 대하여는 세관장의 승인을 받아야 한다.

④ 지정장치장의 화물관리인은 징수한 비용 중 세관설비 사용료에 해당하는 금액을 세관장에게 납부하여야 한다.

⑤ 세관장은 불가피한 사유로 화물관리인을 지정할 수 없을 때에는 화주를 대신하여 직접 화물관리를 할 수 있다. 이 경우 화물관리에 필요한 비용을 화주로부터 징수할 수 있다.

⑥ 화물관리인의 지정기준, 지정절차, 지정의 유효기간, 재지정 및 지정 취소 등에 필요한 사항은 대통령령으로 정한다.

7) 세관검사장

(1) 세관검사장은 통관하려는 물품을 검사하기 위한 장소로서 세관장이 지정하는 지역으로 한다.

(2) 세관장은 관세청장이 정하는 바에 따라 검사를 받을 물품의 전부 또는 일부를 세관검사장에 반입하여 검사할 수 있다

(3) 세관검사장에 반입되는 물품의 채취·운반 등에 필요한 비용은 화주가 부담한다. 다만, 국가는 중소기업 또는 중견기업의 컨테이너 화물로서 해당 화물에 대한 검사 결과 이 법 또는 「대외무역법」 등 물품의 수출입과 관련된 법령을 위반하지 아니하는 경우의 물품 등 대통령령으로 정하는 물품에 대해서는 예산의 범위에서 관세청장이 정하는 바에 따라 해당 검사비용을 지원할 수 있다.

8) 보세창고

(1) 보세창고에는 외국물품이나 통관을 하려는 물품을 장치한다.

(2) 운영인은 미리 세관장에게 신고를 하고 물품의 장치에 방해되지 아니하는 범위에서 보세창고에 내국물품을 장치할 수 있다. 다만, 동일한 보세창고에 장치되어 있는 동안 수입신고가 수리된 물품은 신고 없이 계속하여 장치할 수 있다.
(3) 운영인은 보세창고에 1년 이상 계속하여 세관장의 승인을 받아야 한다.
(4) 장치기간이 지난 물품은 그 기간이 지난 후 10일 내에 그 운영인의 책임으로 반출하여야 한다.

9) 보세공장

(1) 보세공장에서는 외국물품을 원료 또는 재료로 하거나 외국물품과 내국물품을 원료 또는 재료로 하여 제조·가공하거나 그 밖에 이와 비슷한 작업을 할 수 있다.
(2) 보세공장에서는 세관장의 허가를 받지 아니하고는 내국물품만을 원료로 하거나 재료로 하여 제조·가공하거나 그 밖에 이와 비슷한 작업을 할 수 없다.
(3) 보세공장 중 수입하는 물품을 제조·가공하는 것을 목적으로 하는 보세공장의 업종은 기획재정부령으로 정하는 바에 따라 제한할 수 있다.
(4) 세관장은 수입통관 후 보세공장에서 사용하게 될 물품에 대하여는 보세공장에 직접 반입하여 수입신고를 하게 할 수 있다.

10) 보세전시장

보세전시장에서는 박람회, 전람회, 견본품 전시회 등의 운영을 위하여 외국물품을 장치·전시하거나 사용할 수 있다.

11) 보세건설장

보세건설장에서는 산업시설의 건설에 사용되는 외국물품인 기계류 설비품이나 공사용 장비를 장치·사용하여 해당 건설공사를 할 수 있다.

12) 보세판매장

(1) 해당 물품을 외국으로 반출하거나 외국에서 국내로 입국하는 자에게 물품을 인도하는 경우에는 해당 물품을 판매할 수 있다.
(2) 공항 및 항만 등의 입국경로에 설치된 보세판매장에서는 외국에서 국내로 입국하는 자에게 물품을 판매할 수 있다.
(3) 보세판매장에서 판매하는 물품의 반입, 반출, 인도, 관리에 필요한 사항은 대통령령으로 정한다.

13) 종합보세구역

(1) 관세청장은 직권으로 또는 관계 중앙행정기관의 장이나 지방자치단체의 장, 그 밖에 종합보세구역을 운영하려는 자(이하 "지정요청자"라 한다)의 요청에 따라 무역진흥에의 기여 정도, 외국물품의 반입·반출 물량 등을 고려하여 일정한 지역을 종합보세구역으로 지정할 수 있다.
(2) 종합보세구역에서는 보세창고·보세공장·보세전시장·보세건설장 또는 보세판매장의 기능 중 둘 이상의 기능(이하 "종합보세기능"이라 한다)을 수행할 수 있다.
(3) 종합보세구역의 지정요건, 지정절차 등에 관하여 필요한 사항은 대통령령으로 정한다.

14) 보세운송

(1) 외국물품은 개항, 보세구역, 제156조에 따라 허가된 장소, 세관관서, 통관력, 통관장, 통관우체국의 장소 간에 한정하여 외국물품 그대로 운송할 수 있다.
(2) 보세운송을 하려는 자는 관세청장이 정하는 바에 따라 세관장에게 보세운송의 신고를 하여야 한다. 다만, 물품의 감시 등을 위하여 필요하다고 인정하여 대통령령으로 정하는 경우에는 세관장의 승인을 받아야 한다.

(3) 세관공무원은 감시·단속을 위하여 필요하다고 인정될 때에는 관세청장이 정하는 바에 따라 보세운송을 하려는 물품을 검사할 수 있다.

(4) 수출신고가 수리된 물품은 관세청장이 따로 정하는 것을 제외하고는 보세운송절차를 생략한다.

memo

제3장 서비스 무역

1. 서비스무역의 거래 형태

1) 서비스의 국경 간 이동

서비스의 수요자와 생산자의 이동 없이 서비스만 국경을 넘어 공급되는 것
 (ex:국제전화, 원격교육 등)

2) 소비자의 이동

외국 소비자가 서비스를 공급하는 국가로 가서 서비스를 사용하거나 구매하는 것
 (ex:외국관광, 해외유학 등)

3) 상업적 주재

서비스 공급자가 다른 국가 영토 내에서 상업적 주재를 통해 서비스를 공급하는 것
 (ex: 서비스 공급을 목적으로 한 자가 어느 국가의 영토 내에 법인이나 자회사, 지사를 설립하는 형태)

4) 자연인의 이동

서비스를 공급하는 국가의 인력이 다른 국가의 영토 내로 이동하여 서비스를 공급하는 것
 (ex:기술자 파견을 통한 기술 이전 또는 패션모델의 외국 광고 촬영 등)

2. GATS의 출현배경

서비스무역 비중이 커지고 있지만 이에 대한 다자간 규점 미비로 인해 무역장벽과 무역 불균형이 심화되면서 1988년 12월 몬트리올 각료회의를 계기로 서비스협상이 급진전되었다. 1993년

WTO 협정의 부속서의 하나인, '서비스교역에 관한 일반 협정(General Agreement on Trade in Service)'이 타결되었고, WTO(World Trade Organization, 세계무역기구)는 GATT 체제의 다자간 무역기구화, 국제무역 확대, 회원국 간의 통상분쟁의 해결, 세계교역 및 새로운 통상논점에 관한 연구를 위하여 설립되었다.

3. GATS의 주요내용

1) 최혜국 대우

각 회원국은 제 3국에 부여하고 있는 서비스와 대우보다 불리하지 않은 대우를 상대 회원국에게 즉각적으로 그리고 무조건적으로 부여해야 한다고 규정하고 있다. 예외조항에 대한 부속서의 기재된 조치에 대해서는 최혜국대우원칙을 적용하지 않아도 되는 특별한 경우의 예외를 인정한다.

2) 공개주의

각 회원국은 서비스협정의 운영에 관련되거나 영향을 미치는 일반적 적용 효력을 가진 모든 조치들을 그 발효 전까지 공표해야 한다. 서비스 무역에 영향을 주는 법률, 규정 또는 행정지침들의 새로운 도입 또는 수정에 대해 적어도 1년에 한번씩은 통보하도록 규정하고 있다.

3) 경제통합

회원국 간의 협정의 체결이 역외국가에 대한 서비스무역 장벽을 높이는 계기가 될수도 있기 때문에 주의할 필요가 있으며, 경제통합의 정도에 따라 사실상 무역장벽이 생기거나 수·출입 관련 어려움을 겪게 될수도 있다.

4) 긴급수입제한조치

외국의 서비스무역 공급이 증가하여 자국의 서비스 산업에 미치는 피해가 예상되는 경우 또는 심각한 피해와 그러한 우려가 있는 경우에는 자국의 서비스산업을 보호하기 위해 일시적으로 수입제한 조치를 할 수 있다.

5) 일반적 예외

공중도덕, 공공질서의 유지, 인간, 동물, 식물의 생명 및 건강보호, 범죄, 사기의 방지, 개인 프라이버시의 보호, 국가안보 등을 위해 취해지는 조치들은 GATS의 일반적 예외로 인정된다.

4. 국제판매점계약(Distributorship Agreement ; 또는 판매권계약)

수출자가 해외판매점에 대해 일정기간 동안 일정 상품에 대한 판매권을 부여하고 판매점은 그 상품의 일정량을 구매할 것을 약정하는 계약을 말한다. 해당 지역의 판매점에게만 판매권을 부여하는 것을 독점판매점계약(Exclusive Distributorship Agreement)이라고 하고, 다른 판매점에게도 판매권을 부여할 수 있는 것을 비독점판매점계약(Non-exclusive Distributorship Agreement, 또는 Sole Distributorship Agreement)이라고 한다.

판매점계약은 기본계약에 해당되며, 구체적인 계약내용은 당사자 간의 협의와 약정에 의해 변경이 가능하다. 계약기간은 당사자 간의 합의로 특정기간으로 정하며, 기간 만료전에 합의로 연장할 수 있도록 하거나, 특정기간을 정하지 않고 해지될 때까지 지속되는 것으로 정하기도 한다.

5. 국제대리점계약

대리점(Agent, 또는 대리인)이란, 본인의 위임을 받아 본인을 위하여 행위를 하는 자를 말한다. 무역거래에서 무역회사(본인)가 물품의 판매·구매·판촉 등을 대리점에 부탁하고 대리점은 무역회사를 위하여 물품의 판매·구매·판촉 등을 하며, 그 대가로 수수료를 받는다. 대리점은 무역회사(본인)의 명의로 무역계약을 체결하며, 이 계약은 무역회사(본인)가 직접계약을 체결한 것과 동일한 효력이 있다.

6. 국제라이센스(기술도입) 계약

1) 국제라이센스 계약의 의의

대한민국 국민 또는 대한민국 법인이 외국인으로부터 산업재산권 기타 기술* 노하우, 산업재산권, 상표권, 기술지원을 양수하거나 그 사용에 관한 권리를 도입하는 계약을 말한다.

2) 국제라이센스 계약의 유형

(1) 특허상호실시계약
선진기술을 가진 업체끼리 실시 허락자와 실시권자가 되어 후발업체의 진입장벽을 높이기 위해 사용하는 계약 형태이다.
(2) 특허풀계약
전 세계적으로 특허의 숫자가 상당히 많고 복잡하게 구성되어 있으며, 특정 분야의 특허권자가 특허를 묶어서 필요로 하는 당사자들에게 일괄적으로 사용을 허락하는 방식이다.

3) 특허라이센스 계약

특허라이센스 계약이란 특허권을 가진 자가 타인에게 그 특허권의 실시를 허락하는 것으로 타방당사자에게 실시허락을 하는 것은 타방당사자가 공개적으로 특허발명을 실시하여도 특허침해

---
* 노하우, 산업재산권, 상표권, 기술 지원.

소송을 제기하기 않겠다고 약정하는 것을 말한다.

국제특허라이센스 계약은 실시권의 효력을 기준으로 그 유형을 나누며, 특허발명을 독점 배타적으로 실시할 수 있는 전용실시권과 특허 발명 단순히 실시할 수 있는 통상실시권으로 구분한다.

제4장 전자무역

1. 전자무역의 개요

무역거래의 과정, 절차를 인터넷과 전자시스템 등 전자적인 방식을 활용하여 국내외 시장조사, 해외바이어 발굴, 무역계약 체결 등의 무역 업무를 처리하는 것을 말한다.

구분	전통적무역	전자무역
영업, 거래가능시간	제약 O	제약 X (24시간 전자적 형태를 통해 거래 가능)
마케팅 방향	일방적 마케팅	쌍방향 상호 마케팅
무역서류	종이서류 작성, 방문, 우편, 팩스 등	시스템을 통한 전자적 형태로 작성, 온라인 시스템을 통한 데이터 교환과 전송
통관	직접 방문하여 수출입신고 및 통관	EDI 등을 통한 수출입신고 및 통관
물품대금결제	종이를 사용한 전통 방식	온라인 이체 및 전자거래

[전통적무역과 전자무역의 차이]

2. 무역자동화

1) 개념

전자문서교환(Electronic Data Interchange, EDI) 방식에 의해 컴퓨터로 무역업무 처리하는 것을 말한다. EDI는 기업 또는 조직 간에 표준전자문서를 서로 합의된 통신표준에 따라 컴퓨터 간에 교환하여 재입력 과정 없이 즉시 업무에 활용될 수 있도록 하는 정보전달방식을 뜻한다.

2) 무역 EDI 표준

다양한 플랫폼에서 거래하는 것의 어려움을 방지하기 위해 문서공유를 위해 표준을 재정하였다. 무역거래 당사자 간에 전자방식으로 교환되는 전자문서의 구조, 내용, 통신방법 등에 관한 표준양식 및 구문을 정한 규칙. 현재 사용되는 무역 EDI 표준 기준은 UN/EDIFACT(행정, 무역 및 운송에 관한 EDI 국제표준)로 전자문서를 표준화시키고 있다.

3) 전자무역 플랫폼(e-trade platform)

인터넷을 통하여 모든 무역업무 프로세스를 일괄처리(one-stop)할 수 있는 단일창구(single window) 역할을 하는 인프라로서 무역업체와 관련기관 시스템의 연계 및 통합기능 제공 및 전자무역문서보관소를 설치하여 서비스, 인프라, 연계의 3요소로 구성된 연계솔루션을 구축하고 있다.

4) 유트레이드 허브(utradeHub)

(1) 의미

uTradeHub(Ubiquitous Trade Hub)는 무역포탈, 물류포탈, 통관포탈, 마케팅포탈 등에 사용자가 접근하기 위한 관문으로 통합로그인, 전자무역서비스에 대한 전반적인 소개, 서브포탈에서 제공하는 공통서비스(공지사항, FAQ, Q&A, 자료실)를 제공한다.[*]

(2) 역할 및 기능

유트레이드허브 시스템을 통해 통합인증을 하고, 한번의 로그인으로 무역포탈, 물류포탈, 마케팅포탈, 통관포탈의 모든 서비스를 이용할 수 있으며, 무역실무메뉴얼, 영문서한, 서식/계약사

---

* https://www.utradehub.or.kr/.

례, 무역용어사전 등을 통합 제공받을 수 있다.

이 외에도 전자무역에 대한 지식을 제공받을 수 있으며, 사용자간 커뮤니케이션을 강화하는 uTradeHub 커뮤니티 서비스를 제공받을 수 있다.

(3) uTradeHub의 대표적인 서비스

전자무역관련 정보검색 및 특성화된 업무포탈 전문화, 수출신용장통지/변경통지, 수입신용장 개설/변경, 내국신용장 개설/통지/매입, 구매확인서 발급, 수입화물선취보증서(L/G) 발급 등

3. 전자계약

1) 개요

컴퓨터 네트워크나 인터넷 등의 전자적 방식을 통하여 계약체결을 진행하는 것으로, 실제로 대면하지 않고 거래주체 간 계약체결을 할 수 있다.

2) 전자문서의 효력

증거능력이 인정되어야 하는 것이 타당하므로, 전자문서의 암호화, 전자공증제도, 전자인증제도, 전자기록보관제도 등을 통한 문서의 진정성(Authenticity) 확립이 필요하다.

전자적인 문서나 전자기록 등도 계약이나 거래처리의 중요한 부분을 담당하므로 해당 내용에 대한 진전성과 더불어 기밀성(Confidentiality), 무결성(Integrity), 부인 방지(Non-repudiation) 기능이 함께 확립되어야 한다.

3) 전자서명의 효력

전자서명의 효력 전자문서를 작성한 자의 신원과 전자문서의 변경여부를 확인할 수 있도록 비대칭 암호화방식 *을 이용하여 전자서명 생성키로 생성한 것을 말한다.

4. 전자물류

1) 전자선하증권 개요

해상운송계약에 의하여 발행되는 선하증권의 특성을 유지하되, 유가증권의 기능과 유통성, 법적 기능 등을 전자적으로 옮긴 선하증권을 말한다. 기존의 종이선하증권의 발행형식과 인도, 배서 및 양도 등의 방식이 전자적 형태로 변경된다.

2) MFCS(Manifest Consolidated System)

적하목록을 취합하여 세관에 EDI를 통해 전송하는 시스템. 선사나 항공사의 취합업무를 KTNET이 대행하여 세관으로 전송한다.

5. 전자물류 관련 국내무역법규

1) 전자문서 및 전자거래 기본법(약칭:전자문서법)

(1) 송신 시기
정보처리시스템에 입력한 때에 송신된 것으로 본다.

---

* 정보의 암호화를 위해서 당사자 간에 상대방의 공개키로 암호화를 하여 메시지를 전송하고 복원 시에는 각자가 가진 개인키를 통해서 암호를 복호화 하는 방식.

(2) 수신 시기

① 수신자가 전자문서를 수신할 정보처리시스템을 지정한 경우 : 지정된 정보처리시스템에 입력된 때(지정된 정보처리 시스템이 아닌 정보처리시스템에 입력된 경우, 수신자가 출력한 때)

② 수신자가 전자문서를 수신할 정보처리시스템을 지정 아니한 경우 : 수신자가 관리하는 정보처리시스템에 입력된 때

③ 장소 : 전자문서는 작성자 또는 수신자의 영업소 소재지에서 각각 송신 또는 수신된 것으로 보며, 영업소가 둘 이상일 때에는 해당 전자문서를 주로 관리하는 영업소 소재지에서 송신/수신된 것으로 본다. 다만, 작성자 또는 수신자가 영업소를 가지고 있지 아니한 경우에는 그의 상거소에서 송신/수신된 것으로 본다.

6. 전자서명

전자서명이란 데이터메세지와 관련하여 서명자를 확인하고 당해 데이터메시지에 포함된 정보에 대한 서명자의 승인을 나타내는데 이용될 수 있는, 데이터메시지에 포함, 첨부, 혹은 논리적으로 결함된 전자적 형태의 데이터를 말한다(전자서명법 제 2조 (a)).

1) 인증(Authentication, 진정성)

- 누가 의사표시를 하였는가에 대한 확증. 사용자 인증, 메시지 인증

2) 무결성(Integrity)

무결성은 정보가 허가된 사람에게만 개방되고, 그들에 의해서만 수정될 수 있음을 보장하는 것.

3) 부인 방지(Non-repudiation)

- 메시지의 송수신이나 교환 후 또는 통신이나 처리가 실행된 후에 그 사실을 증명함으로써 사실 부인을 방지하는 보안 기술로 부인 방지는 공증과 같은 역할.

4) 기밀성(Confidentially)

- 정보가 허가되지 않은 사용자에게 노출되지 않는 것을 보장하는 원칙.

memo

제 9 부

무역서류와 무역서신

제1장 무역서신의 의의

1. 무역서신과 무역영어

국제 간 거래로 이루어지는 무역은 영어에 대한 이해와 활용이 필수적이다. 특히 무역에서 사용하는 비즈니스 영어(business english for international trade)는 국제무역을 하기 위한 필수적인 도구라고 볼 수 있다. 사실상, 무역영어라고 하면 일상적인 영어와의 큰 차이를 두지만 전혀 다른 것은 아니다. 일상적인 표준영어에 무역을 위한 상업적 표현(commercial expression)이 추가된 것으로 볼 수 있다.

현재까지의 무역영어의 범위는 상업서류를 주고받는 범위에 국한되어 있었지만, 현재에는 무역거래 통신뿐만 아니라 인터넷을 이용한 이메일, 인터넷 팩스 등 무역거래를 위해 사용되는 모든 영어를 무역영어라고 볼 수 있다.

2. 무역서신의 본질

무역서신은 상거래를 위한 가장 기본적인 표현으로써, 거래 주체 간 의사소통과 거래에 대한 의사표현을 나누는 중요한 수단이다. 거래 주체가 거래 상대방에게 요구하는 내용(거래제의, 신용조회 등)이 대부분이지만, 거래 상대방이 느끼기에 딱딱하지 않고, 거래에 대한 호감이 생기도록 하는 것이 중요할 것이다.

효과적인 서신을 작성하도록 해야 하며, 효과적인 서신(effective letter)이란 작성자가 자신의 의미를 정확하게 표현하여 자신이 원하는 대로 수신자가 정확하게 반응하도록 작성된 서신을 말한다.

3. 무역서신의 특성

1) 의사소통 수단

무역서신은 제품, 서비스, 자료나 정보의 요청, 신용조회, 거래 환경에 대한 문의, 거래 문의와 그에 대한 회신 등 다양한 의사소통을 위한 수단으로 사용된다.

2) 법적 문서

무역서신은 작성 시, 계약조건, 선적신청, 신용장 개설의뢰, 클레임(claim)의 청구와 조정 등과 관련된 내용을 명시하기 때문에 필요 시 법적 문서(legal documents)로 사용할 수 있다.

3) 작성자와 회사를 대표

서신이 얼마나 잘 구성되고 작성되었는가에 따라 수신자는 작성자와 그의 소속회사의 업무에 관한 전문성을 판단하게 됨으로, 서신은 수신자에게 좋은 이미지(image)를 줄 수 있도록 그 내용이 구성되어야 한다. 좋은 구성으로 잘 작성된 서신은 적게는 수신자에게 자사의 좋은 이미지를 주고 크게는 좋은 이미지를 바탕으로 거래의 성사를 가능하게 함으로써 자사의 수익을 증대시킨다.

4. 무역서신의 목적

서신은 그 목적이 있어야 하며, 거래에서 발생하는 비용이다. 목적을 달성하지 못하는 서신은 시간과 노력의 낭비이며, 수신자의 반응을 유도하지 못하여 새로운 추가서신(follows-up, tracer)을 보내야 한다. 추가서신은 추가비용을 발생시킨다. 좋은 이미지를 주지 못하는 서신은 수신자에게 자사의 신용을 구축할 수 있는 잠재력(potential)을 상실하게 한다. 회신을 반드시 받아야 하는 발신서신은 통신비용을 줄이기 위하여 가능한 가장 좋은 결과를 얻을 수 있도록 작성되어야 한다. 결과적으로 좋은 서신은 좋지 못한 서신보다 항상 비용이 적게 든다.

효과적인 서신은 서신작성자에게 매우 중요하다. 하루 일과의 많은 부분을 서신작성에 투자한다면 직업적인 서신작성자이다. 많은 서신작성자들은 하루에 1인의 신문기자보다 더 많은 서신을 작성하며, 할 수 있는 한 효과적인 서신작성을 원한다. 전문가는 자신의 직업에 필요한 도구의 사용법을 알아야 한다. 서신작성 전문가가 되고 싶다면 효과적인 서신작성법을 알아야 한다. 무역서신의 목적은 통지, 설득 또는 좋은 이미지 제고에 있으며, 하나의 서신이 2개 이상의 목적을 가질 수도 있다.

1) 통지

통지(to inform) 목적의 서신은 일반적으로 설득 목적의 서신보다 내용 구성이 쉽다. 통지 목적의 서신은 그 요지가 단순히 특정자료를 전달하거나 설명하는 것이지만, 설득 목적의 서신은 수신자가 어떤 행동을 하도록 하는 것이 그 요지이며, 상대방을 설득하는 것이 매우 어렵기 때문이다. 통지목적의 서신은 조회 및 인쇄물 요청에 대한 회신, 사람이나 회사 소개, 품목 또는 장소 등의 열거, 제조과정 또는 작동방법의 설명, 조사내용에 대한 회신, 개인적인 경험의 알림 등이 그 주제가 될 수 있다.

2) 설득

설득(to get action)이란 서신의 수신자가 어떠한 행동을 행하도록 하는 것을 말한다.

설득목적의 서신은 거래에 대한 불만제기 및 조정, 제품 또는 서비스(service)의 판촉, 청약과 그에 대한 회신, 지시 또는 요구 사항, 거래제의에 대한 거절 등이 그 주제가 될 수 있다. 모든 결과는 구체적인 목적을 달성하여야 구할 수 있다. 예를 들어, 수신자가 특정 가격으로 대량주문을 하도록(결과/행동) 확신시키고 싶다면 대량주문의 이유를 설명하여야 한다. 이 경우 서신의 목적은 대량주문의 이점을 알려서 수신자가 그 이점을 원하도록 설득하는 것이다.

3) 좋은 이미지 제고

　수신자에게 자사의 좋은 이미지를 제고시키는 것(to make a good impression)은 그에게 자사의 신용을 구축하여 그가 자사와 경쟁회사를 구분할 수 있게 하고, 자사와 수신자 간의 계약체결에 도움을 줄 수 있는 좋은 분위기를 조성할 수 있기 때문이다.

　좋은 이미지 제고가 목적인 서신은 타사 방문 시 상대방이 베풀어 준 호의에 대한 감사, 승진축하, 회사의 발전기원 등이 그 주제가 될 수 있다.

memo

제2장 무역서신의 구성요소

무역서신은 일방의 당사자가 상대방에게 좋은 인상을 주고 호의적 반응을 얻기 위한 일련의 구성과 배치가 필요하다. 서신의 내용이 아무리 좋더라도 상대방에게 정확히 전달되기 위해서는 기본적인 요건을 갖추는 것이 좋다.

1. 무역서신의 기본요소(Basic Part)

1) letterhead(서두)

회사들이 서신용지(stationery of letter sheet) 상부에 사전에 인쇄하여 사용하고 있으며 회사의 로고, 발신자의 회사명, 주소, 전신약호, 우편사서함, 전화번호, 회사 창립연도, 신용조회처, 상표, 전자우편 등을 기재한다.

서신의 가장 앞부분에서 회사의 이미지를 전달하는 첫부분이기 때문에 배열 위치, 인쇄 크기, 배열 순서 등을 고려하여 작성한다.

2) Date(발신 일자)

서신의 발신 일자를 정확히 표기하며 통상 연(year), 월(month), 일(day)로 구성된다. 서두의 바로 아래 부분이나 서두의 바로 아래 중앙에 기재된다.

3) Inside Address(수신자 성명 및 주소)

서신용지 내부에 기재되는 수신인의 주소, 성명, 회사명을 의미한다. 개인직함을 적는 경우 남자 단수는 Mr를 적고 복수의 경우에는 Messrs(Messieurs)로 표시한다. 미혼여자는 단수로 Miss, 복수는 Messrs를 붙인다. 기혼 여자의 단수는 Mrs(Mistress), 복수의 경우에는 Mmes(Mesdames)로 표기한다.

4) Saluation(서두 인사)

서두 인사는 Greeting이라고도 하며 본문을 쓰기 전에 간단히 하는 인사말을 의미한다.

5) Body of the Letter(본문)

무역서신 중 가장 중요한 부분으로 통상 Opening, Purpose, Action, Polite Expression으로 이루어진다.
(1) Opening : 서신을 작성하는 이유를 밝힌다.
(2) Purpose : 서신을 작성하는 자세한 내용을 설명한다.
(3) Action : 상황에 대한 조치, 행동, 결과 등을 설명
(4) Polite Expression : 감사 표현, 예의 표현의 표시

6) Coplmentary Close(결미어:결문인사)

서신의 마지막에 경의를 표하는 문구나 인사 등을 작성한다. 미국식으로는 주로 "Yours Truely" 또는 "Very truly yours" 등으로 사용하고, 영국식으로는 "Yours faithfully" 또는 "Faithfully yours" 등이 사용된다.
최근 통신문에서는 "Best regards"를 가장 많이 활용하는 추세이다.

7) Signature(서명)

발송한 서신에 대한 책임소재를 명확히 하기 위해 자필서명을 하게 된다. 서신의 하단 부분에 일정 부분을 서명란(Signature Area)으로 활용하며, 회사명, 친필서명, 타자한 서명자의 이름, 직명으로 구성된다. 회사명은 대문자로 작성되도록 하며 친필서명은 판독이 쉽도록 해야 한다.

2. 무역서신의 보조요소(Supplementary Parts)

1) Reference Number of File Number(참조번호)

2) Letter Subject(제목표시 : 표제명)

3) Attention Lone or Particular address or special address(참조인 표시)

4) Enclosure(s) or Enclosure Notation(동봉물 표시)

5) Post-Script(추신)

6) Additional sheet or continuation sheet(추가면)

제3장 무역서신의 예시

1. 거래처 소개 및 선정 서신

   거래처를 소개 의뢰하는 서신은 수신자의 호의(예: 요구하는 정보 제공)를 구하는 서신이므로 문의사항이 가능한 적고 수신자가 답하기 쉬워야 하며, 상대방을 알게 된 경로, 자사 소개(역사, 업종, 취급상품 및 규모 등), 거래처 소개의뢰의 취지와 희망사항, 자사의 신용조회처, 협조 요청 등의 순서로 열거되어야 한다.

뉴욕 상업회의소에 스포츠용품 수입업체 소개의뢰

June 20, 2020

New York Chamber of Commerce 99 Church St.
New York, N.Y. 10007 U.S.A.

Gentlemen:
We are well-established exporters of all kinds of Sporting Goods and have close connections with the leading manufacturers here.
We shall be grateful if you would introduce to us some reliable importers who are interested in this line of business.
For any information concerning our credit standing and reputation, Korea Exchange Bank, Seoul will provide you with the necessary information.

We thank you very much for your attention and look forward to your reply soon.
Sincerely,

앞 서한에 대한 회신

June 30, 2020

Haesung Ind. Co., Ltd C.P.O. Box 7917
Seoul, Korea

Dear Mr. Ryu,
In reply to your letter of June 20, we have arranged to insert your announcement in the next issue of our bulletin, a copy of which will be sent to you upon publication.

We also suggest you contact the following firms who may be interested in the import of your goods:
Wilson & Co., Inc. 50 Liberty St., New York, N.Y. 10005
Ambassador International 35 East 25th St., New York, N.Y. 10035
While these firms have been long-established and enjoy a good reputation as the leading importers of Sporting Goods, we, of course, assume no responsibility for them.
They will give you their references from whom you will be able to obtain information about their standing.
We are happy to recommend these firms and shall be pleased to supply further information if you require.
Sincerely,

2. 신용조회 서신

신용조회 서신은 상대방을 알게 된 동기, 신용조회 대상 회사명 및 주소, 신용조회 이유(희망사항), 상대방이 제공하는 정보의 극비 취급 약속, 상대방에 대한 감사 및 협조 당부 등의 내용으로 구성된다.

1) 신발 판매대리점 신청회사에 대한 신용조회

신발 판매대리점 신청회사에 대한 신용조회

April 25, 2020

Manager, Foreign Exchange Department Bank
of America Liberty St., New York N.Y. 10005 U.S.A

Gentlemen:

The ABC Trading Company, Phoenix, which has offered to represent us in marketing our Korean Shoes in Phoenix, has referred us to you for particulars as to their credit standing.

We would be grateful if you would inform us whether you consider this company a reliable firm, and whether we would be justified in sending them our consignments to a sizable amount.

Any information with which you may supply us will be treated in absolute confidence.

Please accept our sincere appreciation for the trouble that this request may cause you.

Very truly yours,
DEF Company

2) 파키스탄 국립은행에 거래제의 회사에 대한 신용조회

파키스틴 국립은뱅에 거래제의 회사에 대한 신용조회

March 20, 2020

National Bank of Pakistan 19-A,
Abbot Road Lahore-6, Pakistan

Dear Sirs,

The following firm has recently proposed to open an account with us and given us your name as a bank reference:

Naz Enterprises 401, Uni Centre, Chundrigar Road CPO BOX 13336 Karachi 74000 Pakistan.

We shall be obliged if you would favor us with detailed information of the financial status and general reputation and your candid opinion for the firm in question.

Any information you may give us will be welcome, and will, of course, be treated as strictly confidential.

We enclose a self-addressed envelope for your reply and look forward to your favorable reply.

Yours faithfully,

3. 거래제의와 조회

　거래제의를 불특정다수에게 광고형식으로 하는 방법에는 간행물에 의한 방법과 동일한 내용의 글을 미리 여러 장 인쇄해 두었다가 상대방의 주소와 발신일자만을 타자하여 발송하는 동문서장(form letter) 또는 권유장(circular letter)에 의한 방법이 있으나, 개별적인 서신을 작성하여 발송하는 방법이 가장 효과적이다.

　거래제의장(letter of business proposal)은 권유장(circular letter)이라고도 하며, 외국인에게 자사를 소개하는 첫 서신이므로 상대방의 구매의욕을 유발시킬 수 있도록 개성과 진실성이 있고 호감이 가도록 작성되어야 한다.

　거래제의장은 상대방을 알게 된 경위, 자사의 업종, 취급상품, 거래국가, 자국 내에서의 지위, 경험, 생산규모, 영업규모, 거래조건(특히 결제 및 가격 조건 등), 신용조회처 등의 내용을 다음의 순서대로 기술한다.

① 해당 시장은 처음이며 상대회사를 통하여 시장을 개척하고 싶다는 점을 강조한다.
② 생산량이나 연간 매출액 등을 표현하여 자사의 규모를 설명한다.
③ 품질의 우수성과 경쟁적인 가격을 제시할 수 있음을 설명한다.
④ 거래가 성사되면 상호이익이 된다는 점을 강조한다.

　거래제의장 작성방법은 IDCA와 AIDA 공식이 널리 활용하고 있다. IDCA는 Interest(흥미), Desire(욕망), Conviction(확신), Action(행동)을 의미하며 AIDA는 Attention(주의집중), Interest(관심유도), Desire(욕망), Action(행동)을 의미한다.

　상대방으로부터 거래제의장을 받은 경우 우선 제반사항에 대한 조건을 검토한 후 상대방 회사에 대한 신용조회를 실시하여 거래수락 여부를 결정하고, 상대방에게 거래제의에 대한 감사, 지속적인 거래를 위한 경쟁적인 가격 및 품질 요구, 상호협조에 대한 기원 등의 내용을 회신으로 보내야 한다.

조회(inquiry)란 거래제의장을 받은 거래상대방으로부터 오는 거래에 대한 문의를 말하며 거래조회(trade inquiry)라고도 한다.

조회에 대한 회신은 다음과 같이 작성한다.
① 조회에 대한 감사와 조회내용을 기술하여 상대방의 기억을 새롭게 한다.
② 자사의 상품 및 그 특징을 설명하는 경우에는 과장하지 않고 간결하게 작성한다.
③ 조속한 주문이 유리한 경우에는 그 점을 강조한다.
④ 상품목록이나 가격표를 보내는 경우에는 필요한 사항이 있으면 서신으로 보충하여 설명한다.
⑤ 견본이 수배되지 않는 경우에는 별봉으로 즉시 송부한다고 언급한다.
⑥ 조속한 주문을 기대하고, 가까운 시일 내에 직접 만나서 상담하기를 희망한다고 말한다.

1) 주문 권유

한국산 상품의 주문 권유

August 23, 2020

Messrs. Jims Co.
432 Broadway New York 12, N.Y.

Gentlemen:

Through the New York Chamber of Commerce, we learned that you are one of the leading importers of Korean goods, and we have the pleasure of introducing ourselves with the hope that we may be of some service to you.

Our staff members are well trained from the start. Some of them have had many years of experience both at home and abroad, and others are experts in technical fields. As to the principal goods we handle and our terms of transaction, please refer to the Catalog No.34 sent to you separately. We are prepared to send you our samples and price list upon your request.

Our connections with the leading makers of various Korean goods are both intimate and extensive, enabling us to secure quality goods at competitive prices for any order you may entrust us with.

Regarding our credit standing, please refer to The Export-Import Bank of Korea, Seoul. If you grant us an opportunity of serving you, we shall be glad to demonstrate the standard of our service.

May we expect to hear from you promptly.

Sincerely,

2) 수출거래 조회, 제의 및 회신

(1) 면제품 수출거래 제의

면제품 수출거래 제의

5th July, 2020

The ABC Trading Co., Ltd 35 11Ga,
Jongro-Gu Seoul 220, Korea

Gentlemen:

Your name and address have been given us by The Chamber of Commerce of your city as leading importers of cotton goods and we are writing you with a view to open an account with you.

We have been doing business for over thirty years as exporters of cotton goods and have extensive and close connections with A1 cotton goods makers in this country. We have, up to the present, been exporting various kinds of cotton goods, especially underwears, to England, Sweden, Germany, and have been enjoying a good reputation because of the excellent quality, quick delivery and competitive prices of our goods.

It is our custom to trade on an irrevocable letter of credit, under which we draw a draft at 30 d/s.

As to our standing, we wish to refer you to Korea Exchange Bank, Head Office. We will supply you, upon request, with any other information that you may require.

We look forward to your favorable reply.

Yours very truly,

앞 서신에 대한 회신

15th July, 2020

Katok Trading Co., Ltd.
840 Jungang-Dong, Jung-Gu Pusan, Korea

Gentlemen:

We thank you for your letter of 5th July, 2020, in which you offered to open an account with us.

To our regret, we are not in a position to accept your kind proposal at present, as we have some regular sources of supply in your country, and moreover, the market here is somewhat dull.

However, we shall keep your name in our file, and when times take a favourable turn, we will write to you again for your help.

Yours very truly,

3) 수입거래 조회, 제의 및 회신

(1) 티셔츠 독점판매 수입거래 조회

속건 티셔츠 독점판매 수입거래 조회

May 11, 2020

ABC Trading Co., Ltd.
15 3Ga Eulji-Ro, Jung-Gu Seoul, KOREA

Gentlemen:

We contacted The Korean Embassy in U.A.E., which introduced you as one of the well-known exporters of Cool-on T-shirts in Korea, and we would like to build up a business relationship with you.

As we have been involved in this line of business for years, we have well-organized selling networks mainly in big department stores in our country. So far, we have been handling a prestigious line of products imported to the U.A.E., and it is time for us to think about a market differentiation according to the price ranges to meet the different tastes of our customers.

Therefore, we are asking you to supply us with your middle-class of Cool-on T-shirts, and please let us know if you can grant us to sell your products exclusively in U.A.E.

As regards the terms of payments, we always open an irrevocable Letter of Credit at Sight through the issuing bank, The British Bank of the Middle East, and you may refer our business ability and credit standing to the said bank.
We shall be glad if you send us your quotation on the products together with some samples soon.

Expecting your early reply, we remain

Yours very truly,

앞 서신에 대한 회신

May 20, 2020

Gentlemen:

Thank you very much for your letter of 11th May, and we are in a position to comply with your requests with a desire of doing business together as we have never had our business transactions in your country.

As you had requested, we have sent you our latest catalogues illustrating all kinds of products including detailed packing specifications, and we also presume that you received our samples dispatched by air parcel.

The products, especially second grade in price, will call your attention for their reasonable prices and good quality.

The prices quoted in the price list are based on CIF Dubai, which, we believe, will assure you a good profit.

We perfectly agree with your payment terms and please rush to issue your irrevocable Letter of Credit in our favor through the issuing bank mentioned in your letter.

Upon receipt of your order, we will execute our shipment in good condition and we trust that a fruitful business result will come out soon.

Sincerely,

4. 일반거래조건협정서

일반거래조건협정서 예시
[Memorandum of General Terms and Conditions of Business]

This memorandum entered into between (수입업자 상호),(hereafter called the Buyers), and (수출업자 상호), hereafter called the Sellers, witness as follows:
본 협정서는 (수입업자 상호)(이하 매수인이라 칭함)와 (수출업자 상호)(이하 매도인이라 칭함)의 사이에 체결된 것으로서 다음과 같이 협정한다.

1. Business
All business entered into between the parties shall be done as Principals to Principals.
당사자 간에 체결되는 모든 업무는 본인 대 본인으로 한다.

2. Quality
All shipments shall be conformed to samples in regard to description, quality and state.
모든 화물은 계약내용, 품질, 상태는 견본에 적합해야 한다.

3. Prices
Unless otherwise specified in cables, letters or telexes, all prices by Sellers or Buyers shall be quoted in US Dollars on the basis of CIF, New York.
케이블, 편지 또는 텔렉스에 달리 명시되지 않는 한 판매자 또는 구매자에 의한 모든 가격은 뉴욕 CIF에 근거하여 미국 달러로 견적되어야 한다.

4. Quantity
Weight and quantity determind by the seller, as set forth in shipping documents, shall be final.
중량 및 수량은 운송서류에 기재된 것으로 한다.

5. Delivery
(a) Shipment All the goods sold shall be shipped within the time stipulated in each contract. The date of bills of lading shall be taken as the conclusive proof of the date of shipment. Unless specially arranged, the port of shipment shall be at Sellers' option. Sellers shall not be responsible for late shipment caused by the delay of arrival of a letter of credit.
모든 물품은 각 계약서에 명시된 시간 내에 선적되어야 한다. 선하증권의 발행일은 선적일의 결정적 증거가 된다. 특별히 다른 언급이 없는 한, 선적항은 매도인의 선택에 따라야 한다. 신용장 도착 지연으로 인한 배송 지연에 대해 매도인은 책임을 지지 않는다.

(b) Force Majeure Sellers shall not be responsible for any delay in shipment directly or indirectly due to force majeure, such as fires, earthquakes, tempests, strikes, lockouts, wars, riots, civil commotions, hostilities, blockades, requisition of vessels, embargoes, and any other causes beyond the control of Sellers. In the event of any of these accidents or contingencies which prevent shipment within the stipulated time, Sellers shall inform Buyers of its occurrence or existence and furnish a certificate substantiated by the Korea Chamber of Commerce and Industry.

불가항력 판매업자는 화재, 지진, 폭풍, 파업, 봉쇄, 전쟁, 폭동, 시민 시위, 적대행위, 봉쇄, 선박의 요청, 금수조치 및 판매업자가 통제할 수 없는 기타 원인과 같은 불가항력으로 인해 직간접적으로 배송이 지연되는 것에 대해 책임을 지지 않는다. 매도인은 규정된 시간 내에 선적을 방해하는 사고 또는 우발상황이 발생한 경우 매수인에게 그 발생 또는 존재를 알리고 대한상공회의소가 증명하는 증명서를 제출해야 한다.

6. Payment

Draft(s) shall be drawn at sight, documents attached, for the full invoice amount under an irrevocable credit which shall be established within 10 days after the conclusion of the contract.

환어음은 매매계약 이후 10일 안에 취소불능신용장에 의거하여 송장금액 전액에 대해 일람불로 발행한다.

7. Insurance

Sellers shall effect marine insurance on all shipments on ICC(B) including War Risks for 110% of the invoice amount. Risks of theft, pilferage and non-delivery or any other additional insurance if required, shall be covered by Sellers for account of buyers. Insurance Policies or Certificate shall be made out in US currency, and claims payable in New York.

판매자는 인보이스 금액의 110%에 대해 전쟁위험을 포함한 ICC(B)상의 모든 선적물에 대해 해상보험을 적용해야 한다. 필요한 경우 도난, 도난 및 배송 미배달 또는 기타 추가 보험의 위험은 판매자가 구매자의 책임을 부담해야 한다. 보험 증권 또는 증명서는 미국 통화로 작성되며, 뉴욕에서 지불된다.

8. Firm Offer

Unless otherwise stipulated, all firm offers shall be valid for 72 hours from the time dispatched, excluding Sunday and national holidays.

다른 규정이 없는 한 모든 확정청약은 일요일과 공휴일을 제외하고 발송된 시간부터 72시간 동안 유효하다.

9. Order

Except in cases where firm offers are accepted, no orders shall be binding until acceptance is cabled by Sellers. All orders shall be confirmed in writing, and orders thus confirmed shall not be canceled unless by mutual consent.

확정 오퍼를 수락하는 경우를 제외하고, 어떤 주문도 매도인이 연락할 때까지 구속력이 없다. 모든 주문은 서면으로 확인하여야 하며, 이에 따라 확정된 주문은 상호 동의가 없으면 취소되지 않는다.

10. Marking and Numbering

In the absence of any special instructions, proper export wooden case packing is to be carried out, each case bearing the mark 'WS' in triangle with port mark, running case numbers and the country of origin.

특별한 지침이 없는 경우 적절한 수출용 목재 케이스 포장 작업을 수행해야 하며, 각 케이스에는 포트 마크, 러닝 케이스 번호 및 원산지 표시와 함께 'WS' 표시가 부착되어 있다.

11. Claims

Buyers' claims, if any, shall be made by cable or telex within 20 days after arrival of the goods at destination. Certificates by recognized surveyors shall be sent by mail without delay. All claims which can not be amicably settled between Sellers and Buyers shall be settled by Arbitration in Seoul, in accordance with the rules of the Korean Commercial Arbitration Board, whose award shall be final and binding upon Sellers and Buyers.

매수인은 클레임이 있다면, 목적지에 상품이 도착한 후 20일 이내에 케이블이나 텔렉스로 이루어져야 한다. 공인된 평가관의 증명서는 지체 없이 우편으로 송부하여야 한다. 매도인와 매수인 사이에 우호적으로 해결될 수 없는 모든 청구는 한국상업중재위원회의 규정에 따라 서울 중재로 해결되며, 보상은 매도인과 매수인에게 최종 구속력을 갖는다.

12. Trade Terms

Unless specially stated, the interpretation of trade term under this contract shall be governed and interpreted by the incoterms 2020.

별도로 정한 경우를 제외하고는 이 계약의 거래조건의 해석은 인코텀즈 2020에 준거한다.

13. Infringement*

The buyer shall be liable for and hold the seller harmless from and against all losses and damages incurred and suits and claims brought by third party due to possible infringement of trademark, patent, copyright or other proprietary right of the third party in connection with the seller's manufacture and sale of the Goods according to the Specification attached hereto as Exhibit.

---

* 권리침해조항 : 매도인이 매수인에게 물품을 판매하거나 매수인의 지시대로 선적을 한 경우에는 해당 물품이 제3국이나 수입국의 각종 지적재산권의 침해가 되었을 때 면책되는 것을 사전에 약정한다.

구매자는 판매자의 상표, 특허, 저작권 또는 기타 판매자의 소유권과 관련된 제 3 자의 소유권 침해 가능성으로 인해 발생하는 모든 손실 및 손해와 제 3자에 의해 제기 된 소송 및 청구에 대해 판매자에게 책임져야 한다. 첨부된 사양에 따라 상품제조와 판매를 해야 한다.

14. Entire agreement*
This Agreement including its Exhibits attached hereto constitutes the entire agreement between the parties for the subject matter hereof, all prior representations having been merged herein, and may not be modified except by a writing signed by a duly authorized representatives of both parties
본 계약은 첨부된 별첨들을 포함하여 본건 주제에 관해 당사자 간 합의 내용의 전부이고, 종전의 모든 진술은 여기에 통합되며, 양당사자의 정당한 권한을 가진 대리인이 서명한 서면에 의하지 않고는 변경될 수 없다.

 Please acknowledge by signing and returning the separate sheet, retaining the original for you.

Buyers Sellers

5. 청약

1) 가죽가방 매도에 대한 확정청약

가죽가방 매도에 대한 확정청약

July 20, 2020

OK Trading Co., Ltd.
P.O. BOX International 555
Seoul, Korea

Gentlemen:

---

* 완전합의조항 : 계약서가 유일한 협의서이고, 동시에 계약서 이외의 내용은 인정하지 않는다는 조항이다.

In accordance with your letter of July 15, 2020, we have today cabled you the following firm offer as per enclosed Confirmation of Cable, subject to your reply reaching us by July 30.
Two Hundred(200) Dozen Lather Bags at U$60.00 per dozen C.I.F. New York Shipment: During August Payment: Draft at 30 d/s under an Irrevocable L/C

This is the best offer we can make at present and we trust that you will accept this offer without loss of time.

Yours very truly,
Wilson & Co., Inc. Inc. 1 Confirmation of Cable

2) T-shirts의 가격조건에 대한 반대청약

T-shirts의 가격조건에 대한 반대청약

July 27, 2020

Wilson & Co., Inc. 50 Liberty St.,
New York N.Y. 10005, U.S.A.

Gentlemen:

We have received with thanks your firm offer for four hundred(400) dozen T-shirts, for which we have just cabled you our counter offer as follows:
REURS TWENTIETH ACCEPTABLE IF NINE DOLLARS FIFTY CENTS PER DOZEN

TOTAL 3800 DOLLARS PLS T-shirts REPLY ABC You must remember that competition in this line is very keen and that your competitors are offering lower prices than yours.

We are looking forward to your confirmation.

Yours very truly,

3) 한국산 인삼에 대한 확인조건부 청약오퍼

To: London Trade Promotion London, WC 1 R 4 TN

Gentlemen:

We are pleased to offer you the following goods on the terms and conditions set forth hereunder:

Description	Quantity	Unit Price	Amount
KOREAN GINSENG 2001 crop 1st grade, inspected and passed by our government authorities	3,000 lbs.	CFR London @US$ 3.00 per 1b. FOB Busan @US$ 2.50 per 1b.	US$ 9,000.00 US$ 7,500.00

1. Terms of Payment: By irrevocable letter of credit in our favor
2. Shipment: June/July
3. Packing: Export standard white cloth bales in pressed condition
4. Origin: The Republic of Korea 5. Validity: This offer is valid until June 5.
6. Remarks: The offer is subject to our final confirmation.

We are hoping to be favoured with your order.

Very truly yours,

6. 신용장 관련 서신

1) 신용장 개설통지-1

신용장 개설 통지

October 10, 2020

Dear Sirs,

Many thanks for your quotation of 30th September. We have now decided to place the enclosed order with you.

We have asked the Sanwa Bank Ltd., Osaka branch, here to open an irrevocable and documentary credit for US$280,000 in your favor and this will remain valid until December 15, 2020. This credit will be confirmed by the Llyod's Bank of London and they will accept your draft on them at sixty days after sight for your invoice amount.

The following documents should be attached to your draft:
Two bills of lading
Three commercial invoices
One insurance policy

Our forwarding agent will dispatch necessary shipping instructions regarding the shipping marks and packing methods.

Please inform us by cable as soon as the goods have been shipped.

Sincerely yours,

2) 신용장 개설통지-2

신용장 개설 통지

June 5, 2020

Dear Sirs,

We are pleased to inform you that we have instructed our bankers, the Bank of Tokyo, Ltd., Nagoya, to open an irrevocable letter of credit for US $ 85,000 covering for our order No. 850 in your favor.

Our order No. 850 of May 25 is for one hundred units of your Minicomputer Model MC-650, which is to be delivered to Nagoya by August 25.

The credit will be advised in due course by our banker's correspondents in Los Angeles, who deliver the L/C to you within a week. The validity of the credit is until September 20, 2020.

The documents required are:
Full set of clean on board ocean B/L
Commercial Invoices in five copies
The Insurance Policy
Packing List in three copies
Certificate of Origin

We will cover your shipment by paying your sight draft and trust that you will execute our order in complete satisfaction.

Yours sincerely,

3) 신용장의 선적기일 및 유효기일 변경요청

신용장의 선적기일 및 유효기일 변경요청

May 25, 2020

America International Co., Inc.
350 Fifth Avenue,
New York N.Y. 10018, U.S.A.

Gentlemen :

We have received the L/C No. 78910 for US$100,000 issued by the Bank of America, New York, dated May 15.

However, we regret to inform you that we shall not be able to ship your order No.17 under your credit No.78910 within the stipulated date due to the strike at our factory.

Under these circumstances, we would like to request you to extend your credit by cable as follow :
Shipping date : August 20, 2020
Expiry date : August 31, 2020

Your prompt attention to this matter would be highly appreciated.

Yours very truly,
Seoul Trading Co., Ltd.

7. 선적 관련 서신

수출업자는 물품을 선적한 후 선적일자, 선박명, 선적량, 도착 예정일 등을 수입업자의 물품인수준비를 위하여 전신으로 통지하여야(shipping notice) 한다. 일반적으로 전신으로 선적통지를 한 후 항공우편으로 모든 선적서류의 사본 1장을 송부한다. 선적통지에 의하여 수입업자는 수입 물품의 도착 시기를 알 수 있으며, 수입결제자금, 하역, 통관 등을 준비하게 된다. 선적통지는 계약에 관한 매도인의 상의도상의 의무이다.

1) 선복 예약(Reserve Space)

Reserve Space

February 25, 2020

Kyung Gi Shipping Co., Ltd.
Suwon, Korea.

Dear sir,

We are obliged for the arrangements you promised us by telephone this morning to reserve space for two tons on the S/S "Arirang" which is expected to sail from Busan on the 12th March.

The goods are 20 cases of our Cotton Goods destined to New York,
which will be warehoused by the 8th March by our shipping agents, HanJin Shipping Co., Ltd. We'd learn that some advance in freight rate is inevitable due to the shortage of freight space with the approach of seasonal active transaction, but we are grateful for your doing best to give us your special rate down to $35.00 per ton.

Should there happen any change in the shipping schedule, please let us know of it without delay.

Yours faithfully,

2) 선박회사에 운임 및 운항 스케줄 문의

선박회사에 운임 및 운항 스케줄 문의

July 30, 2020

Gentlemen:

We are ready for shipment from Singapore to Busan for two 40 cft container of TV Sets.

Will you please quote your rate for freight and send us details of your sailings and the time usually taken for the voyage.

We understand that S.S. "Everlad Lines" is due to sail on the 30th August, but we should like an earlier sailing if possible.

Yours faithfully,

3) 항공운송 선적통지

항공운송 선적통지

October 15, 2020

Gentlemen:

We thank you very much for your order of October 10 and are pleased to inform you that dispatch will be made by Jumbo Jet, No.56 flight of Far-East Asia Line, due to leave Los Angeles at 10:00 AM on 15th, arrive at Seoul at 11:00 PM on 16th, together with the necessary documents.

Our bank has confirmed receipt of your letter of credit and we enclose a copy of our invoice.

Very truly yours,

4) 수출금지로 인한 선적지연 통지

수출금지로 인한 선적지연 통지

October 10, 2020

Dear Sirs,

We are very sorry to inform you of a delay in executing your order No. 885 of September 23 for ten(10) super computers.

As you may know, our government has recently put an embargo on the export of various super computers to the developing countries and we have to obtain a special export licence to execute your order.

We think the delay will not be more than two months, and we will give your order special priority as soon as we receive permission to make shipment.

We have already manufactured your goods and are now ready for shipment. At any rate, please accept our deep apologies for the inconvenience you have been put to.

Yours sincerely,

---

8. 클레임 관련 서신

1) 견본과 상이한 품질의 면제품에 대한 클레임

견본과 상이한 품질의 면제품에 대한 클레임

WILSON & CO., LTD.
50 Liberty Street, New York,
N.Y, 10005, U.S.A.

October 5, 2020

Haesung Ind. Co., Ltd,
C.P.O. Box 7917
Seoul, Korea

Gentlemen:

Five Bales of Cotton Goods for our order No. 100 per M/S "Island Container" V-23 have reached us, but we regret to inform you that their quality is inferior to the samples on which we placed the order.

Enclosed find sample from the goods we received. You will admit that your shipments do not come up to the quality of the sample.

We hope that you will correct the matters at once and let us know by return mail.

Yours very truly,

앞 서신에 대한 회신

October 15, 2020

Gentlemen:

We are very sorry to learn from your letter of October 5, 2020 that our shipment of your order No. 100 was inferior in quality.

Upon tracing our records, we find that our shipping clerk shipped sample No. 5 Cotton Goods instead of those of sample No. 10 for which your order was given.

We are very sorry for this carelessness on our part. In order to adjust your claim at this time, we would like either to send you the right goods as soon as possible or to give you a special allowance of 20% off the invoice amount.

Please accept our apologies for the inconvenience we have caused you and let us know which of above two adjustments is preferable to you.

Yours very truly,

2) 저급품에 대한 클레임과 손해배상청구

저급품에 대한 클레임과 손해배상청구

September 15, 2020

Gentlemen:

Five hundred(500) bales of cotton goods per M/S "Arirang" reached us, but we regret to inform you that their quality is inferior to the samples though the bales themselves show no trace of damage.

We filed our claim for the inferior quality with the America President Lines, Ltd., Seoul General Agent as we considered this was due to the rough handling by them. However, an investigation made by the licensed INTECO surveyor has revealed the fact that the deterioration is attributable to the coarse raw cotton. For further details, please refer to the surveyor's report enclosed.

Accordingly, we are compelled to claim on you to make up for the deterioration amounting to US$4,800 specified in the surveyor's report.

Your prompt settlement of this claim will be appreciated.

Very truly yours,

Enc. Surveyor's Report

9. 무역서신

1) 환어음(BILL OF EXCHANGE)

BILL OF EXCHANGE

No. 1234 Seoul, Korea November 20, 2020

FOR US$100,000

AT X X X X X SIGHT OF THIS FIRST BILL OF EXCHANGE (SECOND OF THE SAME TENOR AND DATE BEING UNPAID) PAY TO Seoul Bank Busan or Order THE SUM OF US Dollars One Hundred Thousand Only

VALUE RECEIVED AND CHARGE THE SAME TO ACCOUNT OF DEF Co., Ltd. Newyork, N.Y. U.S.A.

DRAWN UNDER Bank of America, Newyork, N.Y, U.S.A. L/C No. 5678

Dated April 5, 2020

TO Bank of America, Moonyoung Jung, Chairman

Newyork, N.Y, ABC Co., Ltd.

U.S.A. 744-1, Seoul, South Korea

BILL OF EXCHANGE

No. 1234 Seoul, Korea November 20, 2020

FOR US$100,000

AT X X X X X SIGHT OF THIS **FIRST** BILL OF EXCHANGE (**SECOND** OF THE SAME TENOR AND DATE BEING UNPAID) PAY TO Seoul Bank Busan or Order THE SUM OF US Dollars One Hundred Thousand Only

VALUE RECEIVED AND CHARGE THE SAME TO ACCOUNT OF DEF Co., Ltd. Newyork, N.Y. U.S.A.

DRAWN UNDER Bank of America, Newyork, N.Y, U.S.A. L/C No. 5678

Dated April 5, 2020

TO Bank of America, Moonyoung Jung, Chairman

Newyork, N.Y, ABC Co., Ltd.

U.S.A. 744-1, Seoul, South Korea

2) 선하증권(BILL OF LADING)

Shipper				K.S. LINE Korea Shipping Corporation COMBINED TRANSPORT BILL OF LADING RECEIVED in good apparent good order and condition except as otherwise noted the number of Containers or other packages or units enumerated below for transportation from the place of delivery subject to the terms hereof. One of the original Bills of Lading must be surrendered duly endorsed in exchange for the Goods of delivery Order. On Presentation of this document (duly endorsed) to the Carrier by or on behalf of the Holder, the rights and liabilities arising in accordance with the terms hereof shall (without prejudice to any rule of common law or statute rendering them binding on the Merchant) become binding in all respects between the Carrier and the Holder as though the contract evidenced hereby had been made between them. IN WITNESS whereof the number of original Bills of Lading stated below have been signed, one of which being accomplished, the other(s) to be void.		
Consignee						
Notify Party						
Pre-Carriage by		Place of Receipt				
Ocean Vessel Voy. No.		Port of Loading		B/L No.		
Port of Discharge		Place of Delivery		Final destination (for the Merchants reference)		
Container No.	Seal No: Marks & Nos.	No. of Container P'kgs.	Kind of packages: Description of Goods	Gross Weight	Measurement
Total Number of Containers or Packages (in words)						

Freight & Charges	Revenue Tons	Rate	Per	Prepaid	Collect
Freight Prepaid at	Freight Payable at			Place of Issue	
Total Prepaid	No. of Original B/L			Date of Issue	
Laden on Board the Veseel Date By			KOREA SHIPPING CORPORATION By as Agents for the Master		

3) 상업송장

COMMERCIAL INVOICE				
Shipper/Exporter				No. & date of invoice
					No. & date of L/C
For account & risk of Messers.				L/C issuing bank
Notify party				Remarks
Port of loading	Final destination			
Carrier	Sailing on or about			
Marks & numbers of Pkgs.	Description of Goods	Quantity/unit	Unit-price	Amount
P.O. Box : Cable address : Telex code : Telephone No. :				Signed by

4) 포장명세서

PACKING LIST	
Seller	Invoice No. and date
Consignee	Buyer(if other than consignee)
Notify party	Remarks
Departure date	
Vessel/flight	
To	

Shipping Marks	No.&kind of packages	Goods description	Quantity or net weight	Gross Weight	Measurement

Signed by

제 10 부

영문해석 및 영작문

제1장 영문해석 빈출유형

1. 전-후 문맥 유추하기

주어진 지문을 보고 바로 앞/뒤에 나왔거나 나올 수 있는 내용을 유추하는 문제이다. 대부분 Likely to~(~일 것 같다)라는 형식으로 물어보며 MOST, BEST 등은 가장 적합한 지문을 찾는 문제이며, UNLIKELY/LEAST/NOT 등이 나오면 가장 적합하지 않은 지문을 찾으면 된다.

> [전-후 문맥 유추하기 1]
> This is a reply to a letter. Which of the following is MOST likely to be found in the previous letter?
> 다음 중 이전 서신에 나올 가능성이 가장 높은 내용은 무엇인가?

[2018년 1회차 18번]
[Read the following and answer the questions.]

> Thank you for your inquiry regarding opening an account with our company. Please, fill in the enclosed financial information form and provide us with two or more trade references as well as one bank reference. Of course, all information will be kept in the strictest confidence.
> Thank you very much for your cooperation.

18. Which of the following is MOST likely to be found in the previous letter?

　① We therefore request you to send us the names of three department stores with which your company already has accounts at present.

　② If your company can supply us with two additional credit references as well as current financial statements, we will be pleased to reconsider your application.

　③ We request that you open an account with us on 30-day credit terms, starting with the order listed.

④ I have enclosed our company's standard credit form for you to complete and would appreciate it if you would return it to me as soon as possible.

정답) ③

> 당사와의 계정 개설과 관련된 귀하의 조회에 대해 감사드립니다. 동봉한 재무정보 양식을 작성해 주시고 한 곳의 은행조회처와 두 곳 이상의 신용조회처를 알려주시길 바랍니다. 물론 모든 정보는 엄격하게 기밀로 유지될 것입니다.
> 귀사의 협조에 감사드립니다.

18. 다음 중 이전 서신에서 발견할 수 있는 것으로 가장 적절한 것은 무엇인가?
① 당사는 현재 귀사가 이미 계정을 보유하고 있는 백화점 세 곳의 이름을 보내주실 것을 요청드립니다.
② 만약 귀사께서 현재의 재무 상태뿐만 아니라 추가로 두 곳의 신용조회처를 제공해주실 수 있다면, 당사는 기꺼이 귀사의 신청을 재고할 것입니다.
③ 당사는 표에 기재된 주문부터 시작하여 30일 신용 조건으로 계정을 개설하여 주실 것을 요청드립니다.
④ 귀사께서 작성할 수 있도록 표준 신용 양식을 동봉하여 가능한 서둘러 회신해 주시면 감사하겠습니다.

해설) 본문에서는 계정을 개설하려는 당사자의 신용 상태에 대한 정보를 요청하고 있다. 따라서 계정을 개설하고자 하는 당사자의 신용 거래 요청과 관련된 내용이 나오는 것이 맞다.

[전-후 문맥 유추하기 2]

This is a reply to a letter. Which of the following is LEAST likely to be found in the previous letter?

이것은 편지에 대한 답신이다. 다음 중 이전 편지에서 찾을 수 없는 것은?

[2017년 2회차 14번]

[Read the following and answer the questions.]

I am sorry not to be able to grant your request of 10th November for an overdraft against personal security, but realizing how helpful a short-term credit would be to you, the bank would be prepared to consider an overdraft over the period you mentioned if you could provide a .
If you can provide a as suggested, please get in touch with me again and I will arrange to discuss the matter with you in detail.

18. This is a reply to a letter. Which of the following is LEAST likely to appear in the previous letter?

① I should of course be willing to allow you to inspect my accounts, from which you would see that I have promptly met all my obligations, and to give you any further information you may need.

② I am therefore hoping that you can help by making me an advance on overdraft until the end of this year.

③ This loan is due for repayment at the end of this month and I have already taken steps to prepare for this, but unfortunately, due to a fire at my warehouse a fortnight ago, my claim is unlikely to be settled before the end of next month.

④ With the approach of Christmas I am expecting a big increase in turnover, but unfortunately my present stocks are not nearly enough for this and, because my business is fairly new, wholesalers are unwilling to give me any but very short-term credit.

정답) ③

> 유감스럽게도 11월 10일 인적담보에 의한 당좌대월 요청에 대해 승인할 수 없으나 단기신용 대출이 귀하에게 얼마나 도움이 되는지 알고 있습니다. 만약 귀하께서 보증(담보)을 제공하실 수 있다면 귀하가 언급하신 기간을 초과하는 당좌대월에 대해 은행은 고려해 볼 수 있습니다. 귀하께 요청된 보증(담보)을 제공하실 수 있는 경우 저에게 다시 연락을 주시면 귀화와 이 문제에 대해 자세히 논의하여 조정할 것입니다.

14. 이것은 서신의 답장이다. 다음 중 이전 서신에서 언급되기에 가장 적절하지 않은 것은 무엇인가?

① 물론 저는 귀사께서 저의 계좌를 조사하시는데 기꺼이 허락해야 하고, 계좌를 보시면 제가 모든 의무를 지체 없이 충족해오고 있음을 알게 되실 것입니다. 귀사께서 필요로 하는 어떤 추가 정보도 기꺼이 드리겠습니다.

② 따라서, 저는 귀사께서 올 연말까지 당좌대월 한도 상향을 통해 저를 도와주실 수 있기를 희망합니다.

③ 이 대출은 이번 달 말에 상환할 예정이어서 이미 이를 위한 준비를 하였으나 불행히도 2주 전 창고에서 발생한 화재로 인해 저의 청구는 다음 달 말 전에는 이행되기 어려울 것 같습니다.

④ 크리스마스가 다가옴에 따라 저는 매출액이 크게 증가할 것으로 예상하고 있으나, 제 사업이 시작된 지 오래되지 않아 도매상들이 초단기 신용 거래 말고는 아무것도 하지 않으려고 하여 불행히도 현재 저의 재고는 이것을 감당하기에는 많이 부족합니다.

해설) 본문에서는 대출한도 상향에 대한 거절을 하고 있으므로, 이전 서신에서는 대출 한도를 상향하는 이유 및 한도 상향에 대한 요청 등의 내용이 들어가야 한다. ③의 내용은 대출상환 기간의 연장을 요청하기에 적절하지 않다.

> [전-후 문맥 유추하기 3]
>
> Which of the following is MOST likely to come immediately after the passage to end the letter?

[2017년 3회차 39번]

[Read the following and answer the questions.]

> I would like to call your attention on the unsolved O/A transaction. The loss of buying on credit brings about some problems, and can be devastating to your business.
>
> Your account is now four months past due, and you've not responded to any of our requests for payment. By sending your check in the amount of US$75,000 today, you'll ensure the privilege of maintaining the good credit reputation you now have.

39. Which of the following is MOST likely to come immediately after the passage to end the letter?

① For five months we've been writing to you in an attempt to clear up your unpaid balance of US$75,000.

② We have always been willing to work with you during these times.

③ We hope it won't be necessary for us to take this matter further, because you are one of our valued customers.

④ Starting with your April invoice, I may get the discount of 1.5%.

정답) ③

> 저는 해결되지 않은 청산결제 방식 거래에 대해 귀사께서 주목해 주시길 바랍니다. 신용 거래에 의한 손실은 어떤 문제를 초래할 수 있고, 귀사의 사업에 엄청난 손상을 가할 수 있습니다. 귀하의 계정은 현재 4개월째 연체되고 있습니다. 귀사는 저희의 지급과 관련한 어느 요청에도 응답하시지 않았습니다. 귀사께서 오늘 미화 75,000달러 금액의 수표를 보내주신다면, 귀사께서 현재 가지고 계신 좋은 신용평판을 유지할 수 있는 특별 허가를 확보할 수 있을 것입니다.

39. 이 서신의 마지막 문단 바로 다음에 나올 말로 가장 적절한 것은 무엇인가?

① 5개월 동안 저희는 귀사의 미화 75,000달러에 대한 미지급금을 해결하기 위해 계속하여 귀사께 편지를 썼습니다.

② 저희는 이 기간 동안에 항상 귀사와 함께 일하기를 고대했습니다.

③ 저희는 이 문제를 추가로 더 다룰 필요가 없기를 희망합니다. 왜냐하면 귀사는 저희의 소중한 고객 중 한 분이시기 때문입니다.

④ 4월 송장을 시작으로 제가 1.5% 할인을 받을 수 있을 것 같습니다.

해설) 본문에서는 미지급 계정에 대한 결제를 요청하고 있다. 결제가 이뤄지지 않는 경우 문제가 생길 수 있다고 하고 있다. 따라서 본문의 뒷 문단에는 결제가 이뤄져서 이런 상황이 해결되길 희망한다는 내용이 나오는 것이 적절하다.

2. 주제·목적 파악하기

주제(subject)나 목적(purpose), 제목(title) 등을 파악하고 있는지 묻는 유형으로 대부분 지문 안에서 명확히 드러나는 편이다. 서신에서 inquire(조회), quote(견적), credit inquire(신용조회), payment(결제), apologies(사과), discussions(논의,협의) 등의 표현이 나오는 문장들이 주로 문제에 출제되었다. 다만, 무역이론을 기반으로 '용선계약 요청', '해상보험 문의' 등의 문제들도 출제되었기 때문에 주의할 필요가 있다.

> [주제·목적 파악하기 1]
> What is the purpose of the letter above?
> 상기 서신의 목적은 무엇인가?

[2018년 1회차 1번]

Read the following and answer.

> Dear Ann,
>
> Please quote for collection from our office and delivery to Busan port.
>
> Our goods are :
> - 6 divans and mattresses, 700cm×480cm
> - 7 bookcase assembly kits packed in cardboard boxes, each measuring 14㎥
> - 4 coffee-table assembly kits, packed in cardboard boxes.
> - 4 armchairs, 320×190×260cm
>
> The divans and armchairs are fully protected against knocks and scratches by polythene and corrugated paper wrapping, and the invoiced value of the goods is USD50,500. The freight will be borne by our customer.
>
> I would appreciate a prompt reply, as delivery must be made before the end of next week.

1. What is the purpose of the letter above?

　① equest for a quotation of delivery

　② request to deliver the goods by a deadline

　③ offer of goods price being sold out

　④ request for proper packing

정답) ①

Ahn, 귀하

당사의 사무실에서 물품을 수령하여 부산항까지 운송하는 것에 대한 견적을 내주시기 바랍니다.

당사의 물품은 다음과 같습니다.

- 다이븐 베드와 매트리스 6개, 700cm×480cm

- 판지 상자에 포장된 팩장 조립세트 7개, 각 용적 14㎥

- 판지 상자에 포장된 커피테이블 조립세트 4개

- 팔걸이 의자 4개, 320 × 190 × 260cm

다이븐 베드와 팔걸이 의자는 폴리에틸렌과 골판지 상자로 포장되어 있어 찍힘과 긁힘에 완전히 보호되며, 물품의 송장 금액은 USD 50,500입니다. 운임은 당사의 고객이 부담할 것입니다.

물품의 인도는 다음 주가 끝나기 전에 이루어져야 하므로 조속한 답변을 부탁드립니다.

---

1. 상기 서신의 목적은 무엇인가?

　① 운송 견적 요청

　② 마감기한까지 물품 운송 요청

③ 매진될 상품 가격의 제안

④ 적절한 포장에 대한 요청

해설) 다이빈 베드, 판자상자, 팔걸이 의자 등을 부산항까지 운송해 달라고 하면서 운송 비용에 대한 견적을 요청하고 있으므로 ①이 가장 적절하다.

[주제 · 목적 파악하기 2]

What is the subject of the letter?

이 서신의 주요 목적은 무엇인가?

[2017년 3회차 20번]

We have recently concluded a contract for the supply of raw cotton from New Orleans to Manchester over the next twelve months and should be glad if you would find us a suitable ship, about five thousand tons.
The question of speed is important as the ship we need must be able to make six return voyages in the time, allowing for six days at each turn-round.

20. What is the subject of the letter?
    ① Enquiry for a time charter
    ② Request for information on container service
    ③ Request for freight rebate
    ④ Advice of shipment

정답) ①

당사는 최근 뉴올리언즈부터 맨체스터까지 12개월 동안 면화를 공급하기로 계약을 체결하였으며, 귀사께서 당사에 적합한 5000톤급의 선박을 찾아주시면 좋겠습니다. 회차별 6일의 시간이 소요되며, 시간내에 6번을 왕복해야 하기 때문에 선박만큼 속도도 중요합니다.

20. 이 서신의 주제는 무엇인가?
    ① 정기용선에 대한 조회

② 컨테이너 서비스 정보 요청

③ 운임 환불(할인) 요청

④ 선적에 대한 조언

해설) 12개월 동안의 정기용선 기간 동안 사용할 선박에 대해 묻고 있는 만큼, 정기용선 서비스에 대한 조회 서신으로 볼 수 있다.

[주제 • 목적 파악하기 3]

What is the subject of the letter?

이 서신의 주요 목적은 무엇인가?

[2019년 2회차 21번]

Dear Corporate Section Manager

We are writing to inquire about the companies for our products in Bahrain. Your branch in Seoul, Korea, has told us that you may be able to help us.

We manufacture radio telephones. At present, we export to Europe and Latin America, but we would like to start exporting to the Arabian Gulf.

Could you please forward this letter to any companies in Bahrain that might be interested in representing us? We enclose some of our catalogs.

21. What is the main reason of the letter?

① to enlarge the branches in Seoul.

② to inquire about an agent in Bahrain

③ to inquire about the radio telephones

④ to export to Europe and Latin America

정답) ②

> 기업 담당 매니저 귀하
>
> 저희는 당사의 제품을 판매하기 위해 바레인에 있는 회사들에 대해 문의하고자 합니다. 귀사의 서울 지점은 귀하께서 저를 도와줄 수 있다고 하였습니다. 저희는 무선 전화를 생산하고 있습니다. 현재는 유럽과 남미로 수출하고 있고, 아라비아 만으로도 수출하고자 합니다. 이 서신을 바레인에서 우리를 대표(대리)하는 데 관심이 있을 만한 회사 앞으로 보내주실 수 있을까요? 우리의 카탈로그를 첨부합니다.

21. 이 서신의 주된 목적(이유)은 무엇인가?

① 서울의 지점을 확대하기 위해서
② 바레인에 있는 대리점에 대해 문의하기 위해
③ 무선전화에 관하여 문의하기 위해
④ 유럽과 남미로 수출하기 위해

해설) 바레인 내부에서 판매를 하기 위해 적절한 대리점에 대한 문의를 하고 있으므로, ②가 정답이다.

3. 순서 나열하기

[주제・목적 파악하기 1]

Put the following sentences in order.

다음 문장을 순서대로 배열하시오.

[2017년 3회차 16번]

Please send us your current catalogue and price list for bicycles. We are interested in importing models for both men and women.
a. This would enable us to maintain the low selling prices which are important for the growth of our business.
b. In return we would be prepared to place orders for a guaranteed annual minimum number of bicycles, the figure to be mutually agreed.
c. If the quality of your products is satisfactory and the prices are reasonable, we would place large orders.
d. We are the leading bicycle dealers in this city where cycling is popular, and have branches in five neighbouring towns.
e. Please indicate whether you will allow us a quantity discount.

1. Put the following sentences in order.

① d-e-c-b-a ② d-e-c-a-b
③ d-c-e-a-b ④ d-e-b-a-c

정답) ③

> 귀사 자전거의 현재 카탈로그와 가격표를 저희에게 보내주시기 바랍니다. 당사는 남성용과 여성용 모델을 모두 수입하는데 관심을 갖고 있습니다.
>
> a. 이것은 당사가 저렴한 판매가격을 유지할 수 있도록 하며, 이것은 당사의 사업 성장에 중요합니다.
> b. 저희는 합의된 연간 최소 수량을 주문할 준비가 되어 있습니다.
> c. 만일 제품의 품질이 만족스럽고 가격이 합리적이라면, 당사는 대량 주문을 할 것입니다.
> d. 당사는 사이클링으로 유명한 이 도시의 자전거 시장을 이끌고 있으며, 주변 5개 도시에 지점을 갖고 있습니다.
> e. 저희에게 수량할인을 허용해 주실지 여부를 알려주시기 바랍니다.

16. 다음 문장을 순서대로 배열하시오

③ d-c-e-a-b

d. 자사의 인지도 및 명성 소개

c. 주문의사 표시 및 거래 제의

e. 할인가능 여부 조회

a. 계약 내용 중 가격에 대한 중요성 강조

b. 계약을 하게 된다면 연간 꾸준한 수량을 주문할 것을 강조

해설) 대부분의 계약 제의 및 조회 등의 서신은 (1) 자사를 소개하고, (2) 거래가능 여부 문의, (3) 거래 내용 중 중요하게 생각하는 부분(대부분 가격 및 최소 주문수량) 강조, (4) 계약 후 귀사에 대한 이익(향후 어떤식으로 거래 하겠습니다) 등의 순서로 작성된다. 가장 기본적인 형태의 문제로 반드시 기억해두는게 좋겠다.

[순서 나열하기 2]

Put the sentences in order.

문장을 순서에 맞게 나열하시오.

[2017년 1회차 14번]

We have completed your enquiries relating to Griffiths & Co and are pleased to report as follows.
(a) On a quarterly account you could safely allow at least £5000.
(b) They do an excellent trade and are regarded as one of the safest accounts in Cardiff.
(c) There are four partners and their capital is estimated to be at least £100,000.
(d) This is a well-founded and highly reputable firm.
(e) From the information we have obtained we believe that you need not hesitate to allow the initial credit of £20,000 requested.

20. Put the sentences in order.

① (b)-(d)-(e)-(c)-(a) ② (a)-(e)-(d)-(c)-(b)
③ (d)-(c)-(b)-(e)-(a) ④ (e)-(a)-(d)-(c)-(b)

정답) ③

> Griffiths & Co에 대한 귀하의 조회에 대해서 아래와 같은 내용을 알려드립니다.
>
> (a) 분기별 계정에서 귀하는 최소 5,000파운드를 안전하게 허용할 수 있습니다.
>
> (b) 그들은 훌륭한 거래자이고 카디프에 있는 안전한 거래처 중 한 곳으로 간주됩니다.
>
> (c) 네 개의 협력사가 있으며 그들의 자본은 최소 100,000파운드로 추산됩니다.
>
> (d) 이 회사는 기초가 튼튼하고 평판이 좋습니다.
>
> (e) 우리가 입수한 정보로 보건대, 요청된 20,000파운드의 최초 신용 거래를 허용하는 것에 주저할 필요가 없다고 생각합니다.

14. 다음 문장을 순서대로 배열하시오

(d) - (c) - (b) - (e) - (a)

d. 신용조회 대상 회사에 대한 평판, 소개

c. 신용조회 대상 회사의 조건 및 상황

b. (d)와 (c)를 통해 신용조회처가 판단한 신용조회대상 회사의 평판 및 상황

e. 신용 조회처의 추천

a. 상세 거래 방향 설정 및 추천

4. 지문과 올바른(옳지 않은) 설명 찾기

지문의 내용에 따라 올바른 것과 옳지 않는 것을 찾는 문제 유형으로, 실제 영문해석 부문에서 상당 수 문제가 출제된다. 단순한 서신에 대한 내용을 묻는 문제도 있지만 최근(17~20) 경향으로 볼 때, 무역실무의 내용과 연관지어 옳고 그름을 걸러내는 문제가 자주 출제되고 있다. 무역실무에 대한 구체적인 이해와 더불어 인코텀즈2020, 비엔나협약, 신용장, 환어음 등에 대한 영어 문구나 표현들도 자세히 살펴볼 필요가 있다.

> [지문과 올바른(일치하는) 설명 찾기 1]
>
> Which is correct according to CISG?
>
> CISG(비엔나협약)에 따라 가장 옳은 것은?

[2018년 2회차 8번]

> On 1 July Seller delivered an offer, which is valid until 30 Sep 2018, to Buyer.
> On 15 July Buyer sent letter "I do not accept your offer because the price is too high" but on 10 August the Buyer sent again "I hereby accept your prior offer of 1 July". Seller immediately responded that he could not treat this "acceptance" because of Buyer's earlier rejection.

8. Which is correct according to CISG?

① Buyer can not insist his last acceptance.

② Seller shall accommodate the buyer's acceptance.

③ As long as the offer is valid, buyer can claim his last acceptance.

④ Buyer is able to withdraw his first acceptance.

정답) ①

> 매도인은 매수인에게 유효기일이 2018년 9월 30일로 된, 청약을 7월 1일에 발송하였다.
> 7월 15일에 매수인은 "가격이 너무 높기 때문에 승낙할 수 없습니다"라는 서신을 발송하였으나 8월 10일에 "7월 1일자 청약에 대해 승낙합니다"라는 서신을 다시 발송하였다. 매도인은 매수인이 먼저 거절하였기 때문에 이것을 "승낙"으로 간주하지 않는다고 즉시 회신하였다.

8. CISG(비엔나협약)에 따라 옳은 것은 무엇인가?

① 매수인은 그의 마지막 승낙을 주장할 수 없다.

② 매도인은 매수인의 승낙을 수용하여야 한다.

③ 청약이 유효하는 동안은 매수인이 마지막 승낙을 주장할 수 있다.

④ 매수인은 그의 첫 번째 승낙을 철회할 수 있다.

해설) 매수인은 승낙의 철회를 하기 위해서는 승낙의 의사표시가 상대방에게 도달하기 전이나 승낙의 의사표시가 도달함과 동시까지는 철회할 수 있다. 본 지문에서는 이미 승낙을 거절한다는 의사표시가 도달하였기 때문에 이 후에 승낙의 의사표시를 하더라도, 이전 승낙에 대한 철회를 주장할 수 없다.

> [지문과 올바른(일치하는) 설명 찾기 2]
>
> Which is NOT correct according to the following?
>
> 아래 지문과 가장 적합하지 않은 것은 무엇인가?

[2018년 1회차 9번]

> Insurance policy in duplicate, endorsed in blank for 110% of the invoice cost. Insurance policy must include Institute Cargo Clauses ICC(B).

9. Which is NOT correct according to the following?

① Insurance certificate can be presented instead of insurance policy.

② In negotiating, blank endorsement must be made by a beneficiary.

③ 10% is added to the invoice cost as expected profit.

④ Insurance policy shall be issued in two original copies.

정답) ①

> 보험증권은 2부가 발행되고 송장 금액의 110%로 백지배서 되어야 한다. 보험증권은 협회적하약관 (B)를 포함하여야 한다.

9. 다음에 따른 내용으로 옳지 않은 것은 무엇인가?

① 보험증명서는 보험증권 대신 제시될 수 있다.

② 매입에 있어 백지식 배서는 반드시 수익자에 의해 이루어져야 한다.

③ 송장금액에 더해진 10%는 희망이익이다.

④ 보험증권은 원본으로 2부로 발행되어야 한다.

해설 보험증명서(Insurance Certificate)는 보험증권(Insurance Policy)을 대신하여 사용될 수 없다. 다만, 보험증권은 보험증명서 및 보험확인서 등을 대신하여 사용될 수 있다.

> [지문과 올바른(일치하는) 설명 찾기 3]
>
> Which of the following is LEAST correct?
>
> 다음 중 가장 옳지 않은 것은 무엇인가?

[2019년 2회차 20번]

> Dear Ms. Jones:
>
> Thanks for your recent prompt payments. Our records reflect your current account.
>
> Given these circumstances, I am happy to restore your full credit line. In fact, your recent payment record enables me to extend your credit line from the previous US $5,000.00 to US $8,000.00 This will enable you to stock the added inventory you need to accommodate the growing demands of your customers.
>
> On a personal note, I admire your cooperation and appreciate your sincere efforts. You have made my job easier, and I appreciate it.

20. Which of the following is LEAST correct?

① The letter offers thanks and praises the customer's good payment record.

② Ms. Jones' company gets a credit extension up to US $13,000.00

③ There is a positive change in the terms of credit.

④ The letter announces that the credit line is now restored.

정답) ②

> Ms. Jones 귀하
>
> 귀하의 신속한 결제에 감사드립니다. 우리의 기록은 귀하의 현재 계정을 반영합니다.
>
> 이러한 상황을 고려할 때 귀하의 신용한도를 회복하게 되어 기쁩니다. 사실, 귀하의 결제 기록은 신용한도를 5,000달러에서 8,000달러로 늘리는 것을 가능하게 했습니다. 귀하는 귀하의 고객의 수요를 늘리기 위한 재고를 추가할 수 있을 것입니다.
>
> 개인적으로 귀하의 협조에 감사를 표합니다. 귀하가 제 업무를 쉽게 해주었기에 감사합니다.

20. 다음 중 옳지 않은 것은 무엇인가?

① 서신은 감사의 말을 전하고 고객의 양호한 지불 기록에 칭찬을 하고 있다.

② Ms. Jones의 회사는 13,000달러까지 신용한도가 늘어난다.

③ 신용 조건에 긍정적인 변화가 있다.

④ 이 서신은 신용 한도가 회복되었음을 알려준다.

해설) 5,000달러에서 8,000달러로 신용한도가 늘어난다고 했으므로 13,000달러까지 신용한도가 늘어난다는 내용은 틀린 내용이다.

제2장 영작문 빈출유형

영작문은 말 그대로 한글의 내용을 영문으로 바꾸거나, 빈 칸에 들어갈 알맞은 단어 및 문장을 넣는 문제가 주를 이룬다. 단어 암기 및 기본적인 영어 실력이 좋은 경우 수월할 수 있으나, 많은 수험생들이 어려워하는 부분이기도 하다. 영어문제라는 선입견 보다는 다른 과목(영문해석, 무역실무)과 같이 무역실무의 내용을 기반으로 문제가 출제되고 무역 서신, 무역관련 용어에 대한 내용이 출제되므로 무역실무 내용을 충실하게 공부한다면 3~4회차 정도의 기출풀이를 통해 감을 잡을 수 있을 거라 생각된다.

앞 선 과목인 "영문해석"과 함께 무역용어 및 단어에 대한 이해가 요구되며, 반복적으로 문제를 풀어보도록 하여 자주 나오는 표현이나 내용들에 대한 약간의 암기도 요구된다.

1. 빈칸 채우기

[빈칸 채우기 1]

Which is NOT correct according to the following?
아래 지문과 가장 적합하지 않은 것은 무엇인가?

[2019년 2회차 26번]

A constructive total loss is a situation where the cost of repairs plus the cost of salvage equal or exceed the (ⓐ) of the property, therefore insured property has been abandoned because its actual total loss appears to be unavoidable or because as mentioned above could not be preserved or repaired without an expenditure which would exceed it's value. One example : in the case of damage to the goods, where the cost of repairing the damage and forwarding the goods to their destination would exceed their value on (ⓑ)

26. Which of the following BEST fits the blanks?

① ⓐ cost - ⓑ inspection

② ⓐ value - ⓑ arrival

③ ⓐ cost - ⓑ receipt

④ ⓐ value - ⓑ sales

정답) ②

> 추정전손은 수리비와 구조료의 합이 재산의 (ⓐ 가치)와 동일하거나 초과하는 상황으로 현실전손을 피할 수 없거나 피보험목적물의 가치를 초과하는 비용 없이는 위에서 언급한 바와 같이 보존 또는 수리할 수 없기 때문에 피보험목적물은 포기된다.
> 예시 : 화물의 손상의 경우, 손상을 수리하고 그 화물을 목적지까지 계속 운송하는 비용이 (ⓑ 도착)시 화물의 가액을 초과하는 경우.

해설) 추정전손에 대한 내용으로 현실전손이 불가피한 것으로 여겨지거나 수리, 운송 비용 등이 지출된 이후의 보험목적물의 가액을 초과할 비용의 지출 없이는 현실전손으로부터 보험의 목적이 보존될 수 없기 때문에, 보험의 목적이 합리적인 상황 하에 포기된 경우에는 추정전손으로 인정된다.

[빈칸 채우기 2]

What is best for the blank?

다음 중 빈칸에 들어갈 적합한 것은 무엇인가?

[2019년 2회차 32번]

Thank you for your letter of 15 January regarding our November and December invoice No. 7713

We were sorry to hear about the difficulties you have had, and understand the situation. However, we would appreciate it if you could ( ) the account as soon as possible, as we ourselves have suppliers to pay.

We look forward to hearing from you soon.

32. What is best for the blank?

① clear

② make

③ debit

④ arrange

정답) ①

> 당사의 11월, 12월 송장번호 7713번과 관련된 귀하의 1월 15일자 서신에 감사드립니다.
>
> 귀하가 겪었던 어려움은 죄송스럽게 생각하며, 그 상황을 이해합니다. 그러나 당사는 자체적으로 지불해야 할 공급자가 있는 만큼 가능한 빨리 귀하의 계정을 ( ) 해주시면 감사하겠습니다.
>
> 조속한 답변을 기대합니다.

32. 빈 칸에 들어갈 가장 적절한 것은 무엇인가?

① clear

② make

③ debit

④ arrange

해설) Clear는 대금 결제에서는 '빚을 청산하다', '결제하다'라는 뜻을 갖고 있다. '통관하다'라는 뜻으로 쓰이기도 한다.

[빈칸 채우기 3]

Which of the following is the right match for blanks below?

다음 중 아래의 빈칸에 들어갈 적절한 단어로 연결된 것은 무엇인가?

[2018년 2회차 36번]

(ⓐ) Average Loss is a voluntary and deliberate loss, while (ⓑ) Average Loss is purely accidental and unforeseen loss. (ⓒ) Average Loss falls entirely upon the owner of the cargo.
In (ⓓ) Average Loss the loss shall be shared by all the owners of cargo.

36. Which of the following is the right match for blanks below?

	ⓐ	ⓑ	ⓒ	ⓓ
①	General	Particular	General	Particular
②	General	Particular	Particular	General
③	Particular	General	General	Particular
④	Particular	General	Particular	General

정답) ②

(ⓐ공동해손)은 자발적이고 의도적인 손해이며, 반면 (ⓑ단독해손)은 순전히 우발적이고 예기치 못한 손실이다. (ⓒ단독해손)은 전적으로 화물 소유자의 책임이다.
(ⓓ공동해손)에서 손해는 모든 화물 소유자들에게 분배된다.

해설) General Average, 공동해손으로 공동의 이익을 위해 중대한 위험에서 고의적이고 합리적인 처분이 있어야 인정된다. 반면 Particular Average, 단독해손은 공동손해가 아닌 손해를 의미하며 피보험목적에 대해 개별 당사자가 입은 손해를 의미한다.

2. 서신의 당사자 찾기

무역서신에서 서신을 보내는 주체 혹은 서신을 받는 주체에 대해 묻는 문제가 출제된다. 앞서 살펴본 빈칸 채우기 만큼 영문해석 파트에서는 많이 출제되는 문제로서 지문에 직접적으로 언급되는 경우가 많지 않기 때문에 지문을 해석해보고 판단해야 한다. 단순한 서신의 주체로서 판매부장, 은행원, 물품 공급자 등을 찾는 문제가 대다수이지만 신용장, 추심 등의 결제관계의 당사자를 묻는 문제도 출제되는 만큼 무역실무와 무역거래 전반에 대한 이해가 필수이다.

> [서신의 당사자 찾기]
>
> Who might be the underlined party?
>
> 밑줄 친 당사자는 누구인가?

> Gentlemen,
>
> As for the shipment of used furniture by S/S Arirang due to leave for Darkar in Senegal on the 21 May. Our partner, Socida Ltd, is to effect insurance on the goods as the contract is based on FOB.
>
> They instructed us to effect a marine insurance contract with you on ICC(B) including War Risks at the rate which was mutually agreed upon by both of you.

26. Who might be the underlined party?

① exporter

② importer

③ freight forwarder

④ underwriter

정답) ②

> Gentlemen,
>
> 중고가구 선적품을 실은 Arirang호가 5월 21일 세네갈 다카르 항으로 출항할 예정입니다. 당사의 파트너 Socida 사는 FOB을 기초로 계약에 따라 물품에 대한 보험에 가입하려 합니다. 그들은 귀사와 상호간 합의된 요율대로 전쟁위험을 포함한 ICC(B)약관으로 해상보험계약을 체결할 것을 지시하였습니다.

해설) Socida사는 FOB 계약을 기초로 보험에 가입한다고 했다. 따라서 FOB계약에서의 보험가입은 매수인이 하므로, Socida사는 매수인이라는 것을 알 수 있다. FOB에서는 매도인과 매수인 모두에게 보험 가입의 의무는 없지만, 운송 중 위험에 대해서 매수인이 책임을 져야 하므로 매수인이 스스로 보험에 가입한다.

3. 유사한 의도(문장), 유사하지 않은 의도(문장) 찾기

보기 중 의도나 의미가 유사하거나, 유사하지 않은 문장을 찾는 문제유형이다. 예를 들어 보기에서 제시한 내용들이 '허용'의 의사표시를 나타내지만 '요구, 요청'의 뜻을 나타내는 말을 보기에 넣어놓고 유사하지 않은 문장 하나를 찾아내는 식의 문제가 출제된다. 또한 문장을 제시하고 해당 문장을 다시 썼을 때, 가장 의미가 다르게 나타나는 것은 무엇인지 찾는 문제도 출제된다. 문장 해석과 의미가 비슷한 단어를 많이 알고 있을수록 문제 풀이가 수월해진다.

> [유사한 의도(문장, 단어) 찾기 1]
> Choose the answer which is MOST similar to the following sentence.
> 다음 문장과 가장 유사한 문장을 고르시오

[2018년 2회차 41번]

41. Choose the answer which is MOST similar to the following sentence.

> Shipment not later than October 10.

① Shipment anytime after October 10.
② Shipment must be made by October 10.
③ Shipment must be made on October 10.
④ Shipment is no earlier than October 10.

정답) ②

41. 아래의 문장과 가장 유사한 문장을 선택하여 답하시오.

> 10월 10일까지 선적되어야 한다.

① 10월 10일 이후 언제든지 선적이 가능하다.
② 선적은 10월 10일까지 이행되어야 한다.
③ 선적은 10월 10일에 이행되어야 한다.
④ 선적은 10월 10일 이전에 행해지면 안된다.

해설) 한가지 문장을 두고, 각각의 의미를 따져봐야 한다. '10월 10일을 초과해서는 안된다'라고 문제에서 제시했기 때문에 ②번이 정답이 된다.
made by(~까지), made on(~에)에 주의해야 한다.

[유사한 의도(문장, 단어) 찾기2]

Which has the same meaning with the following sentence?

다음 문장과 같은 의미를 지니고 있는 것은 무엇인가?

[2018년 2회차 40번]

40. Which has the same meaning with the following sentence?

> Shipment is to be made within the time stated in the contract, except in circumstances beyond the Seller's control.

① Shipment is to be made within the time without exceptions.
② Shipment is allowed to be made later, if the seller is unable to secure promised materials.
③ The seller is not responsible for delay in shipment in the case of force majeure.
④ The buyer is likely to ignore whatever the seller asks for an excuse.

정답) ③

40. 다음 문장과 같은 의미를 지니고 있는 것은 무엇인가?

> 선적은 매도인의 통제를 벗어나는 상황이 있는 경우를 제외하고, 계약에 정해진 기간 안에 이행되어야 한다.

① 선적은 예외 없이 정해진 기간 안에 이행되어야 한다.
② 매도인이 약속된 자재를 확보할 수 없는 경우 선적은 연기될 수 있다.
③ 매도인은 불가항력의 사유로 인해 선적이 지연되는 경우 책임을 부담하지 않는다.
④ 매수인은 매도인의 양해 요청이 무엇이든 무시할 것이다.

해설) '통제를 벗어나는 상황'(beyond the Seller's control)은 매도인이 저항할 수 없는 불가항력적 사유를 뜻한다. 따라서 지문의 내용은 불가항력에 대해서는 면책을 규정한다는 뜻으로서, ③의 보기가 정답이 될 수 있다.

② 약속된 자재를 확보할 수 없는 경우는 불가항력보다는 이행지체 사유에 더욱 가깝다.

④ 지문의 내용처럼 매도인의 통제를 벗어나는 상황에 대해서는 매수인도 매도인에게 책임을 물을 수 없다.

> [유사하지 않은 의도(문장,단어) 찾기 1]
>
> Which is NOT similar to the underlined (A)?
>
> 밑줄 친 (A)와 유사한 의미가 아닌 것은 무엇인가?

[2019년 3회차 43번]

43. Which is NOT similar to the underlined (A)?

> This is (A)in reference to product No. 34. Our supplier has informed us that there is a price increase due to the increase in the price of materials used for this product.

① With reference to

② With regard to

③ As per

④ Regarding

정답) ③

43. 밑줄 친 (A)와 유사한 의미가 아닌 것은 무엇인가?

> 이것은 34번 물품과 (A)관련된 것입니다. 당사의 공급업체가 해당 물품의 원재료 가격 상승으로 인해서 물품 가격의 인상이 있다고 알려왔습니다.

① ~와 관련하여
② ~와 관련한
③ ~에 따라
④ ~에 관하여

해설) 지문에서의 34번 물품과 '관련된, 연관된'의 의미로서 쓰이는 단어가 아닌 것을 찾는 문제였다. in reference to는 '~에 관하여, ~과 관련된'의 의미이다.

[유사한 의도(문장, 단어) 찾기2]

Which has the same meaning with the following sentence?

다음 문장과 같은 의미를 지니고 있는 것은 무엇인가?

[2019년 3회차 6번]

Dear Mr. Han,

Thank you for your enquiry about our French Empire range of drinking glasses. There is a revival of interest in this period, so we are not surprised that these products have become popular with your customers.

I am sending this fax pp. 1-4 of our catalogue with CIF Riyadh prices, as you said you would like an immediate preview of this range. I would appreciate your comments on the designs with regard to your market.

I look forward to hearing from you.

6. Which is NOT similar to the underlined with regard to?

① regarding

② about

③ concerning

④ in regard for

정답) ④

Mr. Han 귀하,

당사의 프랑스 제국 술잔 세트에 관해 문의(거래조회)해주셔서 감사합니다. 이 시기에 제품에 대한 관심이 되살아나고 있기 때문에 이 제품들이 귀사의 고객들에게 인기를 끌고 있다는 것은 놀라운 일이 아닙니다.

귀사에서 이 세트 제품을 신속히 살펴보길 원하신다고 말해주셔서 CIF 리야드 가격으로 카타로그 1~4페이지를 팩스로 보내드립니다. 귀사 시장<u>에 관하여</u> 디자인에 대한 귀사의 언지(코멘트)를 주시면 감사하겠습니다.

조속한 답변 기다리겠습니다.

---

6. 밑줄 친 ~에 관하여와 유사하지 않은 것은 무엇인가?

① ~에 관하여

② ~에 관하여

③ ~에 관하여

④ in regard for

해설) ~에 관하여의 의미를 묻고 있다. ④의 in regard for에서 'for'를 'to', 'of' 등으로 바꾸면 같은 의미가 될 수 있다.

부록

필수어휘 모음

A

abandonment: 위부, 추정전손이 발생한 경우 피보험자는 그 피보험목적물에 대한 일체의 권리를 보험자에게 이전하고 보험금의 전부를 청구하여 보상받는 것을 말한다.

Accelerated Tariff Elimination: The gradual reduction of import duties over time.

accept: (환어음을) 인수하다

accept: 승낙하다

acceptable document: 수리 가능한 서류

acceptance: 승낙, 확정청약에 대해 승낙이 있으면 계약은 즉시 성립한다.

acceptance: 인수, 기한부 환어음에서의 인수를 의미한다.

accept confirmation: 확인하여 승낙하다.

accept our order: 당사의 주문을 확인 승낙하다.

accept your firm offer: 귀사의 확정청약을 승낙하다.

accompanied by: ~에 의해 첨부된

according to the L/C: 신용장에 따르면

account current: 청산계정(A/C)

account for the premium: 보험료 지급을 위한 계정

account sales: 매매계산서

a certain amount of surprise: 매우 놀라운 수준

acknowledge: ~을 받고 확인하여 알리다.

acknowledgement: 주문확인서, 주문을 확인하고 수락 통지하는 서류

a confirmed credit: 확인신용장

a copy of your catalogue: 카탈로그 사본 하나

a credit information: 신용정보

a credit of U.S.$1,000,000: U.S.$1,000,000만큼의 신용외상거래

acts and/or omissions: 작위 또는 부작위

무역영어 필수어휘

Acts of God: 천재지변

a date of issuance: 보험서류의 발행일자

additions, limitations or other modifications: 부가조건, 제한조건 또는 조건의 수정

a defective condition: 하자있는 상태

ad valorem: 종가요금, 신고된 가격을 기준으로 운임이 결정된다.

advice of delivery: 선적인도통지

advise: (신용장을)통지하다.

advise on: 자문하다, 권고하다.

advising bank: 통지은행

a exceptionally low rate: 극히 낮은 요율

a favourable reply: 호의적인 회신

a fire break out: 화재가 발행하다.

a franchise: 손해면책약관, 일정 비율 미만의 소손해에 대하여는 보험자가 면책되는 약관이다.

after seller's receipt of L/C: 매도인의 신용장 접수 후

after the closing date of the tender: 입찰 마감시간 이후

after the date of shipment: 선적일 이후

against our draft for acceptance: 기한부환어음의 인수조건으로

against stipulated document(s): 규정된 서류와 상환으로

against your acceptance of the draft: 귀사의 환어음의 인수에 대하여

a great demand: 대량수요

agree: 동일하다, 일치하다.

aggregate liability: 책임총액

a guaranteed annual minimum number of bicycles: 자전거에 대한 매년 보장된 최저 수량

airway bill: 항공화물운송장

a join stock company: 주식회사

a large sale: 대량판매

all insurance policies: 모든 보험증권

allow a difference not to exceed 10% more or 10% less than~: ~보다 10%의 과부족 차이를 허용하다.

allow one a special discount: 특별할인을 허용하다.

all parties concerned deal with documents: 모든 당사자들은 서류로 거래하는 것과 관련되어 있다.

almost out of stock of this line: 이 물품에 대한 재고가 거의 없다.

alongside the vessel: 본선 선측에서

amendment: 조건변경

amend the L/C: 신용장조건을 수정하다.

among allied enterprises: 거래기업 사이에서

amounting to~: 금액이 ~에 이르는

amount of credit: 신용 외상거래 금액

amount in excess of the amount permitted by the Credit: 신용장에 의해 허용된 금액을 초과한 금액

an earliest and/or a latest date for shipment: 최초 선적일과 최종 선적일

an early delivery: 신속한 인도

an excess(deductible): 초과(공제) 면책약관, 일정 비율을 초과하는 손해에 대하여 보험자는 면책율 부분을 공제하고 나머지만 보상하여주는 약관이다.

an expiry date and a place for presentation of documents: 서류제시를 위한 유효기일과 장소

an express reference: 명시적인 언급, 명시적인 기재

annual review: 매년 평가

annual turnover: 연간 매출액

any additional premium: 일체의 부가적인 보험료

applicant: 신용장 개설의뢰인

apply to~: ~에 적용되다.

무역영어 필수어휘

appointment: 약정, 계약

appreciate: 인정하다.

a private company: 개인기업, 주로 가족회사 형태로 운영되는 기업을 말한다.

a prompt solution: 신속한 해결책

arbitration: 중재

arbitration clause: 중재조항

arbitrator: 중재인

a ready sale: 안정적인 판매

a reasonable margin of profit: 합리적인 매출이익

a reasonable time: 합리적인 시간

a right to cancel the material: 그 물품의 인수를 취소할 권리

a round sum: 거액거래

arrange: 부보하다.

arrange: 신용장 개설을 의뢰하다.

arrange cover: 보험에 부보하다.

arrange full AAR cover: 완전한 AAR조건으로 부보하다.

arrangement: 약정, 합의

arrangements for shipment: 선적절차, 선적수배

arrange to insure: 보험부보를 수배하다.

arrange to take out a WA 3% insurance: WA 3% 조건으로 부보하다.

arrange to take out insurance: 보험에 부보하다.

arrival contracts: 도착지 계약 조건

article: 품목

as a first step: 첫 번째 조치로서

as a possible agent for our products: 당사 제품의 판매대리점을 할 수 있는

as a reference: (신용)조회처로서

a seagoing vessel: 대양을 항해하는 선박

a seaworthy wooden case: 항해에 적합한 나무상자

as it stands: 현재 상태로서는

ask a favor your protection of our draft: 당사 환어음의 지급을 요청하다.

a small trial order: 소규모의 시험주문

as one of our customers: 당사 고객의 하나로서

as outlined at the interview: 면접에서 개략적으로 설명한 바와 같은

a special cash discount of 10%: 현금결제시 10%의 특별 할인

a special patented process: 특별히 특허받은 생산과정

a specified sum of money: 특정 금액

as per shipping instructions: 선적지시서에 따라

as soon as available: 가능한 빨리

as soon as practicable: 가능한 빨리

as specified below: 아래와 같이 명기된 조건으로

as strictly confidential: 엄격하게 극비로

a steady demand: 안정적인 수요

as the case may be: 경우에 따라서는

a stock of them: 재고품

as to our standing: 당사의 영업상태에 관하여

a strike of transport workers: 운송 노동자의 파업

at a certain or determinable time: 어떤 혹은 특정시기에

at a land frontier: 육지의 국경에서

at all excessive: (가격이) 좀 높은

at a moderate premium: 적절한 보험료로, 저렴한 보험료로

at an early date: 신속히

at any moment: 언제든지

무역영어 필수어휘

at any time: 어떤 경우에도

at a reduced price for large quantities: 대량주문에 대한 할인가격으로

at competitive prices: 저렴하고 경쟁력 있는 가격으로

at his own expense: 그 자신의 비용으로

at least: 적어도

at least three (3) weeks prior to her scheduled departure: 적어도 선박 출항예정일 3주 전에

a tolerance of 5% more or 5% less: 5%의 과부족 허용

at once: 즉시

at preferential rates of duty: 특혜관세율로

a trade discount: 거래할인

at sight: 일람불 지급조건, 환어음은 크게 일람불환어음(at sight)과 기한부환어음(usance)이 있다.

at sight: 일람불 환어음

at such low prices: 매우 저렴한 가격으로

attached: 첨부된

attached Job Description: 첨부된 직업 설명서

at a price : ~한 가격으로, 대가를 치르다.

at the agreed place: 합의된 장소

at the disposal of the buyer: 매수인의 임의처분상태로

at the latest: 늦어도

at the lowest market prices: 가장 저렴한 시장가격으로

at the most favourable prices: 가장 적절한 가격에, 최저가격에

at the named point and place at the frontier: 국경의 지정된 지점과 장소에서

at the named port of shipment: 지정 선적항에서

at the sellers' option: 매도인의 선택

at the station: 철도역에

at this time: 이번에는

attributable to~: ~에 기인한

at your limit prices: 귀사가 제의한 가격에

a wide experience of the market: 폭넓은 시장판매경험을 가지고 있는

August statement: 8월달 결제대금 청구

authenticate: 인증하다.

authorized capital: 수권자본

authorize: 수권하다. 권리를 주다.

avail of: 이용하다.

average adjuster: 해손사정인

average price reduction: 평균 가격 할인

award: 중재판결

B

balance: (대금청구) 잔액

bank references: 은행조회처

Banker's L/C: 은행신용장, 환어음의 지급인이 은행으로 되어 있는 신용장이다.

be accompanied by~: ~을 첨부하다.

be anxious to avoid~: ~을 피할 수 있기를 갈망한다.

be anxious to~: ~을 갈망하다.

bear a clause: 조항을 기재하다. 조항을 포함하다.

bear all risks and costs: 모든 위험과 비용을 부담하다.

be arranging for despatch: 발송준비를 하다. 선적준비를 하다.

be arranging for~: ~배려하다.

bear the loss: 손실을 부담하다. 손실을 책임지다.

무역영어 필수어휘

bear your firm in mind: 귀사를 마음에 두고 고려하다.

bear your firm in mind: 귀사를 염두에 두다.

be attributable to~: ~에 기인하다.

be based on~: ~를 근거로 하다.

be binding upon~: ~을 구속하다.

be bound to reimburse: 보상해야만 한다.

be called for: 요구되다.

be compelled to~: 어쩔 수 없이 ~하다.

be delighted with~: ~을 기뻐하다. ~을 좋아하다.

be disposed of~: ~을 해결하다.

be due at~: ~에 도착할 예정인

be due to begin: 시삭할 예성이다.

be due to leave: 출항할 예정인

be due to~: ~에 기인하다.

be enable to: 할 수 있다(=can)

be engaged in the dealing: 거래하다.

be entered into~: ~을 합의하다.

be entitled to~: ~할 권리가 있다.

be executed: 이행되다.

before dealing with their request: 그들 회사의 요청대로 거래하기 전에

before discharging: 물품의 양륙 전에

beforehand: 사전에

before long: 머지않아

before the customs border of the adjoining country: 인접국가의 관세선을 넘기 전에

be final and binding upon~: 최종적인 것이고 ~을 구속한다.

be finally settled by arbitration: 중재에 의해 최종적으로 해결되다.

be for inferior to~: ~에 비해 열등한

be frustrated by delays in transit: 운송중의 지연에 의해 좌절되다.

be governed by Korean laws: 한국 국내법에 의해 준거되다.

be handled on arrival: 도착지에서 (물품을)취급하다.

be highly appreciated: 매우 감사드립니다.

be in a position to~: ~의 위치에 있다. -할 수 있다.

be in compliance with~: ~와 일치하는

be informed of names of steamers and departure dates: 선박명과 출항일을 알려주다.

be in no way concerned with or bound by such contract(s): 매매계약과 관련이 없으며, 그것에 의해 구속되지도 않는다.

be in stock: 재고로 가지고 있다.

be insured on~: ~조건으로 부보하다.

be interested in the subject-matter insured: 보험목적물에 대해 피보험이익을 가지고 있다.

be in the market for~: ~를 구매할 의향이 있다.

be loaded on deck: 갑판에 적재되다.

be looking forward to~: ~를 기대합니다.

beneficiary: 수익자

be no obligation of any kind: 어떤 종류의 의무도 없다.

be now five weeks overdue: 현재 지급기간이 5주 지난

be pleased to accept: 승낙함을 기쁘게 생각하다.

be ready for despatch: 선적준비가 되어 있다.

be replaced by~: ~에 의해 대체되다.

be scheduled to sail: 출항할 예정인

be shipped for delivery: 인도를 위해 선적되다.

be sold out: 매진되다.

best and most careful attention: 최상의 주의 깊은 배려

무역영어 필수어휘

best suits his purpose: 매도인 자신의 목적에 가장 적합한

be sure of~: ~을 확신하다.

be tampered with: 이상이 있다.

be three months net: 3개월 후급은 정가에

be to remain effective: 유효하다.

between shipments: 전후 선적기간 사이

be under no obligation~: ~할 의무가 없다.

be under the impression that~: ~라고 생각하고 있다.

be unfortunately called upon to meet an unforeseen: 불행하게도 예기치 못한 사태를 당하다.

be up to~: ~와 일치하는

be urgently required by our customers: 거래고객들이 긴급히 요구하고 있다.

be urgently required for~: ~이 긴급히 요구되는

be valid: 유효하다.

be very glad to hear from~: ~로부터의 소식에 매우 반가웠습니다.

be very pleased to~: ~에 대하여 매우 감사드리다.

be willing to accept your order: 기꺼이 주문을 확인 수락하다.

bill: 환어음(=bill of exchange)

bill of exchange: 환어음

bill of lading: 선하증권

bind itself to~: ~할 의무를 부담하다.

bona fide holders of the draft: 환어음의 선의의 소지인

bonded processing trade contract: 보세가공무역계약

book: 선복을 예약하다.

both end days included: 양끝 일자를 포함하여

bound for~: ~을 향하여 출항하는

branch: 지사, 지점

breach of contract: 계약위반

breach: 계약위반

bring forward one's claim: 클레임을 제기하다.

broker: 보험중개업자

bunker: a compartment on a ship for storage or fuel.

burthen to convey: 운송할 수 있는

business dispute: 상사분쟁

business standing: 영업상태

but for the bankruptcy of an important customer: 중요한 고객의 파산이 없었다면

by a few days: 며칠 이내에

by a usual route: 통상적인 경로로

by accepting the documents: 선적서류를 인수하는 것에 의해

by adding explicit wording to this effect: 그 취지에 명시적인 문구를 부가하는 것에 의해

by airmail; 항공편으로

by cable: 전신으로

by compensation-fee parcel post: 유료 우편소포 편에

by correspondence dated: 일자가 기재된 통신문에 의해

by either party giving thirty(30) day's notice in writing to the other: 어느 일방이 30일 전에 상대방에게 서면으로 통지하는 것에 의해

by either side: 양당사자 중 어느 당사자에 의해

by means of Documentary Credits: 화환신용장을 이용하여

by more than one means of conveyance including carriage by sea: 해상운송을 포함한 두 가지 이상의 운송수단에 의해

by one of its suppliers: 그 회사의 공급업자 중의 하나에 의해

by return mail: 반송우편으로

by return of post: 우편 회신편으로

by return: 회신편으로

by settling trade debts: 거래채무를 결제하는 것에 의해

by the expiration of the time mentioned: 언급된 기간 만기일까지는

by the usual route: 통상적인 항로로

by way of~: ~을 경유하여

by whom such documents are to be issued: 서류의 발행인

C

call for~: ~을 요구하다

cancel the order: 그 주문을 취소하다.

candid opinion: 솔직한 의견

cannot choose but bring an action against you: 귀사를 상대로 소송을 제기할 수밖에 없다

careful consideration: 주의 깊은 배려

cargo insurance: 적하보험

carriage of goods by sea: 물품의 해상운송

carry large stock: 많은 재고품을 가지고 있다.

carry out the export formalities: 수출절차를 이행하다.

carry the balance forward: 잔액을 송금하다.

cash against documents: 서류인도방식(CAD), 수입업자는 수출업자의 선적서류를 받아 보고, 그 선적서류와 상환으로 대금을 지급하는 방식이다.

cash payment: 현금지급

casualty insurance policy: 상해보험증권

cartage: ① charge for pickup / delivery of goods ② act of moving goods usually short distances.

catalog: 카탈로그(=catalogue)

catching on: becoming popular or fashionable.

cease to be available: 효력이 없다. 유효하지 않다.

certain risks are excluded: 특정 위험이 배제되다.

Certificate of Origin: 원산지 증명서, 생산지 국가를 표시한 서류이다.

certificate: 보험증명서(Insurance Certificate)

cession of goods: a surrender of goods.

Chamber of Commerce of New York: 뉴욕 상업회의소

Chamber of Commerce: 상업회의소

change: 개정, 변경

charge: 청구금액

charge the amount to our account: 당사에게 운임을 청구하여 주십시오.

charge the cost to our account: 당사의 비용부담으로 하다.

charge to our account: 당사의 비용부담으로 하다.

charterer: 용선자, 선박을 용선하여 빌린자를 말한다.

charter party: 용선계약서

charter party bill of lading: 용선계약 선하증권

charter party contract: 용선계약서

CIF: 운임·보험료 포함 가격조건, CIF는 Cost, Insurance and Freight의 약자로 매도인은 목적항까지 운송계약을 체결하고 운임을 지급하여야 하며, 또한 목적항까지 해상적하보험을 부보하고 보험료를 납부하여야 하는 가격조건을 말한다.

CIF European port: CIF 가격조건 다음에 지정된 항구는 목적항을 의미한다.

circular: 거래권유서

claim an allowance of 10%: 10% 가격 할인의 보상청구를 하다.

claim compensation: 보상을 청구하다.

claim payable in New York: 보험금의 지급지는 뉴욕으로 한다.

claim: 보험금을 청구하다.

무역영어 필수어휘

clause: 약관

clean transport document: 무고장 운송서류, 운송서류 상에 물품 및 포장에 대한 하자의 표시가 전혀 없는 서류를 말한다.

clear off: 결제하다.

clearance of your order: 귀사 주문품을 통관 선적하다.

clerical error: office error.

coaster: a ship on the coastal trace only.

collecting and delivering: 집화 운송하여 인도하는데

collecting bank: 추심은행

combined with~: ~이 되다.

come as a surprise: 놀라움을 금치 못하겠다.

come to hand: 인도되다.

comity: courtesy, respect, and good will.

commencement of arbitration proceedings: 중재절차의 개시

Commercial Invoices in triplicate: 상업송장 3통 제시

Commercial Invoice: 상업송장

commitments; 채무금액

compel one's to say~: 어쩔 수 없이 ~을 말하게 하다.

comply with~: ~에 따르다.

concerns: 회사(=firm, company)

conciliation: 조정(=adjustment)

conditional order: 조건부 지시서

conditions: 거래조건(=terms)

conduct of the offeree: 피청약자의 행위

confirm this order: 이 주문서를 확인하다.

confirmation of an irrevocable Credit: 취소불능신용장의 확인, 즉 확인신용장을 의미한다.

confirm: (계약내용을) 확인하다.

confirming bank: 확인은행

consignment: 선적품, 적하품

consignment receipt: 적하품 운송장

consign: (물품을) 송부하다. 보내다.

consolidator; a company that provides consolidation services.

constitute~: ~이 되다.

constitute a definite undertaking: 명확한 약정을 구성하다.

constructive total loss: 추정전손, 실제로 전손은 아니지만 현실전손(actual total loss)으로 처리하는 것이 불가피한 경우의 손실을 말한다. 이에 비해 현실전손은 보험의 목적물이 실제적으로 완전히 손실된 경우이다.

contending: 논쟁하는

contest in a court of law: 법정에서의 논쟁

copy invoice; 상업송장 사본

copyright: 저작권

correspond with~: ~와 일치하다.

counter offer: 대응청약, 원 청약의 내용을 수정하여 제시한 청약

countersign: 확인·서명하다.

country risk ; the financial risks of a transaction which relate to the political, economic, or social instability of a country.

cover: 보험에 부보하다.

cover all risks, including breakages and pilferage: 파손과 발화위험을 포함한 AR 조건으로 보험에 부보하다.

cover damage: 손해를 담보하다.

cover note: 보험승낙서

covering your Order No. 1234: 주문서 No. 1234에서 약정한 내용의

credit A to your account: A금액을 귀사의 계정에 기입(貸邊)하다. 기입한다는 의미는 상대방에 대하여 대금을 지급하여야 할 채무 상태가 있음을 나타낸다.

credit inquiry: 신용조회

credit note: 대변전표

Credit Note No. 543: 이 차변전표는 반송된 한 상자분의 대금 30파운드를 매도인이 매수인에게 반환하여 준다는 내용이다.

c/s: 상자(=cases)

customs duty: 관세

cycling is popular: 자전거에 대한 경기가 좋다.

D

date of issuance: 발행일

deal with: 취급하다.

debit note: 차변전표, 상대방에 대해 대금을 청구할 권리가 있음을 나타내는 전표

deck cargo: cargo that is shipped on the deck of a vessel rather than in holds below.

declaration; 보험명세서

declared value: 기재된 금액

decline: 거절하다.

deduct: 빼다. 공제하다.

deferment: 대금결제 연기

deferred payment undertaking: 연지급 확약

deferred payment: 연지급, 일반적으로 6개월 또는 몇 년의 장기 연지급을 말한다.

deliberate: 검토하다. 고려하다.

deliver the goods: 물품을 인도하다.

demand payment: 결제를 요청하다.

demise: a lease of property ; a demise charter is a bareboat charter.

demonstrate: 시험 작동하여 보다.

demurrage: 체선료

department: 판매부서, 판매점포

departure (shipment) contracts: 출발(선적)지 계약 조건

descriptive booklets: 상품명세 소책자

descriptive leaflet: 상품명세 소책자(=brochure, pamphlet)

descriptive literature: 명세서

designate: 지정하다.

despatch: 발송

detention: delay in clearing goods through customs, usually resulting in storage fees and other charges.

devanning: the unloading of cargo from a container.

deviate: 離路, (선박이) 정해진 항로를 이탈하다.

direct taxation: 직접세

discharge: 면책되다.

discrepancy; error, disagreement.

discretion: judgement.

dispatch: (주문품을) 발송하다.

dispose: 해결되다. 결제하다.

dispose of: v. to get rid of, v. to sell

disregard: 무시하다.

Documentary Credits: 화환신용장, 선적서류와 환어음의 제시에 의해 결제가 이루어지는 신용장이다.

DOL: 달러(=dollar)

do one's best: 최선을 다하다.

draw a draft: 환어음을 발행하다.

draw on the Korean Bank: the Korean Bank을 지급인으로 하여 환어음을 발행하다.

draw one's attention: 주의를 환기시킨다.

draw upon: 환어음을 발행하다.(=value on)

drawings and/or shipments by instalments: 할부선적과 환어음의 할부 발행

due: 지불기일이 만기가 된

due to~: ~에 기인하는

due to arrive: 도착할 예정인

due to leave: 출항할 예정인

duration of insurance cover: 보험담보의 기간

during the carriage: 운송 중의

during the ordinary course of transit: 통상의 운송과정 동안

during the period from five days before to five days after the specified date: 특정일 5일전부터 특정일 5일 후까지 동안에

during transit: 운송 중

E

ea: 각각(=each)

earlier shipment: 신속한 선적

easier terms: 더 좋은 조건

effect: 보험에 부보하다.

effect marine insurance: 해상보험에 부보하다.

effect the insurance: 보험에 부보하다.

either of these vessels: 이들 선박 중 하나

electronic message: 전자통신문

embargo: 입출항금지, 통상금지

empty packing case: 공 포장상자

enclose a check: 수표를 동봉하다.

enclose: 동봉하다(=inclose)

endorsed in blank: 배서된

enforce a right: 권리를 집행하다.

enjoy a good reputation: 좋은 평판을 누리다.

en route: 항해 도중에(=on route)

entertain: (클레임을) 제기하다.

equal to~: ~와 동일한

establish a practice: 거래관행을 확립하다.

estimate: 견적서(=quotation)

ETA; 도착 예정 시간Time of Arrival), ETD(=Estimated Time of Departure); 출항 예정 시간

even at a higher price: 심지어 더 높은 가격에도

even before delivery: 심지어 물품인도 전에도

ex~: ~로부터

except in cases where firm offers are accepted: 확정청약이 승낙되어 계약이 성립한 경우를 제외하고

excessive detail: 과도한 명세

exchange rate: 환율

exclusive representative contract: 독점대리점계약

exclusive sales contract: 독점판매계약

expedite manufacture: 생산을 독려하다.

expire: 유효기일이 만기되다.

export cases: 수출용 상자

extend the expiry date: 신용장 유효기일을 연장하다.

extend the time of shipment: 선적기간을 연장하다.

무역영어 필수어휘

F

fail in your obligations: 귀사의 의무를 이행하지 못하다.

fail to make delivery on time: 정시에 인도하지 못하다.

fail to ship: 선적하지 못하다.

failing express agreement to the contrary: 반대의 명시적인 합의가 없으면

failing specific stipulations: 특별한 규정이 없다면

fair average: 평균중등품질조건, 곡물거래 등에서 사용되는 특별조건이다.

fall due: (지급기일이) 만기가 되다.

favor us with further orders: 당사에게 더 많은 주문을 하다.

favor~with~: ~에게 ~을 보내다.

fetch~:~에 판매되다.

FEU: forty foot equivalent units(two 20 ft containers = 1 FEU)

file a claim: 클레임을 제기하다.

financial standing sound: 재무상태의 건전성

firm offer: 확정청약, 청약조건이 확정적이고 유효기간이 명시된 청약을 말한다.

first beneficiary: 제 1수익자

first-rate steamer: 일등급 선박

flat shipping rate : 균일 배송비

Floating Policy: 선명미상 보험증권, 포괄적 문언으로 보험계약을 체결하고, 선명 기타 명세는 추후에 확정 통지하는 것에 의해 모든 내용을 확정하는 형태의 보험증권을 말한다.

FOB Pusan: 부산항 본선인도가격조건, FOB는 Free on Board의 약자로서 지정된 선적항의 본선난간을 매도인과 매수인의 비용과 위험부담의 분기점으로 하는 가격조건을 말한다. 따라서 부산항은 선적항이 되며, 매도인은 물품이 부산항의 본선난간을 통과하여 선적될 때까지의 일체의 비용과 위험을 부담한다.

for 7days' free trial order: 7일 동안 무료로 점검을 위한 시험주문으로

for account of~: ~의 계정으로, ~의 비용부담으로

for advising an amendment(s): 신용장조건의 변경을 통지하기 위하여

for all those insured: 보험 부보된 모든 것에 대하여

for a period of one year: 일년 동안

for a substantial amount of order: 상당히 많은 주문량

for cash or on credit: 현금거래 결제조건 혹은 신용외상거래 결제조건으로

force majeure: 불가항력(Act of God)

for certain: 확실히

for entry: 통관을 위한

for export handmade gloves: 손으로 만든 수출용 글러브

for fairly large numbers: 매우 많은 양의

for good delivery: 좋은 인도 조건으로

for information only: 단순한 정보로서

for March shipment: 3월중 선적, 單月 선적 조건

formation: (계약의) 성립

for nice looking: 보기에 좋은

for some time; 얼마 동안의

for the account and at the risk of such applicant: 개설의뢰인의 비용과 위험부담으로

for the purpose of~: ~을 위해

for the same journey: 동일 항로를 따라

for their punctuality in meeting their obligations: 채무를 정확하게 변제하는

forwarding agent: 운송주선업자(=freight forwarder)

forward: 보내다, 송부하다

for your reference: 귀사가 참고하도록

Franchise Clause: 보험자는 일정 금액 이상의 손해발행에 대해서만 책임을 지는 약관을 말한다.

freely negotiable credits: 자유로이 매입되어질 수 있는 신용장, 즉 개방신용장을 의미한다.

무역영어 필수어휘

free of charge: 무료로

free trial: 무료로 점검을 위한 시험주문으로

freight for the voyage: 해상운송운임

freight forwarder: 복합운송주선업자

freight has been paid or prepaid: 운임이 지급 또는 선 지급되다.

from 8 to 13 July inclusive: 7월 8일부터 13일까지

from our works: 당사의 공장으로부터

from the date of final discharge of the goods: 물품의 최종 양륙일로부터

from the same source: 동일한 공급원으로부터

from the tome the goods leave the warehouse: 물품이 창고를 출발한 시점부터

full invoice value: 송장금액 전부

full set of clean on board bills of lading: 무고장 선적 선하증권 전통

full set of originals: 원본 전통

full set of shipping documents: 선적 서류 일체

further orders: 더 많은 주문

furnish : 제공하다

G

general average: 공동해손

general reputation: 일반적인 평판

agreement on general terms and conditions of business: 일반거래조건협정서

generous discounts to cash customers: 현금거래고객에 대한 일반적인 가격 할인

get in touch with~: ~와 접촉하다. ~와 연락하다.

get into immediate negotiation: 즉시 교섭을 하다.

give 2 months' notice: 2개월 전에 통지하다.

give an order: 주문하다.

give effect to the instructions of the applicant: 개설의뢰인의 지시를 이행하다.

give further thought: 더욱 심사숙고하다.

give preliminary notification: 예비적인 통지를 하다.

give rise to~: ~을 야기하다.

global quota: a quota on the total imports of a product from all countries.

govern: 준거하다. 규율하다. 적용하다.

gross: 12 doz(12×12 PCs)

gross amount: 총 금액

gross weight minus tare weight: 포장중량을 뺀 총 중량

H

hand over: (서류를) 인도하다.

has already established itself firmly in public favour: 이미 대중적인 인기를 확고하게 가지고 있다.

hasten to request: 서둘러 요청하다.

have been put to great inconvenience: 큰 불편을 겪다.

have no choice but to cancel the order: 주문을 취소할 수밖에 없다.

have no means of getting them to our client in time: 지정된 시간 내에 당사의 고객에게 그 물품을 인도할 방법이 없다.

have right to claim for~: ~에 대해 클레임을 청구할 권리를 가지다.

have the option of~: ~선택권을 가지다.

have today been established~: 오늘 ~회사를 설립하였습니다.

head office: 본점

hear from~: ~로부터 회신을 받다.

무역영어 필수어휘

heavy demand: 둔화된 수요, 불경기 수요

hold ample stocks: 많은 재고품을 가지고 있다.

hold liable for claim: 클레임에 대하여 책임을 지다.

hold the insurance policy: 보험증권을 소지하다.

hold the other party free from liability: 상대방에 대해 면책이다.

hold this offer open: 청약을 유효한 상태로 두다.

honor: 결제하다.

honour the bill: 환어음을 결제하다.

honour your draft: 귀사 발행 환어음을 결제하다.

honour named or described: 어떻게 명칭되었건 또는 표기되었건 관계없이

how long you would take to deliver quantities: 상당히 많은 양을 인도하는데 어느 정도의 기간이 걸리는지

how the different systems work: 시스템 작동이 어떤 차이점이 있는지

hull: the outer shell of a vessel.

---

if you stock them: 만일 귀사가 재고를 가지고 있다면

if your terms and conditions meet us: 만일 귀사의 가래조건이 만족할 만 하다면

I have the honour to announce~: ~을 알려드림을 기쁘게 생각합니다(=I have the pleasure to announce).

I have the pleasure of enclosing~: 당사는 ~을 동봉함을 기쁘게 생각합니다.

illustrated catalogue: 사진이 삽입되어 있는 카탈로그

immediately upon contract: 계약이 체결된 후 즉시

immediately upon receipt of your L/C: 신용장을 받자마자 즉시

impatiently: 초조하게

imposed by foreign laws and usages: 외국의 법률과 관행에 의해 부과된

improper packing: 부적절한 포장

improved methods of production: 생산방식의 혁신

in about a week's time: 약 일주일 후에

in a customary manner: 관습적인 방법으로

in addition: 추가로

in addition to that of the Issuing Bank: 발행은행의 확약에 부가하여

in advance: 우선, 먼저

in advance of~: ~보다 앞서서

in a manner and to the extend thereby agreed: 합의된 방법과 범위까지

in a sound liquid position: 유동자산상태가 건전한

in assessing the value of the loss: 손실액을 평가하는데 있어서

in a very awkward position: 매우 곤란한 상태

in a very good position to~: ~할 좋은 위치에 있는

in circumstances beyond the sellers' control: 매도인이 통제할 수 없는 불가항력적인 상황

including freight and insurance: 운임 및 보험료를 포함하여

in confidence: 극비로

in conformity with~: ~와 일치하는

in consequence: 그 결과

increasing frequency: 발생 건수가 증가하는

in credit operations: 신용장거래에 있어서

in dealing in your products: 귀사 제품의 거래에

individual claimant: 개인적인 손해배상청구인

individual items: 낱개 품목

in excess of our order: 당사 주문량을 초과하여

in favor of the Seller: 매도인을 수익자로 하여

무역영어 필수어휘

in foreign trade: 무역거래에 있어서

in forwarding this payment: 결제대금을 송금하는데 있어서

infringement: 권리침해

in full settlement: 전부 결제를 위해

in general terms not inconsistent with~: ~와 모순되지 않는 일반적인 용어로

in good order and condition: 양호한 상태로

inherent vice: 고유의 하자

in importing the merchandise you handle: 귀사 제품을 수입하는데

initiate: 개시하다.

inland insurance premium: 내륙운송보험료

inland waterway document: 내수로 운송서류

inland waterway: 내수로운송, 운하, 강, 호수 등을 통한 운송을 의미한다.

in lieu of~: ~을 대신하다.

in loss settlement: 손해정산 해결에 있어서

in nature: 본질적으로

in no way~: ~이 결코 아니다.

in or outside the port: 항구 내부 또는 외부의

in our favour: 당사를 수익자로 하여

in our usual manner: 당사의 통상적인 방법으로

in perfectly sound financial situation: 완전하게 건전한 재무 상태

inquire: 조회하다.(enquire)

in recent years: 최근 몇 년 사이에

in reply to~: ~에 대한 회신으로서

in representing us: 당사의 대리점이 되는데

in return: 보답으로

in settling with you in full: 귀사의 대금청구를 완전히 결제하다.

in settling your account: 귀 계정을 결제하는데 있어서

in strict confidence: 엄격한 비밀로

in strict confirmity with~: ~와 엄격하게 일치하여

in strict rotation: 엄격히 차례대로

in subsequent dealings: 그 이후의 거래에서

inspection fee: 검사수수료

instead of~: ~대신에

institute clause: 협회적하약관, 런던보험자협회가 제정한 협회적하약관(ICC)을 말한다.

insurable interest: 피보험이익

insurance against all risks: 전 위험 담보조건 보험

insurance certificate: 보험증명서, 보험증권을 대신하여 보험 부보를 입증하는 서류이다.

insurance claim: 보험금 청구

insurance companies or underwriters: 보험회사 또는 개인보험업자

insurance policy: 보험증권

insurance surveyor: 보험손해조사인

insure against~: ~의 조건으로 보험에 부보하다.

insurer: 보험자, 손해 발생시 피보험자에게 보험금을 지급하여 주는 보험회사(Insurance Company) 또는 개인보험업자 (Underwriter)를 말한다.

in taking the goods: 물품을 수령하는데 있어서

intangibles: 무형재

intermediation: 알선(=mediation)

international standard banking practice: 국제적이고 관습적인 은행 기준

in the adventure: 행상사업에 있어서

in the business circle: 거래관계에 있어서

in the currency of the contract: 계약서상의 통화로

in the enclosed catalogue: 동봉한 카탈로그

무역영어 필수어휘

in the hands of our solicitors: 당사 자문 변호사의 손으로

in the manner customary: 관습적인 방법으로

in the presence of the shipping company's agents: 선박회사 대리인의 참석하에

in the same currency as the Credit: 신용장과 동일 통화로

in the volume of trade: 무역거래 규모

in this line of business: 이 제품(전자계산기)의 거래에 있어서는

in this way: 이런 방법으로

in time for shipment: 지정시간 내의 선적을 위해

in transit: 운송 중의

introduce: 시장에 처음으로 출품하다.

in U.S. dollars: 결제통화를 표시하는 것으로서, 여기에서는 미국 달러이다.

in view of our long standing business association: 오래 동안의 거래관계를 고려하여

in whole or in part: 전부 또는 일부

in working and design: 작동과 디자인에 있어서

in writing: 서면으로

in your favor: 귀사를 수익자로 하여

in your opinion: 귀사의 의견

invoice amount: 송장금액

invoice value: 송장금액

invoice were misplaced: 송장이 잘못 처리되다.

invoice: 상업송장, 대금청구서 기능을 하는 서류이다.

irrevocable confirmed Letter of Credit: 취소불능확인신용장, 신용장의 조건 변경이나 취소가 관련당사자의 동의 없이는 불가능한 신용장이며, 또한 신용장 발행은행의 지급보증과 더불어 확인은행의 이중적인 지급보증이 있는 신용장을 말한다.

irrevocable letter of credit: 취소불능신용장, 한번 개설되면 신용장거래 모든 당사자의 사전 합의 없이는 신용장의 조건변경 및 취소가 불가능한 신용장을 말한다.

irrevocable: 취소 불능

issue an a/r open policy: a/r조건으로 포괄예정보험증권을 발행하다.

issue an all risks policy: AR조건으로 보험증권을 발행하다. AR 조건으로 보험에 부보하다.

issue the L/C: 신용장을 개설하다.

issuing bank: 신용장 발행은행

it is otherwise: 그렇지 않다면

it is some considerable time: 합리적인 시간이 지나다.

items: 상품종류(=lines)

J

June statement: 6월달 대금청구서

just in time for the appointed time: 약정한 시간에 정확하게

K

keen price: competitive price.

kind: 상품종류(=line)

Korea International Traders Association: 한국무역협회

L

latent defect: 고유의 하자

lateral filing system: 측면으로 파일링하는 시스템

latest illustrated catalogue: 가장 최근에 제작한 사진이 삽입되어 있는 카탈로그

Laytime or Laydays: 정박기간

LCL: 컨테이너 하나의 분량이 되지 않는 소량화물(=Less than Container Load), 이 LCL화물은 다른 화물과 혼재하여야 하므로 수수료가 부가된다. 한편 컨테이너 하나의 분량이 되는 화물을 FCL(=Full Container Load) 화물이라고 한다.

leading manufacturer: 선진 제조업

learn from~: ~로부터 알다.

leave here on July 5: 7월 5일에 이곳을 출발하다.

left here for New York: 뉴욕을 향해 이곳을 출항한

Less Than Truckload: A shipment weighing less than the weight required for the application of the truck load rate.

let us have the policy: 당사에게 보험증권을 제공하다. 당사를 위해 보험에 부보하다.

Letter of Credit: 신용장

Letter of Guarantee: 화물선취보증장, 선하증권을 대신하여 화물을 미리 인도 받을 수 있는 서류이다.

likely to lead to business us: 당사와의 거래를 유도하는

line: 정기선 선사를 의미한다.

list of specification: 물품명세서

live animals: 생동물

loading and discharging: 선적과 양륙

loading and unloading: 적재와 양륙

loading on board: 본선적재

locate: 위치시키다.

lockout: 직장폐쇄

look forward to~: ~을 학수고대하다.

Long Ton(L/T): weight ton which is equivalent to 2,240 lbs. or 20 long hundredweights, and it is also called gross ton or British Ton.

loss adjustor: 손해사정인

lump sum freight: 선복움임, 화물의 유형, 개수, 용적, 중량에 관계없이 선복 단위로 계산된 움임을 말한다.

M

made out to order of issuing bank: 발행은행의 지시식으로 기재되어 있는

made-up goods: 생산한 제품

make a contribution to~: ~에 대해 부담하다.

make any default in acceptance: 환어음의 인수를 하지 않다.

make delivery of : ~을 인도하다

make one's claim: 보험금을 청구하다.

make private arrangements: 별도의 특별한 운송수배를 하다.

make regular shipments: 정규적인 선적을 하다.

make some allowance: 약간의 가격 할인을 해주다.

make this offer good: 청약을 유효한 상태로 두다.

make use of~: ~을 사용하다.

manifast[M/F] : 적하목록(송장)

marine cargo insurance: 해상적하보험

Marine Insurance Act, 1906: 영국해상보험법, 1906

mark: 화인 표시하다.

marked freight prepaid: 운임선급으로 표시되어 있는, freight collection은 운임후급을 나타낸다.

marked with the name and number of the tender: 입찰자의 성명과 접수번호를 표시하여

marks and numbers: 화인과 포장 일련번호

M.S. : 동력선(=Motor Ship), S.S.= Steam Ship, M.V.=Motor Vessel

Mate's Receipt : [1등항해사가 발행하는]본선 수취증

무역영어 필수어휘

maximum obligation: 최대한의 의무

measure of indemnity : 보상의 한도

measurement cargo : 용적하물

measurement Ton : 용적톤

meet: 충족시키다.

meet your immediate acceptance: 귀사가 즉시 승낙하다.

Memorandum Bill of Lading: The duplicate copy of the bill of lading.

mere : 겨우 ~에 불과한

minimum amount: 최소 금액

minimum cover: 최소한의 담보 조건

minimum insurance: 최소한의 보험

minimum orders: (그 가격으로 인수 가능한) 최저 주문량

missing case: 분실한 물품 상자

mode of transport: 운송수단

moderate: (가격이) 저렴한

moderately priced goods: 적절한 가격의 상품

more considerable orders: 더욱 상당히 많은 주문

more or less: 다소

multimodal transport: 복합운송

multimodal transport operator: 복합운송인

mutilation: 훼손, 손상

mutual agreement: 우호적인 화해

N

natural leathers: 천연가죽

needless to say: 물론, 당연히

negotiable: 양도가능한, 유통성의

negotiation; 매입

negotiating bank : 매입은행

net shipped weight: 선적품의 순중량

net weight: 순중량

nominate a vessel: 선적할 선박을 지정하다.

nominated bank: 지정은행, 발행은행으로부터 지급, 연지급 확약, 인수, 매입을 하도록 권한을 부여받은 은행을 말한다.

non-shipment or the delay in shipment: 미선적 또는 지연선적

not a little inconvenience; 많은 불편

notation: 표시

not cleared for export: 수출통관을 하지 않은 상태로

not having heard otherwise: 별다른 회신이 없다면

not loaded on any collecting vehicle: 어떤 집화용 운송수단에 물품을 적재하지 않은 상태로

notify party : 착화통지처, 화물도착통지처

numerous complaints: 많은 불만

null and void : 무효의

O

of exceptional value for money: 특이할 정도로 저렴한 가격인

offer you firm: 귀사에게 확정청약을 하다.

offer you without engagement: 귀사에게 무확정청약을 하다(=offer subject to market fluctuations).

offer-sheet: 물품매도확약서

offer: 판매 제의하다. 청약하다.

official: 공인된

of good repute: 평판이 좋은

old-established: 설립된 지 오래된

on a cash-on-invoice basis: 현금결제방식으로

on Advance payment basis: 선급조건으로

on and after~: ~을 대리하여

on approval: 승인조건부 매매, 물품을 받아 보고 검토한 후 구매 결정하는 조건부 매매방식

on a principal to principal basis: 본인과 본인간의 거래를 근본으로 하여

on behalf of~: ~을 대리하여

on board: 본선적재

on board the ship: 본선의 갑판상에서

on board the vessel: 본선 갑판 상에서

on D/P basis: D/P 추심결제방식으로

one of leading textile merchants: 섬유제품을 거래하는 선진 상인 중의 하나

one of the most reliable importers: 가장 신뢰할만한 수입업자 중의 하나

one side of case: 포장상자의 한쪽 면이

on face of~: ~의 표면상으로

on its face: 문면 상으로

on its own behalf: 그 은행 자신을 위해

only a small profit: 단지 적은 이익만을

only on minimum cover: 단지 최소한의 보험 부보 담보 조건으로

only over a stated amount: 합의하여 기재된 금액 이상에 대해서만

only the smallest of margins: 단지 극히 적은 이윤만을

on Open Account basis: 청산계정조건으로

on or about~: ~경(=around) - 신용장 수량 앞에 붙으면 +, - 10%까지 과부족용인

on orders exceeding 5,000 Lbs in quantity: 수량에 있어서 5,000파운드를 초과하는 주문량에 대하여는

on out behalf: 당사를 대신하여

on receipt of : ~를 받는 대로, 즉시

on some future occasion: 장래에는

on the arriving means of transport not unloaded: 도착하는 운송수단 적재함 위에서 양륙하지 않은 상태로

on the attached schedule: 첨부된 운항 일정표에

on the back: 이면에

on the basis of the documents alone: 서류만에 기초하여

on the best terms possible: 가능한 최상의 조건으로

on the face: 앞면에

on the following conditions: 아래와 같은 조건으로

on the grounds of~: ~을 근거로

on the high side: (가격이) 높은 편인

on the inside front cover: 표지 안쪽 면에

on the market: 시장에서

on the maturity date(s): 만기일에

on the quay (wharf): 부두에서

on the same means of conveyance: 동일 운송수단으로

on the terms and conditions set hereunder: 이하에 기재된 거래조건으로

on the terms stated: 기술된 조건으로

on the understanding~: ~으로 이해되는, ~라는 취지의, ~라는 내용의

on the upward tendency: (시장가격이) 상승하고 있는

on their face: 문면 상에서

on their own account and responsibility: 자신의 계산과 책임하에

on this occasion: 이번에는

on time: 정시에

on unusually generous terms: 매우 좋은 조건으로

on usual terms: 통상적인 조건으로

on your behalf: 귀사를 대신하여, 귀사를 위해

Open Account terms: 청산계정조건(=account current)으로

open an irrevocable L/C: 취소불능 신용장을 개설하다.

open cover: 포괄예정보험, 일정기간 계속하여 수출입하는 경우 일정기간 동안의 예정분을 일괄하여 보험에 부보하는 방식이며, 이를 입증하는 서류를 포괄예정보험증권(Open Policy)이라고 한다.

open policy: 포괄예정보험증권

open-account facilities: 청산계정 결제 조건으로

open-account terms: 청산계정에 의한 결제 조건

oral consent: 구두합의

order: 지시서

order form: 주문서 양식

Order No.101: 주문서 번호 101

order sheet: 주문서

organize: 설립하다.(=establish)

origin of country: 원산지

original: (보험서류) 원본

other evidence of insurance cover: 기타 보험담보의 증거

other than~: 이외의

otherwise no claim shall be considered: 그렇지 않으면 어떤 클레임도 받아들여지지 않을 것이다.

our account for commission and charges: 수수료 및 운임 청구를 위한 당사의 계정

our bank and trade references: 당사의 은행 및 동업자 조회처

our best CIF quotation: 당사가 최상으로 견적한 CIF가격

our business standing: 당사의 영업상태

our business status: 당사의 경영상태

Our company was established: 당사는 설립되었다.

our present stocks: 당사의 현재 판매 재고품

our prompt and careful attention: 당사의 신속하고도 주의 깊은 배려

our trade connections: 당사의 거래업자들

out of made: 품절, 생산하지 않는 물품

outside our control: 당사가 통제할 수 없는

outside their banking hours: 은행 영업시간 이외에는

outstanding: 미해결된, 미지불된

outstanding orders: 미해결된 주문

overall: 전반적인, 전체적인

overdue: 지급만기가 지난, 미결제 상태인

overdue balance : 미불잔액, 초과잔액

overlook: 간과하다.

owing: (결제, 운송 등의) 의무, 갚아야 할 (빚이 있는)

owing to a fire in our factory: 당사 공장의 화재 때문에

owing to manufacturers' strike: 제조업자들의 파업 때문에

무역영어 필수어휘

P

packing list: 포장명세서, 포장방법 및 포장상태를 표시한 서류이다.

paper document: 종이서류

partial drawings: 환어음의 분할발행

partial shipments: 분할선적

particular average loss: 단독해손

particular conditions: 특별조건

particulars: 명세서, 설명서(=specifications)

parties to a contract: 계약 당사자들

part of the batch of 500: 500개 포장 물품 중 일부

pass the ship's rail: 본선의 난간을 통과하다.

Pattern No. 123: 견품번호 123

Patterns: 견품(=sample)

pay: 지급하다. 일람불 환어음에서의 지급을 의미한다.

pay a visit: 방문하다.

payee : 어음 수취인

payment for the sample: 견품의 대금결제

payment is settled: 결제되다.

payment of claims: 보험금의 지급

payment of drafts: 환어음의 지급

payments: 대금결제

pay the insurance premium: 보험료를 지불하다.

pcs: 개(=pieces)

per annum: 연간

Per Diem: it means 'by the day' and also daily charge for use of railcars.

persistent bad weather: 지속적인 나쁜 날씨

personal attention and best possible advice: 개별적인 배려와 가능한 최상의 자문

persuade: 설득하다.

pick-up: 화물 집화

pilferage: 좀도둑 위험

place an order: 주문하다.

place regular orders: 정규적으로 주문하다.

plank 널빤지, 판자

Please quote your lowest All Risks rates: 귀사의 가장 낮은 AR 보험요율을 견적하여 주십시오.

Point-To-Point: Represents service and rates for shipments in door-to-door service.

policy: 보험증권(=Insurance Policy), 보험계약 체결의 증거로서 보험자가 피보험자에게 발급하는 일종의 증명서이다.

popular: 인기가 있는, 대중적인

portable: 휴대용

post: 지위, 직책

postal registration: 우편소포등기

post receipt: 우편 수령

potential customers: 잠재고객

preferably 5 days before: 될 수 있으면 5일 전에

preliminary guarantee: 입찰담보금 보증서

premise: 작업장, 공장, 창고 등을 의미한다.

prepay premium and freight: 보험료와 움임을 선급하다.

present: (추심을 위해 환어음을) 제시하다.

prevent you from approaching us: 귀사는 당사와 거래할 수 없다.

previously exchanged: 사전에 서명하여 교환한

price concession: 가격 인하

price list: 가격표

price quotations: 가격 견적서

prices of models-A compare very reasonably with other Computers: 모델 A의 가격을 다른 컴퓨터 가격과 매우 합리적으로 비교하여 놓은

prices too high: 가격이 너무 높다.

principal office: 주요 사무소, 본점

principals to agents: 본인과 대리인간의 거래

principals to principals: 본인과 본인간의 거래

prior to receipt by it of notice of amendment or cancellation: 신용장의 조건변경 또는 취소의 통지를 받기 전에

Priority Air Freight: Reserved air freight or air express service wherein shipments have a priority after mail and the small package services.

procure marine insurance: 해상보험계약을 수배하다.

proper export bale packing: 수출용으로 적합한 梱包포장

proper law: 준거법(=governing law, applicable law)

proposal: 거래 제의

pro rata: 비례하여

provide for sight payment: 일람출급을 약정하다

Proviso: condition

provision: 규정

published prices: 출판 가격

punctual delivery: 정시인도

purchase order: 구매주문서

purport to~: ~을 의도하다.

put aside: 별도로 제쳐놓다. 별도로 보관하다.

Q

qualified: 자격을 갖춘

quality samples: 품질을 입증하는 견품

quarantine certificate: 검역 증명서

quarterly settlements: 분기별 결제 조건

quotation: 견적서

quote: 견적하다.(=estimate, calculate)

quote one's rate: 보험요율을 견적하다.

quote your rate the cover: 보험요율을 견적하다.

R

ranges: 상품종류(=lines)

rate: 보험요율

rate: 평가하다.

rate for freight: 운임률

rate for insurance cover: 보험료

rather honest and aggressive: 매우 정직하고 진취적인

rather stiff : 다소 강세의, 약간 높은

raw materials and labor costs: 원자재 가격 및 인건비

reach: (신용장이) 통지 도달하다.

reasonable price: 합리적으로 저렴한 가격

reasonable time : 상당한(합리적) 시간

receipt of remittance: 송금 영수

recognize: 인정하다. 입증하다.

refer to~: ~을 언급하다. ~을 참조하다.

references: 조회처, 해당 회사의 거래은행 등이 주로 조회처로 제공된다.

refrigerator: 냉장고(=fridge)

refund: 상환청구

refusal to issue export license or permit: 수출승인 및 수출 면장 발행의 거절

refuse to take up the document: 서류의 수리를 거절하다.

regular liners: 정기선

regular monthly shipments: 매달 정규 선적품

regulations: 제약조건

reimburse: 보상하다.

relevant authorities: 관련당국

reliable firms: 신뢰할 수 있는 기업(회사)

rely on: 신뢰하다.

remain in force: 유효하다.

remedy: 구제하다. 해소하다.

remit: 송금하다.

remittance of the balance to our account: 당사 계좌로 잔액 결제금액의 송금

remitting bank: 추심의뢰은행

renew: 갱신하다.

replace: 대체하다.

representative: 대리점

Request For Quotation: A negotiating approach whereby the buyer asks for a price quotation from a potential seller for specific quantities of goods.

reserve the property: 소유권을 보유하다.

reserve the right: 권리를 가진다. 권리를 유보한다.

resort to litigation: 소송을 제기하다.

resume production: 생산을 재개하다.

return to the unsold balance: 안 팔린 나머지를 반환하다.

revert : 다시 돌아가다(return)

revocable: 취소 가능

revocable Credit: 취소가능신용장

risk of loss of or damage to the goods: 물품에 대한 멸실 또는 손상의 위험

risks of TPND: 도난,拔貨,未着위험(Theft, Pilferage and Non-Delivery)

Roll-On, Roll-Off:

① A category of ships designed to load and discharge cargo which rolls on wheels.

② Specially constructed vessel which permits road vehicles to drive on/off vessel in loading/discharging ports.

rough handling: 거친 취급

rust : 녹손위험

S

said by shipper to contain: 송화인의 내용물 신고에 따른

sailing cancellation: 운항 취소

sales contract: 판매 계약서

sales literature for use: 상품 사용설명서 소책자

salvage: 재난구조

sample: 견품(=specimen, pattern)

scarcely two weeks have passed since~: ~이래 거의 2주가 지난

sea protest: 해난 보고서

sea waybill: 해상화물운송장, 비유통성 서류이며, 운송중 물품의 매각을 할 필요성이 없는 경우 등에 있어서 선하증권을 대신하여 널리 사용되고 있다.

Seaworthiness: The fitness or safety of a vessel for its intended use.

second beneficiary(ies): 제2수익자

second hand drum: 중고 드럼통

seek a remedy: 구제를 구하다.

Seizure: The act of taking possession of property.

send a trial order: 시험주문서를 보낸다.

separate transaction: 독립적인 계약

serial case numbers: 포장상자의 일련번호

Service A Loan: To pay interest due on a loan.

set forth: 설명하다. 입증하다.

set forth in shipping documents: 선적서류의 기재되어 있는

settle: 결제하다. 해결하다.

settle ~ account: ~의 비용청구를 결제하다.

settle the claim: 클레임을 해결하다.

settle the claims all amicably: 클레임을 우호적으로 화해하여 해결하다.

seven banking days: 제7의 은행 영업일

shall be finally settled by arbitration: 중재에 의해 최종적으로 해결될 것이다.

shall be governed and interpreted: 준거되고 해석될 것이다.

SHEX: SHEX means 'sundays and holidays excepted'. SHEX shall not be included in the laydays.

SHEXUU: SHEXUU means 'Sundays and holidays excepted unless used". SHEXUU shall be included in the laydays.

ship: 선적하다.

shipment being scheduled: 선적할 예정이다.

shipment documents: 선적서류

shipper: 송화인

shipper's load and count: 송화인의 적재와 계량측정에 따름

shipping instructions: 선적지시서, 매수인이 매도인에게 선적과 관련한 내용을 지시하는 서류이다.

shipping instruction: 선적지시서

shipping mark: 선적하인

shipping request form: 선적요청서 양식

shortage: 인도수량의 부족

shortage of the cargo: 화물의 부족

shorthand typist: 속기사

Short Ton(S/T) Weight to which is equivalent to 2,000 lbs, and it is also called American ton.

should you fail to~: ~을 하지 못한다면(=if you should fail to~)

showroom: 전시관

shrinkage: 수축, 줄어듦

signed by both parties: 양당사자에 의해 서명된

signify: 의미하다.

similar import: 유사한 의미

skein: 실타래

so far: 이제까지

sole distribution rights: 독점 판매권

solvency and trustworthiness: 지급능력 및 신용도

some 10% price-cut: 약 10%의 가격할인

some delay in the despatch: 약간의 선적 발송 지연

some of them leak and others blot when writing: 쓸 때에 일부 펜들은 새고, 또한 일부 펜은 번진다.

space available: 유용한 선복, 화물을 선적할 수 있는 공간

space-saving: 공간을 절약하는, 공간효율성을 높이는

special arrangement: 특별협정

specific, ad valorem or combined duty: 종량제, 종가세 또는 혼합세

specify otherwise: 별도로 명시하다.

split: 파손된

stain: 손상되다.

standard contract form: 표준계약서 양식

Standby Letter(s) of Credit: 보증신용장, 물품대금의 결제가 아니라 채무보증, 공사이행보증 등의 보증을 위한 신용장이다.

state precisely the document(s) against~: ~와 상환하여야 할 서류를 명확하게 명시하다.

statement: 대금청구서, 계산서, 이것은 일정기간 동안 매도인과 매수인이 주고받을 금액을 일목요연하게 표시한 일종의 대금청구서 또는 계산서이다.

statement: 서면 또는 구두에 의한 진술

statement of account for transactions: 거래대금결제 청구서

statement of charges: 운임, 보험료 등 비용청구서

stationery: 문방구

steadily rising: 지속적으로 상승하는

steel drum: 강철 드럼통

stiff: (가격이나 물가가) 극도로 비싼(expensive)

strawboard: 마분지

Stuffing: The loading of cargo into a container.

subject to~: ~을 조건으로

subject to being unsold: 재고잔류 조건부로

subject to market fluctuations: 시장가격 변동에 따라 가격을 수정하는 조건으로

subject to our confirmation: 당사의 확인을 조건으로

subject to reply by return of Internet: 인터넷에 의한 회신을 조건으로

subject to terms and conditions stated in this Contract: 계약서에 기술된 거래조건으로

subject to your reply(acceptance): 귀사의 승낙을 받는 조건으로

submit: (클레임)을 제기하다.(=file)

subrogation: 대위, 전손 또는 분손이 발생한 경우 보험자는 보험금을 지급하면 피보험목적물에 대한 일체의 권리를 가지는 것을 의미한다.

subsequent carriers: 후속되는 운송인, 앞의 운송인으로부터 이어서 운송을 하는 자를 의미한다.

subsequent instalments: 그 이후의 할부 선적분

subsequently: 그 뒤에, 나중에

such termination is to become effective: 계약의 유효기간이 종료되는

sufficient and efficient resources: 풍부하고 효율적인 경영자원

sufficient capital: 충분한 자본

sulphur content: 유황 내용물

superior quality: 우수한 품질

supply ~ with ~: ~에게 ~을 제공하다.

surplus of deficiency: 과부족

surrender: 포기하다, 권리를 넘기다.

survey: 조사하다.

survey report: 조사보고서

suspend shipment: 선적을 보류하다.

T

take in charge of ~: ~을 운송하기 위해 수취하다.

take place: 발생하다. 이루어지다.

take place monthly: 매달 (선적이) 이루어지다.

take reasonable care: 합리적인 주의를 하다.

무역영어 필수어휘

take special care: 특별한 주의를 기울이다.

take the insurance: 보험에 부보하다.

take the matter up: 그 보상문제를 처리하다.

taking in charge of the goods: 물품의 수취

taking in charge: 화물 수취

tangibles: 유형재

technical terms: 전문용어

tender: 입찰

terminate: 유효기간이 종료하다.

term: 용어, 어구

terms of payment: 결제조건

tenor : (어음)만기

thank you for~: ~에 대해 감사드립니다.

that have ever been used in this country: 이 나라에서 이제까지 사용된

that is to say: 즉

the additional risks which are to be covered: 보험담보되어야 하는 추가 위험

the amount due: 지급만기가 된 금액

the amount of the annexed account: 추가된 비용 금액

the amount of the Credit: 신용장 금액

the amount of the drawings: 환어음의 발행 금액

the apparent authenticity of the Credit: 신용장의 외관상의 진위성

the assured: 피보험자

the award rendered by the arbitrator: 중재인의 판정

the bank authorized~: ~하도록 수권된 은행

the berth: 선석

the Commercial Arbitration Rules of the Korean Commercial Arbitration Board: 대한상사

중재원의 상사중재규칙

the contents in packings: 포장의 내용물

the cover is effective: 보험담보가 유효하다.

the customary cash discount: 관례적인 현금 결제 할인

the date from which the time is to run: 그 기간의 기산일

the date of B/L: 선하증권의 발행일

the date of final discharge of the goods at destination: 목적항에서 물품의 최종 양륙일

the date of sailing: 출항일

the delivery of goods sold: 매매된 물품의 인도

the difference in discount: 할인금액의 차이

the duplicate: 사본, 부본

the eastern coast: 동부해안

the eligibility of goods: 물품의 적격성

the expiry date of the Credit: 신용장의 유효기일

the financial standing and reputation of the firm: 그 회사의 재무상태 및 평판

the firm condition of delivery: 확고한 인도 조건

the first transaction: 첫 거래

the fluctuations of the market: 시장가격이 심하게 변동하는

the full contract amount: 약정금액 전부

the furthest price: 최저가격

the good faith: 성실성

the hull: 선체

the Institute Cargo Clauses: 협회적하약관

the insurance cover to have been effected: 부보되어야 하는 보험담보

the insurer: 보험자

the issuers of any document(s): 서류의 발행인

their award or that of any two of them: 중재인 3인의 판결 또는 중재인 3인 중 2인의 판결

the key people: 회사 경영진

the Korean Commercial Arbitration Board: 대한상사중재원

the lack of order from you: 귀사가 주문하지 않는 것이

the lapse of a reasonable time: 합리적인 시간의 경과

the law of country: 국내법

the long overdue payment: 장기간 지급기간이 지난 결제대금

the low selling prices: 낮은 판매가격

the lowest or any other offer: 최저 입찰가격보다 낮거나 또는 입찰조건과 상이한 입찰청약

the maker's certificate: 제조업자의 증명서

the market here has advanced: 시장가격이 상승하는

the market will not stand a high-priced line: 가격이 높은 제품은 시장성이 없다.

the method of payment: 결제방식

the new premises: 새로운 지점(branch)

the obligation to bear the costs: 비용부담의 의무

the opportunity to serve you: 귀사와 거래할 기회

the party to be bound: 구속력 있는 당사자

the payment of your order: 주문품의 결제

the period of credit: 신용으로 외상판매 허용 기간

the port of discharge: 양륙항

the port of loading: 선적항

the possibility of commencing business with you: 귀사와 거래를 개시할 가능성을

the precise distribution of functions and costs: 역할과 비용의 명확한 분담

the price provided in the contract: 계약서상의 약정 금액

the principal demand: 주요한 수요

the quotation ruling in this market: 통상적인 시장 가격

the reliable importer: 신뢰할 수 있는 수입업자

the remarkable activity: 현저하게 호경기인

there is a promising market: 시장성이 보장되는, 판매이윤이 보장되는

the rights and obligations of the parties to the contract of sale: 매매계약 당사자들의 권리와 의무

the risk of not getting paid: 결제를 받지 못할 위험

the sample on which an order is given: 주문시 제공한 견품

the seller has fulfilled his delivery obligation: 매도인은 자신의 인도의무를 이행하다.

the seller has fulfilled his obligation to deliver the goods: 매도인은 자신의 물품인도의무를 이행하다.

the sellers' final confirmation: 매도인의 최종적인 확인

the settlement of account: 계정의 대금결제

the ship by which they are to be sent: 그 물품이 송부될 선박

the shipping agents' statement: 그 선박회사 대리인의 진술서

the sole agency: 독점판매대리점

the statement of premium: 보험료청구서

the subject matter of this contract: 이 계약의 목적물(객체)

the subsequent steamer ship: 다음 번에 출항하는 선박

the surveyor's report: 그 손해조사인의 조사보고서

the transfer of the document: 서류의 양도

the transmission of any telecommunication: 통신에 의한 전송

the type of insurance: 보험담보의 유형

the unusually large order: 대규모의 주문량

the various skins: 다양한 가죽

the whole lot: 전 물품에 대해

they are good for this amount: 그 회사와 이 금액만큼의 거래를 해도 좋은지

they are incorporated into the text of the Credit: 이것들(통일규칙의 준거문언)이 신용장의 본문 자체에 삽입되어 있다.

third party personal injury liability: 제 3자 개인 상해책임

this revised offer: 가격이 수정된 청약, 대응청약

three year rolling contract: 3년 주기계약

to a considerable degree: 합리적인 정도까지

to a third party, the payee: 수취인인 제3자에게

to act on one's behalf: ~을 대신하여 행동하다.

to act on such instruction: 그러한 지시에 따라 행동하다.

to add its confirmation to a Credit: 신용장에 확인을 부가하다. 즉 확인신용장을 의미한다.

to amalgamate the two houses: 양 회사를 합병하다.

to arrange for shipping documents: 선적서류를 준비하다.

to ascertain~: ~을 확인하다.

to be available: 유효하다.

to be carried out: 이행되다.

to be defined by subsequent declaration: 후에 통지하는 것에 의해 확정되다.

to be favoured with your orders: 주문을 받기를

to be held responsible for~: ~에 대해 책임을 지다.

to be held up: to be delayed.

to be in compliance with~: ~와 일치하다.

to be inconsistent with~: ~와 불일치하다.

to be much appreciated: 매우 감사드립니다.

to be put in touch with: 연락하다.

to bear the insurance cost: 보험료를 부담하다.

to bear the mark: 화인을 표시하다.

to bring the goods: 물품을 운송하다.

to claim the goods: 물품인도를 요구하다.

to clear the goods for export: 물품의 수출통관을 하다.

to clear the goods for import in time: 적시에 물품을 수입 통관하다.

to confirm the offer we made to you: 당사가 귀하에게 한 청약을 확인하다.

to confirm your order: 귀사의 주문을 확인하다.

to contact us tap the possibility of~: ~의 가능성을 타진하기 위해 당사를 접촉하다.

to contract for carriage: 운송계약을 체결하다.

to cover for account of buyers: 매수인의 비용부담으로 부보하다.

to cover the consignment: 적하보험에 부보하다.

to defer payment: 결제기한을 연장하다.

to deliver the goods for carriage: 운송을 위해 물품을 인도하다.

to discount off: 할인하다.

to do a good business: 좋은 상거래를 하다.

to do a good job : 훌륭하게 (거래 등을) 완수하다.

to do a large-scale business: 대규모 거래를 하다.

to do business with~: ~와 거래하다.

to draw on a draft: 환어음을 발행하다(= to value on a draft), 신용장결제에 있어서는 수익자인 수출업자가 환어음의 발행인이 되고, 발행은행 또는 수입업자가 환어음의 지급인이 된다.

to enter into a business relation with~: ~와 거래관계를 개설하다(= to open an account with~)

to establish a close business connection with~: ~와 밀접한 거래관계를 개설하다(= to enter into a close business relation with~)

to establish connection with~: ~와 거래관계를 창설하다.

to expand our sales: 판매를 확장할

to extend sales ever the whole Europe: 유럽 전지역으로 판매를 확대하다.

to forward to you by road: 육상운송으로 귀 선사에게 물품을 보내다.

무역영어 필수어휘

to get paid for~: ~의 대금결제를 받다.

to get the goods: 물품을 인도받다.

grant us a sole agency: 당사에게 독점대리판매권을 부여하다.

to guard against confusion and misunderstanding: 혼동이나 오해를 피하다.

to have the ship(the cargo) insured: 선박보험(적하보험)에 부보하다.

to incorporate INCOTERMS: INCOTERMS를 삽입하다.

to keep this balance open: 이 잔액을 미결제된 상태로 유지하다.

to maintain the insurance in force: 그 보험의 효력을 유지하다.

to make allowances for~: ~을 고려하다. ~을 허용하다.

to make shipment: 선적하다.

to meet current demand: 현 수요를 충족하다.

to meet your claim in full: 전적으로 귀사의 클레임을 받아들이다.

to meet your expectation and courtesy: 귀사의 기대를 충족시키고 호의에 보답하고자

to meet your requirements: 귀사의 요구조건을 충족시키다.

to negotiate: 매입하다.

to obtain the import licence: 수입승인을 받다.

to open an account with~: ~와 거래관계를 개설하다.

to open an irrevocable L/C: 취소불능신용장을 개설하다.

to or to the order of a third party: 제 3자에게 또는 제 3자의 지시인에게

to our mutual satisfaction: 상호 만족스럽게

to pass the invoice for immediate payment: 송장금액을 즉시 결제하다.

to pay transport costs: 운임을 지급하다.

to place a trial order: 시험주문을 하다. 시험주문은 물품을 받아 보아 시험사용 해본 후에 구매의사결정을 하는 경우에 이용되는 방식이다.

to place regular orders with us: 당사에 정규적인 주문을 하다.

to procure insurance: 보험계약을 수배하다. 보험계약을 체결하다.

to promote sales: 판매를 촉진하다.

to provide a set of international rules: 일련의 국제규칙을 제공하다.

to refund the purchase price: 구매가격을 환불하여 주다.

to remain unpaid indefinitely: 무기한 미지급 상태로 남겨놓다.

to renew the insurance: 보험을 갱신하다.

to represent us: 당사의 대리점이 되다.

to sell the goods in transit: 운송중 물품을 매각하다.

to settle the balance: 나머지 잔액을 결제하다.

to ship: 선적하다.

to supply the best grades of paper: 최상급의 종이제품을 공급할 수 있는

to supply these goods from stock: 재고품으로부터 공급하다.

to take or accept delivery of the goods: 물품의 인도를 수령 또는 승낙하다.

to take out insurance: 보험계약을 체결하다.

to take quantities: 합리적인 양을 주문하다.

to take up or refuse the documents: 서류를 수리 또는 거절하다.

to take up the documents: 서류를 수리하다.

total loss: 일부 손해가 발생한 분손에 대응하는 개념으로서 전부 손해가 발생한 것을 의미한다.

to the carrier nominated by the buyer: 매수인에 의해 지정된 운송인에게

to the docks: 부두로

to the effect~: ~라는 취지의

to transact with us: 당사와 거래하다.

tort : 불법행위

trade custom: 무역관행

trade references: 동업자조회처

trade terms: 정형거래조건, 무역거래의 당사자들이 오래 동안 상관행으로 사용하여온 거래조건이 하나의 상관습법처럼 해석되어 적용되고 있는 것을 말한다.

trading practices: 무역관습

transfer rights: 권리를 양도하다.

transferable Credit: 양도가능신용장

transferring bank: 양도은행

treat: 취급하다.

trial order: 시험주문, 물품을 점검하여 보고 승낙하기 위한 주문이다.

trust receipt : 수입화물대도, 화환어음 담보화물 보관증

turn out: 판명되다.

turnover: 매출액

Typhoon No. 15: 태풍 제 15호

typical analysis: 특징적인 내용물을 포함하다.

U

UCP: model rules issued by the International Chamber of commerce for regulating letters of credit.

under our direction: 당사의 감독 하에

underpayment: 불충분한 대금결제

under separate cover: 별도로 첨부하여(= separately)

under the following terms and conditions: 다음과 같은 조건으로

under the name of~: ~라는 상호로(= under the title of, under the style of)

under the style: 상호로

under the title of~: ~라는 상호로

underwriter: 개인보험업자, 영국에서는 주식회사 형태가 아니라 개인이 보험을 인수하고 있는데, 이들 개인보험업자를 보험증권의 하단에 서명한다고 하여 underwriter라고 한다.

unilateral cancellation: 일방에 의한 취소

unless otherwise expressly stipulated: 별도의 명시적인 규정이 없다면

unload the goods: 물품을 양륙하다.

unloading and reloading: 양륙과 재선적

unqualified and unconditional: 제한이 없고, 무조건적인

up to the aggregate amount~: 총금액이 ~에 이르는

upon presentation: 제시에 대하여

upon receipt of the documents: 서류를 수령하면

upon receipt of your report: 조회결과 보고서를 받자마자

upon resumption of their business: 은행업무의 재개

upon the other interests involved in the adventure: 해상사업과 관련한 다른 이해관계인

usance draft: 기한부환어음

USCS: United States Customs Service.

USDA: United States Department of Agriculture

usual discount terms of 25% off: 25%의 통상적인 할인조건으로

usual practice: 통상적인 관행

usual transport document: 통상적인 운송서류

V

valid until November 10: (신용장의) 유효기한이 11월 10일까지인

value-added tax: 부가가치세

value on: 환어음을 발행하다(=draw on)

very sound: 매우 건전한

warehouse to warehouse clause: 창고간약관, 본문 약관에서 정한 보험기간을 연장하거나, 離路(deviation)등으로 위험의 변경이 있을 경우에 계속적인 담보를 약정한 약관이다. 즉 창고간약관의 보험담보범위는 화물이 최초 송화인의 창고를 출발할 때부터 운송과정을 거쳐 최종 수화인의 창고에 입고될 때까지이다.

warrant the merchantability and fitness: 상품성 및 적합성을 담보 보증하다.

waterproof garments: 방수복

we are pleased to introduce ourselves to you: 당사를 귀사에게 소개함을 기쁘게 생각합니다.

we can refer you to~: 당사에 관하여는 ~로 조회할 수 있도록 귀사에게 알려드립니다.

we do business: 당사는 거래하고 있다.

we enjoy a high reputation: 당사는 좋은 평판을 누리고 있다.

we enjoy~: 당사는 ~을 누리고 있다.

we have been founded~: 당사는 ~로 설립되었다.

we have been handling~: 당사는 ~의 거래를 취급하고 있다.

we have been in touch with~: 당사는 ~와 연락하여 왔다.

we have no alternative but to cancel this order: 당사는 이 주문을 취소할 수밖에 없다.

we have not previously done business together: 당사와의 거래관계가 없었다.

we have the pleasure of announcing to you~: 당사는 귀사에게 ~을 알려 드림을 기쁘게 생각합니다.

we have very good business connections with~: 당사는 ~와 좋은 거래관계를 가지고 있다.

we have wide connections with manufacturers: 당사는 많은 제조업체와 폭넓은 거래관계를 가지고 있습니다.

we may refer you to our banker: 귀사는 당사의 거래은행에 조회할 수 있습니다.

we recognize that~: 당사는 ~을 알게 되었다.

we require immediate cover as far as L.A: 당사는 L.A까지의 보험부보를 즉시 필요로 하고 있다.

we shall be much obliged~: 당사는 ~한다면 매우 감사드립니다.

we should appreciate it very much~: 당사는 ~한다면 매우 감사드립니다.

we wish to inform you that~: 당사는 귀사에게 ~을 통지하여 드립니다.

we wonder whether~: 당사는 ~인지 아닌지 궁금하다.

we would like you to send us~: 귀사가 ~을 당사에게 보내주시기를 바랍니다.

Wharfage; A charge assessed by a pier or dock owner for handling incoming or outgoing cargo.

when placing your order: 귀사가 주문할 때에

whenever convenient: 편리할 때 언제든지

where the parties have a continuing commercial relationship: 당사자들이 계속적인 상거래관계를 가지고 있는 경우

whether or not bearing the heading "all risks": "전위험"이라는 표제가 표시되어 있건 그렇지 아니하건 관계없이

which you needed so urgently: 귀사가 매우 긴급히 필요로 하는

whichever is the greater: 보다 더 큰 것

wilful misconduct of the assured: 피보험자의 고의의 불법행위

willingness: 강한 의지

with disfavor: 불쾌한

with our usual procedure: 당사의 통상적인 절차를 통하여

with reasonable care: 상당한 주의를 가지고

with regard to hulls and hull interest: 선체 그리고 선체이익과 관련하여

with serial bale numbers and origin of country: 곤포포장 일련번호와 원산지

within 4 weeks after receipt of order: 주문을 받은 후 4주 이내

within a day or two: 하루 이틀 이내에

within given periods: 지정된 기간 내에

within the country of import: 수입국 내의

within the time limits: 제한된 기간 내에

within the time specified: 정해진 기간 이내에

without any in fuel consumption: 부가적인 연료소모 없이도

without engagement: (지급확약 등의) 약정 없이

without lawful excuse: 합법적인 이유 없이

without prior notice: 사전통지 없이

without responsibility: 책임부담 없이

without sacrificing of manufactures: 제조원가 정도로

without the agreement of~: ~와의 합의 없이는

witness as follows: 다음과 같이 합의한다.

wooden case: 나무상자

wording of data content: 문언과 기재 내용

WTO: World Trade Organization

Y

you hold the consignment covered: 귀사가 부보된 적송품을 수취하다.

you inform us of~: 귀사는 ~을 당사에게 알려주다.

your best alternative: 귀사의 가장 좋은 해결책

your files only: 참조 자료로서만

your full discount rates: 귀사가 허용할 수 있는 최대 할인율

your name and address: 귀사의 상호와 주소

your prompt attention: 귀사의 신속한 배려

your prompt reply would be appreciated: 귀사의 신속한 회신이 있으면 감사드리겠습니다.

참고문헌 및 자료

남풍우, 무역영어, 도서출판 두남, 2020.

남풍우, 무역결제론, 도서출판 두남, 2020

에듀윌, 무역영어1급, 2019

이기영, 무역영어 1, 2급 에이플러스 A+, SG P&E, 2018.

김상만, 실무중심 무역영어, 도서출판 두남, 2018.

한국무역협회, 최신 비즈니스 영문서한사전, 1992.

한국무역협회 무역아카데미, 무역영어, 2007.

이원근, 신개념 무역영어, 도서출판 두남, 2010.

이천수, 최돈승, 무역학원론, 도서출판 범한, 2018

김상만, 무역계약론, 박영사, 2019.

류해민, 무역영문해석, 2007.

https://www.forwarder.kr/ 포워더케이알

www.law.or.kr 국가법령정보센터

https://www.veljidosabhai.com/ VELJI DOSABHAI & SONS PVT. LTD

https://www.utradehub.or.kr/ UtradeHub Portal(유트레이드허브 포탈)

무역영어 1·2급 통합핵심이론집

2021년 3월 29일 초판 1쇄 인쇄 | 2021년 4월 5일 초판 1쇄 발행

저자 정문영 | **발행인** 장진혁 | **발행처** (주)형설이엠제이
주소 서울시 마포구 월드컵북로 402 KGIT 상암센터 1212호 | **전화** (070) 4896-6052~3
등록 제2014-000262호 | **홈페이지** www.emj.co.kr | **e-mail** emj@emj.co.kr
공급 형설출판사

정가 28,000원

ⓒ 2021 정문영 All Rights Reserved.

ISBN 979-11-86320-86-0 93320

* 본서는 저자와의 협의에 따라 인지는 붙이지 않습니다.
* 이 책은 저작권법에 의해 보호를 받는 저작물이므로 동영상 제작 및 무단전재와 복제를 금합니다.

무역영어

1·2급 통합핵심이론집